신비한 동양철학 · 55

완벽 사주와 관상

김봉준 · 유오준 공저

삼한

백우 김봉준

- 충남 서산 출생, 서산 서령고등학교 졸업
  도학연구, 서울시 행정개선제안 3회 입상, 지방 행정공무원 근무,
  국영기업체 근무, 기업체 정신교육 강사.
- 저서로는 운세십진법(本大路), 쉽게푼 역학, 국운·나라의 운세 ,
  만세력(우주경전), 말하는 역학(알기쉬운 해설), 통변술해법, 신의 얼굴,
  나의 천운 운세찾기(몽골정통토정비결), 천리대운1·2 천직 등이 있다.

- **백우역학원 원장**
  전   화 : (02)2275-5607~8
  팩시밀리 : (02)2275-5608

하계 유오준

- 경기 김포 출생
  법연선사 수학
  김봉준 선생 수제자 8년 수학

- **하계역학원 원장**
  전   화 : (02)2694-4987

완벽 사주와 관상

1판 1쇄 발행일 | 2004년 3월 16일
발행처 | 삼한출판사
발행인 | 김충호
지은이 | 김봉준·유오준

등록일 | 1975년 10월 18일
등록번호 | 제13-47호

서울·동대문구 신설동 103-6호 아세아빌딩 201호
대표전화 (02) 2231-4460
팩시밀리 (02) 2231-4461

값 36,000원
ISBN 89-7460-092-7   03180

生发

癸未秋菊節
白羽金峯俊
下漢劉吾俊

깊어가는 초겨울 아침! 제법 써늘한 바람이 손바닥 속으로 파고들며 녹여달라고 앙탈을 부린다. 새벽공기를 가르며 몸을 잔뜩 웅크리고 어딘가를 가는데 언제부터 걸어놓았는지 가로수에 늘어지게 걸쳐져 철퍼덕거리는 때묻은 프랑카드가 눈에 들어온다. 「가을은 독서의 계절」. 순간 내 눈에는 「불우이웃 돕기」라는 애처로운 글귀로 다가온다. 저 글은 누가 만들었을까? 태어난 지가 수십 년은 되었을 텐데…. 한숨섞인 넋두리가 튀어나온다.

우리가 어릴 때부터 보고 들어온 이 글이 아직도 살아 있어 저렇게 울겨먹고 있다니 말이다. 내가 보기엔 이 글귀는 분명 어느 석두(石頭)가 만들어냈다. 그동안 수많은 영재와 석학들이 오고 갔고, 영웅호걸들이 있어 춘추전국시대와 견줄 만큼 웅장한 꿈을 심어주던 때도 있었건만, 이제 그들은 모두 역사의 뒷전으로 물러나 버렸는데도 아직도 저렇게 울겨먹고 있다니 믿어지지 않는다.

이것은 어리석은 백성을 자기들 멋대로 갖고 놀 때의 유치한 산물이다. 도대체 독서의 계절이 따로 있다는 것이 말이 되는가? 독서란 늘 우리의 생활에서 시도 때도 없어야 하는데 어쩌자고 저러는지 모르겠다.

악습은 악의 씨를 제거하지 않으면 반복되어 순환하는 법이다. 일류대학의 교수가 면접시험을 치를 때 학생에게 취미를 물으면 독서라 대답하고, 국가공무원 면접에서도 독서라고 대답하는 것이 우리나라 현실이다. 이런 대답을 하면 추상같은 질책이 있어야 하는데도 취미=독서라는 등식이 성립된 듯, 묵인하는 교수들과 고위공무원의 수준이 이런 정도니 아직까지도 저렇게 독서의 계절이라는 표어가 걸려 있는 것이 아닌가?

필자가 이 글을 머리글로 삼은 것은 다독(多讀)과 정독(精讀)을 말하기 전에 우리가 너무 책을 읽지 않는다는 사실 때문이다. 필자가 쓰고 있는 역(易)은 노자(老子)의 도덕경(道德經)과 같은 우주경전인데, 전문지식을 요할 것이라는 편견으로 많은 사람이 읽지 않아 넓게 읽히려고 이 글을 쓰기로 했다. 결코 역서(易書)는 점술(卜術)이나 점서(占書)가 아니다. 자연과학이요, 인간규범을 다루는 도덕경전이다.

자연과 인간, 음양오행(陰陽五行)과 인간, 사계와 절후, 인상(人相)과 자연, 신(神)들의 이야기 등등 우리의 삶과 관계있는 사실적 관계로만 역(易)을 설명해 누구나 쉽게 이해할 수 있도록 썼다. 특히 역(易)에 대한 관심과 흥미를 갖게 하고자 인상학(人相學)을 추록했다. 여기에 추록된 인상학(人相學)은 시중에서 흔하게 볼 수 있는 상법(相法)이 아니라 생활상법(生活相法), 즉 삶의 지식과 상식을 드리고자 했으니 생활에 유익하게 활용하기 바란다.

이 책을 공저한 하계(下溪) 유오준(劉吾俊) 선생은 필자의 문하에서 8년여 성상을 수제자로 수학했고 고승대덕(高僧大德)하신 법연선사(法然禪士)에게 수학한 준재라고 감히 소개한다.

우주의 큰 틀과 궤를 미물만도 못한 필생이 이 글을 쓴다는 자체가 한없이 부끄럽다. 그러나 생물학에서 말하는 「최소량의 법칙」에 의하면 식물이 함유한 원소 중에서 가장 소량으로 들어 있는 것이 전체 식물을 생육시키는데 결정적인 원소작용을 하듯이 큰 우주에서도 음양오행(陰陽五行)이라는 최소량의 원소가 인간도 만들고 과학도 만든다는 사실만이라도 알리고 싶어 이 글을 썼으니 넓은 마음으로 읽어주기 바란다.

끝으로 이 글을 쓰는데 도움을 준 백우(白羽) 문하 수학자들의 수고에 감사하고, 독자들께서도 일마다 생각마다 알알이 영근 삶이 되도록 신의 축복이 함께 하기를 기원한다.

　　　　　　　　　　　　精舍
　　　　　　　　　　　金奉俊

1부. 사주편

1부. 관상편

1. 우주론

1. 운명의 이기(理氣)

이(理)는 오행(五行)의 이치를 말하는 것이요, 행(行)은 천행(天行)의 이치를 말하는 것이요, 기(氣)는 사시(四時)로 왕래순환하는 기세의 계절을 뜻하는 것이다. 봄이 오면 뒤에 여름이 오고(春來後夏), 여름이 오면 뒤에 가을이 오며(夏來後秋), 가을이 오면 뒤에 겨울이 오고(秋來後冬), 겨울이 오면 뒤에 봄이 온다(冬來後春). 이것은 거역할 수 없는 자연의 이치다.

이와 같이 사람의 명(命)도 봄의 기운을 받아서 태어나면 목기(木氣)가 근본이 되고, 여름에 태어나면 화기(火氣)가 근본이 되며, 가을에 태어나면 금기(金氣)가 근본이 되고, 겨울에 태어나면 수기(水氣)가 근본이 되므로, 이로 근기(根氣)삼아 운명의 왕쇠강약(旺衰强弱)과 길흉을 판별한다.

내 몸 일간(日干)과 월지(月支)의 오행(五行)이 같아 비화(比化)를 이루거나 월령(月令)을 얻으면 통근(通根)했다 하고, 일간(日干)을 극(剋)하거나 설기(泄氣)당하면 실령(失令) 또는 실기(失氣)했다고 한다. 그런가 하면 일간(日干)의 지지(地支)가 년(年)·월(月)·일(日)·시(時)의 어디라도 일간(日干)과 같은 오행(五行)이 있으면 지(地)를 얻었다고 하고 통근(通根)했다고도 한다.

그러나 운명이란 왕기(旺氣)를 갖추어야 활발한 활동력을 갖는 것처럼 생월지지(生月地支)에 뿌리가 있어야 한다. 생월(生月)은 계절을 주재(主宰)하는 그때(時)의 장군이요 사령신(司令神)이기 때문이다. 일간(日干)이 무엇이든 사주명식의 근기를 이루는 곳은 바로 월지(月地)가 운명의 중심지요 핵이라는 것을 잊어서는 안 된다. 만약 본명(本命)에서 월령(月令)을 얻지 못하면 대운(大運)에서라도 지(地)를 얻어야 한다. 이를 방(方)을 얻었다고 한다. 운명은 이렇게 신왕(身旺)해야 한다. 일단 내 몸 일간(日干)이 강건해야 재(財)·관(官)·인(印)·비(比)·식(食)의 어느 운을 만나도 충분히 감당할 수 있기 때문이다.

그리고 사주의 기세가 강건해야 하지만 설사 신약(身弱)하더라도 대운(大運)에서 방(方)을 얻으면 약변강(弱變强)되어 사주가 활발해지기도 하고, 대운(大運)에서 용신(用神)·희신(喜神)·구신운(救神運)을 만나 개운발복하는 법도 있다. 이것은 대자연의 순환법칙에서 비롯된 것이다. 인간의 운명도 이에 따라 영고(榮枯)와 감쇠(盛衰)가 있으니, 가고 오는 화복을 어찌 마음대로 가감할 수 있단 말인가.

명(命)의 원리는 음양(陰陽)이 근본이다. 양(陽)이 다하면 음전(陰轉)이 되고, 음(陰)이 다하면 양전(陽轉)이 되듯이 자연의 질서가 순행호조(順行好調)하여 나갈 때는 물밀듯이 나가는 것 같지만 유한(有限)한 것이므로 때가 되면 극(剋)을 만나 퇴기(退氣)하고, 역행부조(逆行不調)하여 물러서는 것 같지만 이도 역시 때가 되면 극(剋)을 만나 진기(進氣)로 변전(變轉)되는 법이다. 이것은 자연의 이치에서 비롯된 운명의 상리(常理)요 상법(常法)이다.

그러므로 명(命) 중에 오행(五行)이 태과(太過)하면 억부(抑扶)하고, 불급(不及)하면 조(助)하라는 말은 명학(命學)의 금언(金言)이다. 이는 지구가 태양계를 떠나지 않는 한 인간의 운명 역시 변하지 않고 존재할 것이니 만고불변불위의 진리로 받아들이기 바란다. 태령(泰靈) 선생은 다음과 같이 말씀하셨다.

진인사대천명시상인야(盡人事待天命是常人也)
지숙명진인사시달인야(知宿命盡人事是達人也)

인사를 다하여 천명을 기다리는 것은 상인이요,
자기의 숙명을 알고 인사를 다하는 것은 달인이다.

이는 인간의 행복과 불행은 오행(五行)의 작용으로 선천적으로 타고나지만 하늘만 쳐다보지 말고 대처하면 오히려 세상살이의 달인이 되어 달성인간이 된다는 뜻이다. 이것은 후천(後天)이다.

선천(先天)이 숙명이라면 후천(後天)은 운명이다. 생각이 바뀌면 행동이 바뀌고, 행동이 바뀌면 운명도 바뀐다. 예를 들어 돌풍처럼 불어닥친 삼재팔난(三災八難)의 악운에 갇혀 돌풍이 지나갈 때까지 그대로 있겠다고 한다면 이것은 선천명(先天命)을 따른다는 것이고, 안전한 곳으로 피신하겠다고 한다면 이것은 후천명(後天命)을 따르는 것이다. 이때 전자와 후자의 명(命)은 같을 수 없다. 후자는 안전한 곳으로 피신했으니 운명을 개척하나, 전자는 숙명적인 삶에 굴복해 만신창이가 될 것이다.

후천명(後天命)은 선천명(先天命)을 우선한다. 아무리 선천이 좋아 좋은 사주로 태어났다 하더라도 여기에 맞지 않는 행동을 한다면 소용이 없다. 그러나 비록 명조(命造)는 떨어지더라도 꾸준히 노력하면 대운(大運)의 기세가 명조(命造)와 맞아질 때 승승장구할 것이다.

혹자는 지금이 어느 때인데 아직까지도 오행설(五行說)이나 되씹고 있느냐며 명리학을 공부하는 사람들을 천시하는 경향이 있다. 물론 시대에 따라 학문도 발전하고, 학문에 따라 시대도 발전한다. 이것은 인간의 지능이 발달해 과학으로 나타나고, 과학은 곧 현실이 되어 인간의 생활에 편리함과 유익함을 주어 눈에 보이는 현실만 갖고 하는 말이므로 이해하지 못하는 것은 아니다. 하지만 과학 이전에 음양오행(陰陽五行)이 우선이요, 상위 학문이라는 것을 안다면 어떻게 그런 소리를 함부로 하겠는가.

어디까지나 본 학문은 사학(死學)이 아닌 활학(活學)이다. 태양계가 움직이고, 따라서 지구가 숨쉬며 움직이고 있는 한 인간의 운명도 지구와 같이 자공전의 궤도를 돌며 대소운에 따라 운행한다는 것을 자신있게 말한다.

1. 천도법칙(天道法則)

인간의 길흉화복은 자연의 대이법(大理法)으로 만들어진다. 태초에 우주가 생성되었을 때부터 천지음양(天地陰陽)의 조화가 있어, 양(陽)은 남자가 되고 음(陰)은 여자가 되었다.

하늘의 오행(五行)은 기(氣)요 땅의 오행(五行)은 물질이 되어, 남자는 하늘의 기(氣)를 받고 여자는 땅의 물질을 받아 태어났다. 이렇게 만유의 생물 모두가 암컷과 수컷이 있어 종족을 번식하게 했다. 이는 천도심(天道心)의 이법(理法)이다. 암컷은 수컷의 기(氣)를 받아 생명을 잉태한다. 암컷이 아무리 저혼자 물질을 잉태하고 싶어도 기(氣)가 없이는 안 되고, 수컷 역시 제아무리 기(氣)를 내려도 혼자서는 물질을 생(生)할 수 없다. 이것은 천지음양(天地陰陽)이 상합혼교(相合混交)할 때만이 새로운 생명체이 탄생한다는 말이다.

이처럼 하늘의 기(氣)만 갖고도 안 되고, 땅의 물질만 갖고도 안 된다. 이것을 일양불생(一陽不生)이요 일음불성(一陰不成)이라 하고, 또는 고양불생(孤陽不生)이요 고음불성(孤陰不成)이라고도 한다. 천지만물은 모두 이렇게 음양(陰陽)의 혼교(混交)로 물질과 인물을 만들어내는데, 여기에는 반드시 천지인(天地人)이라는 천지인(天地人) 3도(三道)의 준엄한 천도법칙(天道法則)이 있다. 천지인(天地人)의 3도(三道)를 삼재(三才) 또는 삼원(三元), 종원(宗源), 만물의 종(宗)이라고도 한다.

2. 지도법칙(地道法則)

삼광만물(三光萬物)의 종(宗)을 알려면 먼저 때를 알아야 하고, 때를 얻으면 명조(命造)는 비로소 신공(神功)을 나타내기 시작한다. 지(地)에는 강하고 유한 때가 있는데, 동서남북 중앙이라는 오방신장(五方神將)을 말한다. 하늘에 덕(德)과 기(氣)가 있다 하더라도 때와 맞지 않으면 무공(無功)하니 이때를 놓치면 안 된다. 이때가 인명(人命)과 딱맞아 떨어지면 천공(天功)과 지공(地功)과 인공(人功)의 삼공삼신(三功三神)이 삼합(三合)하여 대공(大功)을 이룬다.

곤(坤)은 지(地)요 어머니로 만물을 생(生)하며 육(育)하는 생명의 근원이다. 하늘에서 정령을 받아 형질이라는 물질을 생(生)했으니 당신의 위대함에 감사를 드린다. 또한 지(地)의 토(土)는 재물의 신장(神將)으로도 본다. 이 땅의 모든 제물은 토(土)에서 낳고, 토(土)에서 생육되고, 토(土)로 돌아가지 않는 것이 없다. 하찮은 금수초목은 물론 만물의 영장이라는 인간도 여기서 벗어나지 못한다. 사후세계나 들먹이며 하늘나라니 천상세계니 무릉도원이니 하는 말은 선행을 목적으로 한 것이라면 몰라도 혹세무민하는 것이라면 옳지 않다. 아무튼 만물은 토(土)에서 낳고, 토(土)에서 생육되는 것을 먹고 살다가 죽는다. 그래서 토(土)를 금은재화, 재신(財神), 재장(財將)이라 하는 것이다.

3. 인도법칙(人道法則)

만물만사에 오행(五行)이 아닌 것이 없고, 오기오행(五氣五行)이 아닌 것이 없다. 인간은 누구나 아무것도 모르면서 태어났다. 다만 하늘에서 기(氣)를 받고, 땅에서 형상을 갖추어 인간이 되었으니 그저 감사할 뿐이다. 하늘의 기(氣)는 지구상에 비가 오듯이 쏟아지는 것이고, 땅의 물질은 쏟아지는 기(氣)를 마음껏 들이켜 축생도 만들 수 있고 초목도 만들 수 있다. 그중에서도 만물의 영장인 인간으로 태어났으니 이보다 더한 광영이 어디 있겠는가.

내가 사람으로 태어나 이제야 알겠노라. 어쩌면 그렇게도 한치의 오차도 없이 자연을 닮았더란 말이냐. 자연의 오상입사(五常立事)가 완벽하게 내 몸에 찍힌 듯이 박혔고, 정신마저 인의예지신(仁義禮智信)이 깃들어 천지신명과 통하고, 지(地)로 중심을 잡아 천지인도(天地人道)에 벗어나는 일을 하지 않게 한 것은 오직 인간에게만 주어진 오상오사(五常五事)의 특별한 도(道)가 아니겠는가.

인간 외의 하등동물은 오상입사(五常立事)도 없고, 오상오사(五常

五事)도 있을 수 없다. 그들의 행동과 버릇은 단순할 뿐이며, 먹는 것밖에는 바라지 않는다. 여기에 감정이라는 성정을 조절할 지능이 부족해 노하고 성낼 줄은 알아도 웃을 줄은 모른다. 이것은 오행(五行)의 기(氣)를 인간처럼 완벽하게 받지 못했기 때문이다. 만약 그들도 인간처럼 오행(五行)의 기(氣)를 완전하게 받았더라면 지능이 있어 희로애락을 아는 동물이 되었을 것이다.

물론 인간도 선악이 있어 잘난 사람과 못난 사람이 있고, 사람 같은 사람과 사람 같지 않은 사람이 있다. 이것은 환경과 밀접한 관계가 있다는 것으로만 알자. 여기에 대한 설명을 하자면 본문과의 설명이 멀어지기 때문이다. 다만 악기악령 속에서 헤어나지 못하는 사람은 오행(五行)의 기(氣)가 편고하게 짜여졌기 때문에 일어나는 현상이다. 그러므로 생월일시로 만들어진 사주팔자의 오행(五行)은 섬세하게 잘 짜인 옷감과 같아야 한다.

여기에는 생(生)·극(剋)·제(制)·화(化)·회(會)·합(合)·형(刑)·충(沖)이 있다. 어느 것은 극(剋)을 좋아하는 제(制)가 있고, 생(生)을 좋아하는 생화(生化)로 귀명(貴命)을 이루는 것도 있으니 참으로 심오하다. 시대가 날로 복잡해지면서 지구촌은 지금 공해촌이 되어 버렸다. 범세계적으로 환경운동가들이 지구촌 살리기에 나섰지만 이미 때는 늦었다. 여기에 편승해 정신세계를 좀먹는 학문이 나타나 우주판을 흐려놓는 것도 문제다.

명학(命學)의 대본은 위에서 말한대로 생극제화(生剋制化)의 바탕 위에서 길흉의 조화가 이루어진다. 그런데도 잡다한 신살(神殺)

로만 운명을 감정하는 사람이 있는가 하면, 단기완성이라며 사람들을 끌어들여 한두 달 교육한 후 존귀한 인간의 운명을 감정하게 하는 철없는 단체도 있다. 여기에 겁없이 달려들어 길흉을 논하는 철부지들이 있으니 그저 두렵고 무서울 따름이다. 도대체 오라는 사람은 누구이고, 가는 사람은 누군지….

다시 한 번 말한다. 명학(命學)에는 수많은 이법과 천언만어(千言萬語)가 있다. 그러나 핵심은 일간(日干)의 왕쇠(旺衰)를 판단하는 것이요, 용신(用神)과 희기신(喜忌神)을 바로 보는 것이다.

4. 지천명(知天命)

나의 운명을 모르면 장님이나 귀머거리와 같다. 성인도 말씀하시기를 자신의 명을 알아야 비로소 군자가 된다고 했다. 그러나 자신의 명을 안다는 것은 결코 쉬운 일이 아니다. 설령 안다고 해도 명에 따라 진퇴(進退)하기는 더욱더 어렵다.

운명을 알려면 먼저 상생(相生)·상극(相剋)·제화(制化)·제극(制剋)의 4가지 원칙을 알아야 한다. 운명이 순(順)해야 되는 것은 순(順)해야 되고, 역(逆)해야 하는 것은 역(逆)해야 되는데, 이를 생극제화(生剋制化)라고 한다. 대체적으로 정재(正財)·정관(正官)·정인(正印)·식신(食神)의 사길신(四吉神)은 순생(順生)을 즐기고, 편재(偏財)·편관(偏官)·편인(偏印)·상관(傷官)의 사흉신(四凶神)은 역극(逆剋)을 즐긴다. 이는 명조(命造)마다 차이는 있으나 이렇게 정의를 내려본다.

운명감정은 어디까지나 오행상극(五行相剋)이 근본이므로 여기에 맞는 합리합회(合理合會)의 궤를 벗어나지 않으면 자연의 이치를 벗어나지 않은 정통법리라고 할 수 있다. 대개 돈·출세·결혼 등 제한된 것만 묻고 답하는데 이것은 운명의 전부가 아니다. 필자는 항상 손님들에게 질문을 잘 하라고 말한다. 공연히 되지 않는 질문만을 하는 사람이 있기 때문이다.

운명이란 정사각형처럼 네모반듯한 학문이다. 여기에는 가감이 있을 수 없고, 질곡이 있을 수 없다. 되는 것은 되고, 되지 않는 것은 안 된다. 선이 악이 되고 악이 선이 되는 것도 운명이요 주어진 삶이다. 그러므로 받을 것은 받고, 줄 것은 주어야 한다. 그냥 욕심 때문에 움켜쥐고 있으려니 번뇌와 갈등이 생기는 것이다. 그것을 알지 못하기에 번뇌가 번뇌를 만들어 고통스럽게 하는 것이다. 이것은 자연의 질서에 배(背)하는 역(逆)이다. 여기에는 배역(背逆)한 만큼의 죄값을 받아야 하는데도 모르고 있으니 한심할 따름이다. 그래서 운명을 알아야 한다.

지천명(知天命)하고 지지명(知地命)하며 지인명(知人命)하면 우(愚)를 범하지 않는다. 이것은 삼도지의(三道之儀)를 알고 행하라는 완벽한 도언(道言)이다. 어차피 인간으로 태어났으니 도인이 되어야 한다. 어려울 것도 없고, 행하지 못할 것도 없다. 오행오기(五行五氣)의 기운을 알고 행하면 천사(天事)와 지사(地事)와 인사(人事)에 응하는 것이다. 응함으로 만물만사에 형통을 받는 것이다. 우선 인사인명(人事人命)을 알려면 오감신경의 움직임부터 이해하자. 이것을 먼저 알면 지금까지 말한 천지오행(天地五行)과 음양오행(陰陽五行)이 헛되지 않다는 것을 알게 될 것이다.

5. 인간설계

1. 사주의 개념

 사주란 글자 그대로 태어난 년월일시 네 기둥을 말하고, 팔자란 한 기둥에 간지(干支) 두 글자씩 2×4=8이라 천간(天干) 네 글자와 지지(地支) 네 글자를 합한 것을 말한다. 이것을 중국에서는 명리(命理)라 하고, 일본에서는 추명(推命)이라 하며, 우리나라에서는 사주 또는 천명(天命)이라고 한다. 이는 태어날 때 하늘이 너는 이렇게 만들어졌으니 이대로 살라는 명령이다.

 어쨌든 사주팔자는 음양오행(陰陽五行)의 부호인 간지(干支)로 표시한 종합적인 건물인 셈이다. 따라서 사주는 인간이 태어날 때 조물주에게 받은 인생의 각본이며 인체의 설계서다. 따라서 그 설계에 따라 정신과 육신이 창조되고, 사지오체(四肢五體)와 오장육부가 형성되며, 흥하고 망하고 울고 웃는다. 이것이 인생이다. 그래서 사주로 성격과 재능을 알 수 있고, 오장육부와 이목구비의 허와 실을 가늠할 수 있는 것이다.

 다시 말해 사주는 타고난 문서이며 건강진단서이고 적성과 IQ까지도 측정할 수 있는 흥망성쇠의 청사진이기도 하다. 따라서 어떻게 생겼는지 어떤 능력으로 무엇을 할 수 있는지, 닥치는 운세의 길흉화복은 어떤지 등 모두가 사주에 나타난 음양오행(陰陽五行)의 질량과 구조의 허실에 달려있다고도 볼 수 있다.

2. 사주는 4차원이다.

인간은 3차원의 세계에서 몸부림치고 있지만 2차원적인 사고방식과 3차원의 과학과 문화가 혼재하면서 4차원의 세계도 꾸준히 연구하고 있다. 1차원은 선이다. 한 줄로 그어진 직선은 마치 외나무다리처럼 한 사람이 걸어갈 수 있는 좁은 길이다. 도중에 누군가와 마주치거나 장애물을 만나면 피할 수도 없는 외길이 1차원이다. 때문에 1차원이 원하는 것은 행동의 자유가 있는 면인데, 이 2차원의 면은 사방으로 트여서 어디든지 마음대로 갈 수 있고, 피할 수도 있다. 그러나 2차원도 평면의 공간은 무한대지만 날거나 뛸 수 있는 높이는 없어 전후좌우의 공간과 상하까지 자유자재로 행동할 수 있는 입체적 공간을 소망한다. 그러나 선(線)·면(面)·체(體)가 있는 완전한 공간이 3차원이다.

1차원의 선과 2차원의 면과 3차원의 체는 모두 물질의 형태이기 때문에 물리(物理)가 지배한다. 하지만 물리는 물질을 분석하고 관찰할 수는 있어도 형이상학의 진리는 분석할 수 없다. 그래서 물리나 과학으로 역(易)을 이해하고 분석한다는 것은 무리다.

역(易)은 4차원이다. 만물생성을 놓고 크게는 진화론과 창조론이 있다. 두 가지 모두 일리는 있으나 창조는 천지의 운기(運氣)로 이루어지고, 만물은 진화로 이루어진다고 본다. 운기(運氣)가 만물을 창조하는 원리와 법도를 천도(天道)라 하고, 만물을 형성하는 성분과 설계를 천명(天命)이라 한다. 이 천명(天命)의 성분은 음양(陰陽)과 오행(五行)이기 때문에 창조의 객체는 바로 이 음양(陰陽)과 오행(五行)의 명세서로, 청사진과 같은 것이 사주다.

따라서 천도(天道)와 천명(天命)은 창조적 근원이며 원리고 법도다. 이를 4차원이라고 하며, 3차원의 물체에 빛과 기(氣)를 더하면 4차원이 된다. 다시 말해 3차원은 물체는 있으나 빛과 기(氣)가 없다. 빛을 밝혀야만 볼 수 있고, 기(氣)를 통해야만 움직이기에 3차원은 모든 것이 힘으로 움직인다. 이에 반해서 4차원은 도(道)와 명(命)과 빛과 기(氣)로 자생(自生)·자동(自動)·자화(自化)한다.

3. 운기(運氣)는 조물주다.

운기(運氣)는 천지만물을 창조하며 움직이고 지배하는 우주의 정기요 원기다. 다시 말해 춘하추동, 밤과 낮, 생과 사, 흥망성쇠 등을 지배하며 요리하는 전지전능한 조물주와 같다. 따라서 병의 근원인 장원(臟遠) 부족과 허(虛)도 그의 조화이기에 병의 뿌리를 찾으려면 운기(運氣)부터 살펴야 한다.

그러면 운기(運氣)란 도대체 무엇인가. 글자 그대로 옮길운(運)자와 기운기(氣) 자로 기(氣)가 바로 운기(運氣)라는 말이다. 기(氣)의 고향은 태양이고, 수소를 먹고 자라며, 물을 찾아 땅과 하늘로 돌아다니며 온갖 조화를 부린다.

운기(運氣)를 다른 말로 표현하면 수화(水火)요 음양오행(陰陽五行)이다. 운기(運氣)는 화정(火精)과 수정(水精)의 합성에서 발생한 정기(精氣)로, 양전자와 음전자의 합성으로 생기는 전기와 같다. 그래서 운기(運氣)는 태양의 빛과 열로 천하를 광명의 세계로 만들고, 지구의 물과 조화하여 만물을 창조하며 기르고 다스린다.

낮은 화(火)를 먹고 살고, 밤은 수(水)를 먹고 산다. 따라서 낮만 계속되면 뜨거운 불길이 땅을 불살라 만물을 잿더미로 만들 것이고, 밤만 계속되면 천하가 꽁꽁 얼어붙어 차디찬 얼음덩어리가 될 것이다. 수화(水火)는 서로 의지하며 주고받는 운기(運氣)로 숨쉬며 살아가기 때문에 결코 배척하거나 떨어질 수 없다. 다만 멀어졌다 가까워졌다 할 뿐이다. 운기(運氣)가 오르내리고, 모였다 흩어지고, 덥고 추운 것은 모두 음양오행(陰陽五行)의 작용 때문이다. 음양오행(陰陽五行)이 바로 우주와 천지만물의 해답을 풀 수 있는 열쇠라고 할 수 있다.

기(氣)는 만능열쇠다. 지금의 과학은 3차원을 완전하게 정복하려고 몸부림친다. 달나라를 가고, 초음속 비행기와 우주선을 개발하는 등 입체적인 공간을 최대한 탐험하며 개발하고 있다. 하지만 이는 물질과 물리(物理)를 최대한 활용하며 극대화시킬 뿐 기체의 세계인 4차원을 과학으로 정복할 수는 없다고 단정한다.

4차원의 세계를 형성한 운기(運氣)와 천명(天命)을 추구하는 것은 동양의 철학과 의학으로 운기(運氣)와 천명(天命)을 통달하는 것이 도(道)를 터득하는 기본이라고 본다. 그러나 얼치기 육갑(六

甲)이나 하고, 점술과 비결과 같은 귀신타령이냐 하는 2차원적인 음양오행(陰陽五行) 이론으로 4차원에 담긴 참 진리와 기(氣)를 어찌 깨닫겠는가.

4. 역(易)은 역(疫)이다.

본래 역(易)은 역(曆)이며 역(力)이고 역(疫)이다. 모두 역으로 발음되나 뜻은 전혀 다르다. 그러나 모두 서로 통하는 이치는 같아 역(易)이 밝으면 역(疫)의 분야도 밝다.

역(疫)은 질병을 의미한다. 병(病)을 세균의 개념으로 이해하려면 병원체를 분석하며 관찰하는 전문적인 의술이 필요하다. 하지만 병의 개념을 세균이 아닌 부족으로 보는 시각에서 천명(天命)의 운기(運氣)로 체질을 분류하고, 체질에 따라 병의 뿌리인 허(虛)를 관찰하고, 허(虛)를 보강하는 예방의학의 자료가 되는 것이 바로 사주팔자다.

다시 말해서 사주만 똑바로 이해하면 체질을 분별하고, 병의 뿌리를 진단해 치료할 수 있다는 말이다. 따라서 의술은 병이 나타나야만 손을 쓸 수 있지만 역(易)은 역(疫)이라 사주만 보고도 병의 뿌리를 알 수 있기 때문에 무병장수에 기여할 수 있다. 이것이 사주학의 자랑이며 권위다. 건강은 스스로 지켜야 한다. 병이 난 뒤에 의사에게 생명을 맡길 것이 아니라 역(易)으로 역(疫)을 미리 다스려야 한다는 말이다. 그러면 병은 어디에서 오고, 어떻게 역(易)으로 진단하는지 알아보자.

사람은 물질적인 육신과 기질적인 정신으로 이루어졌다. 육신은 물질을 먹고, 정신은 기(氣)를 먹어야 산다. 그래서 물질 즉 음식은 생명을 유지하는 절대적인 조건인 동시에 만병을 다스리는 약이므로 사람을 비롯한 모든 생물은 먹어야 산다. 먹어서 배를 채운다는 것은 부족을 메꾸는 것이다. 반면에 부족은 허(虛)를 낳고, 허(虛)는 병을 낳고, 병은 생명을 위협한다.

사람은 피나무(血木)라고 할 수 있다. 육신은 수천억 개가 넘는 세포로 이루어졌다. 세포는 끊임없이 피를 먹고 성장하며 증식해야 하기 때문에 조물주는 사람에게 먹거리를 생산하는 수단으로 사지오체(四肢五體)와 손발을 주었다. 또한 음식을 소화흡수하는 기관으로 오장육부를 만들어 끊임없이 피를 생산하게 하고, 모세혈관을 통해 세포를 증식시켜 먹여살리도록 했다.

그런데 피는 물과 같다. 물은 스스로 흐르는 자동물질이 아니라 반드시 공기를 만나야 숨을 쉬고 움직일 수 있다. 그렇기 때문에 세포가 먹고 사는 피도 산소가 없으면 움직이거나 순환할 수 없다. 공기를 만나야만 숨을 쉬며 피가 움직인다. 그래서 결국 육신과 정신으로 형성된 인간은 혈(血)과 기(氣)를 먹고 사는 것이다. 혈기가 왕성하면 육신과 정신이 건전하고, 부족하면 생명이 허약해짐으로 부족과 불균형에서 병이 생긴다. 인간이 하루에 세 끼의 밥을 먹는 것은 혈기를 보충하는 기본적이며 필수적인 작업이다. 이때의 만족과 정상은 생리(生理)고, 부족과 이상은 병리(病理)다.

혈기는 오장육부에서 생산되며 저장되고 소비되기 때문에 장부는

혈기를 먹고 사는 셈이다. 생명을 건실하게 유지하려면 혈기를 생
산하는 기능이자 공장인 장부를 튼튼하게 유지해야 한다. 그렇다
면 질병은 결국 장부의 부실에서 온다는 결론에 이른다. 구체적으
로 말하면 간이 부실하면 간장병에 걸리고, 폐가 부실하면 호흡기
관이나 대장이 약하고, 심장이 부실하면 심장과 순환기 질환이 오
고, 콩팥이 부실하면 신장병이 온다.

2 우주(宇宙)와 공(空)

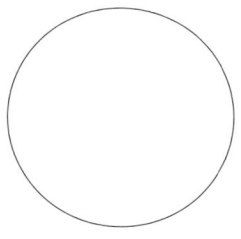

준남자(准南子)에 말하기를, 사방상하위지우(四方上下謂之宇)요
왕고래금위지주(往古來今謂之宙)라 했다. 이 말은 우(宇)는 동서남
북과 상하를 뜻하고, 주(宙)는 고금왕래의 시간을 말한다. 다시 말
해 공간과 시간이 하나가 되어 만들어진 것이 우주다.

시간과 공간은 두 개다. 시간 ①과 공간 ①이 하나가 된 것을 우
주라고 한다. 여기에는 볼 수 있는 것도 있고 없는 것도 있다. 공
간 속에는 많은 물질이 있어 볼 수 있고 만질 수 있는 물건도 있

지만, 시간이란 볼 수도 만질 수도 없는 것이다. 다만 일정한 속도로 흘러간다는 사실만 알 뿐이다. 그런데 시간 속에는 보이지 않는 규칙이 반복된다. 아침과 저녁, 낮과 밤, 춘하추동이 시간따라 계절따라 반복되는 원(圓)운동을 한다는 놀라운 사실이다.

원이란 시간이 반복되면서 비롯된 산물이다. 유형의 공간과 무형의 시간이 하나가 되어 어우러진 모습을 우리는 공(空) 또는 원(圓)이라고 한다. 이들은 완벽하게 반복운동을 계속하면서 우주를 움직인다. 이를 신(神)의 조화라고 하는 사람도 있고, 오행(五行)의 여율운동(呂律運動)이라고 하는 사람도 있다.

공(空)이란 보기에는 아무것도 없고 고요하여 작용이 없는 것 같아도 안으로는 생명체가 있어 생동한다. 이것을 태극(太極)이라고 한다. 무형에서 유형으로, 유형에서 무형으로 쉬지 않고 순환운동을 하는 우주를 그림으로 그리면 다음과 같다.

이들의 그림 속에는 공간과 시간, 낮과 밤이 있어 두 개씩 나누어지지만 곧 하나가 되어 공존한다. 공간이 있으므로 시간이 있고, 낮이 있으므로 밤이 있어 1:1의 비율로 하나의 우주가 만들어진다.

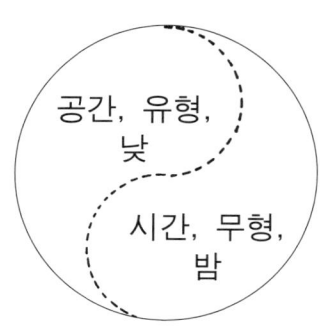

1:1이란 음(陰)과 양(陽)이 팽팽히 맞서 어느 한 쪽으로 쏠리는 힘의 이동을 용납하지 않는다. 우주의 원통 같은 커다란 공 속에는 위아래를 떠받치는 기둥이 없는데도 찌그러지지 않는 것을 보고, 노자의 도덕경(道德經)에서는 허기복(虛氣腹) 또는 허기심(虛氣心)이라는 말을 썼다.

3. 천지조화

황제내경(皇帝內徑)에 음양자천지지도야만물지강기(陰陽者天地之道也萬物之綱紀)요, 변화지부모생살지본시(變化之父母生殺之本始)라는 말이 있다. 이것은 음양(陰陽)이란 천지의 길이며 우주만물을 통제하는 벼리와 같은 것이고, 변화를 일으키는 주체로 살리고 죽이는 근본이 여기서 비롯된다는 뜻이다.

음양(陰陽)이 만들어지는 모습을 살펴보면 다음과 같다.

- 언덕에 햇볕을 받으면 음양(陰陽)이 만들어진다.
- 빛의 이동으로 음(陰)과 양(陽)이 저절로 길어지며 짧아진다.
- 빛을 거두면 양(陽)은 없고 음(陰)만 있는데, 이 상태를 무극(無極)이라 한다.

우리는 이런 현상으로 음(陰)과 양(陽)은 영원하지 않다는 것과, 음(陰)이 있으면 반드시 양(陽)이 있어 음양(陰陽)이 동시에 태어난다는 것을 알 수 있다. 이것이 동양철학, 즉 순수자연주의 철학을 발생하게 하는 단초다. 이렇게 아주 미미한 것에서 발생한 음양(陰陽)이 하늘을 덮고 지구를 덮을 만큼 무한대로 확대 해석을 가능하게 하는 것을 보면 음양학(陰陽學)의 위대함에 머리가 숙여진다. 그러나 이 학문을 공부하는 사람은 고독한 구도자와 같다. 자연의 이치는 누가 가르쳐 주는 것이 아니라 혼자 깨닫고 답을 얻어야 하고, 그에 대한 답도 정답으로만 설명해야 하기 때문이다.

2. 오행론(五行論)

1. 오행(五行)의 개념

1. 목(木)

나무는 산이나 들에서 자라는 풀도 나무요, 큰 산에서 자라는 나무도 나무다. 그러나 동양철학에서 말하는 오행론(五行論)에서는 꼭 나무를 지칭하는 것이 아니라 자라나는 모든 것을 추상적으로 나타낸 것을 목(木)이라 한다.

목(木)은 만물의 생명을 대표한다. 봄에 가장 먼저 싹을 터 나무의 형체를 이루고, 여름의 화(火)를 만나 나뭇잎을 무성하게 피우고, 가을의 금(金)을 만나 목(木)의 결과인 열매를 금(金)에서 얻고, 겨울의 수(水)를 만나 씨앗을 단단하게 보존시키며 다음해 봄을 기다린다. 석 달의 봄은 생이물살예이물탈(生而勿殺預而勿奪)

이라 봄은 살리고 죽이지 말며, 주고 빼앗지 말라는 말이다.

목(木)이 두꺼운 씨앗을 뚫고 나올 때의 모습을 상상해보라! 작은 씨앗이 두꺼운 토(土)의 압력에 눌려 있다가 수분과 온도가 알맞을 때 두꺼운 껍질을 깨는 굉음을 들어보았는가? 이때 땅 위에서 강압적으로 압력을 넣어 씨앗을 압박하던 흙도 갈라지며 뾰족하게 싹을 틔우는 목(木)의 생명력. 가히 경탄하지 않을 수 없다. 이와 같은 상태를 목극토(木剋土)라고 한다.

이토록 어렵게 싹튼 나무는 위로 자란다. 씨앗을 싹틀 때의 나무가 위로만 곡직(曲直)되어 클 때의 모습 또한 비상하다. 질서없이 그냥 크는 것이 아니다. 집에서 나사못을 뺄 때와 같이 시계 반대방향으로 몸을 비틀면서 올라온다. 이것은 나무뿐 아니라 사람도 마찬가지다. 처음에는 어머니의 자궁에 머리를 대고 시계방향으로 돌다가 머리가 빠져나오고, 어깨가 나올 때는 시계 반대방향으로 몸을 확 틀어 마지막 관문을 통과한다.

이때 양(陽)과 음(陰)이 뒤틀려 동시다발로 빠져나오는 과정을 태극(乙)의 모습이라 한다. 새을(乙)자 말이다. 새을자는 시계방향과 시계 반대방향으로 동시에 움직이려는 상징성을 갖고 있다. 나무나 태아가 이렇게 나선형의 모습으로 자라며 태어나는 것은 빨리 자라고 빨리 태어나기 위한 몸부림이다. 총구 속에 그려넣은 나선형의 회전구도 총알을 빨리 튀어나가게 하기 위한 방법처럼 말이다. 이렇게 회전하며 빠져나간 총알은 공기 속을 뚫고 나갈 때도 회전하며 날아가게 한 것은 자연의 원리를 모방한 것이다.

2. 화(火)

　화(火)는 염상(炎上)이라고 한다. 불길이 위로 치솟아 타오르는 모습을 의미한다. 타오르는 불길은 아름답고 화려하다. 그래서 화(火)는 젊음을 상징하기도 한다. 사주학에서도 화(火)가 많으면 꽃밭처럼 아름다워 화려함의 극치라고도 한다. 그러나 지나치게 화려하면 속은 텅 비었다는 사실도 잊지 말아야 한다. 젊음의 극치라 하여 음악과 향락에 도취해 밤낮을 가리지 않던 시절은 누구나 한때의 과정이다. 왜냐하면 봄(木)에 태어나 성장하려면 여름(火)을 거쳐야 하기 때문이다. 사실 여름이란 계절은 만물을 무성하게 키우고 성장시켜 꽃을 피우는 단계까지지 더는 할 수 없는 한계가 있다. 그래서 젊었을 때의 모습은 어깨가 나뭇잎처럼 활짝 벌어지고, 키가 쑥쑥 자라며, 얼굴은 붉으며 화사하고, 눈은 이글이글 타오르는 불길처럼 맑고 밝은 광채가 난다.

　이렇듯 여름의 화(火)는 겉으로는 화려하고 무성하나 여름에는 곡식이나 열매가 익지 않아 먹을 것이 없는 것처럼, 사람도 청년기에는 사치와 허영에 빠져 실속이 없다. 이때는 대학을 갓 졸업하고 얻은 첫 직장의 신입사원 때쯤이니 소득이 얼마나 될 것이며, 사업을 한들 경력이 일천하니 얼마나 실속이 있겠는가.

　화(火)는 팔괘의 상으로는 ☲이다. 보는 것처럼 속이 텅비어 있다. 그러나 가을이 되면서 자연은 태(兌 : ☱)로 변한다. ☲ 속이 텅비어 있던 모습은 어느덧 ☱이 꽉찼다. 가을로 넘어가보자.

3. 금(金)

금(金)은 혁(革)이라 하며 의(義)를 함축한다. 금(金)은 봄부터 여름까지 흩어진 기(氣)를 모으며 단단하게 응축시키는 일을 맡는다. 다시 말해 무한하게 팽창된 것을 단단하고 둥글게 응축시킨다. 단단함 속에는 새 생명의 씨앗이 될 생명의 눈을 보호하기 위한 포장을 가을의 금(金)이 한다.

봄은 살리고 가을은 죽이는 계절이다. 가을의 금(金)은 심평(審 判)이라 한다. 공정하게 심사해 죽일 것은 죽여야 한다는 뜻이다. 그러나 나무를 죽인다 하여 모두를 죽이는 것은 아니다. 열매를 맺거나 씨를 남기는 것은 씨앗 속에 있는 생명을 다치지 않게 하며, 겨울잠을 자듯이 깊숙이 뿌리를 박고 있는 나무도 다치지 않게 함으로 가을은 살벌의 기운이 강해도 공정하게 심평해준다.

인간도 장년기(33~49세)부터는 인생의 가을과 같다. 성숙한 열매는 좋은 씨앗을 남기는 법이다. 이때부터는 성숙해지는데 힘쓰고 노력해라. 생명의 씨앗은 거짓이 없어 심고 가꾸고 거름준대로 싱싱한 열매를 맺기 때문이다.

4. 수(水)

수(水)는 윤하(潤下)라고 한다. 윤하(潤下)는 만물이 촉촉하게 자라며 포용하고 감싸안는다는 뜻이다. 수(水)는 생명의 고향이며 탄생과 죽음을 함께 하는 곳이다. 정자나 난자의 만남도 자궁에서 시작해 생명으로 탄생시키고, 탄생한 생명은 화(火)와 금(金)을 거쳐 다시 수(水)로 돌아와 자기 모습을 감추는 신비한 곳이 곧 자궁이요, 수(水)의 자리다. 만물의 씨앗도 겨울이 되면 저장해 감추듯이 태아의 씨앗도 자궁 속에 깊숙이 감춰 싹틀 준비를 하는 경이로운 곳이다.

수(水)는 큰 우주에서 볼 때 블랙홀이다. 이곳에 한 번 빨려들면 어느 것도 다시 빠져 나갈 수 없는 신비한 홀처럼 자궁도 블랙홀이다. 그러나 아무리 블랙홀이 불가사의한 곳이라 해도 영원하지 않다. 블랙홀에 빨려들어 갔던 것이 화이트홀로 빠져나오기 때문이다. 이 말은 블랙홀과 같은 겨울이 봄을 만나면 빨아들였던 것을 토해내 생명을 탄생시키는 기적이 나타나기 때문이다. 블랙홀 → 화이트홀 → 블랙홀 → 화이트홀. 이들은 이렇게 음양(陰陽) 운동을 반복한다.

수(水)는 검다. 보이지도 않는다. 무극(無極)의 상태다. 그러나 태극(太極)이 되어 만물을 살리고는 다시 무극(無極)으로 돌아가 현현(玄玄)해질 뿐이다. 이것이 수(水)의 본성이다.

5. 토(土)

토(土)는 가색(稼穡)이다. 농부의 순수한 마음처럼 심고 가꾼 만물에 생명을 주는 주재자의 신이다. 토(土)는 목화금수(木火金水)

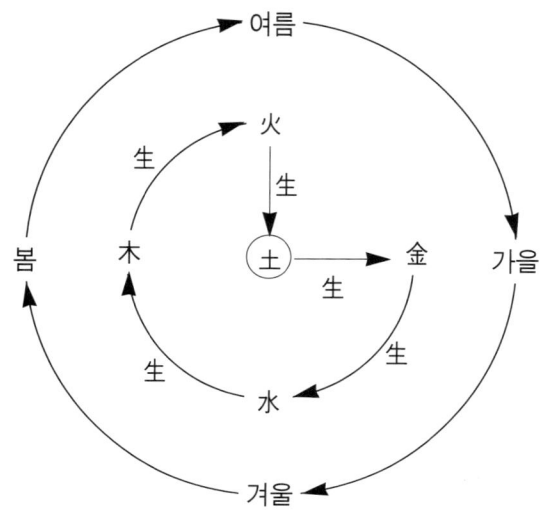

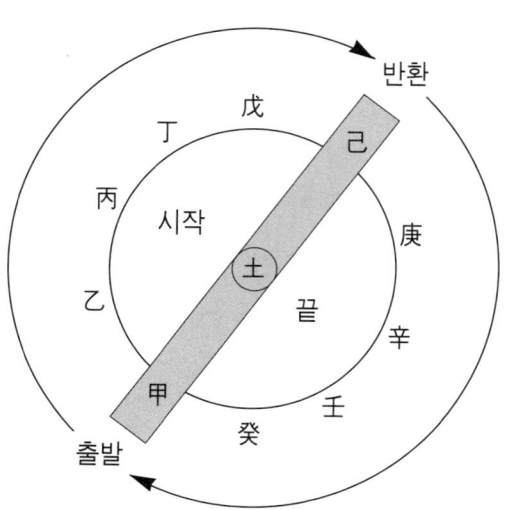

를 지탱시키는 몸통이다. 토(土)는 사람의 배와 같다. 사람의 몸통에 붙어 있는 사지(四枝) 즉 팔 2개와 다리 2개가 모두 몸통에 붙어 활동하는데 이것은 목화금수(木火金水)를 토(土)가 관리하고 있음을 뜻한다.

토(土)는 목화금수(木火金水)처럼 춘하추동에 따라 낳고 기르며, 열매를 맺고 저장시키는 일은 결코 하지 않는다. 다만 중앙에 앉아 이들 4행(木火金水)의 작용이 지나치거나 모자람이 없게 조절해 주는 일만 한다. 옆의 그림을 보면서 토(土)를 이해하기 바란다. 중앙의 황제답게 중심처에 앉아 있다.

2 오행(五行)의 원리

1. 목(木)

1의 수(水)와 2의 화(火)가 만나 분열하면서 동시에 나타나는 현상이 3의 목(木)이다. 목(木)이 햇빛을 만나면 팽창하며 신장하고 줄기가 생기며 꽃을 피워 열매를 맺는다. 하루가 시작되는 것도 해가 뜨면서 시작되고 잠자리에서 일어나는데 이것이 화(火)의 원리요, 잠자리에 들어 누워 있는 것은 수(水)의 원리다.

이렇게 화(火)의 일어나고 수(水)의 눕는 이치에 따라 목(木)은 팽창하면서 성장한다. 이것은 만물이 생기고 일어나 성장하는 기운을 뜻한다. 이때 일어나는 기운에 따라 증기가 발산하면서 생기는 현상이 바람이다. 바람이 목(木)의 계절인 봄에 가장 많이 불어대는 것도 많은 목(木)이 싹이 터서 자라기 때문이다.

목(木)이 화(火)를 만나면 목화통명(木火通明)이라 하여 나무가 여름을 만난 격이다. 여름은 나무를 무성하게 키우며 꽃을 피우고 열매를 맺을 준비를 시키는 때다. 이렇게 되면 총명하며 기억력이 좋고, 분별력이 뛰어나며 사물에 대한 관찰력이 돋보여 과학자나 연구직 등에 종사해 명성을 떨치는 경우가 많다.

목(木)이 금(金)을 만나면 가을을 만난 격이다. 금목상제(金木相制)라 하여 목(木)과 금(金)이 공생공존하면서 구제해주는 작용을 한다. 목(木)은 금(金)을 만나 성장을 멈추고 비로소 정기를 모아 열매를 맺어 결실하는 결과를 얻기에 서로 유익하게 작용한다. 또한 동량지목(棟樑之木)이 되어 재목이 되는 것도 금(金)을 만나야 가능하다. 나라의 공복(公僕)으로 청백리(淸白吏)가 되는 것도 목(木)이 금(金)을 만났을 때 이루어지는 것이다.

목(木)이 수(水)를 만나면 목기생원(木氣生源)이라 하여 어린아이가 어머니의 젖을 만난 격이다. 교육이나 문화사업에 종사하면 좋다. 평생 선비의 자질을 겸비한 학자처럼 품위를 지키는 인격자가 된다.

목(木)이 토(土)를 만나면 두 가지 현상이 일어난다. 살아있는 목(木)이면 뿌리를 깊숙히 땅 속에 내려 비바람에도 흔들리지 않고 열매를 맺어주는 직립천고(直立千古)의 나무로 유명천추(遺名千

秋)하도록 이름을 남길 것이요, 죽은 나무는 집을 짓고 다리를 놓는 데 쓰일 것이다. 이를 배성가색(培成稼穡)이라고 한다. 노력과 근면성이 강해 큰 부자도 여기서 많이 나오고, 출세하는 사람도 여기서 많이 나온다.

목(木)이 목(木)을 만나면 서로 앞다투어 크려는 기질이 있다. 이를 소수성림(小樹成林)이라 하고, 쟁지충천지시(爭之沖天之恃)라 한다. 군중 속에 잘 휩쓸려 선동하는 기질이 있다. 그런가 하면 협력하고 헌신하는 정신도 있다.

1. 갑목(甲木)

갑목(甲木)은 초춘에는 여리고 한냉해 자라기 어려우므로, 화(火)를 얻어 따뜻하게 만들어 성장과 번영을 약속받는다. 중춘과 만춘에는 목(木)의 기세가 왕성하므로 금(金)의 극(剋)을 받아도 두렵지 않다. 오히려 반극(反剋) 작용으로 목(木)의 위세를 떨친다.

또한 금(金)의 극(剋)을 받아도 화(火)로 제금(制金)하여 두려울 것이 없다. 따라서 사주에 목기(木氣)가 많을 때는 화(火)로 목생화(木生火)하면 호명으로 본다. 이때의 목세(木勢)는 목화통명(木火通明)의 기운을 얻어 발복하는데, 이는 목(木)의 인성과도 상당한 관계가 있어 더욱더 호명으로 본다.

추월(秋月) 갑목(甲木)은 휴쇠목(休衰木)이 된다. 토(土)는 금(金)을 생(生)하여 토기(土氣)가 극쇠한 때라 목(木)을 배양할 힘이 없다. 고로 가을에는 금기(金氣)만 왕성한 때라 목(木)은 고사

직전에 있거늘 하찮은 초목인들 무성할 수 있겠는가. 그러나 화(火)가 있으면 목(木)을 보호한다. 화(火)가 있으면 토(土)를 생(生)하여 패토(敗土)를 면하고, 양토(養土)가 되어 목(木)을 살린다. 비록 추월(秋月) 목(木)이 되어 지엽은 말라버렸지만 목(木)의 기세는 뿌리로 돌아가 긴 겨울을 지내면서 봄을 기다린다. 이와 같은 이치로 가을은 토(土)를 용납하지 않는다고 한다.

앞에서 갑목(甲木)은 화(火)를 좋아한다고 했지만 지나치면 설기(泄氣)가 과다해 목기(木氣)는 쇠하여 쓸모가 없다. 이때는 진토(辰土)가 있어야 호명을 이룬다. 진토(辰土)는 자양지토(慈養之土)가 되어 목(木)을 착근시켜 생장을 돕지만 우선 화기(火氣)를 누기(漏氣)시켜 목기(木氣)가 쇠하는 것을 막는 중요한 일을 맡기 때문에 진토(辰土)를 절대적으로 필요로 하는 것이다.

진월(辰月)은 오양지화(五陽之火)의 때라 병화(丙火)의 기세가 만만치 않다. 그러나 진월(辰月)의 병화(丙火)가 아무리 작열한다 해도 목(木)이 성장하는 데는 오히려 진토(辰土)가 있어 설기(泄氣)가 두렵지 않아 진월(辰月)의 초목들은 그렇게도 무성하게 싹을 틔우고 윤기를 발하며 무럭무럭 잘 자라는 것이다.

그러나 만약 진토(辰土)가 없는 병화월(丙火月)에 갑목(甲木)이라면 목기(木氣)는 병화(丙火)에 목생화(木生火)로 쉽게 설기(泄氣)를 당해 목분(木焚)되거나 시들어 죽는 현상이 나타날 것이다. 이렇게 되면 동량지목(棟樑之木)은 어디서 구할 것이고, 집을 짓고 가구를 만드는 재목은 어디서 구할 것인가. 아마도 우리의 생활에 엄청난 타격과 불편함을 줄 것이다. 왜냐하면 인간은 태초부터 수목에 의존해 입고 먹고 잠자며 살아왔기 때문이다.

수(水)는 갑목(甲木)을 생(生)하나 지나치면 썩어버린다. 아무리 수(水)가 인수(印綬)되어 자양한다 해도 태과(太過)하면 익애(溺愛)하는 것과 같아 자식이 버릇이 없고 게으르며 공상이나 즐기고 공짜인생을 살려고 한다. 이런 경우에는 재(財)가 들어와 태과(太過)한 인수(印綬)를 극하거나, 인(寅)의 건록(建祿)이 있어 착목(着木)시킨 후 왕성한 수(水)를 목(木)으로 설기(泄氣)시키면 안세(安勢)를 이루며 천화지윤(天和地潤)하게 된다.

명조(命造)가 이쯤되면 천년을 장수할 수목을 이루고, 삼림을 이룬 듯 만고에 빛날 동량이 된다. 나무 한 그루가 성목(成木)이 되어 큰 기물을 이루려면 병화(丙火)로 활목(活木)시키고 토(土)로 배양하며 수(水)로 자양해야 한다. 따라서 갑목(甲木)은 시령(時令)을 얻으면 동량이 되고, 실령(失令)하면 폐재(廢材)되기 쉽다.

2. 을목(乙木)

을목(乙木)은 봄에는 복숭아나무요, 여름에는 벼요, 가을에는 오동나무요, 겨울에는 화초다. 이렇게 을목(乙木)은 계절에 따라 모습을 달리한다. 춘월(春月) 을목(乙木)은 화(火)를 좋아하고, 하월(夏月) 을목(乙木)은 수(水)를 좋아하며, 추월(秋月)과 동월(冬月) 을목(乙木)은 화(火)를 좋아한다.

을목(乙木)은 토(土)를 재(財)로 삼으니 축미재(丑未財)를 좋아한다. 이는 음목(陰木)으로 능히 음토(陰土)를 극해 재(財)를 취할 수 있기 때문이다. 년월일시 어디에 있든 이를 기뻐하고, 병정화 (丙丁火) 역시 사주에 있으면 토재(土財)를 도와 더욱더 좋다.

을목(乙木)의 특성 가운데 갑목(甲木)을 만나는 경우다. 을목(乙木)이 비록 신약해도 갑인목(甲寅木)을 만나면 갑목(甲木)에 등라 (藤蘿)하여 휘감고 올라타 호명을 이룬다. 춘하추동 어느 때 태어나든 갑인목(甲寅木)을 만나면 이와 같은 방법으로 자신의 생명을 보전하므로 호명이라 하는 것이다. 만일 을목(乙木)이 시령(時令)을 얻으면 무성해 꽃을 피우며 결실을 거두나, 실령(失令)하면 시들어버린 잡초에 불과하다.

2. 화(火)

우주의 본체인 1의 수(水)가 분열해 2의 화(火)를 이룬 것이 태양의 열과 빛이다. 물을 분해하면 수소와 산소로 나뉘고, 이를 연소시키면 타버리는 성질이 있다. 수(水)가 화(火)의 열로 변하기까지는 6단계를 거쳐야 한다. 이것은 하도(河圖)의 1·6수(水)가 2·7화(火)로 전환한 원리에 의해 6단계를 거쳐 변한다.

1·2·3·4·5·6과 자축인묘진사(子丑寅卯辰巳)가 6단계를 말한다. 이를 성수(成數)라 하며, 우주의 만물도 6이 되고 사(巳)가 되어야 비로소 실화(實火)가 되어 빛과 열을 발한다. 이처럼 수(水 : 1과 子부터)는 6단계를 거쳐 변한 열과 빛은 이제부터 만물을 생

육시키는 주체가 되기 시작한다. 이와 같이 사람도 먹어야 살고 성장하듯이 6단계를 거쳐야 불은 비로소 힘을 발산하는 열량을 얻는다. 이 과정이 입 → 위 → 장 → 간 → 마음 → 피다. 피는 열이다. 열은 불이라 피가 화(火)처럼 붉고, 피가 붉고 왕성해야 화(火)의 힘이 좋아 혈기왕성한 사람이 된다.

화(火)가 수(水)를 만나면 찌는 더위에 단비를 만난 격이니 조화를 잘 이루면 수화기제(水火旣濟)가 된다. 그러나 수(水)가 지나치면 화로유연(火盧有煙)이라 하여 공포증·실명·심신허약증 등이 따른다.

화(火)가 금(金)을 만나면 소용지공(銷鎔之功)을 세운다. 광물질을 녹여 전쟁무기와 생활도구를 만들어 생활에 유익함을 주듯이 사람도 도전과 정복, 예리한 관찰력, 개척정신 등이 강하다. 이런 사람은 세공·금속·화학업 등에 종사하면 좋다.

화(火)가 토(土)를 만나면 태양이 대지를 밝히며 따뜻하게 하는 것과 같아 만물이 자생한다. 이런 사람은 경조사상(敬祖思想)이 투철하며 신앙심이 강하고, 영농이나 양육사업을 하면 길하다. 그러나 화(火)가 약하면 힘이 부족한 것과 같아 정서와 심신이 불안하고, 신(神)들리는 경우가 많다.

화(火)가 목(木)을 만나면 화기(火氣)가 충천하는 상이다. 이런 사주는 군인·경찰·문화인·종교인 등으로 명성을 얻는 사람이 많다.

화(火)가 화(火)를 만나면 염(炎) 자와 같아 폭염을 상징한다. 위세는 맹렬하며 급하기 이를 데 없으나 자신을 잘 조절하면 명(明)자가 되어 선견지명이 밝은 사람이 된다. 이론가·통솔자·잔인과 혹독을 업으로 삼으면 좋고, 정보업에 종사하는 것도 길하다.

1. 병화(丙火)

병화(丙火)는 춘하(春夏)에 성하나 가을을 만나도 서리를 우습게 여기고, 겨울을 만나도 수(水)를 두려워하지 않는다. 태양은 서리를 없애며 눈을 녹이기 때문에 수(水)의 극(剋)을 두려워하지 않는다. 그러나 병화(丙火)가 아무리 염상(炎上)을 이룬다 한들 신금(辛金)을 보면 유하여 강기(强氣)를 발동하지 않는다. 이것은 현명한 아내를 만나 부드러우며 자애로워지는 이치와 같다.

병화(丙火)에 수(水)가 적당하면 수화기제(水火旣濟)를 이루고, 병화(丙火)의 기세가 밝고 맑으면 대지에 널려 있는 수(水)를 불러들여 만물을 배양시켜 천지에 큰 공을 세운다. 이를 말하여 화(火)의 은공이요 수(水)의 은혜라 하는데, 병화(丙火)는 웅장한 것을 뜻하므로 태양(太陽)이라 말한다. 병화(丙火)가 시령(時令)을 얻으면 찬란하고, 실령(失令)하면 빛을 잃어 무용하다.

2. 정화(丁火)

정화(丁火)는 병화(丙火)처럼 작열하는 화(火)가 아니므로 유화(柔火)라 하고, 문명지화(文明之火)라고도 한다. 하늘에서는 성열(星列)이요 땅에서는 등화가 되어 정화(丁火)가 병화(丙火)를 만나면 빛을 빼앗기는 대신 병화(丙火)와 같이 폭발적인 화력을 나타내 성질이 발광하며 조급해지기도 한다. 그러나 본성은 음화(陰火)이기 때문에 임수(壬水)를 보면 애정지합으로 돌아선다. 이때는 무토(戊土) 상관(傷官)도 겁내지 않는다. 또한 음화(陰火)라서 성격이 느긋하며 섬세한 것만은 아니다. 다만 병화(丙火)보다는 열기가 좀 약하다는 것 뿐이지, 화날 때는 병화(丙火)에 버금간다. 이 것은 등촉불의 따끔한 화력과 같기 때문이며, 이것은 잠시뿐 쉽게 시들고 만다.

정화(丁火)가 춘목(春木)을 만나면 광휘가 빛나고, 정화(丁火)가 하목(夏木)을 만나면 화세(火勢)가 강하며, 정화(丁火)가 추목(秋木)을 만나면 가을밤의 별이 찬란하고, 정화(丁火)가 동목(冬木)을 만나면 땅 속에 화기(火氣)를 간직한 것과 같아 정화(丁火)일생은 춘하추동 어느 때 태어나도 의식에는 궁함이 없는 법이다. 정화(丁火)는 천성이 온순해 기세가 밝으며 맑다. 시령(時令)하면 민첩하고, 실령(失令)하면 간사하며 근심이 많다.

3. 토(土)

토(土)는 하도(河圖)의 중앙에서 5와 10의 수로 자리를 잡는다. 5는 1의 수(水)와 4의 금(金)이 합(合)하여 5의 토(土)가 되고, 3의 목(木)과 2의 화(火)가 합(合)하여 5의 토(土)가 되었다. 10은 1수(水)＋2화(火)＋3목(木)＋4금(金)이 합(合)하여 10의 토(土)가 되었다. 이렇게 토(土)가 이루어진 것을 보면 어느 한 물질이 토(土)가 된 것이 아니라, 수(水)·화(火)·목(木)·금(金)의 기운이 서로 충돌해 응결된 것을 알 수 있다.

토(土)는 무한한 상승과 하강·분열·통일을 용납하지 않는다. 한 가지 작용이 끝나면 다음 작용으로 연결시켜 서로 조화를 이루고, 조절해 항구성을 갖는 것으로 보아 토(土)는 양면성이 있는 물질이다.

양토(陽土)는 무진술(戊辰戌)로 나누고, 음토(陰土)는 기미축(己未丑)으로 나눈다. 특히 진토(辰土)는 지구의 남극자장(南極磁場)이요, 술토(戌土)는 북극자장(北極磁場)의 축이다. 이들은 서로 남북의 축을 이루면서 지구의 궤도운행과 경사도를 유지시키는 역할을 하며, 자전과 공전을 돕는다. 또한 진토(辰土)는 나무가 불에 탈 때 산소를 불러들이는 촉매작용을 하고, 음토(陰土)인 기(己)·미(未)·축(丑)은 횡적인 운행을 한다. 이렇게 볼 때 토(土)는 열 십(十) 자로 동서남북과 좌우상하를 유대시키며 조절하고 변화시켜 사물의 운동을 돕는다.

조절작용으로는 금(金)과 목(木)의 상극(相剋), 수(水)와 화(火)의 상극(相剋), 금(金)과 수(水)의 상생(相生), 목(木)과 화(火)의 상생(相生)하는 상생상극(相生相剋)의 작용도 영원하지 못하게 제지하는 작용을 토(土)가 하고, 극(剋)이 생(生)이 되고 생(生)이 극(剋)이 되게 하는 분합운동도 토(土)가 한다. 이것을 넓은 의미로 보면 공평과 정대, 능동과 자동, 조화와 조절, 제지와 전환, 화해와 완충, 흡수와 종합의 의미를 갖는다.

토(土)가 금(金)을 만나면 결실을 배가시키는 격이다. 이런 사람은 이상보다는 현실을, 이론보다는 실물을 우선으로 한다.

토(土)가 수(水)를 만나면 산지를 개간해 옥토(沃土)를 만든 격이다. 성실하며 부지런하고, 신용과 덕망을 갖추며, 근검절약가로 저축을 즐겨 재물을 모은다.

토(土)가 목(木)을 만나면 광야에 기둥을 세우고 집을 짓는 격이다. 이런 사주는 신의와 질서를 존중하며 책임감이 투철하고, 영농가·식물원·조립제품 등에 종사하면 좋다.

토(土)가 화(火)를 만나면 어머니의 품에서 곱게 자라는 격이다. 이런 사주는 문화·학문·구도자·건설업 등이 좋다.

토(土)가 토(土)를 만나면 첩첩산중에 든 격이다. 때로는 중후하며 자중할 줄 알고, 공동정신이 강한 면도 있다. 그러나 투지·자만·과욕·경쟁심 등이 지나쳐 화를 자초하는 경우도 많다.

1. 무토(戊土)

무토(戊土)는 천지의 중앙으로 중심을 잃지 않는다 하여 정(正) 또는 중(中)이라고 한다. 성정은 곧고 무거우니 산이요, 육지요, 제방이요, 두터운 성벽을 뜻하기도 한다. 무토(戊土)는 사방의 중앙에 자리잡고 있으면서 사계의 순환질서를 돕지만, 부족한 것은 채우고 넘치는 것은 극(剋)하여 중용을 이루게 한다. 천지의 만물은 토(土)에 의지하지 않은 것이 없다. 사람도 토(土)의 성정에 따라

신용과 덕을 바탕으로 살아가듯이 만물도 토(土)에 의지해 살아간다. 이를 정대(正大)라 한다.

춘하(春夏)의 무토(戊土)는 기세가 크고 장대하여 만물을 생육시키고, 추동절에는 조용해지면서 만물을 수장시킨다. 그러므로 토(土)는 만물의 명을 다스린다 하여 토왕(土旺) 또는 토제(土帝)라고도 한다. 토(土)가 시령(時令)하면 뜻이 웅대하며 과감하고, 실령(失令)하면 어리석고 연약해 무용하다.

2. 기토(己土)

기토(己土)는 음토(陰土)로 습윤하며 초목을 잘 배양하므로 전원(田園)이라고도 한다. 목(木)은 토(土)를 극(剋)하나 목(木) 역시 토(土)가 아니면 발아되지 않고 착근할 수 없다. 그래서 토(土)는 목(木)을 두려워하지 않고 오히려 목(木)을 달래 토(土)에 살게 하는 중정(中正)의 기질이 있다.

토(土)의 기세는 진술축미(辰戌丑未)월 각 18일에 가장 왕성하다. 여름에는 약간 왕성하고, 가을에는 쇠하고, 겨울에는 많이 쇠해진다. 기토(己土)가 시령(時令)하면 인품이 높고, 실령(失令)하면 품위는 좀 떨어지나 그래도 절제와 바른 특성을 갖는다.

4. 금(金)

금(金)은 만물의 성장을 억제시키고, 정기를 응축시켰다 다시 때가 되면 돌려주는 일을 한다. 목(木)이 상승·팽창·분산하는 성질을 갖고 있는 것에 비해 금(金)은 하강·수축·응고시키는 성질을 갖고 있다. 또한 금(金)은 도구·기구·과학 등의 최첨단 분야를 개발시켜 인간의 생활에 도움을 준다. 금(金)의 방위가 서쪽인 것처럼 서방세계가 과학이 발달한 것도 이와 무관하지 않다.

금(金)의 직업으로는 분석·가공·제조·실험·응용·금은주화·금융업·설계·기획 등이 좋다. 그러나 금(金)이 지나치게 많으면 목적을 위해서는 수단과 방법을 가리지 않는 저돌성이 있고, 때로는 폭력도 불사하는 사람이 된다.

금(金)이 수(水)를 만나면 금수쌍청(金水雙淸)이 된다. 금(金)도 빼어나게 아름답고 수(水)도 맑아, 의롭고 지혜가 많으며 덕을 쌓는다. 호색가도 여기서 많이 나온다.

금(金)이 목(木)을 만나면 직선적이며 정복자나 개척자 기질이 있다. 건축·섬유·벌목·자재상 등이 좋다.

금(金)이 화(火)를 만나면 광택이 나며 명기(名器)를 이룬다. 공익·절도·예의·효도·충성·준법·명예 등을 우선하고, 전문업을 가지면 윗사람에게 발탁되어 출세하는 경우도 많다.

금(金)이 토(土)를 만나면 지극한 보호를 받는 것과 같다. 특히 미토(未土)를 만나면 열매가 두툼하며 맛이 좋다. 부동산이나 귀금속업 등이 좋고, 선조를 봉양하는 정신이 투철하다.

금(金)이 금(金)을 만나면 서로 주장이 강해 부딪치는 소리가 요란하다. 고집이 강하며 반항적이고, 적대의식이 강하며 분개를 잘 한다. 무관직이나 스포츠가 좋으나 실속은 없다.

1. 경금(庚金)

경금(庚金)은 천지를 숙살하는 막강한 권한을 가진 병권자답게 천상태백성(天上太白星)의 살성(殺星)까지 갖추고 있어 대단하다. 천지만물의 기세가 충천해 춘하(春夏)에 무성하게 성장하고, 가을 바람에 오곡백과가 영글기 시작한다.

이것은 인생과 같다. 부지런히 일하고 공부할 때가 있는가 하면, 영그는 때가 있는 법이다. 이것은 금극목(金剋木)의 원리다. 금(金)이 비록 목(木)을 극(剋)하나 유용해 씨앗을 보존하고, 식생활을 돕고 있으니 선한 극(剋)이요 선한 선재(善哉)다.

그러나 금(金)이 칠살(七殺) 노릇을 하면 무섭다. 천하의 건달처럼 강봉을 휘둘러 흉검이 된다. 그러나 금(金)이 희고 맑으면 명검이 되어 유익함을 준다. 이것을 가을의 보검이라고 한다.

경금(庚金)이 시령(時令)하면 비굴하지 않은 의인이고, 실령(失令)하면 권위가 없고 무능하다.

2. 신금(辛金)

신금(辛金)은 음금(陰金)이라 토(土)에 묻히는 것을 매우 싫어한다. 신금(辛金)이 겨울에 생(生)하고 정화(丁火)를 보면 한냉한 것을 잘 견뎌 호명으로 보나, 병화(丙火)를 보면 병신합(丙辛合)하여 귀함이 적다. 특히 여자의 사주에 병신합(丙辛合)이 있으면 남편을 업신여기며 불화하는 경우도 있다.

신금(辛金)은 부드러우며 연약하다. 따라서 토(土)가 많아 매금(埋金)되면 금실무성(金實無聲)되어 쓸모없는 사람이 되기 쉽고, 무능해 처자식에게 의지하려고 한다. 이럴 때는 차라리 임수(壬水)로 설기(泄氣)하면 수통근(水通根)이라 하여 호명이 된다.

신금(辛金)은 금은주옥과 같은 보석이라 매금(埋金)을 싫어한다. 여름의 신금(辛金)은 정화(丁火)가 칠살(七殺)이 되어 두렵고, 겨울의 신금(辛金)은 수(水)가 얼까 두려워 정화(丁火)를 요구한다.

본래 신금(辛金)이 수(水)를 보면 금수청려(金水淸麗)라 하여 총명하며 지혜가 많다. 그러나 수(水)가 많으면 금침(金沈)되어 주옥을 녹슬게 만든다. 신금(辛金)이 시령(時令)하면 황금종이 되고, 실령(失令)하면 잡석에 불과하다.

5. 수(水)

우주의 운동은 곧 물의 운동이다. 물은 액체·고체·기체로 변하고, 만물의 핵은 종자라는 씨앗에서부터 비롯된다. 정자·난자·원자·분자 등 모두가 자(子)의 수(水)가 처음이라는 원초적인 의미를 뜻한다. 물은 반드시 상대적 변화에 따라 물질의 형태가 변하는데, 수(水)가 화(火)를 만나면 기체로 변해 상승한다. 이것은 봄에 만물이 싹트고 자라는 것으로 수화기제(水火既濟)의 상이라 한다. 두뇌가 명석해 기억력과 사고력이 좋고, 기민하며 달변가다.

수(水)가 목(木)을 만나면 물이 나무의 뿌리를 타고 내려가는 것이 아니라 거꾸로 나무의 줄기를 타고 올라가 기체화된다. 이를 수목(水木) 상승작용 또는 동화작용이라고 한다. 이런 사주는 입지적인 사람으로 활동적이며 진취적이라 자수성가하는 경우가 많다.

수(水)가 금(金)을 만나면 서로 깨끗해진다. 이것은 맑은 공기가 폐로 들어가 깨끗한 산소를 만들어 맑은 혈액을 온몸에 공급해 활력을 넘치게 하는 원리이다. 이런 사주는 연구직·교수·과학계통 등으로 나가면 좋다.

수(水)가 토(土)를 만나면 물의 흐름을 막는 것과 같다. 그러나 수다과토(水多過土), 즉 물이 많으면 땜을 만들어 저수지로 쓰면 유용하다. 이런 사람은 복종·의무·공평무사·공익정신 등이 강하고, 내성적인 사람도 있다.

수(水)가 수(水)를 만나면 도도히 흐르는 큰 강물처럼 기세가 당당하다. 협동정신이 강하며 대중적인 인기를 좋아한다. 때로는 지나쳐 경쟁자가 많아 분복분탈을 당하기 쉽다. 고집이 너무 강해 스스로 외로움을 자청하는 경우도 많다.

1. 임수(壬水)

임수(壬水)는 양수(陽水)로 힘이 위대하기 때문에 해수(海水) 또는 백천수(百川水)라고도 한다. 수(水)는 천상에도 떠있고 지하에도 가라앉아 있어 때에 따라 모습이 다르나 만물을 배양하는 모체임에는 틀림없다.

천지에서는 산하백천(山河百川)이요 사람에게는 혈행(血行)과 같아 수(水)는 청해야 한다. 만일 수(水)가 탁하고 과하면 어리석고 해를 불러들이며 지혜가 과도해 자신의 무덤을 스스로 파는 격이 된다.

임수(壬水)가 시령(時令)하면 지혜가 무궁하고. 실령(失令)하면 근심이 끊기지 않는다.

2. 계수(癸水)

계수(癸水)는 순음지강(純陰至强)하여 구름을 이룬 후 비로소 비를 내린다. 하늘에서는 천하수(天河水)요, 땅에서는 노상설(露霜雪)이며 세류에 불과하다. 그러나 계수(癸水)가 지음(至陰)으로 아주 나약한 수(水)라고 하나, 고조(高燥)의 무토(戊土)를 보면 극합화(剋合化)하여 수(水)의 본성을 버리고 무계합화(戊癸合火)로 화(化)하려는 성정이 강해진다.

따라서 사주에 토기(土氣)가 많으면 가장 쉽게 종(從)하는 것도 십간(十干) 중 계수(癸水)가 가장 빠르고 쉽게 동화해 버리는 특성을 갖고 있다. 그래서 계수(癸水)는 사주에 화토(火土)가 많아도 살이 되나, 이를 두려워하지 않으니 때로는 행동이 무서울 만큼 대범하기도 하다.

특히 천간(天干)에서도 끝이요, 육십갑자(六十甲子) 중에서도 계해(癸亥)로 끝자리를 지키고 있듯이, 앞에 서기보다는 뒤에서 따르는 것을 좋아하는 것도 눈여겨 볼만한 일이다.

계수(癸水)가 시령(時令)하면 변화를 즐겨 새로운 것을 찾아 발전하고, 실령(失令)하면 남에게 동정을 바라거나 의지하려는 기질이 있다.

3. 오행(五行)과 장부(臟腑)

사람의 뱃속에는 오장육부가 있는데, 혈기를 생산하는 공장과 같다. 여기에도 음양오행(陰陽五行)의 원리가 작용해 저마다 구실이 다르다. 장(臟)은 고기 육(肉은 月과 변이 같음)변에 감출장(藏)으로 만들어진 글자다. 그늘지고 감춰진 곳에서 살면서 감추고 갈무리하는 그릇이라는 뜻이다. 오장은 음녀(陰女)이기 때문에 혈기를 알뜰하게 관리하고, 육부는 양남(陽男)이기 때문에 부지런히 일해 혈기를 생산한 후 오장에게 넘겨준다.

오장은 간장·심장·위장·폐장·비장을 말한다. 비장의 비(脾)자는 고기육(肉)변에 종(낮을)비(卑)즉 머슴을 상징한 글자로 만들어져 아주 재미있다. 머슴은 본래 주인의 일만 죽도록 해주고 밥이나 얻어먹는 사람으로 항상 일만 한다. 밥통위(胃)자 또한 밭전 밑에 고기육이다. 농토 구실만 하기 때문에 비위(脾胃)는 혈기를 생산하는 공장에 지나지 않아 소화만 시키면 다른 4개의 장으로 보내고, 또 새로 음식물을 받아들여 계속 일만 하고 지내는 곳이 위장이다. 원래 땅은 주인의 것으로 소득 또한 주인한테 돌아가나 경작만은 머슴이 맡아 하듯이 비장은 생산된 혈기를 배당받지 못하고, 위장의 소화기능을 촉진시키는 분비물만 공급할 뿐이다.

실제로 살펴봐도 간목(肝木)은 혈(血)을 저장하며 동방과 봄을 관장하고, 폐금(肺金)은 기(氣)를 저장하며 서방과 가을을 주관하고, 심화(心火)는 화신(火神)을 간직하며 남방과 여름을 차지하고, 신수(腎水)는 수정(水精)을 갈무리하며 북방과 겨울을 주재한다. 하지만 비토(脾土)는 방위와 절기가 없고, 가운데 공간만 차지할 뿐이다. 여기서 가장 중요한 것은 땅이 있어야 농사를 지을 수 있듯이, 비토(脾土)와 더불어 경작은 인력(木)과 농수(水)와 햇빛(火)과 돈이나 농기구(金) 등의 협력으로 농사를 짓는다.

육부는 각자 자기의 아내를 위해 열심히 일하는데, 뱃속의 장부는 상생(相生)만 있을 뿐 상극(相剋)은 하지 않는다. 혈(血)은 수(水)의 딸이요 기(氣)는 화(火)의 아들이다. 수(水)는 물이 아닌 정(精)으로 차고 단단하며 간목(肝木)으로 보내져야 혈(血)이 된다. 피는 간에서 직접 분배되지 않고 심장으로 수송된다. 한편 심(心)은 이를 가공해 열에너지를 생산해 전기가 양전자와 음전자로 형성되듯이 양(陽) 에너지는 기(氣)가 되어 폐로 공급되고, 음(陰)에너지는 혈(血)이 되어 간으로 보내진다.

다시 말해 수목(水木)으로 피를 생산공급하는 것은 신수(腎水)요, 화생금(火生金)으로 폐기를 공급하는 것은 심화(心火)다. 수화(水火)는 곧 정(精)과 신(神)으로 상생(相生)할 뿐 상극(相剋)은 아니다. 정(精)은 혈(血)을 만들고, 신(神)은 기(氣)를 만들기 때문에 정혈신기(精血神氣)는 결국 각각 모자간이 된다는 말이다. 건물의 설계서만 갖고도 구조와 용도를 알 수 있듯이 사주로 장부의 허실을 알아 질병을 예방하는 지혜를 갖자고 이 글을 썼다.

천간(天干)의 하늘에는 음양(陰陽)의 기가 있고, 지지(地支)의 사람에게는 남녀가 있다. 1년은 365일인 것처럼 사람에게는 365개의 급소혈이 있고, 사람의 뼈골 역시 365개다. 그런가 하면 십이지지(十二地支)는 사람에게는 12경맥(硬脈)이다. 하늘의 춥고 더운 것은 인체의 열도와 같고, 풍우성상은 사람의 희로애락과 같으니 우주의 오행(五行)이나 사람의 오행(五行)은 다를 것이 없다.

이뿐만이 아니다. 사람의 오장(五臟)이 앉은 것도 천지의 모습을 닮았다. 인체의 횡경막을 중심으로 횡경막 위는 천간(天干)이요, 횡경막 아래는 지지(地支)다. 심장과 폐장은 횡경막 위에 있어 천간(天干)을 나타내고, 간장·비장·위장은 횡경막 아래 있어 지지(地支)를 나타낸다. 천간(天干)의 심장은 태양(太陽)이요, 폐장은 대기(大氣)다.

태양(太陽)이 대지를 비침으로써 대기에서는 산소가 발생하고, 빛과 산소가 발생된 것을 지지(地支)의 목(木 : 간장)·토(土 : 비장)·수(水 : 위장)를 바탕 삼아 호흡한다. 여기서 토(土)의 비장은 인체의 중앙에 자리잡아 수(水)의 상승작용을 돕는다. 지금까지 오행(五行)과 오장(五臟)의 위치를 설명했다. 다음은 이들의 허실(虛實) 작용을 알아보기로 하자.

4. 오행(五行)과 건강

1. 목(木)

■ 목(木)은 간장과 혼(魂)을 담당한다.

■ 혼(魂)은 기(氣)이며 영(靈)이다. 인체에 흐르는 것은 양기(陽氣)이고, 기(氣)를 움직이는 피(血)는 음기(陰氣)다.

■ 간은 피의 흐름을 주관하며 간에 양기(陽氣)를 보존하고 있으니 이것이 곧 혼(魂)이다.

■ 혼(魂)은 낮에는 눈에서 머물고, 밤에는 간에서 머문다. 밤에 꿈을 꾸는 것은 혼(魂)에서 나오는 것이다.

■ 간은 오른쪽 4쪽과 왼쪽 3쪽으로 모두 7쪽이다.

■ 간에 병이 들면 겨드랑이가 아프고 팔꿈치가 붓는다.

■ 간에 물이 들면 아랫배가 붓는다.

■ 간에 병이 들면 코에서 고열이 나며 화를 잘 내고 가슴을 헐떡거린다.

■ 간에 바람이 들면 땀을 많이 흘리며 화를 잘 내고, 여자는 눈 아래에 푸른색을 띤다.

■ 간의 기능이 너무 왕성하면 양기(陽氣)의 발동이 극에 달한 것과 같아 짜증과 화를 잘 내고, 정조관념이 유난해진다. 심하면 정신착란을 일으킨다.

2. 화(火)

■ 화(火)는 인체의 군왕으로 심장을 주관한다.

■ 화(火)의 심장은 인체의 신경계를 조절하며, 신명(神明)을 발동시키는 기관이기도 하다.

■ 화(火)는 하늘의 태양(太陽)이다. 태양(太陽)은 천지를 비추며 만물의 생육을 돕는 것처럼 심장도 신경계를 골고루 움직이도록 피를 공급해 생육을 돕는다.

■ 심장이 병들거나 허약하면 정신이 혼미해지며 헛소리를 한다.

■ 심장은 신명(神明)이 발동되는 곳이기 때문에 병이 들면 이성을 잃는다.

■ 심장이 병들면 영양분을 흡수하지 못하여 우울하고 생각이 깊지 못하며 경거망동을 하고 무서움을 많이 탄다.

■ 심장의 활동이 왕성하면 영양분이 충분해 즐겁고 잘 웃는다.

■ 심장에 열이 있으면 이마가 붉고 화를 잘 내며 매사 권태롭고 짜증을 잘 낸다.

■ 심장병에는 내병과 외병이 있는데, 내병에 들면 배꼽 위가 아프고, 외병에 들면 손바닥에 열이 있다.

3. 토(土)

■ 토(土)는 인체의 중앙으로 비장을 주관한다.

■ 비장은 음식의 영양분을 흡수하는 기관이고, 기억력과 신(信)을 주관하면서 중용을 지킬 수 있도록 조절해준다. 만일 영양이 부

족해 기력을 잃으면 정신이 혼미해진다.

■ 비장이 강건하며 온전해야 오미(五味)의 영양분을 각 기관에 골고루 공급해주어 건강한 정신으로 건강하게 생활할 수 있다.

 ■ 비장의 토(土)는 인체의 중심을 이루는 곳으로 위에는 심장과 폐장이 있고, 아래에는 간장과 위장이 있다.

■ 운동이 지나치면 비장에 무리를 주어 인체의 중심을 잃는다.

■ 비장이 강하면 사지(四肢)가 강해진다.

■ 비장에 열이 들면 코가 붉고 허리가 아프며 구토가 따른다.

■ 비장이 차가우면 배가 아프고 오한과 장염이 생기며 콧등이 푸르며 땀을 많이 흘린다.

■ 비장이 튼튼하면 입술이 단단하고, 약하면 입술이 크고 단단하지 못하다.

■ 입술이 위로 올라갔으면 비장이 높고, 내려갔으면 비장이 아래로 처져 있다.

■ 아래위 입술이 바르면 비장도 바르고, 기울면 비장도 기운다.

■ 비장에 물이 차면 사지가 무겁고, 심하면 소변이 불통된다.

4. 금(金)

■ 금(金)은 대기를 호흡하는 폐를 주관한다.

■ 숨을 들이마실 때는 산소가 들어오고, 내쉴 때는 탄산가스를 배출한다. 산소가 들어오면 피가 붉어져 생기를 돕고, 탄산가스가 들어오면 피가 자색으로 변해 생기를 잃는다.

- 혼(魂)은 목(木)이며 백(魄)은 금(金)이다. 혼(魂)은 양(陽)이며 백(魄)은 음(陰)이다. 양(陽)은 움직이는 것을 좋아하고, 음(陰)은 고요한 것을 좋아해 서로 조절하면서 감정을 다스린다.
- 사람은 폐의 호흡이 멈춰 죽는다고 하나 혼백이 떠나야 죽는다.
- 폐는 기공으로 되어 있어 구멍이 많다. 기분이 나쁘거나 피곤하면 목소리가 쉰다.
- 폐는 토(土)의 위장에서 기(氣)를 받는다. 밤에 잠을 잘 때는 토(土)의 위장 속으로 들어가고, 낮에는 기(氣)를 밖으로 내보내는 일을 한다.
- 폐에 열이 들어가면 오른쪽 볼이 붉어진다.
- 폐가 차가우면 혓바닥이 누렇고 몸에서 열이 나며, 심하면 피를 토하기도 한다.
- 폐에 바람이 들어가면 눈썹 위가 하얗고, 숨소리가 짧다.
- 폐가 작으면 기관지 천식에 걸리지 않는다.
- 폐가 위에 있으면 어깨로 숨을 쉬고, 아래에 있으면 겨드랑이 밑이 아프다.
- 어깨와 등이 두터우면 폐가 단단하고, 얇으면 폐가 약하다.
- 폐에 병이 깊으면 머리카락이 부서지며 피부가 건조해진다.

5. 수(水)

- 수(水)는 신장을 주관한다.
- 수화기제(水火旣濟)가 되어 만물의 생육을 돕는 것처럼 남녀의

정수(精水)와 심화(心火)가 모여 사람을 만든다.

■ 신장에 물이 마르면 지력과 사고력이 떨어져 의욕을 잃는다.

■ 늙으면 수기(水氣)가 말라 피골이 상접하고 기력이 떨어져 나태해진다.

■ 신장에 수기(水氣)가 성하면 정신력과 정력이 왕성해 늙지 않고 장수한다.

■ 신장에 병이 들면 입이 마르고 목구멍이 건조해진다.

■ 신장은 습하기 때문에 습한 곳이나 물 속에 오래 있으면 위장병이 생기고, 성생활을 많이 해도 골수를 많이 쏟아 허해진다.

■ 신장의 경락은 발바닥에서 시작해 사타구니를 타고 올라가 허리를 관통시켜 위장의 기를 유통시킨다.

■ 성생활을 많이 하여 신장이 지치고 피로하면 호르몬이 고갈해 빨리 늙는다.

■ 신장이 병들면 아랫배가 차고 무겁다.

■ 신장에 열병이 들면 허리가 아프고 조갈증이 생기며 뒷목이 당긴다.

■ 신장이 병들면 이명이 들린다. 심하면 중이염이나 불감증이 생긴다.

■ 신장에 바람이 들면 등이 아프고 얼굴이 붓고 땀을 많이 흘린다.

■ 신장은 2개다. 왼쪽 신장은 음수(陰水)로 목(木)의 간장을 생(生)하고, 오른쪽 신장은 양화(陽火)로 토(土)의 비장을 생(生)

한다.

■ 귀가 위로 붙어 있으면 신장도 높이 있고, 귀가 아래에 붙어 있으면 신장도 아래에 있다.

■ 여자가 귀 뒤가 움푹하면 자궁이 아래에 있다.

■ 신장은 생명체의 뿌리와 같다. 정수(精水)가 고갈되면 기력이 감퇴해 머리가 빠지고 눈이 침침해진다. 정액은 곧 뇌수(腦髓)와 같아 남용하지 말아야 한다.

6. 오행(五行)의 태과불급(太過不及)으로 나타나는 질병

■ 목(木)이 많고 금(金)이 적으면 간이 나쁘다.

■ 목(木)이 많고 수(水)가 냉하면 간경화가 생긴다.

■ 화(火)가 많고 수(水)가 적으면 위장병이 생긴다.

■ 화(火)가 적고 토(土)가 많으면 심장병이 생긴다.

■ 수(水)가 적고 토(土)가 많으면 위장병이 생긴다.

■ 수(水)가 없으면 빈혈증이 생긴다.

■ 수토(水土)가 상극(相剋)하면 황달·백혈병이 생긴다.

■ 수(水)가 너무 많으면 적혈구 과다증이 생긴다.

■ 수화상극(水火相剋)이면 월경불순·괴혈병이 생긴다.

■ 목(木)이 왕토(旺土)를 극하면 위궤양·위암·신경성 소화불량·위확장 등이 생긴다.

■ 왕목(旺木)이 토(土)를 극(剋)하면 급성위장병·위하수증 등이 생긴다.

- 화(火)가 왕금(旺金)을 극(剋)하면 위만성질환·위장결핵·장암 등이 생긴다.

- 왕화(旺火)가 금(金)을 극(剋)하면 장염·설사·맹장 등이 생긴다.

- 토(土)가 왕수(旺水)를 극(剋)하면 위장결석·위장종창·방광염·위장염 등이 생긴다.

- 왕토(旺土)가 수(水)를 극(剋)하면 위염·혈압 등이 생긴다.

- 왕금(旺金)이 목(木)을 극(剋)하면 황달·급성간경화 등이 생긴다.

- 수(水)가 왕화(旺火)를 극(剋)하면 편도·기생충·심장병·신경성 동맥경화 등이 생긴다.

- 왕수(旺水)가 화(火)를 극(剋)하면 심장파열·복막염, 췌장병 등이 생긴다.

- 수(水)가 왕화(旺火)를 감당하지 못하면 심장판막·심근경색·심장병 등이 생긴다.

- 수목(水木)이 태과(太過)하면 비장과 위장이 약하다.

- 금수(金水)가 건조하면 신경이 허약하고, 강하면 위장에 병이 생긴다.

- 화토(火土)가 건조하면 피부가 가렵고 풍증이 있다.

- 토(土)가 많고 수(水)가 부족하면 위장이 강하다.

- 목화(木火)가 왕성하면 신기(神氣)가 있다.

5. 오장(五臟)의 하루

1. 목(木) : 간장

간은 목(木)이다. 목(木)은 인묘(寅卯)시에 상왕(相旺)하여 아침에는 간의 기분이 좋고 명랑하다. 그러나 신유(申酉)시가 되면 극(剋)을 당하여 간이 피곤해지니 짜증이 나고, 밤에는 해자수국(亥子水局)을 만나 수생목(水生木)하여 피로가 풀린다.

2. 화(火) : 심장

심장은 화(火)다. 화(火)는 인묘(寅卯)시에 생(生)을 받아 아침에는 조용하고, 낮에는 사오미(巳午未)를 만나 상왕(相旺)하므로 기분이 좋으며, 밤 해자(亥子)시에는 수극화(水剋火)를 당하여 심기가 편하지 않다.

3. 토(土) : 비장

비장은 토(土)다. 토(土)는 인묘(寅卯)시에 상극(相剋)을 당하여 좋지 않고, 낮에는 상왕(相旺)하여 기분이 좋으며, 밤 해자(亥子)시가 되면 조용하다.

4. 금(金) : 폐장

폐장은 금(金)이다. 낮에는 화극금(火剋金)을 당하여 폐가 괴롭고, 저녁 신유(申酉)시가 되면 상왕(相旺)하여 기분이 좋으며, 밤 해자(亥子)시가 되면 고요하다.

5. 수(水) : 신장

신장은 수(水)다. 신장은 신유(申酉)시가 되면 기분이 상쾌하고, 밤 해자(亥子)시가 되면 더욱 상왕(相旺)하여 좋아진다. 그러나 진술축미(辰戌丑未)시에는 상극(相剋)을 받아 기분이 나쁘다.

6. 오행(五行)으로 본 성격과 외모

사람의 마음이 중앙에 자리잡고 있어 태극을 이룬다. 태극에는 음양(陰陽)이 공존하고, 선악도 이곳에서 관장한다. 이곳은 중심이므로 사람마다 누구나 마음은 정직해야 한다. 그러나 선한 자도 있지만 악한 자도 있어 범죄를 만든다. 기독교에서는 아담과 이브부터 비롯된 원죄라고 한다. 이는 말장난도 못돼 대꾸할 가치조차 없다. 왜냐하면 사람이란 누구나 심장을 갖고 있는데, 그 심장이 사람의 중앙에 자리잡지 못하고 왼쪽으로 치우쳐 마음을 바로잡지 못하는 것이다. 다만 잘못된 것을 바로 잡으려는 노력과 선한 행동은 사람마다의 인격과 교양으로 선한 사람이 되고 밝은 세상을 만들어 가는 것이다. 마음이란 무엇이며 어디서 나오는 것인가 하는 의문도 있겠지만 마음이란 본래 없는 것이다.

도학(道學)에서는 마음을 심여수(心如水)라 하여 흐르는 물과 같다고 했다. 그래서 마음이란 동요하기 쉽고 변하기 쉬운 것이다. 예를 들어 물을 ○ △ ◇ ☐ 모양의 그릇에 담으면 그런 모습이 되니, 어찌 한 번 먹은 마음을 죽을 때까지 변하지 않는다고 할 수 있겠는가? 남녀간의 사랑도 믿을 것이 못되고, 철석같은 금석맹약도 믿을 것이 못되며, 자신과의 약속도 믿을 것이 못된다. 그래서 인간은 불완전하다고 하는 것이다.

고덕대승(高德大僧)들에게 마음이란 본래 없는 것이라고 들어왔지만 설명이 없어 이해하기 어려웠다. 그러나 한의학 연구모임인 추상의학회에서 활동하고 있는 전창선·어윤형 선생의 「음양(陰陽)이 뭐지?」를 보고 답을 얻었다. 크게 감사드린다.

마음이란 1단계, 2단계, 3단계를 거쳐 완성되는 과정에 2단계의 중간과정이 마음이라는 데 동감한다. 예를 들어 1단계는 덥다는 것을 느꼈을 때, 2단계는 시원해지고 싶다, 3단계는 선풍기를 켠다고 한다면 2단계가 마음이 된다는 것이다.

우리는 마음이 심장에 있는 것으로 알고 있지만 심장에 있는 것은 아니다. 어느 오장기관에도 배속된 곳이 없어 마음이 자리잡지 못하고 있는 것이라고도 생각해 볼 수 있지만 마음이란 본래 없기 때문에 없는 것이다. 앞에서 사람마다 심장이 왼쪽에 붙어 있어 누구나 정직하지 못하다고 했다. 이 말은 형체가 없는 존재의 마음을 심장에 배속시켜 놓고, 추상적으로 인체의 중심이 되는 태극(太極)을 가리켜 바른마음을 주관하는 곳이라고 하는 것이다.

사람의 태극 속에는 상생상극(相生相剋)하는 음양(陰陽)의 양극이 들어 있다. 상생(相生) 작용으로는 호선지심(好善之心)을 일으키고, 상극(相剋) 작용으로는 오악지심(惡惡之心)을 일으킨다. 호선지심(好善之心)은 이목구비(耳目口鼻)의 상생(相生)으로 일어나고, 오악지심(惡惡之心)은 폐비간신(肺脾肝腎)의 상극(相剋)으로 일어난다. 음양(陰陽)은 하나의 우주를 만들고, 하나의 우주는 인간 속에 파고들어 소우주를 만든다. 이를 우주의 일원성(一元性)이라고도 한다.

1. 목(木)일생 : 갑을(甲乙)

- 성격이 유순하며 평화를 좋아한다.
- 생왕(生旺)하면 동정심이 많고 마음씨가 곱다.
- 목(木)이 적당한데 화(火)로 잘 설기(泄氣)하면 목화통명(木火通明)이 되어 총명하며 인자하고 덕과 품위가 있다. 군자지상으로 만인의 모범이며 동량이 된다.
- 목(木)이 강하면 어질지 못하며 인색하고 시작은 있으나 끝이 없다.
- 목(木)이 태왕(太旺)하면 양인(羊刃)과 같이 편굴하며 강직하고 타협할 줄을 모른다. 시기와 쟁투를 잘하며 자애심이 없다.
- 목(木)이 많은데 토(土)가 많으면 재물에 대한 애착이 강하다. 여기다 화(火)가 있어 재(財)를 생(生)하면 이재술이 뛰어나 재물을 모은다.

- 목화토(木火土)가 잘 조절해 균형을 이루면 넓은 식견과 도량으로 마음이 넉넉하다.

- 목(木)일생이 금기(金氣)가 많으면 살성(殺星)이 태과(太過)하여 병약하다. 만일 급각살(急角殺)까지 있으면 반드시 다리를 전다.

- 수(水)가 많으면 언행이 다르며 변덕스럽고 수다스럽다.

- 화(火)가 많으면 목분(木焚)이 되어 공상을 잘 한다. 심하면 정신착란을 일으키거나 신이 든다.

- 목분(木焚)되면 꿈을 잘 꾸며 헛것을 보고 헛소리를 잘 한다.

- 일시(日時)가 사절(死絶)되면 인색하고, 목이 길며 인후가 튀어나오고 눈썹이 성글다. 피부가 건조하며 걸음걸이와 앉는 자세가 바르지 못하다.

- 목(木)이 휴수(休囚)에 들면 멋없이 키가 크고 야위며 머리카락이 적고 마음이 편굴하다.

- 목(木)이 생왕(生旺)하면 머리카락이 아름답고, 체격은 유장하며 얼굴은 청백하다.

- 목(木)생이 토(土)가 많으면 얼굴이 황색이고, 화(火)를 만나면 붉고, 금(金)을 만나면 희고, 수(水)를 만나면 검다.

2. 화(火)일생 : 병정(丙丁)

- 화(火)가 많으면 예의를 아나, 불급(不及)하면 무례하다.

- 화(火)가 많은데 설기(泄氣)가 좋으면 화려한 것을 좋아하며 재담이 있어 풍류를 즐긴다. 또한 문필력이 좋고 판단력이 명쾌하다. 그러나 속으로는 동요가 심해 평정심을 갖기 어렵다.

- 화(火)가 태왕(太旺)한데 설기구(泄氣口)가 약하고 조후(調候)까지 부실하면 성격이 폭악하며 변덕이 심해 믿을 수 없다. 또한 겉으로는 화려하며 솔직하나, 속으로는 검은 마음을 품고 있는 이중인격자다.

- 화(火)는 약한데 목(木)이 많으면 목다화식(木多火熄)이 되어 졸렬하고 욕심이 많아 베풀 줄을 모른다.

- 목(木)이 없는데 화(火)가 매우 강하면 잔재주꾼이고 무례함이 지나쳐 불손하며 신의를 모른다.

- 토(土)가 많아도 설기(泄氣)가 태과(太過)하여 결과가 없다. 타협이나 양보할 줄 몰라 잘 부딪친다. 또한 쓸데없는 말이 많고 경솔하며 행동보다는 말이 앞선다.

- 금(金)이 많으면 감언이설을 잘 해 오해를 받는다.

- 수화(水火)가 기제(旣濟)되면 인품이 고매하나, 미제(未濟)되면 시비와 다툼을 좋아하며 천박하다.

- 화(火)보다 수(水)가 더 왕성하면 총명하나 분수에 넘게 쓸데없는 모사를 꾸민다.

- 사주가 왕상(旺相)하면 겸손하며 의리가 있고, 순박하며 윗사람을 존경한다. 성격은 메마르나 독이 없고 뒤끝이 없다.

- 얼굴은 역삼각형이며 머리는 작고 다리는 긴 편이다. 눈썹은 진

하며 인당(印堂)이 좁고, 준두(準頭)는 통통하며 귀가 크다.

■ 태과(太過)하면 성질이 불과 같고 말이 많으며 빠르다. 몸을 흔들면서 걷고, 발을 움추리고 잠을 잔다.

■ 불급(不及)하면 얼굴이 누렇고 야위어 턱이 뾰족하며 질투심이 강하고 음험하다.

3. 토(土)일생 : 무기(戊己)

■ 토(土)가 왕성한데 설기(泄氣)가 좋으면 부처님 상으로 중용을 잃지 않고 신의를 중시한다. 또한 상경하애(上敬下愛)의 정신이 투철하며 보증수표와 같아 1분 1초도 어기지 않는다.

■ 토(土)가 왕성하나 설기(泄氣)하지 못하면 솔직하지 않고 반성할 줄 모르며 자기 주장만 내세운다. 또한 미련하며 식탐을 즐기고 남의 말을 잘 듣지 않는다.

■ 토(土)가 많은데 화(火)도 많으면 자기 위주로만 생각하고, 겉으로는 화려하며 솔직하나 결단력이 부족하며 인색하다.

■ 토(土)가 많으면 인품이 중후하며 비밀을 생명처럼 여긴다.

■ 수(水)가 적당하면 부명을 이루고, 무토(戊土)가 계수(癸水)를 만나도 부명을 이룬다. 그러나 언행이 달라 신망을 얻기 어렵고, 재물에 대한 집착이 강하고 베풀 줄을 모른다.

■ 토(土)와 금(金)이 적당하면 무정함 속에 유정함이 있어 사귈수록 깊은 맛이 있다.

- 토(土)가 약한데 금(金)이 강하면 남에게 지는 것을 싫어한다.
- 사주가 왕상(旺相)하면 책임감이 강하고, 신앙심이 돈독하며 도량이 넓다. 언행일치하고자 수양을 쌓는다.
- 등은 약간 굽었고 허리는 굵고 크다. 눈썹은 엷고 눈은 맑지 못하며, 피부는 황색이다.
- 태과(太過)하면 황소고집에 편굴하며 우둔하다. 학문을 싫어하며 의리가 없고 교양이 없다.
- 불급(不及)하면 얼굴은 늘 근심에 젖어 있고, 코는 낮으며 마음속에는 독기를 품고 있다. 인색하며 행동이 경망스럽고, 신용이 없으며 불평불만이 많다.

4. 금(金)일생 : 경신(庚辛)

- 금(金)이 왕성한데 토(土)가 없어 맑고 깨끗하면 정신이 맑고 밝아 인격이 높다.
- 금(金)이 지나치게 많으면 만용을 잘 부리고 색을 즐기며 이기적이다.
- 금(金)이 태강(太强)하면 자존심이 강하고 타협할 줄 모르며 남의 말을 잘 듣지 않아 비방을 많이 받는다.
- 금(金)이 약하면 결단력이 부족하다. 생각을 오래하다 기회를 놓치고 후회하는 일이 많다.
- 토(土)가 많으면 매금(埋金)이 되어 소리나지 않는 쇠가 된다.

그런데도 소리나는 쇠인 줄 알고 요란을 떨며 잘난 척을 하나 알아주는 사람이 없다.

- 화(火)가 많으면 겉으로는 예의를 아는 것 같으나, 속으로는 의리가 없고 이욕에만 밝다.
- 수(水)가 있으면 총명하며 맡은 일을 끝까지 책임진다.
- 금(金)이 왕성하면 결단력이 있고 남에게 지는 것을 싫어하며 유정하다.
- 금(金)이 많으면 눈물이 많다.
- 금(金)이 왕성한데 수(水)가 없으면 지혜가 부족하며 우둔하다.
- 금(金)보다 화(火)가 더 왕성하면 겁이 많다. 빈혈증이 있으며 종양이 많고, 치질·맹장 등과 같은 말초질환이 있다.
- 사주가 생왕(生旺)하면 결단력이 있고, 근검하며 재물을 중요하게 생각한다. 부끄러움을 알아 함부로 행동하지 않는다.
- 신체와 정신이 모두 강건하고, 눈썹이 높고 눈은 조금 아래로 꺼졌다. 코는 곧고 다소 붉은색이며 목소리가 맑고 청하다.
- 태과(太過)하면 인의가 없고 자기 위주다. 불의한 객기와 만용만 있을 뿐이다.
- 불급(不及)하면 인색하고 마음 속에 독이 있다. 음란하며 살생을 개의치 않고, 결단력이 없어 실기를 잘 한다. 몸은 작고 야위었다.

5. 수(水)일생 : 임계(壬癸)

■ 수(水)가 왕성하면 지혜가 많고 영특하다.

■ 수(水)가 왕성한데 금(金)까지 있으면 여러 학문에 조예가 깊고 책을 좋아한다. 그러나 금(金)이 지나치게 많으면 석독두용(石讀斗用)이 되어 안방선비에 불과하다.

■ 수(水)가 태왕(太旺)하면 방탕하며 부끄러움을 모르고 남의 간섭을 싫어한다.

■ 수(水)가 태왕(太旺)한데 토(土)가 약하면 토류(土流)된 것과 같다. 여자는 남편을 무시하고, 남자는 자식을 두지 못한다.

■ 수(水)가 지나치게 많은데 금(金)까지 가세하면 음흉하며 냉정하고 판단력이 없다. 반성할 줄 모르고. 뒤집어 씌우기와 거짓말을 잘 한다.

■ 수(水)가 부족하면 마음이 좁고 변덕스럽다.

■ 수(水)보다 목(木)이 많으면 공치사를 잘 하고 성격이 급하다.

■ 화(火)가 많으면 재물은 있으나 서두르는 경향이 있어 경솔하기 쉽다.

■ 금(金)이 많으면 편협하며 의타심이 많아 자립하기 어렵다.

■ 토(土)가 왕성하면 지나치게 겁과 조심성이 많아 기회를 놓치고 후회한다.

■ 사주가 생왕(生旺)하면 총명하며 지혜가 많다. 성격은 민첩하며 악의가 없다. 계략과 모략에 능하며 기회를 잃지 않는다. 만사

오행배속표

木	火	土	金	水
魂	神(心)	意	魄	智(志)
얼굴	시력	생각	언어	청력
눈	혀	입	코	귀
어깨	가슴	다리	머리	배
힘줄	혈맥	육질	피부, 털	골정
喜	樂	慾	怒	哀
기쁨	다변	지체	급속	음흉
인자	명랑	중후	용단	우울
바람	맑음	구름	우뇌	비
간장	심장	비장	폐장	위장
신맛	쓴맛	단맛	매운맛	짠맛
신것은 골을 돕는다.	쓴것은 기를 돕는다.	단것은 육질을 돕는다.	매운것은 근력을 돕는다.	짠것은 맥을 돕는다.
신것을 많이 먹으면 힘줄이 약해지며 허리가 굽고 빨리 늙는다.	쓴 것을 많이 먹으면 뼈골에 질병이 생긴다.	단 것을 많이 먹으면 근육무력증이 생긴다.	매운것을 많이 먹으면 기력이 일찍 쇠한다.	짠것을 많이 먹으면 야맹증·고혈벽이 생긴다.
木이 병들면 잔소리가 많다.	火가 병들면 하품을 많이 한다.	土가 병들면 음식을 탐한다.	金이 병들면 기침을 많이 한다.	水가 병들면 재채기를 많이 한다.
간이 병들면 바람을 싫어한다.	심장이 병들면 더운 것을 싫어한다.	비장이 병들면 습한 것을 싫어한다.	폐장이 병들면 추운 것을 싫어한다.	신장이 병들면 건조한 것을 싫어한다.
간장이 약하면 눈물이 많이 나온다.	심장이 약하면 땀을 많이 흘린다.	비장이 약하면 군침을 많이 삼킨다.	폐장이 약하면 콧물이 많이 나온다.	신장이 약하면 침이 많이 나온다.

에 재간이 있어 꾀돌이와 같고, 말은 부드럽고 미운 말을 하지 않는다. 눈빛은 초롱초롱하며 몸은 윤기가 흐른다.

- 태과(太過)하면 물불을 가리지 않고 망동과 패악을 부리며 반성할 줄 모른다. 정의가 없고 호색을 즐기며 담이 작아 큰 일을 하지 못한다. 목소리는 파음이며 이명증이 있다.

- 불급(不及)하면 호색을 즐기고 죽을 꾀만 낸다.

3. 천간론(天干論)

　갑을병정무기경신임계(甲乙丙丁戊己庚辛壬癸)의 십간(十干) 가운데 갑병무임경(甲丙戊壬庚)을 양간(陽干)이라 한다. 양간(陽干) 중에서도 병화(丙火)를 최병최양(最丙最陽)이라 하고, 을정기신계(乙丁己辛癸)를 음간(陰干)이라 한다. 음간(陰干) 중에서도 계수(癸水)를 지계지음(至癸至陰)이라고 한다. 병화(丙火)는 양(陽) 중에서도 가장 중요한 순양(純陽)으로, 만물의 생육은 물론 우리 생활의 근본을 이루는 태양을 말한다. 계수(癸水)는 순음(純陰)으로 만물이 생육하는데 우선인 감로수 역할을 한다.

　천지음양(天地陰陽)의 도는 참으로 오묘하다. 병화(丙火)가 최양(最陽)이라 해도 극에 달하면 일그러지는 법. 그래서 신금(辛金)을 만나 병신합(丙辛合)하여 수(水)로 화(化)하고, 계수(癸水)가 지음(至陰)이라 해도 극에 달하면 변하는 법. 그래서 무토(戊土)를 만나 무계합(戊癸合)하여 화(火)로 변한다. 이것은 수화(水火)는 상극(相剋)하면서도 상통(相通)하는 진리로, 수화(水火)는 극에 달하면 화(火)는 수(水)로 변한다는 뜻이다.

예를 들면 원래 전기불은 붉은색이나 가스를 넣은 형광등 등은 흰색으로 변한다. 이것은 병화(丙火)+신금(辛金)의 원리다. 병화(丙火)는 붉은색이고 신금(辛金)은 흰색인데, 이는 화극금(火剋金)하면 극(剋)하는 색인 흰색으로 변한다.

목화토금수(木火土金水)의 오기(五氣)는 무형의 기로 눈에 보이지 않는다. 그러나 양전자와 음전자의 만남으로 붉은색이 흰색으로 나타나 우리 생활에 효용을 준다. 그런데도 어찌 본 학문을 미신이라 운운하며 허튼소리를 할 수 있겠는가.

5양(五陽 : 甲·丙·戊·庚·壬)은 양기(陽氣)의 성정으로 빛이 밝고 강하다. 양(陽)은 남자로 다른 세력에 굴복하거나 따르지 않고 독립독행하려는 기질이 있다. 그러나 음(陰)의 여자는 쉽게 굴복하며 순종하는 기질이 있어 종살(從殺)이나 종아(從兒)하는 경우가 많다. 5양(五陽)의 기(氣)는 성정이 강해 재(財)와 관살(官殺)을 다스리며 굴복하기를 싫어한다.

5음(五陰 : 乙·丁·己·辛·癸)은 5양(五陽)의 기(氣)와는 다르다. 재(財)나 관살(官殺)의 기세가 사나우면 쉽게 굴복해 기명(棄命)해버린다. 기명(棄命)에는 기명종살격(棄命從殺格), 기명종재격(棄命從財格), 기명종아격(棄命從兒格) 등이 있는데 운에서 기명종운(棄命從運)을 만나면 크게 발전한다.

그러나 기명종(棄命從)한 사주가 운에서 비견(比肩)이나 인수운(印綬運)을 만나면 크게 패한다. 이것은 자신을 버리고 살라했는데 공연히 비겁(比劫)과 인수(印綬)가 들어와 도와준다는 것이 오히려 운명을 거역하는 행위와 같아 받는 응분의 댓가다. 그러나 양간(陽干)이 종했다 해서 나쁠 것도 없고, 음간(陰干)이 종했다 해서 좋을 것도 없으며, 재관(財官)을 다스린다고 해서 좋고, 재관(財官)에 순종한다고 해서 나쁠 것도 없다. 양(陽)의 강(强)이 음(陰)의 유(柔)만 못한 때가 있고, 유(柔)가 강(强)만 못한 때가 있기 때문이다. 예를 들어 문을 열 때 힘으로만 여는 것이 아니다. 부드럽게 돌리거나 밀어야 쉽게 열리는 것처럼, 사주도 강유(强柔)가 적당해야 호명이요 귀명을 이룬다.

1. 천간(天干) 희기(喜忌)

명리를 추리하는데 제일 요건이 신왕(身旺)과 신약(身弱)을 판단하는 것이다. 이것이 되지 않으면 희기(喜忌)를 판단할 수 없고, 희기(喜忌)를 판단할 수 없으면 간명할 수 없다. 왜냐하면 사주의 강약을 알아야 희기(喜忌)를 판단하고, 복력의 후함과 박함을 알수 있기 때문이다. 그러나 혹자들이 이것을 무시하는 것은 물론 용신(用神) 무용론을 주장하고, 형충파해(刑沖破害)와 살만을 갖고 감정하니 걱정스럽다. 요즘 시중에서는 역학을 6주간에 완성해 영업을 할 수 있게 해준다는 달콤한 말로 호객한다고 하니 걱정스럽다. 구고일탁(九顧一啄)이라, 꿩이 모이를 한 번 쪼기 위해서는 아홉 번을 생각하고 쪼아먹듯이, 그 깊이는 너무 심오해 깊고 깊게 사려하지 않으면 안 된다.

1. 갑을목(甲乙木)

■ 강목(强木)은 시령(時令)을 얻어 왕성한 것을 말한다.
  희신(喜神) : 토재성(土財星), 화식상(火食傷), 금관성(金官星)
  기신(忌神) : 수인수(水印綬), 목비겁(木比劫)

■ 약목(弱木)은 실령(失令)하고, 인수(印綬)나 비겁(比劫)의 도움이 없는 것을 말한다.
  희신(喜神) : 수인수(水印綬), 목비겁(木比劫)
  기신(忌神) : 토재성(土財星), 화식상(火食傷), 금관성(金官星)

■ 부목(浮木)은 수(水)의 인수(印綬)가 많은 것을 말한다.
  희신(喜神) : 토극(土剋)을 즐긴다.
  기신(忌神) : 금관(金官), 수인수(水印綬)

■ 분목(焚木)은 화(火)가 많은 것을 말한다.

희신(喜神) : 수(水)로 화(火)를 극(剋)하고, 토(土)로 화(火)를 설기(泄氣)한다.

기신(忌神) : 목(木)으로 화(火)를 생(生)할 때.

■ 절목(折木)은 토(土)가 많은 것을 말한다.

희신(喜神) : 수(水)로 목(木)을 생(生)한다.

기신(忌神) : 토재(土財).

■ 단목(斷木)은 금(金)이 많은 것을 말한다.

희신(喜神) : 화(火)의 식상(食傷).

기신(忌神) : 토(土)와 금(金)

■ 춘목(春木)은 시령(時令)을 얻어 왕(旺)이 된다.

희신(喜神) : 냉기가 남아 있어 화(火)를 만나면 아름답다.

기신(忌神) : 토(土)가 많으면 목기(木氣)가 손상된다.

■ 하목(夏木)은 휴(休)가 된다.

희신(喜神) : 뿌리가 마르고 잎이 시들기 쉽다. 수(水)가 왕성하면 자윤하고, 토(土)가 없으면 목(木)의 근기가 단단하지 못하고, 금(金)이 없으면 목(木)의 효능이 떨어진다.

기신(忌神) : 화(火)가 왕성하면 분목(焚木)될 염려가 있고, 토

(土)가 많으면 재해가 있고, 금(金)이 많으면 목
(木)이 손상되고, 목(木)이 많아도 쓸 수가 없다.

■ 추목(秋木)은 사(死)가 된다.

　희신(喜神) : 초추(初秋)에는 수토(水土)를 즐기고, 중추(中秋)
　　　　　　에는 금(金)으로 쳐주는 것을 즐기며, 한로(寒露)
　　　　　　후에는 화(火)를 만나는 것을 즐긴다.

　기신(忌神) : 토(土)가 두터우면 목(木)이 감당할 수 없고, 상
　　　　　　강(霜降) 후에 수(水)가 왕성하면 목(木)이 표류
　　　　　　해 화가 따른다.

■ 동목(冬木)은 상(相)이 된다.

　희신(喜神) : 금(金)을 얻으면 재목을 이루고, 화(火)를 얻으면
　　　　　　공을 이루며, 토(土)가 두터우면 배양을 이룬다.

　기신(忌神) : 수(水)와 목(木)이 성하면 도움이 되지 않는다.

2. 병정화(丙丁火)

■ 강화(强火)는 시령(時令)을 얻어 왕성한 것을 말한다.

　희신(喜神) : 금(金)의 분세(分勢), 수(水)의 상제(相濟), 토
　　　　　　(土)의 설세(漏泄).

　기신(忌神) : 목(木)으로 화(火)를 생(生)할 때.

■ 약화(弱火)는 실령(失令)하고, 돕는 신이 없는 것을 말한다.

　희신(喜神) : 목(木)의 인수(印綬), 화(火)의 비겁(比劫).

　기신(忌神) : 금수토(金水土).

■ 치화(熾火)는 목(木)이 많은 것을 말한다.

　희신(喜神) : 금극목(金剋木).

　기신(忌神) : 수(水)로 목(木)을 생(生)할 때.

■ 회화(晦火)는 토(土)가 많은 것을 말한다.

　희신(喜神) : 토(土)를 금(金)으로 설기(泄氣)시키고, 목(木)이

　　　　　　　토(土)를 극(剋)할 때.

　기신(忌神) : 화토(火土).

■ 식화(熄火)는 금(金)이 많은 것을 말한다.

　희신(喜神) : 목(木)으로 화(火)를 생(生)할 때.

　기신(忌神) : 금(金).

■ 멸화(滅火)는 수(水)가 많은 것을 말한다.

　희신(喜神) : 토(土)를 즐기고, 수(水)로 목(木)을 생(生)한다.

　기신(忌神) : 금(金)으로 수(水)를 도울 때.

■ 춘화(春火)는 상(相)이 된다.

희신(喜神) : 금(金)을 보면 효능이 있고, 목(木)이 조금 있으
면 생부(生扶)하며, 목다(木多)하면 화염이 된다.

기신(忌神) : 화(火)가 많으면 상해가 있고, 토(土)가 많으면
빛을 잃는다.

■ 하화(夏火)는 왕(旺)이 된다.

희신(喜神) : 금(金)을 만나면 좋고, 토(土)가 있으면 아름답고,
수(水)를 만나면 불타는 것을 막는다.

기신(忌神) : 화(火)를 만나면 재앙이 있고, 목(木)을 만나면
단명하다.

■ 추화(秋火)는 수(囚)가 된다.

희신(喜神) : 화(火)를 보면 광휘가 빛나고, 목(木)을 만나면
기쁨이 있다.

기신(忌神) : 토(土)가 많으면 빛을 잃고, 수(水)를 만나면 근
심이 있으며, 금(金)을 만나면 손상된다.

■ 동화(冬火)는 사(死)가 된다.

희신(喜神) : 목(木)을 만나면 구신(救神)이 되고, 토(土)로 수
(水)를 극(剋)하면 번영하고, 화(火)의 비겁(比劫)
을 즐긴다.

기신(忌神) : 금(金)을 보면 감당하기 어렵고, 수(水)의 극(剋)

을 받으면 반드시 재앙이 있다.

3. 무기토(戊己土)

■ 강토(强土)는 시령(時令)을 얻어 왕성한 것을 말한다.

    희신(喜神) : 수목금(水木金).

    기신(忌神) : 화토(火土).

■ 약토(弱土)는 실령(失令)하고, 도움이 없는 것을 말한다.

    희신(喜神) : 화토(火土).

    기신(忌神) : 수목금(水木金).

■ 조토(燥土)는 화(火)가 많은 것을 말한다.

    희신(喜神) : 수(水).

    기신(忌神) : 목(木).

■ 변토(變土)는 금(金)이 많은 것을 말한다.

    희신(喜神) : 화(火)로 금(金)을 극(剋)하고, 수(水)로 금(金)을

               누기(漏氣)시킨다.

    기신(忌神) : 토금(土金).

■ 유토(流土)는 수(水)가 많은 것을 말한다.

희신(喜神) : 화토(火土).

기신(忌神) : 수(水).

■ 경토(傾土)는 목(木)이 많아 토(土)가 기울어지는 것을 말한다.

희신(喜神) : 금(金)으로 목(木)을 극(剋)하고, 화(火)로 토(土)
를 생(生)한다.

기신(忌神) : 수목(水木).

■ 춘토(春土)는 사(死)가 된다.

희신(喜神) : 화(火)로 토(土)를 돕고, 금(金)으로 목(木)을 극
(剋)하면 길하다.

기신(忌神) : 수목(水木).

■ 하토(夏土)는 상(相)이 된다.

희신(喜神) : 수(水)를 보면 자윤해지고, 금수(金水)가 있으면
이로운 일이 많다.

기신(忌神) : 화(火)가 있으면 사람이 불량하고, 토(土)가 많으
면 목(木)을 즐기며 막힘이 많다.

■ 추토(秋土)는 휴(休)가 된다.

희신(喜神) : 화(火)가 많아도 꺼리지 않고, 목(木)이 성하면
즐겁고, 금(金)은 자재로 쓴다.

기신(忌神) : 금(金)이 많으면 기세가 꺾이고, 수(水)가 많으면
　　　　　　 길상을 얻기 어렵다.

■ 동토(冬土)는 수(囚)가 된다.
　희신(喜神) : 목(木)의 온난함과 화(火)의 따스함을 즐기므로
　　　　　　 한곡회춘(寒谷回春)하고, 토(土)가 많은 것을 즐
　　　　　　 긴다.
　기신(忌神) : 금수(金水)가 많으면 한토(寒土)나 동토(凍土)가
　　　　　　 되고, 단명한다.

4. 경신금(庚辛金)

■ 강금(强金)은 시령(時令)을 얻어 왕성한 것을 말한다.
　희신(喜神) : 목(木)으로 재(財)를 삼고, 화(火)로 제련하며, 수
　　　　　　 (水)로 누설하면 좋아한다.
　기신(忌神) : 토금(土金).

■ 약금(弱金)은 실령(失令)하여 힘이 없는 것을 말한다.
　희신(喜神) : 토(土)와 비겁(比劫).
　기신(忌神) : 목화수(木火水).

■ 매금(埋金)은 토(土)가 많아 금(金)이 묻히는 것을 말한다.

희신(喜神) : 목극토(木剋土).

기신(忌神) : 화생토(火生土).

■ 침금(沈金)은 수(水)가 많아 금(金)이 가라앉는 것을 말한다.

희신(喜神) : 토(土)로 수(水)를 극(剋)하고 목(木)으로 수(水)
를 설기(泄氣)시킨다.

기신(忌神) : 금수(金水).

■ 결금(缺金)은 목(木)이 많은 것을 말한다.

희신(喜神) : 토생금(土生金).

기신(忌神) : 목(木).

■ 용금(熔金)은 화(火)가 많아 금(金)을 녹이는 것을 말한다.

희신(喜神) : 수극화(水剋火)하고, 토(土)로 화(火)를 누기(漏
氣)시킨다.

기신(忌神) : 목생화(木生火).

■ 춘금(春金)은 수(囚)가 된다.

희신(喜神) : 냉기가 남아 있어 화기(火氣)를 보면 영달하고,
유약한 금(金)이라 토(土)를 보면 즐거워한다.

기신(忌神) : 수(水)가 성하면 금(金)이 냉하고, 목(木)이 성하
면 쓸모없다.

■ 하금(夏金)은 사(死)가 된다.

  희신(喜神) : 유약한 금(金)이라 토(土)로 돕고, 아직 충실하지
  　　　　　　 못한 금(金)이라 비겁(比劫)도 무난하다. 수(水)
  　　　　　　 를 보면 뜨거운 것을 식혀 자윤하고 금(金)을 빛
  　　　　　　 나게 한다.

  기신(忌神) : 화(火)가 많으면 근심이 있고, 목(木)이 성하면
  　　　　　　 몸이 상하며, 토(土)가 많으면 빛을 내지 못한다.

■ 추금(秋金)은 왕(旺)이 된다.

  희신(喜神) : 수(水)를 보면 정신이 밝고, 목(木)을 보면 기물
  　　　　　　 을 이루어 권위가 높다.

  기신(忌神) : 금(金)을 보면 너무 강해 사물이 결핍되고, 토
  　　　　　　 (土)를 만나면 느리며 발전하지 못한다.

■ 동금(冬金)은 휴(休)가 된다.

  희신(喜神) : 화토(火土)를 보면 금휴(金休)가 된다.

  기신(忌神) : 목(木)이 많으면 공이 없고, 수(水)가 많으면 근
  　　　　　　 심이 있다.

5. 임계수(壬癸水)

■ 강수(强水)는 시령(時令)을 얻어 왕성한 것을 말한다.

희신(喜神) : 화재(火財), 토극(土剋), 목(木)으로 설기(泄氣)하

면 좋다.

기신(忌神) : 금수(金水).

■ 약수(弱水)는 실령(失令)하여 약한 것을 말한다.

희신(喜神) : 금생수(金生水), 비겁(比劫)

기신(忌神) : 화토(火土)의 극수(剋水), 목(木)에게 누기(漏氣)

당할 때.

■ 체수(滯水)는 금(金)이 많아 수(水)가 막힌 것을 말한다.

희신(喜神) : 화극금(火剋金).

기신(忌神) : 토생금(土生金).

■ 축수(縮水)는 목(木)이 많아 수(水)가 줄어드는 것을 말한다.

희신(喜神) : 화(火)를 좋아하고, 금(金)이 목(木)을 다스릴 때.

기신(忌神) : 목(木).

■ 불수(沸水)는 화(火)가 많아 물이 끓는 것을 말한다.

희신(喜神) : 금생수(金生水).

기신(忌神) : 화(火).

■ 탁수(濁水)는 토(土)가 많아 수(水)가 흐린 것을 말한다.

희신(喜神) : 목극토(木剋土).

기신(忌神) : 화생토(火生土).

■ 춘수(春水)는 휴(休)가 된다.

　희신(喜神) : 토(土)가 성하면 우환이 없고, 목(木)을 만나면
　　　　　　　　　보람이 있다. 금(金)의 상생(相生)과 화(火)의 상
　　　　　　　　　제(相濟)를 기뻐한다.

　기신(忌神) : 수(水)가 성하면 화를 면할 수 없고, 금(金)과 화
　　　　　　　　　(火)가 많으면 균형을 잃는다.

■ 하수(夏水)는 휴(休)가 된다.

　희신(喜神) : 금(金)을 좋아한다.

　기신(忌神) : 화(火)가 많으면 건조하고, 목(木)이 왕성하면 기
　　　　　　　　　세가 꺾이며, 토(土)를 만나면 막힌다.

■ 추수(秋水)는 상(相)이 된다.

　희신(喜神) : 금(金)을 만나면 맑으며 막히지 않고, 화(火)를
　　　　　　　　　만나면 재(財)가 풍족하며, 목(木)이 번영하면 아
　　　　　　　　　내가 번영하는 것과 같다.

　기신(忌神) : 토(土)를 만나면 혼탁하고, 수(水)가 많으면 근심
　　　　　　　　　이 있으며, 목화(木火)가 많은 것도 싫어한다.

■ 동수(冬水)는 왕(旺)이 된다.

　희신(喜神) : 화(火)를 즐기고, 목(木)이 성하면 유정하며, 토
　　　　　　　(土)를 만나면 범람할 근심이 없다.

　기신(忌神) : 금(金)이 많으면 의로움이 없고 욕심이 많다. 토
　　　　　　　(土)가 많거나 강하면 은혜를 모른다.

6. 신왕(身旺)과 신약(身弱)의 성격

　생극제화(生剋制化)가 잘 되지 않았거나, 오행(五行)이 편고(偏枯)할 때 신왕(身旺)이나 신약(身弱)이 된다. 이때 나타나는 성격상의 결점을 기록한다. 그러나 신왕(身旺)이나 신약(身弱)이라 해도 생극제화(生剋制化)가 잘 되면 해당하지 않는다.

1. 신태왕격(身太旺格)

■ 겸손하지 못하고 호언장담을 잘 하며 헛소리를 많이 한다.

■ 제멋대로 행동하며 말하고, 실수를 해도 부끄러운 줄 모른다.

■ 반성할 줄 모르고 타인을 우습게 보며 매도하는 기질이 있다.

■ 안하무인이며 적반하장격으로 남에게 뒤집어 씌운다.

■ 싸움에서 지는 것을 죽기보다 싫어하고, 지나치게 달려들고 함부로 말하니 친구가 없다.

■ 포악하고 잔인해 시비가 생기면 피를 봐야 직성이 풀린다.

2. 신태약격(身太弱格)

- 자애로움이 없고 다른 사람의 불행을 즐긴다.

- 비밀이 많고 항상 우울하며 고독을 낙으로 삼는다.

- 겉으로는 순종하나 속으로는 거역한다.

- 생각이 천박하고 혼자 중얼거린다.

2 일간(日干)의 성격

1. 갑목(甲木)일생

봄철 목(木)일생이 갑추건격(甲趨乾格) · 공귀격(供貴格) · 자요사격(子遙巳格)을 놓으면 대귀대길하다. 처세가 바르고 편안하며 반드시 장수한다. 그러나 서방운으로 흐르면 운이 나빠진다.

2. 을목(乙木)일생

을목(乙木)일생이 가을철 왕금(旺金)한 때 태어나 왕살(旺殺)로 진격(眞格)되면 공이 큰 재목감이다. 그러나 해(亥)를 만나면 사궁(死宮)이 되고 파격(破格)이 된다.

3. 병화(丙火)일생

병(丙)일생이 여름이나 겨울철에 태어나면 봄과 가을에 풍부하고, 봄에 태어나면 공이 크며, 가을생은 용(用)을 이룬다. 겨울은 음회

(陰晦)하고 여름은 뜨겁다.

4. 정화(丁火)일생

정(丁)일생이 해(亥)시에 태어나면 천을귀인(天乙貴人)의 시(時)를 얻고 천문(天門)이 되어 부귀가 면면하고, 가을철 밤에 태어나면 성광이 때를 얻은 것과 같아 호명 중의 호명을 이룬다. 그러나 정사(丁巳)일생만은 극부극처하며 비겁을 크게 두려워한다.

5. 무토(戊土)일생

무토(戊土)일생은 천간(天干)에 계수(癸水)가 뜬 것을 기뻐하므로 상격으로 본다. 병화(丙火)의 사(巳)와 동록(同祿)이 되어 병화(丙火) 태양이 석양에 노을을 이룰 때 무토(戊土) 역시 계수(癸水)의 기를 받아 무지개를 만드는 이치와 같다.

6. 기토(己土)일생

기토(己土)일생이 유(酉)를 만나면 장생(長生)이 되어 귀명을 이룬다. 기토(己土)가 유(酉)를 만나면 구름이 태방(兌方)의 연못(澤) 위에 걸터앉아 연못이 마르지 않게 비를 뿌려주는 격이므로 상격을 이룬다.

7. 경금(庚金)일생

경금(庚金)일생은 가을에 태어나고 사주에 을(乙)과 사(巳)가 있으면 상격을 이룬다. 하늘은 높고 바람은 시원하며, 달은 희고 맑은 격이나 봄이나 여름에 태어나면 하격을 이룬다.

8. 신금(辛金)일생

신금(辛金)일생이 유(酉)월에 태어나면 건록(建祿)을 얻고, 백로절(白露節)이 되어 기세가 당당하다. 음목(陰木)은 날카로운 서릿발에 잘려나가고, 양목(陽木)은 재목을 이룬다. 신(辛)일생이 을(乙)과 묘미(卯未)가 있으면 대부격을 이루고, 해(亥)와 병화(丙火)가 투간(透干)하면 귀명을 이룬다.

9. 임수(壬水)일생

임(壬)일생이 정화(丁火)를 만나면 현출하다고 하나 가을생에게만 해당한다. 이는 하늘이 높고 맑으며 화열이 식어 대기가 서늘해진 가운데 별빛조차 맑고 흰 상이다. 임수(壬水)가 신유금(申酉金)을 만나면 추로격(秋露格)이 되어 호명을 이룬다.

10. 계수(癸水)일생

계수(癸水)일생이 신(申)월에 태어나면 사궁(死宮)을 만나 조천(투天)이 되고, 봄철에 묘(卯)를 만나면 뇌문(雷門)이 되어 용운(龍雲)이 일어난다고 한다. 계묘(癸卯)일에 태어났는데 사(巳)가 있으면 총명하며 재운(財運)이 좋으니 봄과 여름생은 복인이나 겨울생은 빈천하다. 계(癸)일생이 기사(己巳)를 만나면 단명한다.

3. 간합(干合)의 작용

간합(干合)이란 갑기토(甲己土)·을경금(乙庚金)·병신수(丙辛水)·정임목(丁壬木)·무계화(戊癸火) 등을 말한다. 이것은 누구나 알고 있지만 간합(干合)의 원칙을 밝힌 학자도 연구서도 없다. 그래서 연수자를 위한 자료로 원리를 설명하니 참고하기 바란다. 천지는 모두 수리로 돌아간다. 이것을 천지범위수라 하는데, 다음과 같이 십간(十干)의 순수(順數)를 본다.

一	二	三	四	五	六	七	八	九	十
甲	乙	丙	丁	戊	己	庚	辛	壬	癸

기수(奇數)는 양(陽)으로 천(天)이고, 우수(偶數)는 음(陰)으로 지(地)다. 그래서 5와 5는 모여 합하는 것이다. 갑(甲)의 1부터 무(戊)까지를 5로 하고, 기(己)의 6부터 계(癸)의 10까지는 5수이다. 위 5수와 아래 5수의 천지음양수가 상대하여 간합(干合)이 되는 것이다. 이것을 원주도(圓周圖)로 보면 상대쪽이 합이 된다.

1	2	3	4	5	6	7	8	9	10
甲	乙	丙	丁	戊	己	庚	辛	壬	癸

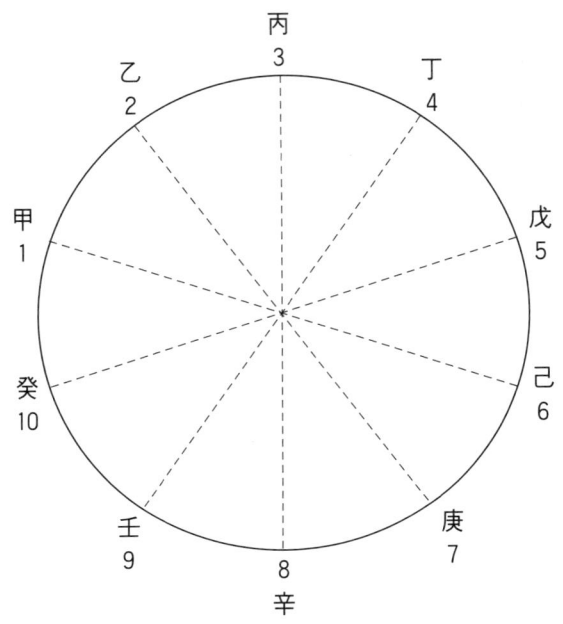

간합(干合)의 시작은 하도(河圖)의 성상이다. 하도는 수의 근원으로 천일(天一)이 수(水)를 생하고, 지육(地六)이 이것을 이룬다. 지이(地二)가 화(火)를 생하고, 천칠(天七)이 이것을 이룬다. 천삼(天三)이 목(木)을 생하고, 지팔(地八)이 이것을 이룬다. 지사(地四)가 금(金)을 생하고, 천구(天九)가 이것을 이룬다. 즉 1·2·3·4는 생수(生數)이고, 6·7·8·9는 성수(成數)다. 오행(五行)의 생(生)으로 되기 때문에 생성수라 부른다. 하도는 다음과 같다.

一·六 : 水, 二·七 : 火, 三·八 : 木, 四·九 : 金, 五·十 : 土

이상의 천지생성수 5와 5가 합한 수를 십간(十干) 천지범위 수에 이것을 옮겨 간합(干合)을 정한 것이다. 간합(干合)은 하도의 수에서 시작했기 때문에 간합(干合)하면 곧 화(化)하는 것이 아니다. 종래의 명리학자는 합(合)되면 즉시 화(化)한다고 했으나 이것은 크게 잘못된 것이다. 합(合)이란 부처상배우(夫妻相配偶)의 뜻으로 재성(財星)으로 되고 관성(官星)의 작용을 할 뿐이다. 간합(干合)해서 화(化)하려면 각각 원칙이 있다.

그런데 오행(五行)이 변화하는 원리는 오운(五運)에서 시작한다. 오운(五運)은 28숙(宿)의 각(角)과 진(軫)을 거쳐 생긴다. 각(角)은 십이지(十二支)의 진(辰)에 속하고, 진(軫)은 사(巳)에 속한다. 그래서 진사(辰巳)월에 올라탄 천간(天干)의 오행(五行)을 취한 것이다. 생월의 천간(天干)도 같은 이치다. 예를 들면 다음과 같다.

- 갑기(甲己)년은 무진(戊辰)·기사(己巳) 천간(天干)이 토(土)이기 때문에 갑기(甲己)는 토운(土運)이다.
- 을경(乙庚)년은 경진(庚辰)·신사(辛巳) 천간(天干)이 금(金)이기 때문에 을경(乙庚)은 금운(金運)이다.
- 병신(丙辛)년은 임진(壬辰)·계사(癸巳) 천간(天干)이 수(水)이기 때문에 병신(丙辛)은 수운(水運)이다.
- 정임(丁壬)년은 갑진(甲辰)·을사(乙巳) 천간(天干)이 목(木)이기 때문에 정임(丁壬)은 목운(木運)이다.
- 무계(戊癸)년은 병진(丙辰)·정사(丁巳) 천간(天干)이 화(火)

이기 때문에 무계(戊癸)는 화운(火運)이다.

대개 진사(辰巳)는 5개의 위도가 있다. 평소에 사용하는 오호둔 (五虎遁)의 도표를 참조하기 바란다. 황도(黃道)·백도(白道)·흑 도(黑道)·청도(靑道)·적도(赤道) 등을 천운(天運)에 오른다고 한다. 각(角)과 진(軫)은 이상의 5도의 문호라 하고, 천도(天道)는 진사(辰巳)를 거쳐 황도(黃道)로 돈다. 이러한 이치로 오행(五行) 을 정한 것이다. 따라서 간합(干合)에는 아래와 같이 각각의 명칭 이 있다.

갑기(甲己) : 중정(中正)의 합
을경(乙庚) : 인의(仁義)의 합
병신(丙辛) : 멸제(威制)의 합
정임(丁壬) : 음정(淫情)의 합
무계(戊癸) : 무정(無情)의 합

- 갑기(甲己)의 갑(甲)은 양목(陽木)이며 인(仁)이다. 기(己)는 음토(陰土)로 진정순독(鎭靜淳篤)하며 만물을 잘 생육하니 중 정(中正)의 합이라고 하는 것이다.
- 을경(乙庚)의 을(乙)은 음목(陰木)이며 인(仁)이다. 경금(庚金) 은 양금(陽金)으로 강견불굴(强堅不屈)하며 강유(强柔)가 서로 돕기 때문에 인의(仁義)의 합이라고 하는 것이다.

- 병신(丙辛)의 병(丙)은 양화(陽火)로 빛이 찬란하다. 신(辛)은 음금(陰金)으로 칼을 극하고 살을 즐기니 멸제(威制)의 합이라고 한다.
- 정임(丁壬)의 정(丁)은 음화(陰火)로 광휘가 밝지 않다. 임(壬)은 양수(陽水)이며 아래를 본따 미태(媚態)를 이루기 때문에 음정(淫情)의 합이라고 하는 것이다.
- 무계(戊癸)의 무(戊)는 노양(老陽)의 토(土)다. 계(癸)는 소음(小陰)의 수(水)로 노소가 상용하지 않기 때문에 무정(無情)의 합이라고 하는 것이다.

갑기(甲己)가 토(土)로 화(化)하고, 무계(戊癸)가 화(火)로 화(化)하는 것 등은 과학으로 설명할 수 있다. 간합(干合)은 수리로 해부할 수 있는 것과 동시에 사회의 물질화로 증명할 수 있는 것이다. 다음의 설명을 참고하기 바란다.

■ 갑기(甲己)는 토(土)로 화(化)한다.

갑(甲)은 목(木)으로 되고, 기(己)를 만나면 토(土)로 화(化)하는 것은 평소에 우리가 보는 바와 같다. 식물이 흙 속에 오랫동안 묻혀 있으면 화석으로 되거나 부식해서 흙이 된다. 석탄은 삼림이 흙 속에 몇 천만년 묻혀 있으면서 화석이 된 것이다. 토석으로 화(化)한다는 것은 바로 이런 이치다.

■ 을경(乙庚)은 금(金)으로 화(化)한다.

을(乙)은 목(木)이고, 경(庚)은 금(金)이다. 목금(木金)이 모여 금(金)으로 화(化)하는 것은 석면광(石綿鑛)과 호박(琥珀)이 증거한다. 석면은 금(金)으로 목(木)과 유사하다. 호박은 목(木)과 같고 금(金)과 근사하다. 이 두 가지는 모두 목(木)이 화(化)하여 금(金)으로 된 것이다. 을경(乙庚)이 간합(干合)하여 금(金)으로 화(化)하는 것은 이 현상으로 알 수 있다.

■ 병신(丙辛)은 수(水)로 화(化)한다.

병(丙)은 화(火)이고, 신(辛)은 금(金)이다. 화(火)와 금(金)이 연합하여 수(水)로 화(化)한다. 다시 말해 강도의 화열로 금(金)을 단련하면 액체가 된다. 액체는 수(水)다. 또 화금(火金)을 합해 일종의 약액을 채취할 수 있는 것이다.

■ 정임(丁壬)은 목(木)으로 화(化)한다.

정(丁)은 화(火)이고, 임(壬)은 수(水)다. 임수(壬水)는 북방 엄한의 물인데 정화(丁火)의 온도를 만나 초목이 발아한다. 물만으로는 초목을 생육하지 못한다. 반드시 온열을 얻어야 한다. 수화(水火)가 합해 비로소 초목이 생화육성한다.

■ 무계(戊癸)는 화(火)로 변한다

무(戊)는 토(土)이고, 계(癸)는 수(水)다. 규석(硅石)은 토질(土

質)로 수(水)를 가열하면 산소가 발생한다. 또 아세틸렌은 토질(土質)이다. 여기에 수(水)를 가하면 화(火)를 낸다. 석회는 토(土)다. 여기에 수(水)를 주입하면 비상한 열을 발생한다. 열은 화(火)다.

4. 지지론(地支論)

양지(陽支) : 子 寅 辰 午 申 戌
음지(陰支) : 丑 卯 巳 未 酉 亥

양지(陽支)는 남자와 같아 강하며 빠르고, 길흉도 빠르게 나타난다. 음지(陰支)는 여자와 같아 약하며 느리고, 길흉 역시 느리게 나타난다.

1. 생방(生方)

인신사해(寅申巳亥)를 생방(生方)이라 하고, 동충(動沖)을 꺼린다. 작용이 괴력과 같아 속성속패한다.

2. 사패(四敗)

자오묘유(子午卯酉)를 사패(四敗)라 한다. 자오상충(子午相沖)과

묘유상충(卯酉相沖)을 말하는데, 원서에는 사패충(四敗沖)이라고 반드시 흉한 것은 아니고, 묘한 이치가 있다고 기록되어 있다. 그러나 사패지(四敗地)는 삼합(三合)의 제왕(帝旺)이다. 비록 지지(地支)가 음지(陰支)라 해도 제왕(帝旺)이 되어 상충(相沖)하면 수옥(囚獄)이 되어 두렵다.

자오상충(子午相沖)은 수화상전(水火相戰)이요, 묘유상충(卯酉相沖)은 금목상전(金木相戰)이다. 이 장간(藏干) 중에는 역시 상충(相沖)하는 지지(地支)와 같은 비겁(比劫)만 암장(暗藏)되어 죽기 아니면 살기로 충(沖)하여 싸움이 벌어진다. 길신이 충(沖)을 만나면 흉하고, 흉신이 충(沖)을 만나 제거되면 좋다고 한다. 그러나 이것은 사패지(四敗地)의 사주에만 적용되는 것이 아니라 생방지(生方地)와 사고지(四庫地) 사주도 마찬가지다.

3. 사고(四庫)

진술축미(辰戌丑未)를 사고(四庫)라 한다. 진술충(辰戌沖)과 축미충(丑未沖)을 붕충(朋沖)이라 하고, 개충(開沖) 또는 개고(開庫)라고도 한다. 이것은 창고에 저장한 것을 여는 것과 같이 장간(藏干)에 묻어둔 것을 꺼내 쓰는 이치다. 생방(生方)의 인신사해(寅申巳亥)와 사패(四敗)의 자오묘유(子午卯酉), 그리고 사고(四庫)의 진술축미(辰戌丑未)는 모두 충(沖)을 나타낸다.

사주에 충(沖)이 있으면 반드시 변화가 생긴다. 만일 년월(年月)이 충(沖)하면 생가의 충(沖)이요 존친의 충(沖)과 같아 생가에서

살 수 없고, 조상의 업을 받아도 지키기 어렵다. 그리고 일시(日時)가 충(沖)하면 일(日)은 자신이요 시(時)는 자손이니 아내와 자식의 동요가 있고, 주거가 불안하며 평생 분주다사하나 소득이 없다. 그러나 충(沖)이 모두 나쁘지는 않다. 충(沖)도 호충(好沖)과 악충(惡沖)으로 나눈다. 행운(行運)에서 충(沖)이 들어오는 것을 외충(外沖)이라 하는데, 길흉을 떠나 반드시 동요하는 일이 생긴다. 이때 충(沖)을 원하는 사주라면 구신(救神)이 되어 기쁘고, 호충(好沖)이라 하여 개운발복한다. 그러나 충(沖)을 싫어하는 사주는 구신(仇神)이 되어 흉한 일이 생긴다.

4. 삼합(三合)

인오술(寅午戌) : 화(火)   신자진(申子辰) : 수(水)

사유축(巳酉丑) : 금(金)   해묘미(亥卯未) : 목(木)

삼합(三合)은 장생(長生)과 제왕(帝旺)과 묘(墓)가 한 덩어리 되어 이룬 합(合)을 말한다. 이 삼합(三合) 가운데는 인신사해(寅申巳亥), 자오묘유(子午卯酉), 진술축미(辰戌丑未)에서 1개씩 3개가 짝을 이루어 만들어졌다. 사패지(四敗地)에서도 잠시 언급했지만 삼합(三合)의 중심 인자는 역시 자오묘유(子午卯酉)가 제왕(帝旺)이 되어 건실한 삼합(三合)을 구성했는데, 자오묘유(子午卯酉)가 빠진 합(合)을 혹자는 반합(半合)이라 하고, 혹자는 반합(半合)이 되지 않는다고 의견이 분분하다.

자오묘유(子午卯酉)가 빠진 합(合)은 절대로 반합(半合)이 될 수 없다. 자오묘유(子午卯酉) 제왕(帝旺)이 빠진 합(合)은 전기(專氣)가 빠진 합(合)이 되어 삼합(三合)의 힘이 있을 수 없다. 이것은 임금이 없는 무장지졸(無將之卒)의 합(合)과 같으니 어찌 삼합국(三合國)이라 할 수 있겠는가. 완전한 반합(半合)은 다음과 같다.

신자(申子)·자진(子辰)·사유(巳酉)·유축(酉丑)
해묘(亥卯)·묘미(卯未)·인오(寅午)·오술(午戌)

- 자(子)는 진신(辰申)을 권족(眷族)이라 한다.
- 유(酉)는 사축(巳丑)을 동도(同道)라 한다.
- 오(午)는 인술(寅戌)을 교우(交友)라 한다.
- 묘(卯)는 해미(亥未)를 연지(連枝)라 한다.

- 신자진(申子辰) 삼합(三合)을 이루면 오(午)의 충(沖)이 와도 두렵지 않다.
- 인오술(寅午戌) 삼합(三合)을 이루면 자(子)의 충(沖)이 와도 두렵지 않다.
- 사유축(巳酉丑) 삼합(三合)을 이루면 묘(卯)의 충(沖)이 와도 두렵지 않다.
- 해묘미(亥卯未) 삼합(三合)을 이루면 유(酉)의 충(沖)이 와도 두렵지 않다.

5. 육합(六合)

합(合)은 길신이든 흉신이든 모이면 강해진다. 육합(六合) 역시 삼합(三合)과 같아 뜻을 같이 한 것끼리 모여 힘을 형성했기 때문에 삼합(三合) 다음으로이 강하다. 육합(六合)은 태양과 지구의 관계에서 비롯되었다. 태양은 좌선(左旋)하고 지구는 우선(右旋)하므로 서로 역행하고 순행하는 교차점이 곧 육합(六合)이다.

태양역행 : 亥·戌·酉·申·未·午·巳·辰·卯·寅·丑·子
지구순행 : 寅·卯·辰·巳·午·未·申·酉·戌·亥·子·丑

지구에서 인(寅)월의 중기(中氣)를 지나면 태양은 해궁(亥宮)에서 인해합(寅亥合)으로 만난다.

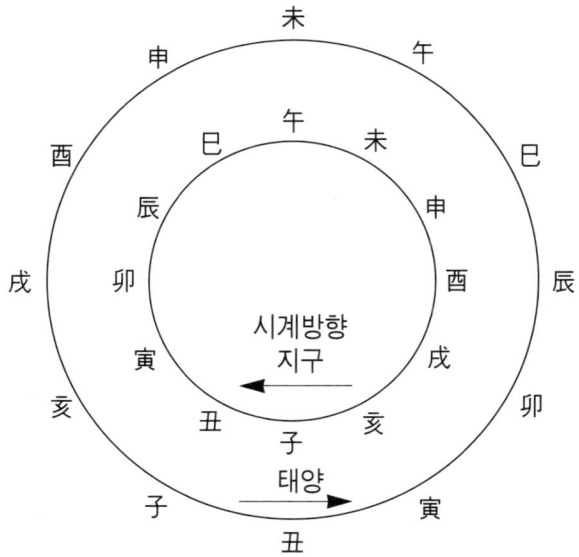

5. 천간지지(天干地支)의 상(象)

1. 천간(天干)의 상(象)

1. 갑목(甲木)

갑목(甲木)은 사시(四時)를 주재하며 만물을 생육한다. 하늘에서는 뇌(雷)이고, 땅에서는 동량이다. 양목(陽木)은 강목(强木)이고, 죽은 물(壬水)에서는 썩지 않으나 우로를 만나면 썩는다. 갑목(甲木)이 화(火)를 만나면 문명지상(文明之象)이 되나, 화(火)가 많으면 오히려 불에 탄 재로 변한다.

- 봄철의 갑목(甲木)은 처음으로 우뢰를 만든다.
- 여름철의 갑목(甲木)은 무성하며 바람을 잘 일으키고 신선하다.
- 가을철의 갑목(甲木)은 지엽이 떨어지며 뇌성이 멎는다.
- 겨울철의 갑목(甲木)은 시들며 햇빛을 막을 염려가 있다.

2. 을목(乙木)

을목(乙木)은 하늘에서는 바람이고, 땅에서는 활목(活木)이다. 음목(陰木)은 유목(柔木)이며 활목(活木)이다. 을목(乙木)은 윤토(潤土)를 만나 배양받는 것과 수(水)를 즐기나, 많으면 범람의 우려가 있어 겁을 내기도 한다.

■ 봄철의 을목(乙木)은 싹이 튼다.
■ 여름철의 을목(乙木)은 줄기가 생겨 무성하다.
■ 가을철의 을목(乙木)은 금왕(金旺)할 때만 종(從)하여 길하다.
■ 겨울철의 을목(乙木)은 한냉하여 낙엽이 되고, 뿌리의 생기는 땅에 감춘다.

3. 병화(丙火)

병화(丙火)는 하늘에서는 태양이며 번개불이고, 양화(陽火)는 강화(剛火)가 되고, 땅에서는 용광로와 같다. 인(寅)에서 장생하여 유(酉)에서 죽는다. 토(土)가 많으면 그 빛을 잃는다. 봄에는 만물을 생육하는 공이 있고, 여름에는 염열을 방지하고, 겨울에는 열이 쇠하며 어두운 것을 싫어한다.

■ 봄철의 병화(丙火)는 공이 크다.
■ 여름철의 병화(丙火)는 염열하다.
■ 가을철의 병화(丙火)는 만물에 용(用)을 이룬다.

■ 겨울철의 병화(丙火)는 쇠해 기가 꺾인다.

4. 정화(丁火)

정화(丁火)는 하늘에서는 별이고, 땅에서는 등촉불이다. 정화(丁火)가 해뜨는 인(寅)에서 태어나면 사(死)하여 별빛을 잃게 되므로, 정화(丁火)는 해가 진 술해(戌亥)를 즐긴다. 음화(陰火)는 밤이면 더욱더 밝고 부드럽다. 해가 있을 때는 빛을 발하지 못하니 술해(戌亥)시를 좋아한다. 술해(戌亥)는 천문(天門)이다.

■ 봄철의 정화(丁火)는 등잔에 기름을 부은 것과 같다.
■ 여름철의 정화(丁火)는 용광로에 기름을 부은 것과 같다.
■ 가을철의 정화(丁火)는 성광이 찬란하게 빛난다.
■ 겨울철의 정화(丁火)는 열기가 땅에 묻힌다.

5. 무토(戊土)

무토(戊土)는 하늘에서는 노을이며 안개이고, 땅에서는 산이다. 무토(戊土)는 천간(天干)의 계수(癸水)를 즐기나, 목(木)이 많은 것을 싫어한다. 그리고 화(火)가 많은 것도 싫어한다. 비온 후에는 노을이 나타나 광채가 난다. 사계절을 좋아하며 때가 되면 제방이 두꺼워 강하의 기슭이 된다.

6. 기토(己土)

기토(己土)는 하늘에서는 구름이고, 땅에서는 논밭이다. 음토(陰土)로 만물을 자생하며 사계의 왕성함에 속한다. 갑목(甲木) 우뢰가 기토(己土) 구름을 몰고와 논밭에 비를 뿌려 옥토(沃土)되어, 만물을 생육하는 이치에 따라 갑기(甲己)는 합(合)을 좋아한다. 기토(己土)가 실령(失令)하면 천박하고, 득령(得令)하면 큰 공을 이룬다.

7. 경금(庚金)

경금(庚金)은 하늘에서는 달빛이고, 땅에서는 철광석이다. 경금(庚金)이 을목(乙木)을 보면 달빛은 희고 바람은 시원해 좋아한다. 경(庚)은 양(陽)에 속하며 숙살의 기가 있어 병권을 주관하고, 양금(陽金)은 강하니 제련되면 기물을 이룬다. 흙에 묻히는 것과 물에 가라앉는 것을 싫어한다. 만약 을사(乙巳)의 바람을 만나면 달이 희며 바람이 시원한 상이 되고, 임자(壬子)를 만나면 광해월현(廣海月弦)이라 한다.

- 봄철의 경금(庚金)은 쓸모가 없다.
- 여름철의 경금(庚金)은 화염을 만나 연약하다.
- 가을철의 경금(庚金)은 맑고 깨끗하나 화토(火土)를 만나면 복이 줄어든다.
- 겨울철의 경금(庚金)은 수(水)가 범람해 못쓰게 된다.

8. 신금(辛金)

신금(辛金)은 하늘에서는 서리이고, 땅에서는 주옥이다. 신금(辛金)이 병화(丙火)를 만나면 태양이 까다롭고 날카로운 서릿발을 녹이므로 병신합(丙辛合)을 좋아한다. 그러나 신금(辛金)은 병화(丙火)가 투간(透干)했을 때만 명성이 있고, 을목(乙木)을 보았을 때만 예리한 칼끝이 되어 이도(利刀)라고도 한다. 특히 신묘(辛卯)일 · 신미(辛未)일생이 겨울철에 태어나고, 을목(乙木)이 투간(透干)하면 재(財)를 깔고 있어 부명이 되고, 신축(辛丑)일은 허재(虛財)이다. 일지(日支) 효신(梟神)이 재(財)를 구하는 격이니 때로는 비굴하며 천박하다.

9. 임수(壬水)

하늘에서는 우로이고, 땅에서는 연못이다. 양수(陽水)이며 사수(死水)이다. 강수(强水)는 토(土)의 제방으로 강하를 만들어 물의 흐름을 멈추게 한다. 봄의 이슬은 초목을 자생시키고, 가을의 이슬은 만물을 손상시킨다. 정(丁)을 만나면 성하(星河)의 상을 나타내고, 남쪽으로 가면 따뜻함을 얻는다.

- 봄철의 임수(壬水)는 초목을 생한다.
- 여름철의 임수(壬水)는 초목을 성장시킨다.
- 가을철의 임수(壬水)는 만물을 손상시킨다.
- 겨울철의 임수(壬水)는 남방운을 좋아한다.

10. 계수(癸水)

하늘에서는 비이고, 땅에서는 샘물이며 흐르는 물이다. 계수(癸水)는 음수(陰水)이고, 음수(陰水)는 활수(活水)이며 유수(柔水)다. 토(土)의 침범을 받으면 혼탁해진다.

- 봄철의 계수(癸水)는 만물을 생한다.
- 여름철의 계수(癸水)는 만물을 생육시킨다.
- 가을철의 계수(癸水)는 무용지물이다.
- 겨울철의 계수(癸水)도 역시 무용지물이다.

2 지지(地支)의 상(象)

1. 자수(子水)

자수(子水)는 북방의 감수(坎水)로 대설(大雪) 후부터 왕수(旺水)의 기운이 시작된다. 신진(申辰)과 삼합(三合)되면 강해를 이루어 파도를 일으킨다. 시간으로는 한밤중으로 전날의 끝이며 오늘의 시작이다. 따라서 자(子)는 음양교호(陰陽交互)의 구축(樞紐)이 된다. 수(水)의 색은 검기 때문에 쌍어유묵(雙魚游墨)이라 하며 문장에 능하다.

2. 축토(丑土)

축토(丑土)는 이양절(二陽節)의 토(土)가 되어 아무리 추워도 따뜻한 기운이 감돌아 만물을 발생시키는 징조를 나타낸다. 북방에 위치하고, 소한(小寒) 때 토(土)가 점점 응결된다. 따라서 축(丑)일생이 기미(己未)시생은 상격으로 친다. 이것은 소한(小寒)을 지나 입춘(立春)을 맞이하는 진기월(進氣月)이라 버들가지에 파릇파릇 싹이 돋기 시작하는 때기 때문이다. 토(土)는 수(水)를 머물게 하므로 숭앙의 상이 있다. 축(丑)일 기미(己未)시에 태어나면 달은 버들의 끝을 비친다고 하여 상격이 되는 것이다.

3. 인목(寅木)

인(寅)은 동북방의 간산(艮山)에 속하고, 삼양절(三陽節)이 모이는 때다. 화토(火土)가 장생(長生)하므로 광토(廣土)이고, 목(木)은 화(火)의 기운을 받아 생장하기 시작한다. 따라서 인(寅)일생이 무진(戊辰)시에 태어나면 범(寅)은 호곡(虎谷)에서 울부짖고, 광곡(廣谷)에서는 바람이 일어나는 상이 되어 명진사해(名振四海)한다고 한다.

4. 묘목(卯木)

묘(卯)는 목(木)이며 진(震)이다. 정동방위에 있고, 해미(亥未)와 삼합목국(三合木局)을 이루고, 총림(叢林)으로 되며 삼림을 이룬다. 청색으로 만물을 생(生)한다. 만일 기미(己未)시에 태어나면 토끼가 월궁(月宮)으로 들어가는 상이 되어 대귀한 명을 이룬다.

5. 진토(辰土)

용궁(龍宮)으로 습니수고(濕泥水庫)라 칭하고, 을(乙)과 계(癸)를 저장하며, 방위는 동방으로 남을 점유한다. 신사(辛巳)월 청명(淸明) 후는 만물의 발육이 왕성하며 수목(水木)을 저장하여 초탁(草澤)의 상을 이룬다.

6. 사화(巳火)

사(巳)는 손풍(巽風)이며 육양(六陽)의 극이다. 위치는 남방이다. 5월 입하(立夏) 후에는 화열의 빛이 증가하고, 화토(火土)가 모이며, 인인(人烟)이 집합하기 때문에 대역(大驛)이라 하며 도로통달의 지이다. 사(巳)일생은 진(辰)시를 즐기고, 사(蛇)는 청룡으로 화(化)하여 천리에 이름을 울린다.

7. 오화(午火)

오(午)는 이화(離火)이며 정남방에 위치한다. 신유(申酉)월 절입 후에는 점차 염열을 촉진한다. 인(寅)과 술(戌)을 만나면 삼합화국(三合火局)을 이루고, 염열이 점차 광명을 더한다. 음양(陰陽)의 경계에서 교호(交互)의 구축(樞紐)을 이루고, 적황색이다. 군마병화(軍馬兵火)의 모양이므로 봉(烽)한다. 진(辰)시생이면 진룡(眞龍)이 나온다고 하며 향상의 명이 된다.

8. 미토(未土)

 미(未)는 여름에 속하고 난토(暖土)다. 목화(木火)를 간직하며 남방에 위치하고 서방을 차지한다. 7월 소서(小暑)의 절후는 습열난토(濕熱暖土)가 목(木)을 배양하고, 담이 목(木)을 지키기 때문에 화원이라고 한다. 묘(卯)는 목왕유림(木旺柴林)을 이루며 목고(木庫)가 되고, 담장을 만들어 백화(百花)를 지킨다.

9. 신금(申金)

 입추(立秋)가 지난 7일부터 임수(壬水)가 발기해 더위를 식히고, 숙살바람을 일으켜 만물의 성장을 멈추게 한다. 그러나 신(申)은 임수(壬水)의 장생처(長生處)가 되어 만물을 절처봉생(絶凄逢生)시킨다. 따라서 신(申)일 해(亥)시생은 천지교태격(天地交泰格)이라 하여 상격으로 친다.

10. 유금(酉金)

 유(酉)는 택(澤)을 이루고, 정서방을 차지한다. 백로(白露)를 지나면 금색은 흰색이 되며 하늘은 높고 기는 맑다. 사(巳)와 축(丑)을 만나면 삼합금국(三合金局)을 이루어 생(生)한다. 유(酉)는 술해(戌亥)에 가깝고, 술해(戌亥)는 천문(天門)이다. 사종(寺鐘)은 천문(天門)으로 통하니 사종(寺鐘)의 상을 이룬다. 서방은 불교계인 인(寅)을 만나면 종소리가 골짜기에서 울린다 하여 명성을 날린다.

11. 술토(戌土)

  술(戌)은 구추건토(九秋乾土)로 금화(金火)를 암장(暗藏)하고 있
다. 서방에 위치하며 북쪽을 차지한다. 9월 한로(寒露) 후에는 초
목이 시들며 농가에서는 논밭을 태우기 때문에 원야소원(原野燒
原)이라 한다. 진(辰)과 술(戌)은 천을귀인(天乙貴人)을 만나지 않
고, 술(戌)과 묘(卯)가 지합(支合)하면 봄에 이르러 소랑(燒痕)으
로 들어가니 영달의 명이 된다.

12. 해수(亥水)

  해(亥)는 건위천(乾爲天)으로 육음(六陰)의 극이고, 북방에 위치
하며 북쪽을 차지한다. 입동(立冬) 절후는 기(氣)를 돌리며 조화시
키니 소춘일화(小春日和)라 한다. 해(亥)는 천문(天門)을 이루며
수(水)에 속하고 현하(懸河)라고 한다. 인진(寅辰) 두 글자를 만나
면 수(水)는 뇌문(雷門)을 밀어젖힌다고 하여 명성과 재물을 함께
얻는다.

6. 상생상극(相生相剋) 왕쇠충극(旺衰冲剋)

1. 상생상극(相生相剋)

상생(相生)은 서로 살려준다는 의미보다는 부모와 자식 같은 관계로, 어떤 존재에게서 어떤 존재가 태어난다는 의미가 더 크다.

- 천간(天干)의 극(剋)은 양간(陽干)의 극(剋)과 음간(陰干)의 극(剋)으로 나눈다. 양간(陽干)의 극(剋)은 이양(二陽)이 서로 극(剋)하므로 작용이 강렬하고, 음간(陰干)의 극(剋)은 이음(二陰)의 극(剋)이라 양(陽)보다는 약하다.
- 무정극(無情剋) : 양간(陽干)은 양간(陽干)끼리 극(剋)하고, 음간(陰干)은 음간(陰干)끼리 극(剋)하는 것을 말한다.
- 유정극(有情剋) : 양(陽)과 음(陰), 음(陰)과 양(陽)의 극(剋)을 말한다.

- 극(剋)의 원근 : 극(剋)이 가까우면 작용이 강하고, 극(剋)이 멀면 작용도 약하다.
- 극(剋)의 기세 : 천간(天干)이 건록(建祿)에 앉으면 천간(天干)의 기세가 강하고, 사절패욕지(死絶敗浴地)에 앉으면 기세가 약하다.
- 천간(天干)의 강약 : 천간(天干)이 같은 오행(五行)끼리 무리를 이루면 극(剋)이 와도 두렵지 않다.
- 극(剋)의 무용 : 일간(日干)을 극(剋)하는 대세운(大歲運)을 만나도 사주의 천간(天干)에 막을 오행(五行)이 있으면 극(剋)을 당하지 않는다.

양(陽)은 강하고 음(陰)은 부드럽다. 음간(陰干)도 양간(陽干)처럼 행세할 때가 있다. 양(陽)은 적극적이며 저돌적이고, 음(陰)은 소극적이며 미온적이다. 그러나 음간(陰干) 사주에 겁재(劫財)가 투간(透干)되면 반드시 양간(陽干) 작용을 한다.

- 을목(乙木)이 음목(陰木)이나 갑목(甲木)이 있으면 등라(藤蘿)하여 생왕(生旺)한 목(木)이 되므로 갑목(甲木)처럼 행세한다.
- 정화(丁火)는 음화(陰火)이나 병화(丙火)가 있으면 빛이 병화(丙火)에 흡수되어 맹렬하니 병화(丙火)처럼 행세한다.
- 기토(己土)는 음토(陰土)이나 무토(戊土)가 있으면 강토(强土)가 되어 무토(戊土)처럼 행세한다.

■ 신금(辛金)은 음금(陰金)이나 경금(庚金)이 있으면 강경해져 경금(庚金)처럼 행세한다.

■ 계수(癸水)는 음수(陰水)이나 임수(壬水)가 있으면 대하수가 되어 임수(壬水)처럼 행세한다.

상극(相剋)은 상생(相生)의 반대다. 이것은 서로 싸운다는 의미보다는 고양이와 쥐와 같은 관계로, 어떤 존재가 어떤 존재를 일방적으로 이긴다는 의미로 본다. 상생(相生)은 부모와 자식의 관계와 같아 긴 설명이 필요 없었지만 상극(相剋)은 이해를 돕기 위해 예를 들어 본다.

동물의 세계에서는 반드시 이기고 지는 자가 있다. 언뜻 생각하면 지는 자는 멸종될 것 같지만 이기는 자가 있기 때문에 지는 자는 종족을 보존하려고 더욱더 강해진다. 이런 생태계의 현상을 숙명적인 천적관계라 하고, 필요악의 천적관계라고도 한다. 이렇게 물고 물리는 사이에 동물들은 진화 발전한다. 천적이 있기 때문에 더욱 적극적으로 살며 생태계의 조화를 만든다.

음(陰)과 양(陽), 그리고 상생(相生)과 상극(相剋) 관계는 철저한 반대의 관계이면서도 하나의 생명을 탄생시킨다. 음(陰)과 양(陽)이 짝이 되어 하나가 되고, 하늘과 땅이 짝이 되어 하나가 되며, 해와 달이 짝이 되어 하나를 이루듯이 우주의 만물 가운데 혼자인 것은 아무것도 없다. 이를 동양철학에서는 천지조화라고 한다. 천지조화의 기본 물질은 당연히 목화토금수(木火土金水)의 오행(五

行)과 여기에 배속된 음양(陰陽) 및 상생(相生) 상극(相剋) 관계에서 비롯되어 조화를 이룬다. 이 조화로움으로 하늘에서는 한래서왕(寒來暑往)하며 추수동장(秋收冬藏)하고, 땅에서는 낮과 밤이 생기며 우뢰와 비바람과 이슬과 서리를 만든다. 더구나 하늘에서는 하늘을 닮은 에너지라는 기(氣)를 주어 동물과 식물이 받아들이고, 땅에서는 땅을 닮은 주비초목(走飛草木)들이 자라 각각 제모습을 갖추며 살아간다.

상생(相生)은 내리사랑과 같고, 상극(相剋)은 사랑의 매와 같다. 고등식물이든 하등식물이든 식물의 일생은 뿌리에서 시작한다.

뿌리　줄기　잎　꽃　열매
　→　　→　　→　　→
水　　木　　火　　土　　金

상생(相生) 관계로 이어지며 열매를 맺는 것으로 일생을 마친다. 그러나 그림에서 보는 것처럼 순탄하게 꽃피고 열매를 맺는 것은 아니다. 살아가는 동안에는 물과 빛과 영양이 필요하므로 알맞은 환경을 갖추어야 완전하게 성숙할 수 있다.
　식물은 동물과 다르다. 동물은 물이 필요하면 물을 찾아가고, 더우면 서늘한 곳을 찾아다닐 수 있다. 그러나 식물은 죽을 때까지 그곳에 뿌리박고 살아갈 수 밖에 없다. 땅이 기름지든 습하든 햇볕이 들든 아랑곳하지 않고 열심히 살아 우리에게 식량을 공급해준다. 인간들이여! 식물에게 감사하자.

- 열매(金)가 무성하면 나무(木)는 힘이 빠져 부러진다.
- 잎(火)이 무성하면 열매(金)가 적다.
- 뿌리(水)가 무성하면 잎(火)이 보잘것 없다.
- 꽃(土)이 무성하면 뿌리(水)가 힘을 쓰지 못한다.
- 줄기(木)가 무성하면 꽃(土)이 보잘것 없다.

이와 같은 현상을 상극(相剋) 작용이라 한다. 맛도 아래와 같이 상극(相剋) 작용에서 비롯된다.

- 금극목(金剋木)하면 신맛이 된다.
- 화극금(火剋金)하면 매운맛이 된다.
- 수극화(水剋火)하면 쓴맛이 된다.
- 토극수(土剋水)하면 짠맛이 된다.
- 목극토(木剋土)하면 단맛이 된다.

2 왕쇠충극(旺衰沖剋)

사주의 조직을 체(體)라고 한다. 사주명식은 본래 조용한 것을 좋아해 충극(沖剋)하면 동(動)하여 반드시 변화가 일어난다. 동(動)하지 않으면 기회가 오지 않고, 기복도 생기지 않는다. 그러므로 동(動)이 없으면 발전하는데 지체되는 경우도 있지만, 오히려 길신을 충극(沖剋)하여 화를 부르는 경우도 있다. 동(動)은 움직인다는 뜻이다.

예를 들어 수(水)가 바위를 만나면 충극(沖剋)되어 파도를 일으켜 사나워지고, 목(木)이 곡직(曲直)되어 조용하나 금(金)을 만나면 충극(沖剋)되어 절목(折木)되면서 소리가 나는 법과 같이 사람도 마찬가지다. 사람의 마음이란 본시 정(靜)하고 순세(順勢)한 것을 좋아하나, 어떤 일에 부딪치면 희로애락이 생겨 격(激)할 때가 있고 낙누(落淚)할 때가 있다. 이와 같이 모든 범사의 길흉은 움직일 때 생긴다. 이것이 바로 충극(沖剋) 작용이다.

충(沖)에는 명충(明沖)과 암충(暗沖) 두 가지가 있다. 명충(明沖)은 사주명식에 나타나고, 암충(暗沖)은 행운(行運)에서 들어와 충(沖)하는 것을 말한다.

왕자충쇠(旺者沖衰)하면 쇠자발(衰者拔)이요, 쇠자충왕(衰者沖旺)하면 왕신발(旺神發)이라는 말이 있다. 이것은 왕성한 자를 충(沖)하면 쇠하고, 쇠한 자는 발하며, 충(沖)으로 왕성해져 발전한다는 말이다. 예를 들어 자(子)가 왕성하고 오(午)가 쇠하여 자(子)가 오(午)를 충(沖)하면 뿌리가 뽑히고, 자(子)가 쇠하고 오(午)가 왕성할 때 자(子)가 오(午)를 충(沖)하면 오(午)가 발하여 복을 이룬다는 말이다.

사주명식 중에서 어느 곳이든 충(沖)을 받는 곳이 왕성하면 쇠하고, 쇠한 곳을 충(沖)하면 반대로 왕성해진다. 그러므로 왕성한 것을 좋아하는 사주는 충(沖)을 두려워하고, 쇠한 것을 싫어하는 사주는 오히려 충(沖)을 좋아한다고 보면 이해가 쉬울 것이다.

충(沖)을 하면 어느 것을 막론하고 반드시 길흉성을 떠나 제거를 당한다. 사주에 길흉이 혼잡할 때 흉을 충(沖)하면 호명이 되고, 길성을 충거(沖去)하면 흉명이 된다. 이것은 대세운(大歲運)에서 들어오는 충극(沖剋)도 마찬가지다.

7. 월령론(月令論)

천지자연의 이치에 따라 생명이 탄생하고, 일간(日干)이 태어난다. 생명의 뿌리를 사주학에서는 월근(月根)이라 하고, 사람으로는 부모에 해당한다. 지구는 태양을 중심으로 타원형의 궤도를 그리며 일주한다. 이때 지구가 태양을 돌아 한 번 자전해 하루를 만들고, 1일은 24시간을 만드는 가운데 밤과 낮을 반반씩 있게 한다. 그런가 하면 태양은 하루에 1도씩 움직여 365일을 만들고, 춘분점(春分點)에 도달하면 비로소 일년이 끝나며, 다시 일년을 시작하는 운동을 변함없이 하고 있다.

이렇게 윤회하는 가운데 우주에서는 입춘(立春)·입하(立夏)·입추(立秋)·입동(立冬)이 반복되고, 동지(冬至)와 하지(夏至)의 기준점을 두어 양둔(陽遁)과 음둔(陰遁)으로 주천(周天)을 양분한다.

이지(二至) 가운데 동지(冬至)가 되면 일양(一陽)이 시생하고, 하지(夏至)가 되면 일음(一陰)이 시생한다. 태양은 동지(冬至)가 되면 남에서 북으로 움직여 일양(一陽)을 시생시키고, 하지(夏至)가 되면 북에서 남으로 움직여 일음(一陰)을 시생시킨다. 이렇게 태양의 일주로 춘하추동이 생기고, 계절은 기후를 만들어 만물을 생육하며 저장한다. 모든 생물은 태양의 지배를 받지 않는 것이 없으니 어찌 태양을 경배하지 않겠는가.

인간도 예외는 아니다. 그래서 사주도 태양의 도수로 지구의 몇 월 즉 어느 때 직조(直照)했는가를 보고, 여기에 맞추어 운명을 추명하는 것이다. 이것의 영향에 따라 길흉화복이 결정되고, 사주의 오행(五行) 분포에 의해 흥왕성쇠를 논한다. 천도천리(天道天理)에 의해 생명이 탄생하고, 24절기의 기후에 따라 좋고 나쁨이 결정된다. 인간은 강하며 영리한 것 같지만 강할 것도 영리할 것도 없다. 다만 타고난 숙명에 따라 우주가 주천(周天)하듯이 인간도 주천(周天)하며 사는 것 뿐이다.

1년은 입춘(立春)에서 시작해 소한(小寒)을 끝으로 마무리한다. 여기에는 각 계절과 월마다 기운이 다르다. 그래서 계절을 주관하는 핵(核)을 춘령(春令)·하령(夏令)·추령(秋令)·동령(冬令)이라 하고, 월을 주관하는 핵(核)을 월령(月令)이라 한다. 월령(月令)에서 기(氣)를 잘 받았으면 득령(得令)·사령(司令)·득기(得氣)했다 하고, 월령(月令)에서 기(氣)를 잘 받지 못하면 실령(失令)·실기(失氣)했다고 한다. 앞에서도 잠시 설명했지만 월령(月令)의 기(氣)에 의해 수명과 부귀를 논한다. 기후의 변천은 다음과 같다.

- 1후(候)는 5일
- 3후(候)는 1기(氣)
- 1기(氣)는 15일
- 1절(節)은 2기(氣)다.
- 2기(氣)가 모여 1절(節)을 만드므로 1년은 12절이 된다.
- 2기(氣)는 30일이므로 360일 ÷ 30 = 12절이 된다.

12절은 입춘(立春)·경칩(驚蟄)·청명(淸明)·입하(立夏)·망종(芒種)·소서(小暑)·입추(立秋)·백로(白露)·한로(寒露)·입동(立冬)·대설(大雪)·소한(小寒)을 말한다.

1. 24절기

봄이 시작된다는 입춘(立春). 대동강 물이 풀리면 우수(雨水). 낮의 길이가 가장 길면 하지(夏至)…. 이처럼 우리는 계절의 변화를 빗대어 이러한 말들을 쓰고 있는데 이것은 계절따라 여기에 맞게 농사짓고 물일을 하며 살아왔다는 생활의 흔적이다. 특히 24절기는 음력으로 보면 해마다 다르지만 우리의 조상은 서양에서 양력이 들어오기 훨씬 전부터 24절기에 맞춰 농사를 지어왔다. 절기에 따라 지금까지도 민간풍속이 전해지고 있는데 특히 우리 역학도들은 절기의 변화를 반드시 알아야 하기에 자세히 설명하기로 한다.

인간이 역(曆)을 만든 가장 큰 이유는 계절의 변화를 알기 위해서다. 더구나 옛 농경사회에서는 계절의 변화를 모르고는 농사를 지을 수 없었기 때문이다.

계절은 태양의 운동에 따라 변한다. 그러나 옛날에는 태양의 움직임이 아닌 달의 움직임을 근거로 음력을 사용했기 때문에 양력과 음력의 차이가 많았다. 하지만 24절기는 태양의 운동을 기준한 절기가 되어 절기의 변화는 예나 지금이나 변함이 없다.

절기는 음력을 썼던 농경사회에서 필요에 따라 양력과 관계없이 만들었지만, 내용면에서는 태양의 운동을 반영시킨 24절기가 되어 일치하고 있다는 사실에 그저 놀랄뿐이다. 동양에서는 그 해의 첫 기준을 입춘(立春)으로 정하나, 서양에서는 춘분(春分)이다. 춘분(春分)은 태양이 남쪽에서 북쪽을 향해 적도를 통과하는 점이 춘분점(春分點)이 된다. 태양이 황도(黃道)를 따라 동쪽으로 15도 간격을 유지하며 이동할 때 24개의 점을 통과하는데, 이때의 첫 점이 춘분(春分)이다.

다시 말하면 천구(天球)에서 태양의 위치가 황경(黃經) 0도일 때 춘분(春分), 15도일 때 청명(淸明), 30도일 때 곡우(穀雨), 45도일 때 입하(立夏), 60도일 때 소만(小滿), 75도일 때 망종(芒種), 90도일 때 하지(夏至), 105도일 때 소서(小暑), 120도일 때 대서(大暑), 135도일 때 입추(立秋), 150도일 때 처서(處暑), 165도일 때 백로(白露), 180도일 때 추분(秋分), 195도일 때 한로(寒露), 210도일 때 상강(霜降), 225도일 때 입동(立冬), 240도일 때 소설(小雪), 255도일

때 대설(大雪), 270도일 때 동지(冬至), 285도일 때 소한(小寒), 300
도일 때 대한(大寒), 315도일 때 입춘(立春), 330도일 때 우수(雨水), 345도일 때 경칩(驚蟄), 360도일 때 다시 춘분(春分)이 된다.

 이것이 1년이다. 정원은 360도이고, 1년은 360일이다. 24절기는 이처럼 태양력으로 했을 때나 음력으로 했을 때나 24절기가 일치한다는 점에 놀랄뿐이다. 선조들의 지혜에 다시 한 번 머리숙여 경의를 표한다.

- 봄 : 입춘(立春), 우수(雨水), 경칩(驚蟄), 춘분(春分), 청명(淸明), 곡우(穀雨).
- 여름 : 입하(立夏), 소만(小滿), 망종(芒種), 하지(夏至), 소서(小暑), 대서(大暑).
- 가을 : 입추(立秋), 처서(處暑), 백로(白露), 추분(秋分), 한로(寒露), 상강(霜降).
- 겨울 : 입동(立冬), 소설(小雪), 대설(大雪), 동지(冬至), 소한(小寒), 대한(大寒).

 이렇게 해서 춘하추동이 각각 6마디씩 각각의 계절을 담당한다. 이를 육절(六節)이라고도 한다. 그러나 한식·단오·유두·초복·중복·말복 등은 계절에 포함하지 않는다.

24절기를 처음 쓰기 시작한 것은 중국 주나라 때부터였다고 한다. 당시에는 달을 기준으로 한 음력이 기후의 변화를 제대로 맞추지 못해 천문학자들이 태양을 연구하는 중 일년을 24등분한 뒤 15도씩 나누어진다는 것을 발견한 후 24절기를 사용했다고 한다. 이때의 기준은 황하강 유역의 기후와 맞게 절기의 명칭을 붙였으나 우리나라의 계절과는 차이가 있다. 지도에서 서울과 황하강 유역의 경도와 위도를 비교해보면 시간차와 기온차가 있다는 것을 알 수 있다.

옛 풍속 가운데 지금까지 전해지는 세시풍속이 있다. 입춘(立春) 절입시간에 맞추어 입춘대길(立春大吉), 가급인족(家給人足), 건양다경(建陽多慶) 등과 같이 집집마다 덕담과 축원을 담은 글을 써 붙이는 것이다.

오늘날의 정보화시대에서 보면 우스꽝스러운 일인지도 모른다. 그러나 내면에는 조상의 숨결이 들리고, 그 숨결소리 속에는 생활 풍속은 물론 시대상황도 엿볼 수 있다. 절기의 변화에 따라 목화토금수(木火土金水)의 오행(五行)이 꼭 그 절기에 맞춰 피고 진다는 사실도 역학을 공부하려면 알아야 할 제일 조건이다.

1. 입춘(立春) : 인(寅 · 1월)

병화(丙火)의 장생지(長生地)다. 이른 봄에는 냉기가 있고, 7일 후에는 병화(丙火)가 사령(司令)한다. 인목(寅木)이 처음 탄생한 것처럼 사람도 장생(長生)이라고는 하나 아직 혈기가 부족한 때와

24절기와 풍속

계절	절기	황경	풍　　속
봄	입춘	315	봄으로 접어드는 시기이다. 가정에서 대문·기둥·대들보·천정 등에 좋은 뜻의 글을 써 붙인다. 보리 뿌리를 뽑아보고 흉풍을 가리는 농사점을 친다.
	우수	330	옛날 중국에서는 우수부터 15일 동안을 5일씩 三候로 나누어 특징을 나타냈다. 초후에는 수달이 물고기를 잡고, 중후에는 기러기가 북쪽으로 날아가며, 말후에는 초목의 싹이 튼다고 했다.
	경칩	345	동면 동물이 깨어날 무렵 흙일을 하면 탈이 없다고 해서 벽을 바르거나 담을 쌓는다. 고로쇠나무 수액을 마시면 위장병 등에 효과가 있다고 한다.
	춘분	0	밤낮의 길이가 같고, 농가에서는 농사 준비에 바쁘다. 바람이 많이 불고 추운데, 바람신이 꽃이 피는 것을 시샘하기 때문이라고 한다. 여기서 꽃샘추위라는 말이 나왔다.
	청명	15	한식 하루 전이거나 한식일과 같고, 식목일과도 겹친다. 농가에서는 논농사를 준비한다. 곡우 무렵에 못자리판을 만들고 서둘러 일꾼을 구한다.
	곡우	30	농사가 본격적으로 시작되는 때로 볍씨를 담근다. 봄비가 많이 내리는데 곡우에 가물면 농사를 망친다는 말이 있다. 나무에 물이 많이 오를 때로 명산으로 곡우물을 마시러 가기도 한다.
여름	입하	45	여름을 알리는 시기이다. 농작물도 자라지만 잡초와 해충도 많아져 분주하다. 세시 행사로 이 무렵 쑥버무리를 간식으로 준비한다.
	소만	60	모내기로 바쁘다. 옛날 중국에서는 소만부터 망종까지 5일씩 三候로 나누었다. 초후엔 씀바귀가 올라오고, 중후엔 냉이가 죽어가며, 말후엔 보리가 익는다고 했다. 비가 적어 물가두기를 한다.
	망종	75	망종은 벼나 보리 등 수염이 있는 곡식의 씨를 뿌리는 시기라는 뜻이다. 지금은 비닐모판 덕에 소만 무렵에 모내기를 하지만 예전에는 모내기와 보리베기에 알맞은 때였다.
	하지	90	일년 중 낮이 가장 길다. 북극에서는 해가 지지 않고, 남극에서는 해가 나타나지 않는다. 남부지방에서는 모심기가 끝난다. 옛날에는 하지가 지나도 가물면 기우제를 지냈다.
	소서	105	본격적인 더위가 시작되며 장마철로 접어든다. 퇴비와 논두렁의 잡초를 깎는다. 민어가 제철이며, 단오를 전후해 시절식으로 즐기는 밀가루 음식맛은 이때가 가장 좋다.
	대서	120	중복 때로 큰 장마가 겹친다. 옛날 중국에서는 대서부터 입추까지 5일씩 三候로 나누었다. 초후에는 썩은 풀이 반딧불이 되고, 중후에는 흙이 습하며, 말후에는 큰비가 내린다고 했다.

24절기와 민속

계절	절기	황경	풍　　　　속
가을	입추	135	가을로 접어드는 시기로, 칠월칠석을 전후하여 밤에 서늘한 바람이 불기 시작한다. 김장배추와 무를 심는다. 농촌도 김매기가 끝나고 한가하다.
	처서	150	말 그대로 더위가 가신다. 볕이 누그러져 풀이 더 자라지 않고, 모기의 극성도 한풀 꺾인다. 백중의 호미씻기도 끝나는 무렵으로, 이때 비가 오면 흉년이 된다고 한다.
	백로	165	완연한 가을이다. 옛날 중국에서는 백로부터 추분까지 5일씩 三候로 나누었다. 초후엔 기러기가 날아오고, 중후엔 제비가 강남으로 돌아가며, 말후엔 새들이 먹이를 비축한다고 했다.
	추분	180	밤낮의 길이가 같다. 추분점이란 태양이 북에서 남으로 적도를 통과하는 점으로, 적·황경은 180도, 적·황위는 0도다. 대표적인 음식은 버섯이다. 목화와 고추 등의 가을걷이를 시작한다.
	한로	195	말 그대로 찬이슬이 맺히는 때다. 타작이 한창이며, 국화술을 담근다. 이 무렵 높은 산에 올라가 머리에 수유열매를 꽂으면 잡귀를 쫓는다는 속설이 있다.
	상강	210	서리가 내리고, 추수가 끝난다. 옛날 중국에서는 상강부터 입동까지 5일씩 三候로 나누었다. 초후엔 승냥이가 산짐승을 잡고, 중후엔 초목이 떨어지며, 말후엔 동면 벌레가 땅으로 숨는다고 했다.
겨울	입동	225	겨울로 접어드는 시기로, 이때 김장을 담가야 제맛이 난다. 입동 날씨가 따뜻하지 않으면 그해 바람이 독하다고 한다.
	소설	240	살얼음이 얼기 시작한다. 옛날 중국에서는 소설부터 대설까지 5일씩 三候로 나누었다. 초후엔 무지개가 나타나지 않고, 중후엔 천기는 오르고 지기는 내려가며, 말후엔 생기가 막힌다고 했다.
	대설	255	눈이 많이 온다. 대설부터 동지까지 5일씩 三候로 나누었다. 초후엔 산박쥐가 울지 않고, 중후엔 범이 새끼를 치며, 말후엔 여지가 돋는다고 했다. 이날 눈이 많이 오면 겨울이 춥지 않고 다음해에 풍년이 든다.
	동지	270	일년 중 밤이 가장 길다. 고대인은 태양이 부활하는 날로 생각해 태양신에게 제를 올렸다. 동국세시기에는 이 날을 작은 설이라 했고, 지금도 동지팥죽을 먹어야 나이를 한 살 더 먹는다고 한다.
	소한	285	옛날 중국에서는 소한부터 대한까지 5일씩 三候로 나누었다. 초후엔 기러기가 북으로 돌아가고, 중후엔 까치가 집을 지으며, 말후엔 꿩이 운다고 했다.
	대한	300	이름으로는 가장 추운 때지만 '대한이 소한 집에 놀러 갔다가 얼어죽었다'는 속담이 있듯이 우리나라는 소한이 더 춥다.

같다. 목(木) 기운이 왕성하고, 화기(火氣)가 서서히 발동한다.

2. 우수(雨水) : 1월 중기

아직은 냉기가 남아 있으니 인목(寅木)이 왕성하다 하지 않고, 수목이 점점 싹트는 징조를 나타낸다.

3. 경칩(驚蟄) : 묘(卯 · 2월)

중춘이니 목기(木氣)가 왕상(旺相)하다. 2월 초순에는 목기(木氣)가 서서히 왕성해지고, 중순에는 무르익으며, 하순에는 왕성해져 극에 달한다.

4. 춘분(春分) : 2월 중기

우뢰가 시작되면서 양기(陽氣)가 성하며 목기(木氣)가 왕성해 혈기왕성한 중년과 같다.

5. 청명(淸明) : 진(辰 · 3월)

오양지화(五陽之火)의 때가 되어 열도가 강해지고, 초춘이지만 목기(木氣)가 왕성해 꽃이 만개한다. 수고(水庫)월이라 목(木)이 무성하려면 왕수(旺水)의 도움이 필요하다. 청명(淸明)일부터 9일까지는 목기(木氣)가 왕성하며 수기(水氣)가 돌기 시작하고, 곡우(穀雨)가 지나야 온토(溫土)가 되며 수기(水氣)가 완전해진다.

6. 곡우(穀雨) : 3월 중기

비둘기가 날개를 털고, 부인의 머리에 뽕바구니를 올려놓는 때다. 곡우물이라 하여 곡우(穀雨)일에는 비오는 날이 많다.

7. 입하(立夏) : 사(巳 · 4월)

화토(火土)가 왕성한 때로 지렁이가 나오기 시작한다. 입하(立夏)가 지나면 양토(陽土) 무(戊)와 양금(陽金) 경(庚)이 힘을 쓰고, 소만(小滿)이 지나면 양화(陽火) 병(丙)이 득세하기 시작한다.

8. 소만(小滿) : 4월 중기

사중무토(巳中戊土)는 사중경금(巳中庚金)을 생(生)하고, 경금(庚金)은 사화(巳火)에서 장생(長生)이 된다. 이를 모자상회(母子相會)라고 한다. 사중경금(巳中庚金)은 열매로 사화(巳火) 꽃받침 속에는 입추절(立秋節)에 열매를 맺을 씨앗을 품고 있다. 소만(小滿)이 되어야 화기(火氣)를 듬뿍 담은 나물이 쓴맛을 내기 시작한다.

9. 망종(芒種) : 오(午 · 5월)

화토(火土)가 성왕한 때로 보리가 나이를 다해 보리환갑이라고 한다. 5월 초순에는 양화(陽火) 병(丙)이 힘을 쓰고, 중순에는 음토(陰土) 기(己)가 왕성해지며, 하순에는 음화(陰火) 정(丁)이 왕성해져 극을 이루는데 이때는 하지(夏至)가 되어 일년 중에서 낮의 길이가 가장 길다.

10. 하지(夏至) : 5월 중기

양기(陽氣)가 매우 왕성한 때로 일음(一陰)이 생(生)하기 시작해 극왕(極旺)이 쇠(衰)로 바뀐다.

11. 소서(小暑) : 미(未 · 6월)

목(木)의 형질은 변형되지 않으나 목기(木氣)는 이때부터 실령(失令)하여 기세를 잃기 시작해 목고(木庫)인 미(未)에 귀묘(歸墓)하여 세를 간직한다. 초순에는 음화(陰火) 정(丁)이 성하고, 중순에는 목기(木氣)가 돌며, 대서(大暑)가 지나면 음토(陰土) 기(己)의 기세가 왕성해진다.

12. 대서(大暑) : 6월 중기

목(木)이 비록 입묘(入墓)하나 토세(土勢)는 생기왕성해 조토(燥土)될까 두렵다. 수(水)가 있어야 생육을 돕는다.

13. 입추(立秋) : 신(申 · 7월)

입추(立秋) 7일 후에나 찬기운이 돌기 시작한다. 입추(立秋) 후 7일까지는 양토(陽土) 무(戊)의 기가 남아 있어 매우 덥다. 그러나 8일 이후부터는 양수(陽水) 임(壬)의 수기(水氣)가 돌기 시작하고, 처서(處暑)가 지나면 양금(陽金) 경(庚)의 금기(金氣)가 돌기 시작해 아침 저녁으로는 찬기운이 나타나기 시작한다.

14. 처서(處暑) : 7월 중기

신금(申金)은 처서(處暑) 이후부터 금기(金氣)의 건록(建祿)에 들어 혈기가 왕성해지기 시작한다. 신(申) 중에 임수(壬水)가 있으니 가을가뭄이 깊어도 두렵지 않다.

15. 백로(白露) : 유(酉 · 8월)

금기(金氣)가 극왕(極旺)한 때로 오곡이 무르익어 가고, 전록월(專祿月)이니 철새와 제비가 떠나기 시작한다. 초순에는 양금(陽金) 경(庚)의 기가 극을 이루어 만물의 열매를 여물게 만들고, 추분(秋分)이 지나면 음금(陰金) 신(辛)인 금기(金氣)가 무르익어 열매가 완숙한다. 이때부터 햇과일과 햅쌀이 나온다.

16. 추분(秋分) : 8월 중기

우뢰가 멈춘다. 뇌성은 진월(辰月)에 시작해 유(酉)월에 멈춘다. 금기(金氣) 중에서 가장 강한 유전록(酉專祿)의 때다.

17. 한로(寒露) : 술(戌 · 9월)

금기(金氣)가 아직 남아 있어 못다 영근 초목들을 재촉하나 9월이 지나면 쇠하기 시작한다. 한로(寒露) 후 9일까지는 금기(金氣)가 왕성하나 상강(霜降)이 지나면 음화(陰火) 정(丁)이 포장되고, 양토(陽土) 무(戊)가 자신의 토기(土氣)를 맞아 왕성해진다.

18. 상강(霜降) : 9월 중기

술토(戌土)는 토왕절(土旺節)이라고는 하나 신금(辛金)이 있어 극왕(極旺)하지는 않다. 다만 화토(火土)가 모이는 것을 바란다.

19. 입동(立冬) : (亥 · 10월)

수기(水氣)가 성해지며 물이 얼려고 준비하는 때다. 본래 수기(水氣)의 계절이면서 양토(陽土) 무(戊)의 토기(土氣)와 양목(陽木) 갑(甲)의 목기(木氣)가 있고, 양수(陽水) 임(壬)의 수기(水氣)가 넘친다.

20. 소설(小雪) : 10월 중기

해중갑목(亥中甲木)은 수(水)에서 장생(長生)이 되나, 을목(乙木)은 해수(亥水)에서 사(死)하여 잎이 마르며 떨어지고, 뿌리는 귀근(歸根)하여 새봄을 기다린다.

21. 대설(大雪) : (子 · 11월)

호랑이가 교미하는 때고, 일양(一陽)이 시생하는 때며, 수(水)가 극왕(極旺)한 때다. 음(陰)이 극왕(剋旺)하며 수기(水氣)가 얼어 있으나 동지(冬至) 후 10일이 되면 양(陽)이 서서히 시생하여 화기(火氣)가 돌기 시작한다.

22. 동지(冬至) : 11월 중기

태양이 황도(黃道)에 들면서 일양(一陽)이 시생하니 해가 점점 길어지기 시작한다.

23. 소한(小寒) : (丑·12월)

축중신금(丑中辛金)이 있어 찬기운은 더욱 강해지고, 정화(丁火)는 축토(丑土)에서 묘(墓)가 되어 더욱더 냉기가 강하다. 이양지화(二陽之火)의 때라는 것만 갖고 축(丑)월은 연명한다. 일년 중 음기(陰氣)가 가장 극왕하고, 화기(火氣)가 없어 가장 추운 혹한기다. 그러나 대한(大寒)이 지나면 땅 속에는 서서히 양기(陽氣)가 돌기 시작해 새봄을 맞이할 준비를 한다.

24. 대한(大寒) : 12월 중기

토세(土勢)는 사계에 모두 왕성하다 하나, 축토(丑土)를 보고 어찌 극왕(極旺)하다 하겠는가. 형체는 토(土)이나 동토(凍土)다.

2 월률장간론(月律藏干論)

1. 인신사해(寅申巳亥)

인신사해(寅申巳亥) 전월에는 반드시 진술축미토(辰戌丑未土)월을 만난다. 따라서 18일씩의 왕토(旺土) 기세가 아직 남아 있는 때

월령분야 지지장간표

	초기	일수	중기	일수	정기	일수
寅	戊	7	丙	7	甲	16
卯	甲	10			乙	20
辰	乙	9	癸	3	戊	18
巳	戊	7	庚	7	丙	16
午	丙	10	己	10	丁	10
未	丁	9	乙	3	己	18
申	戊	7	壬	7	庚	16
酉	庚	10			辛	20
戌	辛	9	丁	3	戊	18
亥	戊	7	甲	7	壬	16
子	壬	10			癸	20
丑	癸	9	辛	3	己	18

다. 초기에는 무토(戊土) 7일, 중기에는 7일, 정기(正氣)에는 지지 오행(地支五行) 16일씩이 들어 있다.

2. 자오묘유(子午卯酉)

자오묘유(子午卯酉)는 사계가 왕기(旺氣)한 때이므로 다른 오행(五行)은 전혀 없고, 잡기가 섞이지 않은 순수한 비겁(比劫)만 들어 있다. 초기에는 10일, 정기(正氣)에는 20일씩 들어 있는데 이를 사전(四專)이라 한다.

3. 진술축미(辰戌丑未)

진술축미(辰戌丑未)월은 사계의 마지막 달이므로 전월의 여기(餘氣)가 남아 있다. 초기에는 9일, 중기에는 3일, 정기(正氣)에는 18일씩 들어 있다.

3. 지지장간(地支藏干)의 숨은 뜻

본 편은 『쉽게 푼 역학』과 『말하는 역학』을 보신 분들이 지지장간(地支藏干)에 대한 설명을 부탁했기 때문에 쓰는 것이다.

우주 대자연의 천간(天干)을 공간이라 한다면 지지(地支)는 시간을 말하고, 천간(天干)에서 화학적인 변화를 일으킨다면 지지(地支)에서는 물리적인 변화를 일으켜 계절마다 절후마다 춥고 더운 것을 나타낸다. 여기에 의해 발생된 생장멸(生長滅)의 법칙에 따라 생노병사도 지지(地支)에서 일어난다.

또한 지지(地支)에서는 24절기와 5일마다 들고 나는 72절후에 맞추어, 자연에서 사변사색이 일어날 때 인간도 철따라 옷을 갈아입고, 심고 가꾸며 거두어 들인다. 이것이 바로 천도(天道)를 따르는 것이요, 천리에 순응하는 것이다. 범사의 길흉화복이 모두 이곳에 있다는 것을 알 수 있다.

1. 인월(寅月) 입춘(立春)

戊 : 7일 · 丙 : 7일 · 甲 : 16일

대한(大寒)과 입춘절(立春節)이 지났어도 아직은 추위가 맹위를 떨치는 때다. 인(寅)월이면 삼양지절(三陽之節)이 되어 양둔(陽遁)의 기가 성하는 때라고는 하나, 동지(冬至) 후 소한(小寒)과 대한(大寒)이 있으니 아직도 땅 속 깊은 데까지는 얼음장으로 동토(凍土)다. 그러나 동풍이 불어 서서히 땅을 녹이기 시작한다.

그러므로 초목들이 아직 눈을 뜨지 못한 채 동면기에 있다가, 입춘(立春) 7일이 지나면서 차츰 병화(丙火)의 온기가 동하기 시작하고, 인중갑목(寅中甲木)이 싹을 틔울 준비를 한다. 이때 온 산하가 설산빙하(雪山氷河)라 해도 땅을 파보면 뿌리끝 생장점에서는 뾰족한 새싹에 이슬방울 같은 것이 묻혀 있음을 알게 된다. 이렇게 나무의 뿌리에 붙은 생장점이 7일 동안 머물고는 병화(丙火)의 온기에 힘을 얻어 그때부터 땅 속을 파고 뚫기 시작한다.

만약 이때 병화(丙火)의 온기가 없다면 이런 일은 있을 수도 없고, 설령 있어도 얼어죽을 것이다. 병화(丙火)의 온기는 지열(地熱)이 된다. 지열(地熱)이 높아지면서 새싹은 갑목(甲木)으로 서서히 자라기 시작하는데 이것이 16일 동안이다. 그러나 16일 동안에 나무가 모두 성장하는 것은 아니다. 다만 월동기간 동안 땅 속에서 얼어죽지 않고 생장점이 있는 것들이 모두 땅 위로 나오는 기간이 16일이라는 것이다. 경칩(驚蟄)이 되어도 이 일은 계속된다.

더구나 입춘(立春) 후 보름이 지나면 우수(雨水)가 된다. 우수(雨水)는 왕성하게 뿌리를 내리며 땅 위로 치솟는 나무에 활력이 되도록 때를 맞춰 비를 뿌려준다. 만약 우수(雨水)에 비가 오지 않으면 봄가뭄이 들었다 하여 난리가 난다. 왜냐하면 일년의 풍년 약속은 우수(雨水)에 비를 내려주어야 풀뿌리가 돋아나 새 생명이 시작되기 때문이다. 이렇게 갑목(甲木) 사령(司令)할 때 마침 우수(雨水)가 들어 있어 하늘에서는 비가 내리고, 갑목(甲木)은 어느덧 자라 땅 위로 새싹을 드러내고, 동풍이 불어 땅이 녹기 시작하면서 절기가 경칩(驚蟄)으로 넘어간다.

2. 묘월(卯月) 경칩(驚蟄)

甲 : 10일 · 乙 : 20일

인(寅)월이 시작되고 15일경부터 완전히 제모습을 찾아 성장하기 시작한 갑목(甲木)은 우수(雨水)와 경칩(驚蟄)이 지난 후에도 10

일까지는 성장을 멈추지 않는다. 이 기간이 갑목(甲木) 사령(司令) 때부터 경칩(驚蟄)까지 16일과, 경칩(驚蟄)부터 10일간 갑목(甲木) 의 발왕기(發旺期)로 약 26일이 되나, 사실 병화(丙火) 사령(司令) 부터 따지면 33일 동안이 갑목(甲木)의 발왕기(發旺期)다. 이때까 지도 땅 속에서 나오지 못한 것은 동사했거나 병든 것이다.

그런가 하면 아직도 겨울잠을 자는 나무가 있다거나, 아직도 두꺼운 껍질을 깨지 못한 씨앗을 위해 천간(天干)에서는 우뢰와 번개로 충(沖)을 일으켜 잠을 깨운다. 그래서 경칩(驚蟄)이 지나면 유난히 천둥과 번개가 많은 것이다.

사주에서도 이와 같은 원리를 충(沖)이라고 한다. 복숭아꽃이 방울방울 피어나기 시작하는 때다. 일간(日干)이나 월간(月干)이 충(沖)을 받으면 반드시 어떤 변화의 계기가 되어 발전하기도 하니, 반드시 충(沖)이 두려운 것만은 아니다.

이렇게 입춘(立春) 후 33일이 지나면, 목기(木氣)는 왕절(旺節)이 되어 온 산하가 푸르름으로 뒤덮힌다. 이때 목(木)이 가장 많이 섭취하는 것이 수분과 염분이다. 특히 염분은 나무가 성장하는데 절대적으로 필요한 성분이다. 만약 나무가 성장기에 염분이 부족하면 쭉정이가 되거나 병든 씨앗이 된다. 그래서 봄에는 바닷물이 수증기로 염분을 모두 증발시켜 나무에게 공급해주므로 염전에서도 소금을 캐지 않는다.

이것은 지금까지 말한대로 가을부터 겨울까지 금생수(金生水) 즉, 염분을 가진 금(金)이 겨우내 금생수(金生水)해 바닷물에 염분을 저장했다가, 봄이 되면서 수생목(水生木)으로 바닷물을 공급하기 때문이다. 그리고 바닷물이 수생목(水生木)으로 나무를 키우는 것이 아니라, 바닷물 속에 있는 염분을 나무에게 공급해 수생목(水生木)하는 것이다. 따라서 봄에는 염도가 낮아 소금이 나지 않는다.

갑목기(甲木氣)가 왕성한 10일이 지나면 봄이 점점 무르익으면서 춘분(春分)을 맞는다. 이때는 천둥과 번개에 놀라 늦잠을 깬듯, 늦게야 부지런을 떠는 놈들은 자기보다 몇천 배나 무거운 돌덩어리를 밀고 올라오고, 두꺼운 아스팔트를 뚫고 기어나온다. 이것이 바로 목왕절(木旺節)의 근성으로 묘유충(卯酉沖)이다. 목왕절(木旺節)이 아닌 토기(土氣)나 화기(火氣) 때라면 감히 생각지도 못할 일이다. 이래서 어느 오행(五行)이고 본절(本節)의 기는 괴력 같은 무서운 힘이 있다.

그러나 경칩(驚蟄) 후 10일이 지나면 서서히 을목(乙木)의 기(氣)로 바뀌기 시작하면서 나무가 늙어간다. 나무가 늙기 시작하면 성숙을 마치고 꽃을 피울 단계가 되었다는 말이다. 이때가 되면 도화기(桃花氣)가 발동하는 시기가 되어 처녀 총각이 바람나는 것도 예사로운 일이 아니다. 바람기가 동하는 것은 나무가 성숙을 마치고 꽃을 피울 단계가 된 것처럼, 처녀 총각도 꽃망울을 터트리고 싶은 욕구 때문에 일어나는 일이니, 무턱대고 막을 수만은 없다.

특히 춘분(春分)이 지나면 여자들의 옷차림이 가벼워지기 시작한다. 이것은 묘중(卯中)에는 갑을단기(甲乙單氣)로 된 도화(桃花), 즉 여자 본래의 자기 것인 춘기(春氣)가 찾아왔으므로 춘풍(春風)

을 만나면 금방이라도 꽃망울을 터트릴 만큼 강렬한 도화기(桃花氣)가 접신(接身)되기 때문에 일어나는 현상이다.

3. 진월(辰月) 청명(淸明)

乙 : 9일 · 癸 : 3일 · 戊 : 18일

　봄은 무르익어 청명(淸明)이 지났는데도 을목(乙木) 도화기(桃花氣)는 여전히 강해 9일 동안이나 계속된다. 묘목(卯木) 사령(司令) 20일과 진중을목(辰中乙木) 사령(司令) 9일을 더하면 29일이니, 근 한달 열흘 동안 을목기(乙木氣)가 왕성해지면서, 곡우기(穀雨期)에 곡우물이라 하여 3일간 계수(癸水)로 비까지 내린다. 이때 내리는 비는 앞으로 18일 동안 펼쳐질 무토(戊土) 대지를 거름지게 할 단비다. 이렇게 되면 무토(戊土) 대지는 기름진 옥토로 광토(廣土)될 때 그렇게도 기세등등하던 목기(木氣)는 점점 쇠하기 시작한다.
　보리 안 팬 3월 없다는 말처럼 촉촉한 대지 위에서는 보리이삭이 오동통하게 알배기를 시작하고, 농부들의 일손은 본격적으로 바빠지며 무지개가 나타나기 시작한다.

4. 사월(巳月) 입하(立夏)

戊 : 7일 · 庚 : 7일 · 丙 : 16일

　3월 무토(戊土) 사령(司令) 18일로는 부족한 듯 아직도 기세가 남아 있어 입하(立夏) 후에도 7일 동안 계속된다. 그런가 하면 이미 무토(戊土) 대지 위에 심은 곡식들은 가을을 준비하기 위한 열매의 씨앗을 맺게 할 경금(庚金)이 있어, 다음 세대를 잉태할 준비를 갖추고, 땅 속에서 이때부터 지렁이가 기어나오기 시작한다.

그리고 이미 심은 나무들은 작열하는 병화(丙火) 태양열의 힘을 받아 마음껏 꽃을 피우고, 꽃받침 밑에서는 아련하게 열매를 달고 있는 것도 소만(小滿) 때 보이기 시작한다.

5. 오월(午月) 망종(芒種)

丙 : 10일 · 己 : 10일 · 丁 : 10일

개화만개라, 꽃은 필 때 활짝 펴야 열매가 실한 법이다. 그렇지 않으면 반개되어 열매가 가볍다. 그래서 오도화(午桃花)월에는 어느 꽃이든 모두 활짝 피어 더욱 아름답다. 자오묘유(子午卯酉) 도화(桃花) 중에 유일하게 오월도화(午月桃花)만은 병기정(丙己丁)으로 삼기(三氣)를 갖는데, 이것은 앞에서 말한대로 꽃을 만개시키기 위한 자연의 특별한 배려인지도 모른다.

더구나 망종(芒種) 초 10일부터 병화(丙火)가 작열하더니, 지나치게 과열하면 연한 꽃이 상할까 싶어, 중기 10일 동안을 기토(己土)로 화생토(火生土)시켜 화기(火氣)를 조절하고, 병화(丙火)가 기토(己土)에 의해 설기(泄氣)된 후에는 정화(丁火)의 기로 바꾸어 서서히 열기를 조절해 꽃이 피고 시드는 과정을 진행시킨다.

만약 여기서 기토(己土)의 중화작용이 없다면 꽃은 화기(火氣)에 시들고 지쳐 쉽게 떨어진다. 더구나 오(午)월에는 하지(夏至)까지 있어 일조량을 최대한 높임으로 못다핀 꽃들을 모두 피게 만들어 주는 고마움도 있다. 하늘의 고마움에 다시 한 번 머리숙이지 않을 수 없다. 망종절(芒種節)은 보리환갑이라 하여 보리를 베기 시작하는데, 늦어도 망종(芒種) 후 10일까지는 베어야 한다. 때를 놓치면 병정화(丙丁火)의 열기가 강해 보리알이 말라버린다. 그래서 누렇게 익은 황맥(黃麥)보다 건강할 때 수확해 약간 푸르스름한 청맥(靑麥)을 더 쳐주는 것이다.

수술할 때 5월은 한여름이라 환자도 어렵고 간호하기도 어렵다는 핑계로 가을이나 봄처럼 선선한 계절로 미루는 경우가 있다. 이것은 환자를 위한 배려가 아니다. 왜냐하면 오(午)월의 천기(天機)는 습한 기운이 없이 모두 건조해 수술을 하거나 이를 빼는 경우 덧나지 않아 상처가 빨리 아무는 시기이기 때문이다.

6. 미월(未月) 소서(小署)

丁 : 9일 · 乙 : 3일 · 己 : 18일

벼 같은 수도작물은 고온식물이라 저온다습한 곳에서는 재배되지 않는다. 고온식물이란 태양열을 많이 받고 자란 식물을 말한다. 그 중에서도 쌀이 대표적인 작물이다. 쌀은 동남아 지방이 원산지이며 우리의 주식인데, 쌀을 많이 먹는 민족치고 양기(陽氣)가 부족한 민족은 없다.

열량을 많이 받고 자란 식물이란 양기(陽氣)를 많이 받고 자란 식물이란 뜻이다. 이것은 쌀미(米) 자의 모습에서도 알 수 있다. 정력을 말할 때도 쌀미 변에 정력, 힘을 말할 때도 쌀미 변에 기력(氣力)이라고 쓴다. 미(米)자의 생긴 모형도 동서남북 사방을 힘차게 뻗어나가면서 사이사이에 간방으로 또 뻗어 사통팔방으로 쭉쭉 힘을 발산하고 있다는 것을 알 수 있다.

그런가 하면 미(未)월이 되면 모포기는 벌써 힘차게 땅 속 깊이 뿌리를 내려 힘센 장정이 뽑아도 뽑혀지지 않을 만큼 되었다. 벼이삭 안 팬 6월 없다는 말처럼 미(未)월이면 이미 벼포기 마디에는 통통하게 알이 배기 시작한다. 그리고 미(未)월에는 습냉한 것을 좋아하지 않는다. 만약 6월에 장마가 들어 기온이 습냉하면 곡식과 열매의 맛은 지리기만 하고 단단하게 여물지 못한다.

6월은 날씨가 뜨거워야 미토(未土)의 단맛(味)을 듬뿍 간직하는 법이다. 그래서 이때부터 더운 바람이 불기 시작하고, 대서(大暑)도 이 달에 들어 있어 자연을 더욱 감미롭게 해준다.

7. 신월(申月) 입추(立秋)

戊 : 7일 · 壬 : 7일 · 庚 : 16일

벼가 알이 배기 시작하면 물을 원한다. 만약 이때 물이 부족하면 쭉정이가 많아진다. 그래서 하늘에서는 입추(立秋) 후 16일 동안

수(水)의 장생궁(長生宮)되는 경금(庚金)을 정기(正氣)에 깔아두고, 임수(壬水)로 중기에 넣어 물이 마르지 않게 공급해준다.

또한 사오미(巳午未) 석달 동안의 뜨거운 여름으로 만물을 성숙시키고 열매를 들게 하더니, 입추(立秋) 후 7일까지는 화생토(火生土)로 더위를 설기(泄氣)시키지만 그래도 뜨거운 것은 여전하며, 이때부터는 풀이 더는 자라지 않는다.

그러나 입추(立秋) 후 7일이 지나고 나면 피부로 느낄만큼 아침저녁으로 선선한 바람을 느끼게 되는 것이 임수(壬水) 사령(司令) 때부터다. 이때는 과일이 붉어지기 시작하며, 이미 미(未)월에 맛(味)을 들여놓은 것을 신(申)월에는 단단하게 하여, 처서(處署)가 시작되면서 햇과일 맛을 제대로 내기 시작한다.

8. 유월(酉月) 백로(白露)

庚 : 10일 · 辛 : 20일

신(申)월 처서(處署) 이후부터 가을을 만들더니 백로(白露) 후 10일까지도 입추(立秋)의 기세가 등등하다. 추분(秋分)이 지나 20일이 되면 완연한 가을이다. 이미 이슬방울은 서리로 변한 듯 차고 냉하며, 곡식과 과일은 찬이슬에 울어대며 빨리 거두기를 재촉한다. 일손이 바빠진 농부들은 무엇을 먼저 거둬들일지 몰라 발만 동동 굴러댄다. 그래서 동동팔월이라는 말이 생긴 것이다. 가을 귀뚜라미는 덩달아 울어대고, 기러기는 무리를 지어 어디론가 날아간다. 이때부터 새들은 겨울먹이를 장만하기 시작한다.

9. 술월(戌月) 한로(寒露)

辛 : 9일 · 丁 : 3일 · 戊 : 18일

어느덧 이슬은 얼어붙을 듯 차가운데 국화꽃이 피기 시작한다. 긴 겨울잠을 자야 할 것들은 백로(白露)부터 서서히 준비를 하더니, 어느새 술중정화(戌中丁火) 땅 속 깊이 따뜻한 곳으로 숨어든지 오래 되었다. 그런가 하면 상강(霜降) 이전에 월동작물들은 술중정화(戌中丁火) 따뜻한 곳에 묻어두기 위해, 보리와 마늘을 파종하고 가을걷이와 마무리에 한참이다.

여기서 술(戌), 즉 개를 보신용이라 하여 미식가들 사이에 즐겨 먹는 것도 술(戌) 속에는 정화(丁火)라는 화기(火氣)가 있다. 정화(丁火)는 임수(壬水)와 애정지합을 원하는 기질이 있어, 이것을 먹으면 정력이 생긴다는 것도 근거없는 말이 아니다. 그러나 월동 동물들은 모두 개와 같은 정력성분이 들어 있다.

10. 해월(亥月) 입동(立冬)

戊 : 7일 · 甲 : 7일 · 壬 : 16일

대지는 이미 상강(霜降) 이후부터 찬기운이 가득하더니 땅이 얼기 시작하고, 입동(立冬)이 되면 제법 겨울을 재촉한다. 입동(立

冬) 비가 내리면서 추위를 불러들이고, 땅 속 깊숙히 묻어둔 내년의 입춘(立春) 갑목(甲木)의 씨앗을 위해 임수본기(壬水本氣)는 수생목(水生木)하는 데만 힘을 쓰면서 어머니의 도리를 다한다.

그래서 씨앗의 종자에는 핵과 같은 눈이 있고 여기에는 항상 촉촉한 물기가 배어있는 것을 알 수 있다. 이것이 바로 임수(壬水)다. 만약 임수(壬水)가 없다면 씨앗의 눈은 말라버려 이듬해 새싹을 틔우지 못할 것이다.

11. 자월(子月) 대설(大雪)

壬 : 10일 · 癸 : 20일

온 산천산하는 수기(水氣)로만 가득차 냉천한지(冷天寒地)다. 이때가 되면 호랑이는 교미를 시작한다. 봄부터 여름과 가을을 지나는 동안 산하는 높고 낮은 굴곡과 앙상한 뼈만 남은 듯, 알맹이는 모두 빼앗기고 임계(壬癸)만 남았다. 이것이 수(水)다. 수(水)는 수평을 말하고, 수평은 평존평등을 뜻한다. 이것은 높고 낮은 것을 다시 수평으로 만들어 새롭게 공존하게 한다는 뜻이며, 대지사방을 검고 어둡게 하여 무(無)에서 유(有)를 창조한다는 뜻이 된다.

이렇게 대자연인 우주의 정신은 너무 크고 원대해 인간이 헤아릴 수 없다. 일년의 변화에서도 이렇게 가르쳐 주고 있다. 10년, 100년, 1000년 마다의 큰 변화가 일어날 때마다 얼마나 더 큰 가르침을 주는지 어찌 알 수 있겠는가.

12. 축월(丑月) 소한(小寒)

癸 : 9일 · 辛 : 3일 · 己 : 18일

대설(大雪) 후 15일이 지나면 동지(冬至)가 시작되면서 서서히 일양(一陽) 시생하나 샘물이 얼기 시작한다. 이때부터 양둔(陽遁)되어 하지(夏至)까지 만생을 다시 생육하는 일년이 시작되는 축월(丑月)이다. 세상은 잠든 듯 은백으로 고요하기만 하다. 하지만 이미 대한(大寒)이 지나면서부터 신금(辛金)이 있어 만물의 태동을 부추기고 있다는 것을 지지장간(地支藏干)은 이렇게 말하고 있다.

일년의 첫번째인 인(寅)월과 양둔(陽遁)의 첫번째인 축(丑)월은 정기에서 중기와 초기로 자연스럽게 상생(相生)시켜 주고 있다. 이것은 곧 우주의 진리는 상극(相剋)보다는 상생(相生)을 먼저 하게 만들어서 만물을 살리는 데 목적을 두었다는 것을 뜻한다.

4. 양력(陽曆)과 음력(陰曆)

역법(曆法)은 태음력(太陰曆)과 태양력(太陽曆)과 현재 우리가 쓰고 있는 태음태양력(太陰太陽曆) 등 3가지로 나눈다.

1. 태음력(太陰曆)

달의 공전주기가 한 달에 29.53059일이 되는 것을 기준으로 만들었다. 우리가 지금 쓰고 있는 음력과는 좀 다르다. 여기에는 윤달이 빠져 계절의 절기와 차이가 있으니 농사법에 응용할 수 없는 단점이 있다. 이슬람 문화권에서는 아직도 태음력을 쓴다.

2. 태양력(太陽曆)

지구의 공전주기를 365.2422일로 정해 1년을 12달로 나눈 것이다. 이것은 로마시대부터 사용했다. 처음에는 율리우스력이던 것이 그레고리력으로 발전시켰다. 율리우스력은 로마황제 율리우스가 그리스에서 사용하던 역법을 수정해 만든 것이다. 1년을 365일로 정하고, 4년마다 윤년을 넣어 만들었는데 1년을 365.25일로 만들다 보니 실제의 1년과는 0.0078일의 오차가 생겼다. 그후 1582년 로마황제 그레고리우스13세가 태양이 매년 3월 11일경 춘분점(春分點)을 통과한다는 사실을 알고는 율리우스력에 400년당 97회의 윤년을 넣어 만든 것이 현재 사용하는 양력(陽曆)의 역사다.

3. 태음태양력(太陰太陽歷)

지구와 달의 공전주기가 354일인데, 1년이 365.25일에 비해 11.25일이 부족하므로 19년마다 7번의 윤달을 넣어 태양력과 일치시켜 계절과 맞추어 놓은 것이 태음태양력이다. 이렇게 되면 대략 3년 주기로 1년이 13개월이 된다. 여기에 따라 24절기와 병행한 음력은 농경사회에서 반드시 필요한 문화가 되었고, 전통역법으로 자리잡아 민족문화에 큰 공헌을 했다.

이렇게 만든 24절기에 따라 조상들은 농사를 짓고 물질을 하며 살아오는 동안 절기에 맞는 풍습과 말놀이가 지금도 전해져 우리가 쓰고 있다. 조상들의 냄새가 진하게 배어나오는 듯하다. 전해오는 몇 가지의 말을 기록해보겠다.

순수한 우리말로 표현하면 입춘(立春)은 봄설, 우수(雨水)는 비내림, 경칩(驚蟄)은 잠깸, 춘분(春分)은 봄나눔, 청명(淸明)은 맑고 밝음, 곡우(穀雨)는 단비다.

절기와 관련된 조상들의 지혜로운 말로는 5월은 모내기와 보리 수확하는 때가 되어 1년 중 매우 바쁜 달에 속한다. 그래서 5월은 발등에 오줌 싼다, 6월은 미끈 6월, 7월은 어정 7월, 8월은 동동 8월 등과 같은 말로 농사에 바쁜 계절이라는 뜻을 나타냈다. 당신들의 고단함을 잊으려고 한 생활상을 엿볼 수 있다.

한겨울 소설(小雪) 무렵에는 찬바람이 매섭게 분다 하여 손돌바람이라 했다. 이때는 외출과 원행을 삼가고, 먼 뱃길을 떠나지 않았다. 동지(冬至) 때는 일 년의 액을 소멸시킨다 하여 팥죽을 끓여 뿌리는 풍습과, 대한(大寒)에는 대한(大寒)이 소한(小寒) 집에 놀러갔다가 얼어죽었다는 말로 소한(小寒)이 대한(大寒)보다 춥다는 것을 비유하기도 했다.

특히 제주도에서는 집을 고치거나 이사하는 최고의 길일로는 신구간(新舊間)에 했다. 신구간(新舊間)이란 대한(大寒)부터 입춘(立春) 3일전까지 약 1주일 정도를 최고의 길일로 잡았다. 지금도 전해지며 사용하고 있다.

미국에서도 동물의 본능을 보고 날씨를 예측하는 풍습이 있다. 미국은 섭씨(℃)가 아닌 화씨(°F)를 쓰는데, 귀뚜라미가 15초 동안 우는 숫자에 37를 더해 날씨를 측정하는 매우 재미있는 풍습이다.

4. 태양시(太陽時)의 기준

하루는 24시간이고 1,440분이다. 태양이 30도를 돌면 1궁이 되고, 12궁을 돌면 360도가 되어 하루를 만든다. 태양이 1도를 도는 데는 4분이 걸리고, 30도를 도는 데는 120분이 걸리니 2시간이 된다. 이를 간지(干支)라고 한다.

120분의 1간지(干支)에는 처음 60분을 초핵, 다음 60분을 정핵이라 한다. 1핵은 15분이다. 4핵은 60분이므로 1시간이 된다. 그러므로 밤 11시부터 0시까지의 야반(夜半)을 초핵이라 하여 어제로 보고, 0시부터 새벽 1시까지의 시간을 정핵이라 하여 오늘로 본다.

자시(子時)를 기준으로 시간을 정하는 것은, 태양이 자오선(子午線) 내에 처음으로 행도하는 시간이 자(子)의 정핵인 오전 0시부터 시작되기 때문이다. 다시 말하면 0시를 기준으로 0시 이전은 어제, 0시 이후는 오늘이 된다는 말이다. 물론 이것은 출생일의 일간(日干)과 시간(時干)을 정확히 구분하기 위한 것이나, 어제와 오늘을 구분하는 기준점이 되기도 한다.

- 대설(大雪) 후 자(子)월의 중기는 동지(冬至)다.
- 망종(芒種) 후 오(午)월의 중기는 하지(夏至)다.

- 묘(卯)월은 춘분(春分)이 중기다.
- 유(酉)월은 추분(秋分)이 중기다.

  이것을 이지이분(二至二分)이라고 한다. 지(至)는 극에 달했다는 뜻이고, 분(分)은 분기점이란 뜻으로 춘분(春分)과 추분(秋分)은 밤낮의 길이가 같다. 동지절(冬至節)에는 일양(一陽)이 시생한다고 하나 사실은 소양(少陽)이 되어 기가 매우 약하다. 그래서 「아직 이르지 않았는데도 이르렀다」라고 한다.

  하지절(夏至節)에는 일음(一陰)이 시생한다고 하나 소음(少陰)이 되어 기가 매우 약하다. 이때의 양기(陽氣)는 극렬하게 달구어져 있다. 그래서 「이르렀는데 떠나지 않았다」라고 한다. 이는 사주의 신강(身强)과 신약(身弱)을 논할 때 반드시 참고해야 한다.

```
辛 丙 丁 丁    乾
卯 申 未 酉    命
```

  6월 병화(丙火)가 염천지절(炎天之節)인 정미(丁未)월에 태어나 얼핏보면 신강(身强)하다. 더구나 삼복절이 되어 병화(丙火)가 이글거리고 있다. 그러나 하지(夏至) 후에는 일음(一陰)이 시생되는 때니 병화(丙火)의 기가 강하다고 할 수는 없다. 이때는 병화(丙火)가 쇠궁(衰宮)에 들어가기 시작해 화(火)의 기승은 있으나, 음기(陰氣)가 시생하기 시작했으니 신왕(身旺)하다고 할 수 없다.

다음에 나오는 그림은 태음력을 기준으로 한 월출시간표다. 이것은 한(寒)·서(曙)·냉(冷)·온(溫)·건(乾)·습(濕)의 조후(調候) 상태를 살펴보고 출생월과 출생일의 조석간만(朝夕干滿), 즉 물때와의 관계를 살펴볼 때 필요하다.

5. 절기와 별자리

별자리는 천구상에서 천체의 위치를 알려고 만들었다. 지금 사용하는 별자리는 88개로 1930년 국제천문연맹이 1875년의 춘분점(春分點)을 기준으로 만든 것이다. 그 가운데 황도12궁(黃道十二宮 : 궁은 옛 중국에서 별자리를 지칭한 말)은 별자리를 대표한다.

황도12궁(黃道十二宮)은 태양과 행성들이 지나는 길목에 위치한 12개의 별자리가 질서있게 나열한 것이다. 순서대로 나열해보면 양·황소·쌍둥이·게·사자·처녀·천칭·전갈·궁수·염소·물병·물고기 순이다. 이렇게 태양은 황도12궁(黃道十二宮)을 따라 옮겨가며 적도를 중심으로 위아래로 움직인다.

이렇게 움직이는 별자리를 지구에서 보면 계절에 따라 별자리와 태양의 고도가 다르게 보인다. 춘분(春分)과 추분(秋分)에는 태양이 적도 바로 위에 있지만 겨울에는 남반구의 상공에서 지구의 남반구를 수직으로 비출 때 북반구에서는 태양의 고도가 아주 낮게 보인다. 그러나 여름에는 태양이 북반구를 수직으로 비춰 태양의

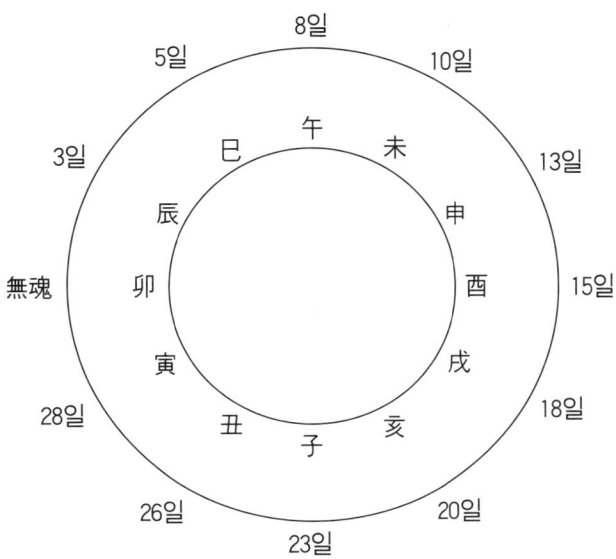

고도가 높아 보인다.

 태양이 황도12궁(黃道十二宮)을 따라 이동하는 것은 지구가 공전하기 때문이고, 적도를 중심으로 상하운동을 하는 것은 지구의 자전축이 공전궤도의 면에 23.5도로 기울었기 때문이다. 태양은 황도(黃道) 상에서 별자리 하나를 옮겨가는데 한달 정도 걸리지만 달은 약 25일 정도 걸린다.

 지구에 사계절이 생기는 것은 지구의 자전축이 기울었기 때문이다. 즉 중심이 되는 진술축미(辰戌丑未)가 정방위에 있지 않고 자오묘유(子午卯酉) 가에 앉아 잘못된 사계절이 만들어진 것이다. 인간도 지구의 사계절에 맞추다보니 태양인(太陽人)·태음인(太陰人)·소양인(少陽人)·소음인(少陰人)의 사상으로 나누게 되었다.

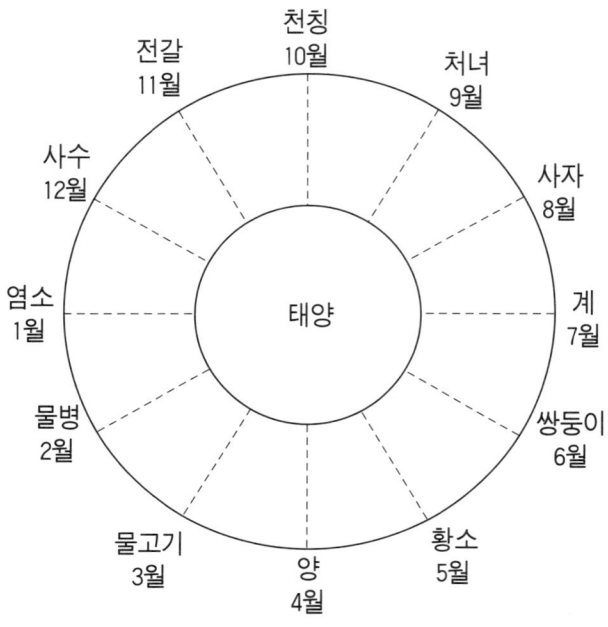

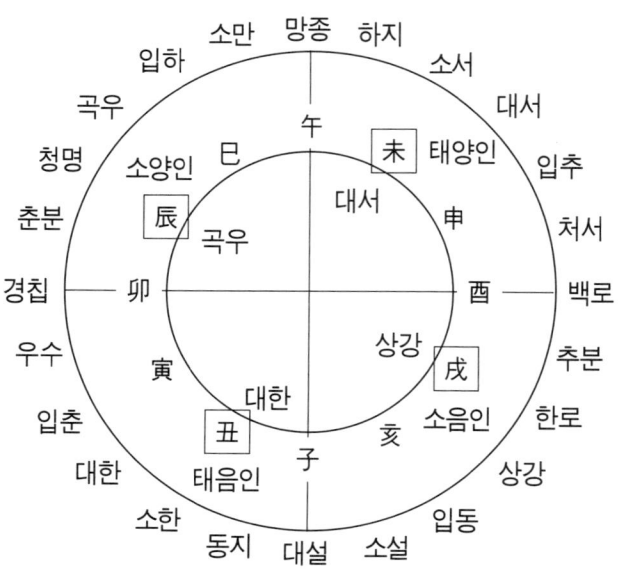

8. 조후론(調候論)

1. 목(木)

목(木)은 활목(活木)과 사목(死木)으로 나눈다. 활목(活木)은 살아 있는 나무를 말하고, 사목(死木)은 죽은 나무를 말한다. 예를 들어 갑인(甲寅)·을묘목(乙卯木)은 목왕절(木旺節)의 나무이니 활목(活木)이고, 갑진(甲辰)·을사목(乙巳木)도 아직은 봄의 여기(餘氣)가 남아 있으니 활목(活木)이다. 갑술(甲戌)·을해목(乙亥木)도 목기(木氣)가 나오려고 시도를 하는 때의 목(木)이니 활목(活木)으로 볼 수 있다.

갑오(甲午)·을미목(乙未木)은 목기(木氣)가 죽은 때니 사목(死木)이고, 갑신(甲申)·을유목(乙酉木)은 목기(木氣)가 절(絶)되어 사목(死木)이고, 갑자(甲子)·을축목(乙丑木)은 납음(納音)으로 해중금(海中金)의 목(木)이니 사목(死木)으로 본다.

목(木)은 멀리서 보면 삼림을 이루어 울창하게 보이나, 가까이서 보면 울창해 보여도 쓸모 있는 재목을 구하기 어렵다. 이처럼 사주에 목(木)이 많으면 쓸모없는 사람이 된다.

1. 삼춘절(三春節)의 목(木)

1월 갑목(甲木) : 갑목(甲木)은 병화(丙火)가 있어야 성장하고, 계수(癸水)의 보조를 받아 수원(水源)이 좋으면 큰 갑목(甲木)이 되어 대길하다.

1월 을목(乙木) : 을목(乙木)은 병화(丙火)로 한기를 달래고, 병화(丙火)가 많으면 계수(癸水)로 도와야 좋다.

2월 갑목(甲木) : 묘(卯)월은 양인(羊刃)월이니 경금(庚金)이 있어야 대인이 되고, 병정화(丙丁火)의 도움이 있으면 더욱더 좋다.

2월 을목(乙木) : 계수(癸水)로 을목(乙木)을 자양하고 병화(丙火)로 설기(泄氣)하면 호명을 이루나, 금(金)을 만나면 파격(破格)이 된다.

3월 갑목(甲木) : 경금(庚金)이 있으면 경금(庚金)은 진토(辰土)가 자양해줘 강건하므로 화(火)로 제살(除殺)하고, 임계수(壬癸水)로 누기(累氣)시켜 갑목(甲木)을 생(生)하면 대길한 명이 된다.

3월 을목(乙木) : 병화(丙火)와 계수(癸水)로 을목(乙木)을 성장시
킨다. 그러나 지지(地支)가 수다(水多)하면 무토
(戊土)로 극(剋)하면 좋다.

2. 삼하절(三夏節)의 목(木)

여름의 나무는 지엽이 무성하고 화려한 꽃을 만개하면서 결실을
준비하는 때다. 활목(活木)은 화기(火氣)를 만나 목화통명(木火通
明)의 상을 누리나, 사목(死木)은 화기(火氣)를 싫어한다. 여름철
의 활목(活木)과 사목(死木)은 물을 만나면 즐거워하고, 화왕(火
旺)하면 목분(木焚)될까 두렵다.

4월 갑목(甲木) : 계수(癸水)로 화(火)를 다스리고, 경금(庚金)으
로 수원(水源)을 도와주면 대길하다.

4월 을목(乙木) : 계수(癸水)로 조후(調候)시키면 대길하다.

5월 갑목(甲木) : 계수(癸水)로 목(木)을 돕고, 경금(庚金)으로 수
원(水源)을 삼으면 대길하다.

5월 을목(乙木) : 계수(癸水)를 쓴다.

6월 갑목(甲木) : 대서(大暑) 전에는 계수(癸水)를 쓰고, 대서(大

暑) 후에는 경금(庚金)과 정화(丁火)를 쓴다.

6월 을목(乙木) : 계수(癸水)를 쓰고, 6월 반이 지나면 계수(癸水)
와 병화(丙火)를 쓴다.

3. 삼추절(三秋節)의 목(木)

가을은 초목이 모두 열매를 맺는다. 사목(死木)은 동량목으로 일
상생활에 크게 쓰인다.

7월 갑목(甲木) : 경금(庚金)이 녹(祿)을 만났다. 정화(丁火)로 제
련하면 귀를 얻는다. 정화(丁火)가 없고 임수(壬
水)가 있으면 강금(强金)을 설기(泄氣)시켜 오히
려 갑목(甲木)을 살인상생(殺印相生)하니 귀는
없고 부만 얻는다.

7월 을목(乙木) : 병화(丙火)로 경금(庚金)을 극(剋)하고, 계수(癸
水)로 도와주면 대길하다.

8월 갑목(甲木) : 경금(庚金)을 쓰고, 병정화(丙丁火)로 조후(調
候)시켜 경금(庚金)을 달래주면 귀명을 이룬다.

8월 을목(乙木) : 추분(秋分) 전에는 계수(癸水)를 쓰고, 추분(秋
分) 후에는 병화(丙火)를 쓴다.

9월 갑목(甲木) : 임계수(壬癸水)로 자양하면서 경금(庚金)으로
　　　　　　　　　 깎고 다듬으면 재목이 되고, 정화(丁火)가 있으
　　　　　　　　　 면 더욱더 좋다.
9월 을목(乙木) : 갑목(甲木)이 있으면 등라계갑(藤蘿繫甲)이 되
　　　　　　　　　 고, 계수(癸水)와 신금(辛金)이 있으면 더 좋다.

4. 삼동절(三冬節)의 목(木)

　목(木)이 수세(水勢)가 강하면 부목(浮木)이 되어 뿌리가 썩고,
한목(寒木)이 생기를 잃을까 두렵다.

10월 갑목(甲木) : 수기(水氣)가 범람할 때는 무토(戊土)로 제(除)
　　　　　　　　　　한다. 갑목(甲木)을 경금(庚金)으로 쪼개고, 병
　　　　　　　　　　정화(丙丁火)로 경금(庚金)을 제살(除殺)하면
　　　　　　　　　　대길하다.
10월 을목(乙木) : 병화(丙火)를 쓴다.

11월 갑목(甲木) : 경금(庚金)으로 쪼개고, 정화(丁火)로 제살(除
　　　　　　　　　　殺)하며, 병화(丙火)로 조후(調候)한다.
11월 을목(乙木) : 한동절(寒冬節)이니 병화(丙火)를 쓴다.

12월 갑목(甲木) : 경금(庚金)으로 쪼개어 정화(丁火)에 인정(引

丁)하고, 병화(丙火)로 조후(調候)를 삼는다.

12월 을목(乙木) : 한곡회춘(寒谷回春)의 상이니 병화(丙火)로 조
후(調候)한다.

5. 사계의 목(木)

갑을목(甲乙木)이 진술축미(辰戌丑未)월에 태어나거나, 무기토(戊
己土)를 만나는 것을 말한다. 목(木)이 토(土)를 만나면 활목(活
木)은 토(土)에 착근해 명예가 높고, 사목(死木)은 가용(家用)에
쓰이는 것과 같아 부를 이룬다.

1. 갑목(甲木)

■ 갑목(甲木)은 해(亥)에서 장생(長生)하고, 묘(卯)에서 제왕(帝
   旺)이 되며, 신(申)에서 뇌절(雷絶)한다.

■ 갑목(甲木)은 만물의 수장으로 싹이 땅을 뚫고 나오는 기상이
   니 양(陽)에 속한다.

■ 뇌(雷)와 청룡을 상징하고, 사람으로는 머리에 해당하니 우두머
   리 상이다.

■ 갑목(甲木)이 진(辰)에 착근하면 즐겁고, 수(水)가 태과(太過)
   하면 인(寅)에 근(根)할 때 좋다.

■ 초춘에는 냉한해 화(火)를 쓰고, 중춘에는 목화통명(木火通明)
   이 되어 즐겁고, 모춘(暮春)에는 진(辰)에 착근해 근심이 없다.

2. 을목(乙木)

■ 을목(乙木)은 음지를 싫어하고 양지를 좋아하니 여름에는 지엽이 무성하다. 오(午)에서 장생(長生)이 되어 꽃을 피운다.

■ 을목(乙木)은 갑목(甲木)이 싹을 터 올라와 나무의 기둥을 만들 때 을목(乙木)은 지엽이 되어 갑목(甲木)의 가지가 되고 잎이 된다.

■ 갑목(甲木)이 다년생이라면 을목(乙木)은 일년초와 같다.

■ 을목(乙木)이 축미토(丑未土)에 앉으면 뿌리가 배양되고, 신유(申酉)월에 앉으면 병정화(丙丁火)가 있어야 하고, 해자(亥子)월에 앉으면 오화(午火)가 있어야 근심이 없다.

■ 을목(乙木)이 서방운이나 토운(土運)을 만나면 우환이 따른다. 등라격갑(藤蘿繫甲)하면 가추가동(可秋可冬)이라 한다.

2 화(火)

화(火)는 만물의 에너지로 만물을 배양시키는 일등공신이다. 목(木)이 화(火)를 만나면 목화통명(木火通明)이 되어 문명지상(文明之象)을 이룬다. 이처럼 우주에 광휘가 빛나게 하려면 화기(火氣)가 밝아야 한다. 그러나 화기(火氣)가 지나치면 목분(木焚)이 된다.

1. 삼춘절(三春節)의 화(火)

1월 병화(丙火) : 임수(壬水)를 쓰려면 경금(庚金)의 수원(水源)이 있어야 한다.

1월 정화(丁火) : 갑목(甲木)을 경금(庚金)으로 쪼개어 인정(引丁)한다.

2월 병화(丙火) : 임수(壬水)를 쓰고, 수다(水多)하면 무토(戊土)를 쓴다.

2월 정화(丁火) : 갑목(甲木)을 경금(庚金)으로 쪼개어 인정(引丁)한다.

3월 병화(丙火) : 임수(壬水)를 쓰고, 토(土)가 중하면 갑목(甲木)으로 병화(丙火)를 돕는다.

3월 정화(丁火) : 갑목(甲木)으로 정화(丁火)를 돕고, 목(木)이 성하면 경금(庚金)을 쓰고, 수(水)가 성하면 무토(戊土)를 쓴다.

2. 삼하절(三夏節)의 화(火)

화(火)가 화(火)를 만나면 모두 불타버리는 상이니 임수(壬水)가 있어야 하고, 목(木)을 만나면 요절하고, 금(金)을 만나면 좋은 명을 이루고, 토(土)를 만나면 창고에 양식이 가득하다.

4월 병화(丙火) : 임수(壬水)를 쓰고, 경금(庚金)으로 수원(水源)을 삼는다.

4월 정화(丁火) : 갑목(甲木)과 임수(壬水)를 쓰고, 경금(庚金)으로 임수(壬水)를 돕는다.

5월 병화(丙火) : 임수(壬水)와 경금(庚金)을 쓰고, 신금(申金)이 있으면 더욱더 묘한 명이 된다.

5월 정화(丁火) : 임수(壬水)와 경금(庚金)을 쓰고, 임수(壬水)가 없으면 계수(癸水)를 쓴다.

6월 병화(丙火) : 임수(壬水)를 쓰고, 경금(庚金)으로 수원(水源)을 삼는다.

6월 정화(丁火) : 갑목(甲木)을 경금(庚金)으로 쪼개어 돕는다.

※ 병화(丙火)는 임수(壬水)를 떠날 수 없고, 정화(丁火)는 갑목(甲木)을 떠날 수 없다.

3. 삼추절(三秋節)의 화(火)

가을철 화(火)가 신강살왕(身强殺旺)하면 인수(印綬)를 쓰고, 재왕(財旺)하면 겁재(劫財)를 쓴다. 병화(丙火)가 신금(申金) 위에 있는데 임수(壬水)를 만나면 수명이 위태롭고, 토중(土重)하면 그 빛을 덮어버린다.

7월 병화(丙火) : 임수(壬水)를 쓰고, 임수(壬水)가 없으면 계수(癸水)를 쓴다.

7월 정화(丁火) : 갑목(甲木)을 쓰고, 갑목(甲木)없으면 을목(乙木)을 쓴다.

8월 병화(丙火) : 병화(丙火)가 많으면 한 점의 임수(壬水)가 빛난다. 임수(壬水)가 없으면 계수(癸水)를 쓴다.

8월 정화(丁火) : 갑목(甲木)을 쓴다.

9월 병화(丙火) : 갑목(甲木)을 쓰고, 임수(壬水)로 자양한다.

9월 정화(丁火) : 갑목(甲木)·경금(庚金)·무토(戊土)를 쓴다. 그러나 무토(戊土)와 갑목(甲木)만 있으면 상관상진(傷官傷盡)이 된다.

4. 삼동절(三冬節)의 화(火)

수기(水氣)가 왕성하면 화허유연(火虛有煙)이라 해 무례·공포·소심·접신이 따르고, 수기(水氣)가 적당하면 지력이 풍부하다.

10월 병화(丙火) : 수왕절(水旺節)이니 갑목(甲木)이 필요하다.

10월 정화(丁火) : 갑목(甲木)을 쓰고, 경금(庚金)으로 인정(引丁)
한다.

11월 병화(丙火) : 갑목(甲木)과 임수(壬水)를 쓴다.

11월 정화(丁火) : 갑목(甲木)을 쓰고, 경금(庚金)으로 인정(引丁)
한다.

12월 병화(丙火) : 임수(壬水)와 갑목(甲木)을 쓴다.

12월 정화(丁火) : 갑목(甲木)을 쓰고, 경금(庚金)으로 인정(引丁)
한다.

5. 사계의 화(火)

화(火)가 진술축미(辰戌丑未)월에 태어난 것을 말한다. 수(水)가
토(土)를 만나면 태양(太陽)이 대지를 밝히며 만물을 자생시키는
공을 이룬다.

1. 병화(丙火)

■ 병화(丙火)는 5양(五陽) 중 최고의 양(陽)이며 다른 것을 종
(從)하지 않는다.

■ 병화(丙火)는 인화성 물질이다.

■ 병화(丙火)가 축(丑)시를 만나면 일출의 곳이라 하여 상격을 이루고, 습토(濕土)가 많으면 화기(火氣)를 빼앗기며 숲이 우거져 태양을 가리니 재앙이 따른다.

2. 정화(丁火)

■ 정화(丁火)는 예의·질서·도덕성을 나타낸다.
■ 병화(丙火)가 생(生)하는 곳에서 정화(丁火)는 사(死)하고, 병화(丙火)가 사(死)하는 곳에서 정화(丁火)는 생(生)한다.
■ 정화(丁火)는 가추가동(可秋可冬)이라 하여 가을에 태어나도 금(金)이 두렵지 않고, 겨울에 태어나도 수(水)가 두렵지 않다.
■ 태양(太陽)을 만나면 빛을 잃으니 밤에 태어나는 것을 기뻐한다. 이것을 천시(天時)를 얻었다고 한다.
■ 그러나 정사(丁巳)일은 사중무토(巳中戊土)가 상관(傷官)이 되어 부모와 처자식을 극(剋)한다.

3. 토(土)

토(土)는 전체를 통일·조화시키니 다른 4행(四行)의 성질과 다르다. 그러므로 토(土)는 무한한 상승, 무한한 하강, 무한한 분열, 무한한 통일을 용납하지 않는다. 하나의 통일을 이루어 작용이 끝나면 다음 단계로 넘어가 또 하나의 완성을 이루는 연속성이 있다.

양토(陽土)는 무진술토(戊辰戌土)이고, 음토(陰土)는 기축미토(己丑未土)이다. 진토(辰土)는 남극자장(南極磁場)이고, 술토(戌土)는 북극자장(北極磁場)이므로 지축의 양축을 삼고 일정한 궤도를 운행하면서 자공전한다. 이때 음토(陰土)인 축미토(丑未土)는 횡적운행을 조화시키는 토(土)로 음양(陰陽) 양극의 교류작용을 한다. 이렇게 토(土)는 종횡으로 십자형을 이루어 유대와 조화, 변화와 조절로 사물의 운동을 좌표와 각도·속도·방향을 유지시켜 생멸분합(生滅分合)을 한다. 이것은 공평과 정대, 위평과 균등을 뜻한다.

진미토(辰未土)는 봄 여름에 만물을 자양시키고, 축술토(丑戌土)는 가을 겨울에 만물을 숙살시키며 저장한다. 사주에 술토(戌土)가 많으면 싸움을 좋아하며 잠을 잘 자고 잘 존다. 축(丑)월생은 축중계수(丑中癸水)가 있어 마음의 근심을 털어낸 듯 잠을 잘 자고, 진미(辰未)월에 태어나면 잘 먹는다.

1. 삼춘절(三春節)의 토(土)

토(土)가 목(木)을 만나면 관(官)이 되어 질서성분이 있다. 그러나 목(木)이 태과(太過)하면 근심이 생기고, 수(水)가 범람하면 토류(土流)될까 두렵다.

1월 무토(戊土) : 병화(丙火)로 따뜻하게 하고, 계수(癸水)로 도와주면 대길하다.

1월 기토(己土) : 병화(丙火)로 녹이고, 수다(水多)하면 무토(戊土)로 도와준다.

2월 무토(戊土) : 병화(丙火)로 따뜻하게 하고, 계수(癸水)로 도와주면 최길이다.

2월 기토(己土) : 병화(丙火) · 갑목(甲木) · 계수(癸水)를 쓴다.

3월 무토(戊土) : 갑목(甲木)으로 소통시키고, 병화(丙火)를 쓰며, 계수(癸水)로 돕는다.

3월 기토(己土) : 병화(丙火)를 쓰고, 계수(癸水)로 돕는다.

2. 삼하절(三夏節)의 토(土)

4월 무토(戊土) : 건록(建祿)을 만나 임계수(壬癸水)로 조후(調候)를 삼고, 갑목(甲木)으로 소통시킨다.

4월 기토(己土) : 계수(癸水)로 조후(調候)를 삼는다.

5월 무토(戊土) : 임계수(壬癸水)로 조후(調候)를 삼고, 갑목(甲木)으로 소통시킨다.

5월 기토(己土) : 임계수(壬癸水)를 쓴다.

6월 무토(戊土) : 임수(壬水)를 쓰고, 토중(土重)하면 갑목(甲木)을 쓴다.

6월 기토(己土) : 계수(癸水)를 쓰고, 대서(大暑) 후에는 병화(丙火)를 쓴다.

3. 삼추절(三秋節)의 토(土)

가을철의 토(土)는 화(火)를 떠날 수 없고, 화(火)가 중중함을 싫어하지 않는다.

7월 무토(戊土) : 냉기가 돌기 시작하니 병화(丙火)를 쓰고, 수(水)가 많으면 갑목(甲木)으로 설기(泄氣)한다.

7월 기토(己土) : 계수(癸水)로 자윤시키고, 병화(丙火)로 돕는다.

8월 무토(戊土) : 병화(丙火)로 따뜻하게 하고, 계수(癸水)로 자윤한다.

8월 기토(己土) : 병화(丙火)와 계수(癸水)를 쓰고, 신금(辛金)으로 계수(癸水)를 돕는다.

9월 무토(戊土) : 토왕절(土旺節)이니 갑목(甲木)으로 소통시키고, 병화(丙火)를 쓴다.

9월 기토(己土) : 병화(丙火)와 계수(癸水)를 쓴다.

4. 삼동절(三冬節)의 토(土)

믿음이 강하며 근면 성실해 절약정신과 저축정신이 강하다.

10월 무토(戊土) : 병화(丙火)를 쓴다.
10월 기토(己土) : 갑목(甲木)으로 병화(丙火)를 돕는다.

11월 무토(戊土) : 병화(丙火)가 으뜸이다. 갑목(甲木)으로 병화 (丙火)를 돕는다.
11월 기토(己土) : 갑목(甲木)으로 병화(丙火)를 돕는다.

12월 무토(戊土) : 병화(丙火)와 갑목(甲木)을 쓴다.
12월 기토(己土) : 병화(丙火)와 갑목(甲木)을 쓴다.

5. 사계의 토(土)

무기토(戊己土)가 진술축미(辰戌丑未)월에 태어난 것을 말한다. 토(土)가 토(土)를 만나면 산이 산을 만난 격이다. 사람이 중후하며 공익에 앞장선다.

1. 무토(戊土)

■ 봄과 여름에는 만물을 발생시키고, 가을과 겨울에는 만물을 수

장(收藏)시킨다.

- 무기토(戊己土)는 화(火)를 빌려 휴(休)를 나타내니 토(土)는 화(火)에 의존한다.
- 무토(戊土)가 계수(癸水)를 보면 문명지상(文明之象)의 이름을 얻는다.

2. 기토(己土)

- 기토(己土)는 만물을 성숙시키는 모체이므로 항구적이며 중심을 흐트러지게 하지 않는다.
- 기토(己土)는 만물을 생성시키는 근기를 이룬다.
- 화토(火土)가 유기(有氣)하면 큰 공을 세우나, 실령(失令)하면 쓸모가 없다.
- 기토(己土)가 유(酉)에 앉고 춘절(春節)에 생(生)하면 대귀를 이룬다.
- 토(土)가 중중하면 우둔하며 싸움을 잘 하고 과식한다.

4. 금(金)

금(金)은 실리를 추구하므로 형식적인 것을 싫어하고, 이익이나 목적을 위해서는 살상도 마다하지 않는다. 그러나 금(金)의 성정은 부드러워 강하면 순하나 쓸모가 작다.

1. 삼춘절(三春節)의 금(金)

금(金)이 목(木)을 만나면 도끼가 나무를 만난 것과 같아 정복이나 재물에 대한 욕심이 강하다.

1월 경금(庚金) : 병화(丙火)로 따뜻하게 하고, 토(土)가 많으면 갑목(甲木)으로 소통시킨다.

1월 신금(辛金) : 기토(己土)로 보충하며 임수(壬水)로 닦아주고, 경금(庚金)으로 도와주면 길명을 이룬다.

2월 경금(庚金) : 정화(丁火)를 쓰고, 갑목(甲木)으로 돕는다.

2월 신금(辛金) : 임수(壬水)와 갑목(甲木)을 쓴다.

3월 경금(庚金) : 정화(丁火)를 쓰고, 토왕(土旺)하면 갑목(甲木)으로 소통시킨다.

3월 신금(辛金) : 임수(壬水)와 갑목(甲木)을 쓰고, 신금(辛金)이 병화(丙火)와 합(合)하면 계수(癸水)로 병화(丙火)를 극(剋)한다.

2. 삼하절(三夏節)의 금(金)

금(金)이 화(火)를 만나면 기물을 이루며 광택을 발휘하는 상이

다. 인물이 수려하며 공이 크고, 절도와 예의가 있고, 준법정신이
투철하며 공론을 중시한다.

4월 경금(庚金) : 무토(戊土)로 상생(相生)시킨 후 임수(壬水)를
　　　　　　　　쓴다. 지지(地支)가 금국(金局)이면 정화(丁火)
　　　　　　　　를 쓴다.

4월 신금(辛金) : 임수(壬水)로 씻어주고, 갑목(甲木)으로 무토(戊
　　　　　　　　土)를 제거하면 대귀를 이룬다.

5월 경금(庚金) : 임계수(壬癸水)로 조후(調候)를 삼고, 임계(壬
　　　　　　　　癸)가 없으면 무기토(戊己土)로 화기(火氣)를 설
　　　　　　　　기(泄氣)시킨다.

5월 신금(辛金) : 임수(壬水)가 반드시 있어야 하나, 없으면 기토
　　　　　　　　(己土)로 상생(相生)시킨다.

6월 경금(庚金) : 대서(大暑) 전에는 임계수(壬癸水)를 쓰고, 대서
　　　　　　　　(大暑) 후에는 정화(丁火)로 단련한다.

6월 신금(辛金) : 임수(壬水)를 쓰고 경금(庚金)으로 돕는다. 그러
　　　　　　　　나 무토(戊土)가 천간(天干)에 투출(透出)하면
　　　　　　　　무용지물이다. 이때는 갑목(甲木)으로 제거한다.

3. 삼추절(三秋節)의 금(金)

 가을철 금(金)이 화(火)나 수(水)를 쓰면 큰 기물을 이루니 상격이다. 목다(木多)하면 장사꾼이고, 토다(土多)하면 어리석고, 금왕(金旺)하면 금실무성(金實無聲)한 사람이다.

7월 경금(庚金) : 정화(丁火)를 쓰고, 갑목(甲木)으로 인정(引丁)한다.

7월 신금(辛金) : 임수(壬水)·무토(戊土)·갑목(甲木)을 쓴다.

8월 경금(庚金) : 갑목(甲木)으로 정화(丁火)를 인정(引丁)시키고, 병화(丙火)로 조후(調候)를 삼는다.

8월 신금(辛金) : 임수(壬水)로 씻어주고, 수다(水多)하면 무토(戊土)로 제방을 삼는다.

9월 경금(庚金) : 토중(土重)하면 갑목(甲木)으로 제거하고, 병화(丙火)로 조후(調候)를 삼는다.

9월 신금(辛金) : 임수(壬水)로 씻어주고, 병화(丙火)로 따뜻하게 한다.

4. 삼동절(三冬節)의 금(金)

 금(金)이 수(水)를 만나면 식신(食神)이 되어 의식주가 편안하다.
의롭고 지혜가 많아 연구직이 좋고, 덕을 쌓으면 이름을 남긴다.

10월 경금(庚金) : 금한수냉(金寒水冷)하니 병화(丙火)를 쓰고, 갑
　　　　　　　　　목(甲木)으로 병화(丙火)를 돕는다.
10월 신금(辛金) : 병화(丙火)를 쓰고, 갑목(甲木)으로 돕는다.

11월 경금(庚金) : 정화(丁火)와 갑목(甲木)을 쓰고, 병화(丙火)로
　　　　　　　　　조후(調候)한다.
11월 신금(辛金) : 병화(丙火)와 무토(戊土)를 쓴다.

12월 경금(庚金) : 정화(丁火)와 갑목(甲木)을 쓰고, 병화(丙火)로
　　　　　　　　　조후(調候)한다.
12월 신금(辛金) : 병화(丙火)와 갑목(甲木)을 쓰고, 임수(壬水)로
　　　　　　　　　씻으면 빛난다.

5. 사계의 금(金)

 경신금(庚辛金)이 진술축미(辰戌丑未)월에 태어난 것을 말한다.
금(金)이 토(土)를 만나면 부모와 학문의 보호를 받는 것과 같다.

성하절(盛夏節)의 금(金)은 과실의 육질이 두터워지는 때요, 감미로운 것은 미(未) 중의 정화(丁火)가 상생(相生)해주기 때문이다.

1. 경금(庚金)

- 경금(庚金)은 사(巳)에서 장생(長生)하나 자(子)에서는 익금(溺金)이 되어 사(死)한다.
- 임수(壬水)를 만나면 수기(水氣)가 청정하다.
- 경금(庚金)이 을사(乙巳)를 만나면 월백풍청격(月白風淸格)이라 하여 상명을 이룬다. 그러나 겨울에 경금(庚金)이 을사(乙巳)를 만나면 차명을 이루고, 봄과 여름에는 쓸모가 없다.

2. 신금(辛金)

- 추금(秋金)은 고추·마늘·생강과 같이 맛을 자극하는 열매를 맺는 때가 되어 신금(辛金)을 맵다고 한다.
- 신금(辛金)은 주옥과 같아 병화(丙火)를 사랑하고, 임수(壬水)를 즐긴다.
- 수냉금한(水冷金寒)하면 반드시 병정화(丙丁火)가 필요하다. 축토(丑土)와 미토(未土)에 매금(埋金)되는 것을 매우 싫어한다.
- 신금(辛金)이 임계수(壬癸水)를 만나면 옥이 빛을 내고, 색을 뿌려 광채가 빛나는 것은 임수(壬水)의 공이 크다.
- 신금(辛金)은 자(子)에서 장생(長生)되고 사(巳)에서 사(死)하니 무토(戊土)와 기토(己土)에 매금(埋金)되면 큰 일이 난다.

5. 수(水)

물은 우주를 창조한 본체요, 만유생명의 근원이다. 물은 기체·액체·고체의 세 가지 형태의 모습을 한다. 고체에 열을 가하면 액체가 되고, 액체에 열을 가하면 기체가 되고, 액체가 얼면 고체로 변한다. 따라서 만물생명의 근원은 씨앗이 되듯 종자·정자·원자·분자·전자와 같이 모두의 씨앗은 자수(子水)가 근본이 된다.

물은 높은 곳에서 낮은 곳으로 흐른다. 이것은 수(水)의 장생처(長生處)가 되는 신(申)에서 발원해 해자(亥子)에서 녹왕(祿旺)을 얻고 진(辰)에서 멈춘다. 이와 같은 이치와 방위의 높고 낮음을 볼 때 유(酉)는 정서방이므로 서쪽이 높고 북쪽이 낮아지면서 점점 동쪽으로 기울 때 진(辰)에서 물이 멈추는 것으로 보아 → 북 → 동 → 남으로 낮은 것을 알 수 있다.

수화(水火)가 고르면 수화기제(水火旣濟)의 공이 있고, 고르지 못하면 수화미제(水火未濟)가 된다. 여자의 사주가 금수(金水)가 태강(太强)하여 탁수(濁水)가 되면 흉하고, 양수(陽水)가 신강(身强)하면 빈곤한 삶을 면할 길이 없고, 음수(陰水)가 신약(身弱)해도 부를 이루지 못한다.

1. 삼춘절(三春節)의 수(水)

수(水)가 목(木)을 만나면 수(水)는 공을 자랑하지 않고 수목상생(水木相生)에만 힘쓴다.

1월 임수(壬水) : 경금(庚金)으로 수원(水源)을 삼고, 병화(丙火)
　　　　　　　로 조후(調候)한다.

1월 계수(癸水) : 신금(辛金)으로 수원(水源)을 삼고, 병화(丙火)
　　　　　　　로 따뜻하게 하면 어릴 때부터 부귀하다.

2월 임수(壬水) : 경신금(庚辛金)으로 수원(水源)을 삼고, 무토(戊
　　　　　　　土)로 제방을 쌓는다.

2월 계수(癸水) : 경금(庚金)이 없으면 신금(辛金)을 쓴다.

3월 임수(壬水) : 무토(戊土)가 사령(司令)하니 갑목(甲木)으로 제
　　　　　　　거하고, 경금(庚金)으로 수원(水源)을 삼는다.

3월 계수(癸水) : 청명(淸明) 전에는 화기(火氣)가 강하지 않으니
　　　　　　　병화(丙火)로 조화시키고, 곡우(穀雨) 후에는 병
　　　　　　　화(丙火)를 써도 신금(辛金)이 도와야 한다. 만
　　　　　　　약 3월 계수(癸水)가 종화(從化)하면 영화가 가
　　　　　　　득하고, 불종하면 평인에 불과하다.

2. 삼하절(三夏節)의 수(水)

수(水)가 화(火)를 만나면 기체가 되니 고갈된다.

4월 임수(壬水) : 경신금(庚辛金)으로 수원(水源)을 삼으면 좋다.

4월 계수(癸水) : 경신금(庚辛金)으로 수원(水源)을 삼고, 임수(壬水)로 돕는다.

5월 임수(壬水) : 계수(癸水)로 용신(用神)을 삼고, 경신금(庚辛金)으로 도와준다.

5월 계수(癸水) : 계수(癸水)의 뿌리가 약하니 반드시 경신금(庚辛金)으로 돕고, 임계수(壬癸水)로 도와주면 더욱더 좋다.

6월 임수(壬水) : 신금(辛金)과 계수(癸水)를 쓰고, 갑목(甲木)으로 토(土)를 제거한다.

6월 계수(癸水) : 상월에는 경신금(庚辛金)으로 계수(癸水)를 돕고, 하월에는 경신금(庚辛金)을 쓰지 않고 임계수(壬癸水)를 쓴다.

3. 삼추절(三秋節)의 수(水)

가을철의 수(水)가 화(火)가 많으면 풍요롭고, 목(木)이 성하면 자손의 영화가 있다.

7월 임수(壬水) : 신(申)에서 장생(長生)하여 원원유장(遠源流長)

하니 무토(戊土)를 쓰고, 정화(丁火)로 돕는다.

7월 계수(癸水) : 신중경금(申中庚金)이 있으니 정화(丁火)와 갑목(甲木)을 쓰면 좋다.

8월 임수(壬水) : 신금(辛金)의 사령절(司令節)이니 금백수청(金帛水淸)하다. 갑목(甲木)과 병화(丙火)가 있으면 최길이다.

8월 계수(癸水) : 금백수청(金白水淸)하니 병화(丙火)를 쓴다.

9월 임수(壬水) : 갑목(甲木)으로 무토(戊土)를 극(剋)하고, 병화(丙火)로 따뜻하게 만든다.

9월 계수(癸水) : 신금(辛金)으로 수원(水源)을 삼고, 갑목(甲木)으로 무토(戊土)를 제거하면 호명을 이룬다.

4. 삼동절(三冬節)의 수(水)

수(水)가 수(水)를 만나면 수(水)가 도도하며 당당하다.

10월 임수(壬水) : 무토(戊土)로 제방을 삼고, 갑목(甲木)과 병화(丙火)로 조후(調候)한다.

10월 계수(癸水) : 무토(戊土)로 제방을 삼고, 병화(丙火)와 갑목(甲木)으로 조후(調候)한다.

11월 임수(壬水) : 무토(戊土)로 제방을 삼고, 갑목(甲木)과 병화(丙火)로 따뜻하게 한다.

11월 계수(癸水) : 갑목(甲木)으로 설기(泄氣)하고, 병화(丙火)로 따뜻하게 한다.

12월 임수(壬水) : 상월에는 병화(丙火)를 쓰고, 하월에는 병화(丙火)와 갑목(甲木)을 쓴다.

12월 계수(癸水) : 병정화(丙丁火)를 쓰되 지지(地支)에 뿌리가 있어야 한다.

5. 사계의 수(水)

임계(壬癸)일생이 진술축미(辰戌丑未)월에 태어난 것을 말한다. 수(水)가 토(土)를 만나면 수(水)가 멈춘다. 물이 고이면 저수지가 되어 양곡(糧穀)이 넘치고, 물이 고여 썩으면 무용지물이 된다.

1. 임수(壬水)

■ 임수(壬水)는 동중정(動中靜)의 기상이 있어 내성음정(內性陰靜)하고 지기심원(智機深遠)하다.

■ 임수(壬水)는 신(申)에서 장생(長生)하고 묘(卯)에서 사(死)한다.

■ 가을철 임(壬)일생이 정화(丁火)를 만나면 현출한 상을 이룬다.

가을 서리가 밝은 별빛을 만나 맑고 밝게 비추는 상이다.

■ 임수(壬水)는 남행을 좋아하므로 오미(午未)에서 태양(胎養)이
되어 재물을 모은다.

■ 임수(壬水)가 재다신강(財多身强)하면 그런대로 복을 얻으나,
신왕재약(身旺財弱)하면 가난한 명이다.

2. 계수(癸水)

■ 계수(癸水)는 우로이나 지지(地支)에서 해자(亥子)를 얻으면
강하가 된다.

■ 계수(癸水)는 묘(卯)에서 장생(長生)하므로 춘림(春霖)이라 하
고, 신(申)에서 사(死)한다. 계묘(癸卯)일에 사(巳)가 있으면 경
제력이 풍부하다.

■ 계수(癸水)가 사묘(巳卯)를 얻으면 천을(天乙)이 되고, 사(巳)
중에는 무정관(戊正官)·경정인(庚正印)·병정재(丙正財)의 삼
반귀물(三般貴物)이 암장(暗藏)되어 귀명을 이룬다.

■ 사화(巳火) 손풍(巽風)이 구름을 몰고와 묘목(卯木)에 감로수
를 뿌려주는 상이니 고명부귀하다.

9. 십이운성론(十二運星論)

　명리학(命理學)이 발달하기 전에는 음양(陰陽)의 구별없이 갑을목(甲乙木)을 목(木), 병정화(丙丁火)를 화(火), 무기토(戊己土)를 토(土), 경신금(庚辛金)을 금(金), 임계수(壬癸水)를 수(水)로 보았다. 오행(五行)은 동생동사(同生同死)한다 하여 그렇게 본 것이다. 이후 명리학(命理學)이 발달하면서 당나라 이허중(李虛中) 선생이 양생음사법(陽生陰死法)을 창안해 지금까지 쓰는 것이다.

　양간(陽干)은 기(氣)이고, 음간(陰干)은 물질이다. 음양(陰陽)은 서로 기질이 달라 양간(陽干)은 순행하고, 음간(陰干)은 역행하면서 십이운성(十二運星)의 길을 달리한다. 이때의 운행로를 보면 양간(陽干)이 생(生)할 때 음간(陰干)은 사(死)하고, 양간(陽干)이 사(死)할 때 음간(陰干)은 생(生)한다. 다음 도표를 보기 바란다.

陰生陽死		陽生陰死	
陰干	陽干	陽干	陰干
乙→午→長生	甲→午→死	甲→亥→長生	乙→亥→死
丁→酉→長生	丙→酉→死	丙→寅→長生	丁→寅→死
己→酉→長生	戊→酉→死	戊→寅→長生	己→寅→死
辛→子→長生	庚→子→死	庚→巳→長生	辛→巳→死
癸→卯→長生	壬→卯→死	壬→申→長生	癸→申→死

위의 도표를 보면 양간(陽干)은 인신사해(寅申巳亥)를 만날 때 장생(長生)을 얻지만, 자오묘유(子午卯酉)를 만나면 사(死)하고, 음간(陰干)은 자오묘유(子午卯酉)를 만날 때 장생(長生)을 얻지만, 인신사해(寅申巳亥)를 만나면 사(死)하는 것을 알 수 있다. 이를 음생음사법(陽生陰死法)이라고 한다. 십이운성(十二運星)의 운행은 1년 12달의 질서가 계절을 나타내면서 윤회할 때의 기운을 왕쇠절묘(旺衰絶墓)로 등분해 나타낸다.

태양이 지평선 아래 있다가 점점 떠올라 정오(正午)를 이루고, 유(酉)에 일입(日入)하여 몰광하는 과정을 설명한 것이 십이운성(十二運星)이다. 이와 같은 윤회의 경로를 인간의 생로병사로 설명한 것이 십이운성(十二運星)이다. 흔히 십이운성(十二運星)은 천간(天干)을 주(主)로 하고, 지지(地支)를 부(副)로 하여 생왕득기(生旺得氣)를 따지나 그렇지 않다. 십이운성(十二運星)은 지지(地支)를 보는 것이 아니라 어디까지나 천간(天干) 자체의 생왕득기(生旺得

氣)를 측정하는 것이다. 왜냐하면 십이운성(十二運星)의 기준은 천간(天干)에서 비롯되었기 때문이다.

　병화(丙火) 태양은 만유의 생사권을 갖고 있는 터라 태양(太陽)의 입출, 즉 운행궤도와 시간에 따라 왕쇠(旺衰)해지는 과정이 십이운성(十二運星)이다. 이것을 태양에 비유해 설명해 보겠다. 여기서 생략하는 목토금수(木土金水)도 병화(丙火)의 원리와 같이 십이운성(十二運星)을 이해하기 바란다.

1. 자(子)시 : 태궁(胎宮)

　병화(丙火)가 자(子)를 만나면 크게는 1년 중에서 동지(冬至)를 만난 것이다. 일양(一陽)이 시생하는 때라 아직 양기(陽氣)가 미진해 발열하지 못하는 때다. 그러나 동지(冬至)와 하지(夏至) 가운데 동지(冬至)는 양둔(陽遁)이 막 시작되는 때라 천일생수(天一生水)하여 만생초목을 배양시킬 준비를 한다.

　이것을 사람으로 비유하면 어머니의 뱃속에 1점의 1수(水)가 배입(配入)되어 수태를 시킨 것과 같다. 이제 막 생일수(生一水)한 어린 물이 어머니의 뱃속에 들어갔으니 아직은 생명체가 미숙하여 형체가 없는 것처럼, 병화(丙火)의 기운도 아직은 미숙하여 열도를 측정할 수 없다. 다만 일양(一陽)이 시생하여 「이르렀다」라는 것만 알 뿐이고, 사람은 잉태되었다는 것만 알 뿐이다.

2. 축(丑)시 : 양궁(養宮)

동지(冬至) 후 이양(二陽)이 시생하는 때로 이양사음절(二陽四陰節)이라고도 한다. 천지가 극심하게 냉한해 은백대계를 이루는 때라 초목은 모습을 감춘지 오래다. 천기가 냉습냉한해 이양(二陽)의 기(氣)는 발양(發陽)하지 못하고, 축(丑) 중에 깊숙이 감춘 채 뿌리의 생육을 돕는다. 사람으로 비유하면 자(子)의 천일생수(天一生水)한 정자가 어머니의 뱃속에 배입(配入)된 것이고, 축토(丑土) 즉 어머니의 뱃속 깊숙한 곳에 안태한 것과 같다.

이때의 상이 축(紐)이다. 축(紐)은 얽어맬 축으로 잉태한 아기가 체내에서 막 응집되려는 때니 연약하기 이를 데 없다. 아기는 뱃속에서 떨어지지 않으려고 안간힘을 쓰는 상으로 양(養)이라 한다.

3. 인(寅)시 : 장생궁(長生宮)

인(寅)시는 태양이 지하에서 지상으로 막 솟구쳐 오르는 시간이요, 입춘절(立春節)로 삼양(三陽)이 발기한 때다. 자(子)에서 천일생수(天一生水)하고, 축(丑)에서 지이생토(地二生土)하며, 인(寅)에서 천지인(天地人) 삼재(三才)를 완성한다. 축토(丑土) 뱃속에서 자라던 아기가 목극토(木剋土)로 축토(丑土)를 깨고 인목(寅木)이 솟아올라 세상에 나오는 것과 같다. 인(寅)시의 시간대로 보면 아직은 태양이 솟지 않았으나 인중병화(寅中丙火)의 여명이 있어 환하게 동녘을 비추고 있으니 장생(長生)이 된다.

4. 묘(卯)시 : 목욕궁(沐浴宮)

태양이 동방에서 나오는 시간이다. 지평선 위로 뻘겋게 떠오르는 태양은 찬란하나 현실적으로는 그렇지 않다. 양기(陽氣)가 발광한다고 하나 아직은 미약해 태양이 이글거리지 못하고 슬픈 듯이 누기(漏氣)에 젖어 있는가 하면, 수목에 가려 찬란한 빛을 내지 못한다. 이를 소장생(小長生)이라 한다.

사람도 이와 같다. 출생 후 3일만에 목욕시키는 상이니 몸이 온전하겠는가. 아직은 골격이 연약해 흐느적거리는 때인지라 생육이 불안정한 때다. 이와 같이 불안전한 것이 목욕(沐浴)의 상이므로 사람의 운명에서도 좋게 보지는 않는다. 그러나 소장생(小長生)이므로 이 시기만 지나면 관대(冠帶)가 되어 좋아진다.

5. 진(辰)시 : 관대궁(冠帶宮)

태양은 이제 비로소 병화(丙火)의 역량을 발휘하기 시작한다. 연약하고 어린 태양이 비맞은 수목에 걸쳐 있다가, 이제 막 수목 위를 벗어나 찬란한 빛을 내고 있다. 이때가 관대(冠帶)다. 때는 오양지화(五陽之火)라 구석구석 병화(丙火)의 기운이 스며들지 않는 곳이 없으니 만생제물들이 우러러 본다. 하늘에서는 뇌성이 동해 천지의 만물을 일깨워 생육을 촉진한다.

사람으로는 의관을 갖추고 관례를 치르는 성인이 되는 과정으로 자립자성하는 단계다. 빨리 발달하는 사람은 이때부터 분별력과 목표가 확고해진다.

6. 사(巳)시 : 건록궁(建祿宮)

태양이 진궁(辰宮)에서 사궁(巳宮)으로 자리잡으면서 사신(巳申)과 합(合)되어 육합(六合)을 이룬다. 천지는 병화(丙火)의 기운을 받지 않는 곳이 없다. 이때를 건록기(建祿氣)라 한다. 병화(丙火) 스스로 일그러짐과 과열함이 없어 만생초목이 무성하게 자란다.

사람으로는 임관(臨官)이라 해 건록(建祿)을 말하고, 야심찬 청장년기와 같다. 상하를 알고 일에 열중하며 비로소 입지를 완성한다.

7. 오(午)시 : 제왕궁(帝旺宮)

제왕(帝旺)은 각 계절을 주관하는 신으로 자오묘유(子午卯酉)의 중심인자다. 봄에는 묘(卯)월, 여름에는 오(午)월, 가을에는 유(酉)월, 겨울에는 자(子)월. 이렇게 각 계절의 중심에 앉아 제왕(帝旺)의 역할을 하는 것을 사정(四正) 또는 사처(四處)라고 한다. 자오묘유(子午卯酉) 사정(四正)에는 잡기가 전혀 없다. 순수한 비겁(比劫)의 기(氣)만 있어 정신이 매우 맑고 흐트러짐이 없다. 시간으로는 오(午)시이고, 절기로는 망종(芒種)이다. 정오(正午)의 병화(丙火)는 찬란하게 광채가 나고 직사광선되어 더욱더 맹렬하다.

사람으로는 자기완성의 시기다. 수덕(修德)이 있으면 겸손하나 그렇지 못하면 교만하며 방자하고 비굴하기도 하다.

8. 미(未)시 : 쇠궁(衰宮)

태양이 오(午)시에서 직사광선이 되어 위력을 떨치는 상태가 극을 이룬다. 그러나 태양도 자오(子午)선상, 즉 동지(冬至)와 하지(夏至)를 지나면 궤도가 기울어지듯이, 오(午)시에서 미(未)시로 기운다. 이것은 극한 기세의 최고점에서 더 머물지 못하고 기울어지기 시작하는 것으로 미(未)시이고, 십이운성(十二運星)으로는 쇠기(衰氣)다. 이래서 부귀영화는 영원하지 못하고, 인간의 수명 또한 천세만세를 누릴 수 없는 것이다. 오르면 마땅히 내려가야 하고, 내려가면 마땅히 올라가는 순리에 따라 살지 않으면 안 된다.

 사람으로는 자식에게 모든 것을 양도하는 때다. 건록(建祿)과 제왕절(帝旺節)에 이루었으면 이것으로 이룸을 마치고 다음 대로 양도하는 것이 당연하다.

9. 신(申)시 : 병궁(病宮)

 맹위를 떨치던 태양도 쇠궁(衰宮)을 지나 병위(病位)에 앉는다. 가을은 물들기 시작했고, 태양은 사각(斜角)으로 기울기 시작하니 퇴기(退氣)의 징조다.

 사람으로는 늙어 뼈마디가 쑤시고 저린 때다. 일몰이 가까워졌으니 준비를 하는 때다.

10. 유(酉)시 : 사궁(死宮)

 태양이 나왔다가 지는 것은 자연의 순리다. 그러나 태양이 지고나면 달이 떠오른다. 이때가 장생(長生)이다. 이것은 음생음사(陽生陰死)의 법도이다. 죽고 사는 것은 양지와 음지의 교태와 같으니 서러울 것도 기쁠 것도 없다.

사람으로는 할 일을 다한 단계다. 다음에는 토(土)에 입묘(入墓)되어 영원히 죽어 살리라. 이것이 윤회의 진리다.

11. 술(戌)시 : 묘궁(墓宮)

한때는 찬란하게 초목의 생육을 돕더니 이제는 늙어 지평선 아래로 들어가고 말았다. 외롭고 쓸쓸한 술토(戌土) 산비탈에 홀로 누웠으니 가을바람만 무정하게 스치고 지나갈 뿐이다. 이를 공(空)이라 했던가, 무(無)라 했던가. 한줌의 흙으로 돌아가 무덤 속에 있다 하나 흔적을 남기고 싶은지 희미한 달빛이 되어 마지막 빛을 대지에 쏟아 붇고 있다. 이것이 술중정화(戌中丁火)다.

달빛을 보라! 아쉬운 삶이 한이 되었는지 우수에 젖어 슬퍼하는 상이다. 제아무리 밝은 달이라도 빛은 싸늘하고 물결이 출렁이듯 흐느적거리는 모습으로 우리를 지켜보고 있지 않나. 이것이 너와 나 그리고 우리의 모습이고, 돌아가신 부모님과 선영의 모습이다.

12. 해(亥)시 : 절궁(絶宮 : 胞)

태양은 입묘(入墓)되어서도 아쉬운 듯 여광을 발하며 대지를 비추더니 이제는 그것마저 끊어졌다. 사방은 칠흑처럼 어두울 뿐. 다만 절(絶)에서 태(胎)되는 자(子)의 양기(陽氣)가 발할 때만 기다리며 깊은 잠에 빠진 것과 같다. 사람으로는 잎은 떨어졌지만 봄이 되면 새잎이 돋아나듯이 자식이 다음 생명을 이어주는 때다.

이렇게 생명은 순환을 거듭하며 다음 세대로 이어간다. 여기에는 예쁘고 미운 것도 없고 가감도 없다. 태양은 예쁘다고 더 비춰주고 밉다하여 덜 비춰주지 않는다. 우리도 태양의 정신과 가르침을 본받아 살지어다. 넉넉함과 자애로움, 용서와 이해로 삶을 도모한다면 시기하며 바둥거릴 필요가 없다. 다만 부지런히 노력하고 힘쓸 때 태양의 공은 헛되지 않아 알알이 영근 인생을 마치리라.

이것이 십이운성(十二運星)의 진리요, 우주궤도의 질서요, 참의 진리다. 참 인생의 진리를 십이운성(十二運星)에서 배우자. 진리란 저명한 학자만의 것이 아니요, 법어만이 진리는 아니다.

극락과 천당도 그렇다. 가깝게는 자식과 크게는 후세에 부끄럽지 않은 삶을 살았다고 자부한다면 극락과 천당에서 살았던 것이고, 만약 그렇지 못했다면 지옥에서 살았다고 해라. 또한 오늘 하루를 보람되고 기쁘게 살았다면 오늘이 극락이며 천당이다. 사실 죽은 다음의 극락과 천당은 무의미하다. 살아 있을 때 현실 속에서 극락과 천당을 오가며 사는 것이 중요하다. 죽어서 극락과 천당을 오고간들 무슨 의미가 있겠는가.

독자들이여! 거짓과 위선이 없는 삶을 살지어다. 맑은 공기와 맑은 정신은 나를 맑고 밝고 참되게 할 것이라고 믿는다. 사람은 누구나 건록(建祿)과 장생(長生)의 때를 만나게 되어 있는 법. 이때를 기다리며 살자. 내가 바르고 곧게 컸으면 그만큼의 열매를 맺을 것이고, 그렇지 못하면 못한 만큼의 열매를 맺을 것이다.

만남

1
너와 나의 만남
우정과의 만남
사랑하는 사람과의 만남
이것은
인간이 갖는 특권이다.

만남은
깊고 깊은 만남에서 이루어진다.
단 한 번의 만남이 아니라
언제라도 만나고 싶고
나누고 싶은 만남
헤어지면 아쉽고
기다려지는 만남이
축복된 만남이오
인간적인 만남이다.

2
여보게!
친구들 지금 어디 있나

만나세
만나서 오순도순 말꽃 피워보세
가득한 마음으로

여보게!
내 사랑하는 사람아!
지금 어디 있나
만나세
만나서 시간이 짧아 미쳤던 것처럼
사랑을 나눠보세
가득한 마음으로

여보게들!
세월이 빠르네
계절은 특급열차를 타고
정신없이 우리 곁을 달리고 있네
아쉽지 않은가?
자주 만나세

— 2002. 11. 초겨울 아침

10. 용신론(用神論)과 기신론(忌神論)

생일을 체(體)라 하고, 활용하는 희신(喜神)을 용신(用神)이라 하며 악신(惡神)을 기신(忌神)이라 한다. 물론 일간(日干)의 강약에 따라 희용신(喜用神)이 다르다. 그러나 대개 체용(體用)에 따라 나타나는 성격과 기세는 비슷하다. 다음을 참고하기 바란다.

1. 갑을(甲乙)일생

1. 목(木)이 용신(用神)일 때와 기신(忌神)일 때

■ 신약(身弱) 사주는 호명을 이루고, 신왕(身旺) 사주는 흉명을 이룬다.

■ 봄과 여름생이 목(木)이 있으면 형제덕이 있고, 가을과 겨울생

은 먹고살기 바쁘다.

2. 화(火)가 용신(用神)일 때와 기신(忌神)일 때

■ 목화(木火)가 왕성하면 목화통명(木火通明)이 되어 총명하고 명랑하며 매사에 긍정적이다.

■ 목(木)이 적은데 화(火)가 많으면 분목(焚木)이 되니 죽은 나무와 같고 허풍쟁이다.

■ 목(木)이 많은데 화(火)가 적으면 목다화식(木多火熄)이 되어 쓸모가 없다. 그러나 화운(火運)을 만나면 크게 발전한다.

■ 목(木)과 화(火)가 적당하면 동량이 된다.

3. 토(土)가 용신(用神)일 때와 기신(忌神)일 때

■ 목(木)과 토(土)가 적당하면 부귀지상을 이룬다.

■ 목(木)이 적은데 토(土)가 왕성하면 재다신약(財多身弱)이 되어 부옥빈인(富屋貧人)이 된다.

■ 목(木)이 적은데 토(土)가 많으면 무용지물이 된다.

■ 여름철 목(木)일생이 수기(水氣)가 적당하면 토재(土財)를 마음대로 다스릴 수 있으니 부명을 이룬다.

4. 금(金)이 용신(用神)일 때와 기신(忌神)일 때

■ 신왕(身旺)한데 왕성한 금관(金官)을 만나면 호명을 이룬다.

■ 목(木)이 많은데 금(金)이 약하면 추하며 빈천하다.

- 목(木)일생이 토(土)가 많으면 부옥빈인(富屋貧人)을 면하기 어렵다. 그러나 금(金)이 있으면 유용한 사람이 된다.
- 목(木)이 약한데 금(金)이 왕성하면 평생 신경통에 시달린다.
- 목(木)이 약한데 금(金)이 왕성하면 무능하며 겁이 많다.

5. 수(水)가 용신(用神)일 때와 기신(忌神)일 때

- 가을철 목(木)일생이 수(水)가 있으면 관인상생(官印相生)이 되어 인품이 고결하다.
- 목(木)일생이 수(水)가 많으면 인수(印綬)가 태과(太過)하여 고독하며 빈천하다. 어떤 사주든 인수(印綬)가 태과(太過)하면 자식이 있어도 효도와 봉양을 받기 어렵고, 늙어서 고생한다. 그리고 사주에 목(木)과 수(水)가 변변하지 못하면 시작과 끝이 모두 나쁘다.

2 병정(丙丁)일생

1. 화(火)가 용신(用神)일 때와 기신(忌神)일 때

- 신약(身弱) 사주는 길명을 이루고, 신왕(身旺) 사주는 흉명을 이룬다.
- 가을과 겨울생은 화(火)의 덕이 있으나, 봄과 여름생은 이보다는 못하다.

- 화(火)는 발현하는 기세가 있으니 신약(身弱) 사주도 화운(火運)을 만나면 기세를 자랑할 수 있다. 이때 수기(水氣)의 도움이 있으면 더욱 빛나 재관(財官)으로 명성을 얻는다.

2. 목(木)이 용신(用神)일 때와 기신(忌神)일 때

- 목화통명(木火通明)이 되면 재능과 지혜와 분별력이 있고 장수한다.
- 화(火)일생이 수(水)가 많으면 지루한 삶을 살지만 목운(木運)을 만나면 크게 발달한다.
- 화(火)일생이 목(木)이 많으면 안하무인이 된다.
- 화(火)와 목(木)이 쇠하면 빈명이고 부귀가 있어도 오래가지 못한다.
- 화(火)일생이 토(土)가 많으면 실속이 없다. 이때는 목(木)으로 토(土)를 극(剋)해야 영화가 따른다.

3. 토(土)가 용신(用神)일 때와 기신(忌神)일 때

- 화(火)가 왕성한데 토(土)가 적당하면 맹화를 멈추게 하니 인격이 높다.
- 화(火)가 왕성한데 토(土)가 적으면 왜소하며 초라하다.
- 화(火)가 적은데 토(土)가 많으면 허재허명이다.
- 화(火)와 토(土)가 왕성하면 실리가 있으나, 수운(水運)을 만나면 도로무공이다.

4. 금(金)이 용신(用神)일 때와 기신(忌神)일 때

■ 화(火)와 금(金)이 왕성하면 신왕재왕(身旺財旺)이 되어 부명을 이룬다. 또한 재생관(財生官)이 되어 내조의 공이 크고, 무관직이면 명성을 크게 떨친다.

■ 화(火)가 왕성한데 수(水)가 약하면 금(金)이 조열(燥熱)하니 아내가 천하다.

■ 화(火)와 수(水)가 강하면 평생 곤고하고 자식이 병고에 시달린다.

■ 화(火)가 약한데 금(金)만 무성하면 재다신약(財多身弱)이 되어 부옥빈인(富屋貧人)이 된다.

■ 화(火)가 약한데 수(水)가 왕성하면 평생 파란곡절이 많다.

■ 화(火)가 왕성한데 수(水)가 강하면 성질이 불과 같아 속단을 잘 한다.

■ 화수(火水)가 미제(未濟)되어 극충(剋沖)하면 시력과 심장이 강하다.

5. 수(水)가 용신(用神)일 때와 기신(忌神)일 때

■ 화(火)가 왕성한데 수(水)가 적당하면 자식이 현출하며 명리가 높다.

■ 화(火)와 수(水)가 왕성해 기제(旣濟)를 이루면 권력을 쥐고 사해에 이름을 떨친다.

■ 화(火)가 왕성한데 수(水)가 약하면 복록이 짧다.

3. 무기(戊己)일생

1. 토(土)가 용신(用神)일 때와 기신(忌神)일 때

■ 신앙에 대한 믿음이 강하며 대인관계가 원만하다.

■ 형제와 친구간에 신의와 우애심이 강하다.

■ 중후하며 편견을 갖지 않는다.

2. 목(木)이 용신(用神)일 때와 기신(忌神)일 때

■ 토(土)가 많은데 목(木)이 적당하면 일생이 평안하다.

■ 토(土)가 약한데 목(木)이 왕성하면 파란곡절이 많고 성사되는 일이 별로 없다.

■ 토(土)가 약한데 목(木)이 많으면 평생 병고에 시달린다.

■ 토(土)가 많은데 목(木)이 약하면 우둔하며 되는 일이 없다.

■ 토(土)가 강한데 수목(水木)이 많으면 평생 근심 속에 산다.

3. 화(火)가 용신(用神)일 때와 기신(忌神)일 때

■ 토(土)가 화(火)를 만나고 금수(金水)가 완전하면 재주가 있고 머리회전이 빠르다.

■ 토(土)가 약한데 금수(金水)가 많으면 재다신약(財多身弱)이 되어 일생이 곤고하다. 그러나 화(火)가 있으면 면할 수 있다.

■ 토(土)가 많으나 화(火)가 왕성하면 조토(燥土)가 두렵다. 그러나 금수(金水)가 있으면 부명을 이룬다.

4. 금(金)이 용신(用神)일 때와 기신(忌神)일 때

■ 토(土)가 왕성한데 금(金)이 적당하면 인품이 수려하다.

■ 금(金)이 토(土)보다 더 왕성하면 인품이 졸렬하다.

■ 토(土)가 화(火)와 금(金)을 적당히 만나면 시종일관하는 사람으로 신용이 좋다.

5. 수(水)가 용신(用神)일 때와 기신(忌神)일 때

■ 토(土)와 수(水)가 왕성하면 부명을 이룬다.

■ 토(土)가 강한데 수(水)가 왕성하면 부명을 이룬다.

■ 토(土)가 왕성한데 수(水)가 목(木)을 도와주면 부귀를 이룬다.

■ 토(土)가 강한데 수(水)가 극왕(極旺)하면 조상의 묘를 파묘하거나 타국에서 방황한다.

■ 토(土)가 약한데 수(水)가 토(土)를 역극(逆剋)하면 평생 위장 질환에 시달린다.

4. 경신(庚辛)일생

1. 금(金)이 용신(用神)일 때와 기신(忌神)일 때

■ 신약(身弱) 사주는 비겁운(比劫運)을 만나면 자수성가한다.

■ 금(金)이 약할 때 형제를 만난 격으로 외부의 도움을 받는다.

■ 은혜를 잊지 않는다.

2. 목(木)이 용신(用神)일 때와 기신(忌神)일 때

■ 금(金)과 목(木)이 왕성하면 부명을 이루고, 책임감이 강하다.

■ 금(金)이 약한데 목(木)이 강하면 재다신약(財多身弱)이 되어 단명하고, 남자는 공처가다.

■ 금(金)이 강한데 목(木)이 약하면 아내가 우둔하거나 여난이 많다.

■ 금목상전격(金木相戰格)을 이루면 인의가 없고 이기적이다.

3. 화(火)가 용신(用神)일 때와 기신(忌神)일 때

■ 금(金)과 화(火)가 왕성하면 부귀와 공명이 높다.

■ 금(金)이 약한데 화(火)가 왕성하면 직업이 불안정하며 심신이 허약하다.

■ 금(金)이 약한데 화(火)가 강하면 평생 의식걱정을 해야 하고, 혈액에 관한 질병과 대장질환이 따른다.

■ 금(金)이 화(火)가 없으면 제련하지 않은 쇳덩어리와 같으니 평생 큰 소리 한 번 못치고 산다.

4. 토(土)가 용신(用神)일 때와 기신(忌神)일 때

■ 여름생은 수(水)에 의한 부귀가 있고, 가을생은 목(木)에 의한 부귀가 있다.

■ 토(土)가 많으면 금실무성(金實無聲)이요, 토(土)가 강하면 빈명이다.

5. 수(水)가 용신(用神)일 때와 기신(忌神)일 때

■ 금(金)이 강한데 수(水)가 적당하면 금백수청(金白水淸) 또는 금수쌍청(金水雙淸)이라 하여 상격의 귀명을 이룬다.

■ 머리가 우수하며 인품이 청수해 만인의 모범이 된다.

■ 금(金)이 약한데 수(水)가 왕성하면 수다금침(水多金沈)이 되어 쓸모가 없고, 겨울철 금(金)일생은 금냉수한(金冷水寒)하여 생활이 곤고하다.

■ 금수(金水)가 유기(有氣)하면 총명하나 호색하는 기질이 있다.

■ 금수쌍청격(金水雙淸格)은 관(官)을 만나면 크게 발달하고, 사주에 관(官)이 있으면 길명을 이룬다.

5. 임계(壬癸)일생

1. 수(水)가 용신(用神)일 때와 기신(忌神)일 때

■ 신약(身弱) 사주는 형제나 친구에게 도움을 받으니 백만대군을 얻는 격이다.

■ 재다신약(財多身弱) 사주는 반드시 수운(水運)에서 발복해 큰 부자가 된다. 그러나 비겁(比劫)년이 지나면 식신(食神)년이 들어오니 재물을 지키는데 힘써야 한다.

2. 목(木)이 용신(用神)일 때와 기신(忌神)일 때

■ 수(水)가 왕성한데 목(木)이 적당하면 수목상생(水木相生)이
  되어 좋다. 이때는 화재(火財)가 있어야 균형을 이루어 부명을
  이룬다.

■ 화(火)는 없는데 수(水)가 왕성하고 목(木)까지 왕성하면 수목
  범류(水木泛流)라 하여 허망하다.

■ 수(水)가 약한데 목(木)이 왕성하면 물이 고갈하니 쓸모가 없
  고 소심하다.

3. 화(火)가 용신(用神)일 때와 기신(忌神)일 때

■ 수(水)가 왕성한데 목(木)이 있어 화(火)가 왕성하면 부명을
  이루며 평생 복이 많다.

■ 수화(水火)가 기제(旣濟)되면 총명하며 권위가 있다. 그러나 수
  (水)가 약한데 화(火)가 무성하면 수화(水火)가 미제(未濟)되
  어 빈명이 된다.

■ 수(水)는 왕성하나 화(火)가 없으면 성격이 어둡고 욕심이 많
  으나 욕심을 채우지 못해 불만이 많다.

4. 토(土)가 용신(用神)일 때와 기신(忌神)일 때

■ 수(水)와 토(土)가 왕성하면 수(水)가 성곽을 만난 것과 같으
  니 지위가 높다.

■ 수(水)가 약한데 토(土)가 왕성하면 우둔하다.

■ 수(水)가 약한데 토(土)가 강하면 평생 남의 뒷바라지만 하고 실속이 없다.

5. 금(金)이 용신(用神)일 때와 기신(忌神)일 때

■ 수(水)가 약한데 금(金)을 만나면 최상의 명을 이룬다. 금수(金水)가 유기(有氣)하여 쌍청(雙淸)을 만들기 때문이다.

■ 수(水)가 왕성한데 금(金)까지 왕성하면 탁수(濁水)가 되어 무용지물이 된다.

■ 겨울철 임계(壬癸)일생이 금(金)이 왕성할 때 빈곤하면 장수하고, 부유하면 단명한다.

11. 육친론(六親論)

1. 비견(比肩)

　우주의 만물은 서로 공생공유(共生共有)하는 것이 근본이다. 먹고 먹히는 먹이사슬도 서로가 공생하기 때문이며, 약한 자는 많이 낳고 강한 자는 적게 낳아 그들의 종족수 또한 비율을 똑같게 만들어 주는 것도 공유에서 비롯된 것이다.

　이런 우주의 법칙에 따라 인간도 서로 돕고 의지하며 살아간다. 여기에는 특정인의 이익을 위해서가 아니라 서로가 공생공유하기 위해서 함께 살아가는 것이다. 그래서 비견(比肩)은 사교적이며 활동적이다. 친구관계나 단체생활에서 주도적인 일을 맡는 사람이 많은 것도 모두 비견(比肩)의 성정에서 비롯된 것이다.

■ 비견(比肩)은 형제자매에 해당하며 자존심이 강하다. 투쟁 · 활

동·용기·인기·자유 등을 나타낸다. 신약(身弱)에는 길하나 신왕(身旺)에는 흉신작용을 한다.

- 양(陽)의 비견(比肩)은 명랑하며 음성이 부드럽고, 음(陰)의 비견(比肩)은 음성이 탁하다.
- 비견(比肩)이 많아도 재(財)가 없으면 형제간에 우애가 깊다.
- 비견(比肩)이 많으면 부부간에 불화하고 다른 사람과 융화하기 어렵다.
- 비견(比肩)이 희신(喜神)이면 자선심이 강하나 실속이 없다.
- 비견(比肩)은 항상 불평불만을 내재한다.
- 설기(泄氣)가 없는 비견(比肩)은 성격이 모나며 융통성이 없다.
- 비견(比肩)은 독립정신이 강해 지배받는 것을 싫어한다.
- 비견(比肩)은 반항기질이 강해 잡되기 쉽고 허황된 꿈이 많다.
- 비견(比肩)이 있는데 지나치게 허약하면 형제나 부모덕이 없다.
- 비겁(比劫)이 강하면 봉급생활이 어렵고, 사업을 하다 남에게 피해를 입히며 금전고통을 당한다.
- 비견(比肩)이 삼형(三刑)이나 충파(沖破)되면 신체에 이상이 생긴다.
- 비견(比肩)도 음비견(陰比肩)보다 양비견(陽比肩)의 작용이 더 강하다.
- 재(財)는 약한데 비견(比肩)이 왕성하면 성격이 편굴하며 인색하다.
- 비견(比肩)이 희신(喜神)이면 다른 사람의 덕을 보지만 재물에

허실이 많이 따른다.

- 비견(比肩)이 많으면 돈놀이나 금융업으로 큰 화근이 따르고, 부부궁에 고난이 많다. 결혼은 늦게 하는 것이 좋다.

- 비견(比肩)이 왕성한데 관(官)이나 식상(食傷)이 없으면 독불장군의 기질이 있다.

- 비견(比肩)에 사절(死絶)이나 묘(墓)가 있으면 형제가 일찍 죽는 경우가 있다.

- 년월(年月)에 비견(比肩)이 있으면 형이나 누나가 있다.

- 여명이 비견(比肩)이 많은데 식상(食傷)이 강하면 산액이 있다.

- 비견(比肩)이 왕성한데 인수(印綬)가 태왕(太旺)하면 아내를 잃고 굶어죽는다고 한다. 식상(食傷)이 없으면 지식이 있어도 활용할 수가 없다.

- 여명이 비견(比肩)이 많으면 색정과 부부궁에 고난이 많다.

- 여명이 비견(比肩)이나 겁재(劫財)가 강하면 독신이거나 첩이 되는 경우가 많다.

- 여명이 관(官)이 강한데 비견(比肩)이 왕성하면 남편을 무시하며 파란곡절이 많다.

- 비견(比肩)이 있어 신왕(身旺)한데 재(財)가 허약하면 평생 가난을 면하기 어렵다.

- 월지(月支)에 비견(比肩)이 있는데 신왕(身旺)하면 남의 말을 잘 듣지 않는다.

- 비견(比肩)이 칠살(七殺)과 동주(同柱)하는데 신왕(身旺)하면

관재·구설·시비 등이 많이 따른다.

■ 비견(比肩)이 희신(喜神)이면 형제나 친구의 도움으로 사업이
성공하고, 조직적인 일에 탁월한 능력을 발휘하고, 어려운 고비
마다 귀인의 도움이 있고, 인기가 많다.

戊　甲　甲　甲　　乾
辰　子　戌　戌　　命

이 사주는 비견(比肩)이 많아 왕성한 재성(財星)을 억제해 중화
를 이루니 비견(比肩)이 길신이 된다. 따라서 비견(比肩)의 도움으
로 부귀를 모두 누린다.

■ 비견(比肩)이 흉신이면 유산·부모궁·부부궁에 송사나 시비가
따른다.
■ 비견(比肩)이 흉신이면 부모형제나 친구로 인해 손재나 중상모
략이 따른다.
■ 비견(比肩)이 흉신이면 동업은 좋지 않다.
■ 신왕(身旺)한데 비견(比肩)이 흉신이면 만사에 막힘이 많고, 가
정과 재물에 풍파가 많다.
■ 비견(比肩)이 흉신이면 나쁜 친구만 모여들고, 친구로 인해 말
썽이 생긴다. 식상(食傷)이 허약하면 공부운도 박하다.

丙	壬	壬	壬	乾
午	子	子	午	命

이 사주는 재(財)인 화(火)가 용신(用神)인데 쓸모없는 비견(比肩)이 오히려 재(財)를 빼앗는 식객노릇을 하니 돈이 모일 사이가 없다. 재물과 부부궁에 곡절이 많으니 파란만장한 명이다.

2 겁재(劫財)

겁재(劫財)는 분탈(分奪)·분재(分財)·분취(分取)하는 기질이 있다. 시기하며 질투하고, 빼앗으려는 기질이 있고, 승부욕 또한 강하여 때로는 친구를 적으로 삼는 경우도 많다. 이 또한 겁재(劫財)의 특성이며 남다른 괴벽성이 있어 좀처럼 대중과 융화하기가 힘들어 고립되는 경우가 많다. 유시무종(有始無終)하며 다사불성(多事不成)하는 경우가 많고, 언행이 불일치하여 신용을 잃는 것도 겁재(劫財)의 특성이다. 그러나 이것만 자제한다면 협동정신이 뛰어나고, 리더가 되어 대장노릇을 하는 경우도 있다.

■ 겁재(劫財)는 성이 다른 형제나 이복형제, 친구 등을 뜻한다.
■ 겁재(劫財)는 정재(正財)의 칠살(七殺)이므로 정처(正妻)와 재산을 해치는 흉신이다.

- 겁재(劫財)는 재물 욕심이 많고 아내를 억압하는 신이다.

- 겁재(劫財)가 왕성한데 기신(忌神)이면 재물과 부부궁에 파란이 많고, 염세적인 경우가 많다.

- 겁재(劫財)가 왕성한데 기신(忌神)이면 관(官)을 거역하는 격이니 관재와 송사가 따르고, 옥살이를 하는 경우가 많다.

- 겁재(劫財)는 오만불손하며 투쟁과 폭력 그리고 횡재나 요행을 바라는 기질이 있고, 단순한 반면 변화가 심하다.

- 신왕(身旺)한데 겁재(劫財)와 편인(偏印)이 함께 있으면 흉사나 급사가 따르고, 건강이 나쁘며 재물복이 없다.

- 겁재(劫財)와 양인(羊刃)이 함께 있는데 흉신이면 횡액이 따르고, 가정은 적막강산이다. 재물에 풍파가 많아 떠돌면서 장사를 하는 경우가 많다.

- 겁재(劫財)와 상관(傷官)이 있는데 흉신이면 무례한이고, 시주(時柱)에 있으면 자식이 불량하거나 말썽만 피운다.

- 겁재(劫財)와 양인(羊刃), 또는 겁재(劫財)와 상관(傷官), 또는 겁재(劫財)와 편인(偏印)이 함께 있는데 흉신이면 무서운 이중 인격자가 되기 쉽다.

- 비견(比肩)이나 겁재(劫財)가 왕성한데 관(官)의 극제(剋制)가 없으면 무법자가 되기 쉽다.

- 비견(比肩)이나 겁재(劫財)가 흉신이면 다른 사람의 덕이 없고, 겁재(劫財)가 간합(干合)하여 흉신작용을 하면 바람둥이이며 말썽꾸러기다.

- 재성(財星) 위에 비견(比肩)이나 겁재(劫財)가 있는데 흉신이면 돈을 모아도 언젠가는 빈털털이가 되고, 재물에 시비와 송사가 많이 따른다.
- 비견(比肩)이나 겁재(劫財)가 흉신이면 사기꾼·서리꾼·도둑 등이 되기 쉽다.
- 비견(比肩)이나 겁재(劫財)가 기신(忌神)인데 식상(食傷)이 없거나 관(官)이 없으면 성격이 외곬로 모가 나고, 자식덕이 없으며 부부궁에 변화가 많다.
- 재(財)나 관(官)이 왕성하거나 식상(食傷)이 왕성해 비견(比肩)이나 겁재(劫財)가 길신되면 형제나 친구덕을 본다.
- 비견(比肩)과 겁재(劫財)는 작용이 비슷하나 흉신이 되면 겁재(劫財)가 더 흉하다.

| 乙 | 壬 | 癸 | 乙 | 乾 |
| 巳 | 子 | 未 | 卯 | 命 |

이 사주는 여름에 태어난 약한 임수일주(壬水日柱)다. 년(年)과 시(時)의 식상(食傷)이 왕성해 약한 수기(水氣)를 설기(泄氣)하니 병이 되었고, 염하(炎夏)에 수(水)가 허약하여 비겁(比劫)을 용신(用神)으로 삼는다. 겁재(劫財)인 계수(癸水)가 용신(用神)으로 도와주니 길신이다.

■ 남명에 정재(正財)가 허약하고 신왕(身旺)한데 행운(行運)에서 겁재(劫財)가 오면 아내를 잃거나 아내가 질병으로 고생한다. 이런 운은 손재도 따른다.

■ 겁재(劫財)가 기신(忌神)인데 행운(行運)에서 겁재(劫財)를 만나면 형제나 친구에게 배신을 당하고, 손재나 송사가 따른다.

乙　壬　壬　癸　乾

巳　申　戌　丑　命

이 사주는 수왕(水旺)하여 시(時) 을목(乙木)에 의지하는데, 년월(年月)에 비겁(比劫)이 왕성하니 수(水)가 범람해 부목(浮木)이 되었다. 비견(比肩)과 겁재(劫財) 때문에 고생하는 사주다. 일지(日支) 신금(申金)도 왕성한 임수일주(壬水日柱)를 생조(生助)하니, 생(生)하는 것이 오히려 병이 된다.

■ 비견(比肩)이나 겁재(劫財)와 관성(官星)이 동주(同柱)하면 만사에 큰 소리를 잘 친다.

■ 비겁(比劫)과 도화(桃花)가 동주(同柱)하면 주색방탕하다.

■ 비겁(比劫)이 태왕(太旺)한데 관재(官財)가 강하면 조상을 욕먹일 일만 하고, 폐인이 되거나 오만불손하며 안하무인이 많다.

■ 비겁(比劫)과 재성(財星)이 동주(同柱)하면 부모형제를 돌보지 않고, 돈을 벌기 위해서는 수단과 방법을 가리지 않는다.

- 사주에 비겁(比劫)이 있으면 눈치가 빠르며 말과 수단이 뛰어나다. 재치가 있고 영특하나 실수나 구설이 많다.

- 사주에 비겁(比劫)이 있으면 만사에 관심이 많아 빨리 알지만, 식상(食傷)이 허약하면 기억력이 좋으나 싫증을 빨리 느낀다.

- 초년에 비견(比肩)이나 겁재운(劫財運)이 오면 부모가 활동을 많이 하고, 비겁(比劫)이 흉신이면 부모와 일찍 떨어지는 경우도 있다.

- 중년에 비겁운(比劫運)이 오면 부인이 활동하는 경우가 많다.

- 말년에 비겁운(比劫運)이 오면 늦게까지 활동하고, 자식덕이 박하다.

- 비겁운(比劫運)이 오면 기술이나 맨주먹으로 돈을 버는 것이 좋고, 비겁(比劫)이 흉신인데 비겁운(比劫運)이 오면 동업이나 투자를 조심해야 한다.

- 비견(比肩)이나 겁재(劫財)가 재(財)와 동주(同柱)하면 내가 잘 살면 형제가 못 살고, 형제가 잘 살면 내가 못 산다.

- 비겁(比劫)이 용신(用神)이면 평생 자신의 노력으로 살아야 하고, 노력이 끝나면 죽는 경우도 있다. 다시 말해 용신(用神)이 쉬면 사주는 할 일이 없다는 뜻이다.

- 비겁(比劫)이 왕성한데 식상(食傷)이 허약하면 자식궁에 불평불만이 많고, 떨어져 사는 것이 좋다.

- 여명이 비견(比肩)이나 겁재(劫財)가 많으면 활동력이 강하며 인기가 많다.

■ 사주에 비견(比肩)이 있으면 주위에 항상 친구가 많고, 외부 소식을 빨리 안다.

■ 여자는 음(陰)이며 물질의 성분이니 돈의 애착이 강하다. 따라서 여명이 비견(比肩)이 있으면 돈버는 일에 머리를 많이 쓴다.

■ 여명이 비견(比肩)이 많은데 가만히 있으면 공상 때문에 질병이 생긴다.

■ 사주에 비견(比肩)이 있으면 영리한 편이나 귀가 여리고, 함부로 사업을 벌이다 모사를 당하는 경우도 많다.

■ 여자에게 재(財)는 시부모인데 비겁(比劫)이 많아 재(財)의 극(剋)이 심하면 시어머니와 뜻이 맞지 않는다.

■ 여명이 인수(印綬)가 많은데 신왕(身旺)하면 자식에게 공을 많이 들이고, 성생활로 인한 질병이나 자궁병을 조심해야 한다.

■ 년지(年支)나 월지(月支)에 비겁(比劫)이 왕성하면 덤벙거리고, 천간(天干)에 있으면 개성이 뚜렷하다.

■ 비겁(比劫)이 기신(忌神)이면 보증이나 돈놀이 또는 계모임을 삼가하는 것이 좋다.

■ 여명이 비견(比肩)과 상관(傷官)이 동주(同柱)하는데 관(官)이 허약하면 자식을 낳은 후 남편과 이혼하거나 사별한다. 이런 사주는 혼자 자식을 키우면서 사는 경우가 많다.

■ 비견(比肩)과 겁재(劫財)는 사주의 조직에 따라 길신작용을 하는 경우도 있지만 대개는 흉신작용을 많이 한다.

■ 비견(比肩)과 겁재(劫財)는 파란·바람·역마(驛馬)·방대·화

통·주색·능력·자유·언어·용기·인기·방종·오락·친우·혁신·유통·교섭 등을 나타낸다.

■ 비겁(比劫)과 관성(官星)이 동주(同柱)하면 큰 소리를 잘 친다.

■ 비겁(比劫)과 도화(桃花)가 동주(同柱)하면 주색방탕을 즐긴다.

■ 비겁(比劫)이 태왕(太旺)한데 약한 관살(官殺)이 동주(同柱)하면 꿈이 허황돼 작은 일은 하지 않으려 하고, 과욕으로 조상을 욕먹이며 폐인이 되는 경우가 있다.

■ 말년에 비겁운(比劫運)이 오면 늙어서도 사회활동을 해야 한다. 그렇지 않으면 가난하며 자식덕이 박하다.

■ 비견(比肩)이나 겁재운(劫財運)에는 친구의 말대로 움직이는 경우가 많다. 만일 희신(喜神)이면 대성하나 흉신이면 망신과 시비만 따른다.

■ 비겁(比劫)이 희신(喜神)이면 동업으로 일확천금하는 경우도 있고, 비겁운(比劫運)이 오면 돈걱정이나 직장변동 등이 생긴다. 또 부모형제나 주위사람에게 신경쓸 일이 생긴다.

■ 비견(比肩)보다 겁재(劫財)의 작용이 더 강하고, 사주의 음양(陰陽)에 따라 차이는 있으나 비교적 흉신으로 작용하는 경우가 더 많다.

■ 여명이 비겁운(比劫運)이 오면 시집 걱정이 생기고, 재왕(財旺)한데 재운(財運)이 또 오면 친정 걱정이 생긴다.

■ 년(年)에 비겁(比劫)이 있는데 길신이면 부모가 자수성가한 사람이고, 흉신이면 이복형제가 있거나 아버지가 외도를 많이 하

거나 일찍 생리사별한다.

- 겁재(劫財)가 많아 국(局)을 이루면 형제간에 항상 불목한다. 여기에 재(財)까지 있으면 형제간에 싸움이 끊이지 않고, 질투와 시기하는 집안이며, 다른 사람의 비방을 잘 하고, 자애로운 마음이 없다. 여기에 양인(羊刃)까지 있으면 겉으로는 온순한 것 같으나 속으로는 독이 있다.

- 사주에 겁재(劫財)와 양인(羊刃)이 많으면 겉으로는 선량하며 중후한 것 같으나, 가난하고 천박하며 매사에 성의가 없고 공짜를 좋아한다.

- 사주에 양인(羊刃)과 겁재(劫財)와 상관(傷官)이 많으면 사교력이 부족해 친구가 없고 고독하다.

- 겁재(劫財)와 양인(羊刃)과 편관(偏官)이 중중하여 신태왕(身太旺)하면 음흉하고 폭악하며 사통을 즐기고 수치를 모르며 위아래를 모른다. 자기 것만 아까운 줄 알고, 은혜를 모른다.

- 겁재(劫財)와 양인(羊刃)은 억세며 무지한 형제와 같아 싸움에서 물러서는 법이 없다. 고집이 발동하면 때려부셔야 직성이 풀리고, 피를 보아야 속이 후련해진다. 여자는 남편이 없고, 남자는 자식이 없다.

3. 식신(食神)

어떤 일을 할 때 능동적이냐 수동적이냐에 따라 결과는 다르다. 식신(食神)은 먹고 살기 위한 인간본능의 삶과 같이 내가 먹고 살기 위해 본능적으로 일을 하는 발기작용이다.

또한 농부가 가을의 풍요로움을 기약하면서 봄에 씨를 뿌리고 가꾸는 것처럼, 내가 스스로 움직여 의식주 자원을 마련하듯이 생산성을 뜻하는 것이 식신(食神)이다. 남자는 일을 하고 생산하는 것이 식신(食神)이요, 여자는 자식을 생산하는 것이 식신(食神)인데 남녀 모두에게 공통점이 있다면 생산적 번식과 계승적 발전이라는 것이다. 지극히 순수하고 낙천적인 번식과 발전이므로 식신(食神)의 성정 또한 부드럽기 이를 데 없다. 호식가 또는 호색가라는 별명이 붙은 것도 이런 낙천적인 성격에서 비롯된 것이다.

생산적인 의욕, 창조와 발전, 자애와 관용, 희열과 낙천, 풍요와 낭만, 이처럼 굴곡없는 삶의 질로 살아가려는 경향이 있기에 식신(食神)을 좋아하는 것이다. 식신(食神)을 자연에서 찾아보면 빛 · 공기 · 물 · 불 · 산소 · 흙 · 나무 등을 꼽을 수 있는데 이것은 모두 정신적 자원이 아닌 실물적 자원이다. 특히 식신(食神)은 도적의 무리와 같은 칠살(七殺)을 막아주는데 절대적으로 필요한 공신과 같아, 나의 목숨을 보호해주는 신(神), 즉 수성(壽星)이라고도 한다.

■ 식신(食神)과 상관(傷官)은 자신의 힘이 작용한 것으로 발전의

별 또는 노력의 별이라고도 한다.

■ 식신(食神)은 남자에게는 장인·장모·조카·손자 등을 의미하고, 여자에게는 자식·손자·친정 조카 등을 의미한다.

■ 신왕(身旺) 사주는 식신(食神)이 자기 기운으로 이익을 만드는 격이니 길신작용을 하고, 신약(身弱) 사주는 기운을 빼는 것이 질병을 가져오고 수명을 단축시키니 흉신작용을 한다.

■ 신왕(身旺) 사주는 식신(食神)을 식록의 별이라 하여 명예와 의식주가 풍족하고, 낙천적이며 불평불만이 없다. 식신(食神)이 재(財)를 생(生)하면 가정이 다복하며 큰 변화나 흉조가 발생하지 않고 신체도 건강하다.

■ 식신(食神)이 희신(喜神)이면 성격이 원만해 만인의 존경을 받고 조상의 업을 받을 수 있다.

■ 신약(身弱)한데 식신(食神)의 설기(泄氣)가 심하면 조실부모하고 망한 집안의 후손이다.

■ 신약(身弱)한데 식신(食神)이 왕성하면 악처를 만나고, 자식에게 놀림감이 되며, 현실에 너무 어둡다.

■ 식신(食神)은 두뇌나 생각의 표출된 현실의 결과와 같다.

■ 식신(食神)에 편인(偏印)이 동주(同柱)하거나 편인(偏印)의 극제(剋制)가 심하면 머리가 잘 돌아가지 않고, 생각과 능력을 발휘할 수 없다.

■ 식신(食神)이 편인(偏印)의 극제(剋制)를 받으면 도식(倒食)이라 하여 빈천하다.

■ 식신(食神)과 편인(偏印)이 동주(同柱)하는데 제극(制剋)이 심하면 단명하거나 질병이 따르고, 고생이 심하며 항상 마음이 불안하다.

■ 신약(身弱)한데 식신(食神)이나 상관(傷官)이 병이 되면 인수(印綬)가 오히려 희신(喜神) 작용을 한다.

■ 식신(食神)이 심하게 극(剋)되면 초년에 젖이 부족하고, 자신이 태어날 때 어머니에게 산고가 많았다.

| 庚 | 甲 | 癸 | 丙 | 坤 |
| 午 | 辰 | 巳 | 戌 | 命 |

여름의 거목이 물이 필요할 때다. 년(年)의 병화(丙火) 식신(食神)이 사화(巳火)에 녹(祿)이 되어 설기(泄氣)가 심하니 오히려 병이 되었다. 허약한 환자가 피를 빼앗기는 것과 같으니 식신(食神) 병화(丙火)가 우환덩어리다.

| 丙 | 甲 | 乙 | 癸 | 乾 |
| 寅 | 午 | 卯 | 丑 | 命 |

이 사주는 갑목(甲木)이 봄에 득령(得令)하여 뿌리가 왕성하다. 신왕(身旺)하니 시(時) 병화(丙火)의 설기(泄氣)가 기쁘다. 능력을 마음껏 발휘해 꽃을 피우니 사주가 중화되어 귀명을 이룬다.

- 신왕(身旺) 사주가 식신(食神)이 왕성하면 스스로 소득이 생기는 것과 같고, 아름다움과 가무를 즐기며 색정에 빠지기 쉬운 결점이 있다. 비견(比肩)을 만나면 특성이 더 강하고, 인수(印綬)를 만나면 자제할 줄 안다.

- 신약(身弱) 사주가 식신(食神)이 너무 많으면 색을 좋아하거나 창녀나 과부가 되는 경우도 있다. 특히 양(陽)일생 여자는 창녀가 되기 쉽고, 음(陰)일생은 기생이나 첩이나 종이 되기 쉽다.

- 식신(食神)이 왕성한데 정편관(正偏官)이 허약하면 자식이 불량하고, 허약해 질병이 따른다.

- 신왕(身旺) 사주가 왕성한 식신(食神)과 정관(正官)이 하나씩 있으면 부귀공명을 이룬다. 그러나 식신(食神)과 정관(正官)이 합(合)되지 않아야 한다. 만일 합(合)되어 기신(忌神)이 되면 호색가나 방탕의 기질이 있다.

- 신왕(身旺) 사주가 식신(食神)이 왕성하면 음식솜씨가 있고, 명랑하며 미식가가 많다.

- 식신(食神)이 약한데 편인(偏印)이 왕성하면 편식하며 위가 적은 편이고 신체가 왜소하며 식복이 작다.

- 여명이 편인(偏印)이 식신(食神)을 심하게 극(剋)하면 산액이 따르고, 젖이 부족하며 유방이 짝짝이다.

- 시(時)의 편인(偏印)이 식신(食神)을 심하게 극(剋)하면 노후에 의식걱정이 따르고, 음식물 중독이 따르거나 굶어죽는다.

- 여명이 신왕(身旺) 사주이고 식신(食神)이 왕성한데 관(官)과

인수(印綬)의 극(剋)이 없으면 자식이 크게 발전한다.

■ 식신(食神)이 유기(有氣)하면 재(財)나 관(官)이 있는 것보다
더 좋다.

戊　　戊　　庚　　庚　　　乾
午　　辰　　辰　　寅　　　命

이 사주는 오화(午火) 인성(印星)이 나를 생(生)하고, 무토(戊土)
가 뿌리가 있어 왕성한데 식신(食神 : 庚·庚)이 설기(泄氣)하니
좋다. 일찍 관에 진출해 30여년 동안 제상을 지낸 사람으로 격국
(格局)이 조화롭다.

■ 식신(食神)이 형충(刑沖)이나 극(剋)을 받으면 어릴 때 어머니
젖이 부족하거나 나 이별할 수도 있다. 여자는 자식이 불효하거
나 자식을 극(剋)한다.

■ 비견(比肩)과 식신(食神)이 왕성해 희신(喜神)이 되면 양자로
가거나 남의 상속을 받는다.

■ 식신(食神)과 비겁(比劫)이 같이 있거나 편인(偏印)이나 편관
(偏官)이 함께 있으면 좋은 일보다 나쁜 일이 더 많이 따른다.

■ 신왕(身旺) 사주가 식신(食神)과 재(財)가 있으면 남자는 여자
의 사랑을 받고, 여자는 특출한 자녀나 효자를 둔다.

■ 식신(食神)이 충(沖)이나 극제(剋制)를 받지 않고 용신(用神)

이 되면 도량이 넓고 정신이 건전하다. 그러나 충(沖)이나 극제(剋制)가 심하면 입이 짧고 왜소하며 사리에 어둡고 무능하다.

■ 목일주(木日柱)가 화(火) 식신(食神)이 있으면 총명하며 박학다식하다.

■ 화일주(火日柱)가 토(土) 식신(食神)이 있으면 방정하다.

■ 토일주(土日柱)가 금(金) 식신(食神)이 있으면 재물에 대한 집착이 강하고, 문장이 뛰어나며, 가무를 즐기고, 예능방면에 소질이 있다.

■ 금일주(金日柱)가 수(水) 식신(食神)이 있으면 박학박식하며 다재다능하다.

■ 수일주(水日柱)가 목(木) 식신(食神)이 있으면 명랑하며 인물이 준수하고 문장이 뛰어나다.

■ 식신(食神)이 공망(空亡)되면 의식이 부족하며 한직에 머문다.

■ 식신(食神)이 역마살(驛馬殺)에 해당하면 자수성가한다.

■ 식신격(食神格)인데 재(財)가 유근(有根)하면 금융기관·경리·국제무역·기술 등과 관계있다.

■ 식신격(食神格) 사주가 관살(官殺)이 있으면 의사나 역술업 등과 인연이 많다. 특히 화개(華蓋)와 함께 있으면 더욱더 작용이 강하고, 종교·수도생활·봉사·활인업 등과 인연이 깊다.

■ 식신격(食神格) 사주가 녹마(祿馬)가 왕성하면 군인·법관·감사기관 등과 인연이 많다.

■ 여명이 신왕(身旺)한데 식신(食神)이 왕성하면 색정으로 가정

을 지키기 어렵다. 그러나 인수(印綬)가 있으면 면할 수 있다.

■ 남명이 식신(食神)이 왕성한데 정편관(正偏官)이 허약하면 자식을 두기 어렵고, 설사 있어도 힘이 되지 않는다.

■ 식신격(食神格) 사주가 재성(財星)을 만나면 수기(秀氣)가 유통되니 대부대귀격을 이룬다. 그러나 재성(財星)을 만나지 못하면 노력에 비해 결실이 작다.

■ 남명 식신격(食神格)이 정편인(正偏印)이 왕성해 식상(食傷)을 심하게 극(剋)하는데, 재(財)가 인수(印綬)를 극(剋)하여 식신(食神)을 구하면 아내덕을 본다.

■ 신약(身弱) 사주가 식신격(食神格)에 정편관(正偏官)이 왕성해 흉신이 되더라도 식신(食神)이 흉신을 제거하면 설기(泄氣)로 보지 않고 길한 약신(藥神)으로 본다.

■ 식신(食神)이 용신(用神)인데 상관(傷官)과 같이 있으면 생각이 두 갈래로 나뉘어진 격이니 이중인격자가 되기 쉽다.

■ 식신격(食神格)은 일간(日干)이 강해야 한다. 형충파해(刑沖破害)나 합(合)이나 극(剋)이 심하면 작용하지 못하니 흉하다.

■ 식신(食神)은 길신이나 신약(身弱) 사주에 많으면 오히려 병이 된다. 이때는 인수(印綬)로 식신(食神)을 눌러주고, 관(官)으로 인수(印綬)를 생(生)하여 중화되면 현달할 수 있다.

■ 식신(食神)이 있어도 재성(財星)이 너무 왕성하면 능력을 발휘하지 못한다. 이때는 비견(比肩)이나 겁재(劫財)가 재(財)를 극제(剋制)하면 길신이 된다.

- 신왕(身旺) 사주가 식신(食神)이 왕성하면 배운 것을 충분히 발휘하고, 신약(身弱) 사주가 식신(食神)이 너무 왕성하면 거짓말과 과장된 말을 많이 한다.

- 신왕(身旺) 사주가 식신(食神)이 약하면 말글을 배워도 됫글도 못 써먹고, 식신(食神)이 없으면 조급하며 단순하다.

- 신약(身弱) 사주가 식신(食神)이 없으면 우둔하며 생각이 없고 지도력이 없다.

- 식신(食神)이나 상관(傷官)은 자궁과 생식기를 의미하므로 식신(食神)이 없고 신약(身弱)하면 부부간에 성생활이 원만하지 못하다.

- 식신(食神)이나 상관(傷官)이 없으면 애정표현이 둔해 사랑을 받기 어렵다.

- 식신격(食神格) 사주는 관살(官殺)이 없는 것이 좋다. 그렇지 않으면 식신(食神)이나 상관(傷官)으로 눌러주어야 귀명을 이룬다. 정관(正官)도 위치에 따라 극제(剋制)받지 않고 조화를 이루면 귀명이 된다.

- 식신(食神)이 정관(正官)과 간합(干合)하여 길신이 되면 좋으나 흉신이 되면 흉하다.

- 일(日)이나 시(時)의 식신(食神)이 건왕(健旺)하며 희신(喜神)이 되면 장수하고, 시지(時支)의 정관(正官)이나 편인(偏印)이 제극(制剋)되지 않으면 단명하거나 노후에 질병이 따른다.

- 신왕(身旺) 사주가 식신(食神)이 왕성하면 다재다능하며 건강

하다. 그러나 여명이 신왕(身旺) 사주인데 식신(食神)이나 상관(傷官)이 강하거나 식상(食傷)이 있어도 편인(偏印)의 극(剋)이 심하면 산고가 많고, 인수방(印綬方)이나 관살방(官殺方)으로 흐르면 자식을 낳아도 키우기 힘들고 자식덕이 없다.

■ 식신(食神)과 관살(官殺)이 동주(同柱)하거나 식신(食神)과 정편인(正偏印)이 동주(同柱)하면 생활이나 마음이 불안하고, 건강이 나쁘며 인격이 비열해 천한 직업에 종사한다.

■ 신왕(身旺) 사주가 식신(食神)이 왕성하면 경호원이 있는 것과 같으니, 관살(官殺)이 있어도 제거하고 재(財)가 있어도 나의 소유물로 만들 수 있다.

■ 사주에 식신(食神)과 상관(傷官)이 많으면 수술을 받거나 몸에 흉터가 있다.

■ 신약(身弱) 사주가 식신(食神)이나 재(財)가 왕성하면 아내에게 눌려 살거나 자식에게 희롱을 당한다.

■ 식신(食神)이나 상관(傷官)이 용신(用神)이면 총명하나 색을 좋아한다. 왕성한 본신을 설기(泄氣)하고, 머리의 정기를 뿜어내기 때문이다.

■ 식신격(食神格) 사주가 재성(財星)이 없는데 편관(偏官)이나 인수(印綬)가 희신(喜神)이 되어 식신(食神)이 상하지 않으면 권위와 인격이 있고 부귀를 겸한다.

■ 신왕(身旺) 사주가 식신(食神)이 허약하거나 암장(暗藏)되면 기술자나 장사꾼의 사주다.

■ 남명이 일(日)과 시(時)의 식신(食神)이 용신(用神)이며 왕성하면 아내와 자식복이 좋고, 건강하게 장수하고, 말년복이 좋다.

■ 식신(食神)이 용신(用神)인데 시(時)나 일지(日支)의 편관(偏官)이나 편인(偏印)이 왕성하면 부부간에 성격이 맞지 않고, 질병이 있거나 공방수가 따른다.

■ 여명이 식신(食神)이나 상관(傷官)이 길신에 해당하면 음식솜씨가 좋다.

■ 신왕(身旺) 사주가 식신(食神)이 왕성한데 재성(財星)이 없으면 재성운(財星運)에 재운(財運)이 발복한다.

■ 신약(身弱) 사주가 식신(食神)이나 상관(傷官)이 왕성하면 상관(傷官)이나 식신운(食神運)을 만나면 각종 재난이 따른다.

■ 신약(身弱) 사주가 식신격(食神格)인데 관살(官殺)이 많으면 인수(印綬)나 비겁운(比劫運)에 발복하고, 재성(財星)과 관살운(官殺運)은 흉하다. 사주에서 체(體)와 용(用)의 균형이 맞는 것을 조화라고 하는데, 만일 조화되지 않으면 재난이 발생하거나 죽는 경우가 있다.

■ 식신(食神)이 일주(日柱)보다 약하면 상관운(傷官運)도 희신(喜神)이 되나, 그렇지 않은데 상관운(傷官運)이 오면 격이 탁해지니 기신운(忌神運)이 된다. 이런 사주는 남자는 자식으로 인한 애로가 있고, 여자는 남편궁에 생리사별이나 고통이 따른다. 그러나 인수(印綬)가 유기(有氣)하면 면할 수 있다.

■ 식신(食神)이 용신(用神)인데 용신운(用神運)이 오면 승진·출

산·건강·재물 등이 원하는 대로 이루어진다.

■ 식신(食神)이 흉신인데 식신운(食神運)이 오면 만사가 침체되고, 건강이 나쁘며 소송이나 액이 따른다.

■ 식신(食神)이 중화되면 부드러움과 덕을 갖추고 만사형통한다.

■ 식신(食神)은 작성(爵星)·수성(壽星)·경양성(敬養神)이라고도 한다. 식신(食神)은 칠살(七殺) 편관(偏官)을 제(制)하여 아신(我身)을 보호하기 때문에 수명을 지키는 신이라 하고, 편재(偏財)를 상생(相生)하며 효행하니 경양(敬養)의 신이라고 하는 것이다.

■ 신왕(身旺) 사주가 식신(食神)이 유기(有氣)하면 대부대귀하다.

■ 신왕(身旺)하고 식신(食神)이 유근(有根)하면 이론적이며 만인의 존경을 받고, 신약(身弱) 사주가 식신(食神)이 많으면 정신이 탁하며 행동이 비천하다.

■ 신약(身弱) 사주가 식신격(食神格)인데 인수(印綬)가 없으면 속성속패한다.

■ 인수(印綬)는 어머니의 자리니 자신의 생기처다. 따라서 식신(食神)이나 상관(傷官)이 태왕(太旺)하면 인수(印綬)가 무력해 어릴 때 가난하거나 부모와 떨어져서 자란다.

■ 식신운(食神運)이 왕성하면 아내(財)의 인수운(印綬運 : 문서)이므로 아내의 명의로 문서를 잡으면 좋다. 단 재(財)가 용신(用神)이어야 한다.

■ 식신(食神)이 있으면 미남미녀인 경우가 많고, 식신운(食神運)

을 만나면 애인이 많다. 상관(傷官)도 미인이 많으나 성격이 모나서 애인을 오래 사귀면 반드시 파란곡절이 따른다.

■ 여명이 신왕(身旺) 사주인데 식신(食神)이 용신(用神)이면 자식을 많이 두며 자손덕이 있다.

■ 식신(食神)이 태왕(太旺)하면 부모와의 인연이 약해 떨어져 살지 않으면 서로 고난이 많다.

■ 신강(身强) 사주가 식신(食神)은 강하고 재(財)는 약한데 인수(印綬)가 왕성하면 자신이 크면서 집안이 망한다. 식신생재(食神生財)가 되지 않았기 때문이다.

■ 식신(食神)이나 상관(傷官)이 약한데 인수(印綬)가 태왕(太旺)하면 부모의 극성으로 자식을 나쁘게 만든다. 남자는 어머니와 아내의 갈등이 많고, 여자는 친정부모의 간섭 때문에 가정이 온전하기 어렵다.

戊　辛　壬　戊　　坤
子　丑　戌　戌　　命

이 사주는 여명으로 인수(印綬)가 태왕(太旺)하다. 부모의 극성 때문에 유학도 못 가고 시집도 못 갔다. 인수(印綬)가 병이 되어 자기 뜻대로 할 수 없는 사주가 된 것이다.

■ 식신(食神)이 왕성하면 성장환경이 나쁘다.

■ 식신(食神)이 관(官)과 합(合)하여 희신(喜神)이 되면 정신은 건전하나 몸이 뚱뚱하다.

4. 상관(傷官)

  식신(食神)을 직접적인 생산이라고 한다면 상관(傷官)은 간접적인 생산에 비유할 수 있다. 집을 짓기 위해 건축기술을 배우는 과정이 상관(傷官)이요, 집의 구조를 설계하는 과정이 상관(傷官)이다. 이때 배우고 설계하려면 정신적인 소모가 대단한데 이를 탈기(脫氣) 또는 무형적 투자라고 한다. 따라서 상관성(傷官星)이 발달한 사람은 간접재를 취하려는 성향이 있어 종교·서예·문학·연구·교육 등에 종사하는 사람이 많다.

  또한 식신(食神)이 정도(正道) 또는 정법(正法)이라면 상관(傷官)은 편도(偏道) 또는 편법(偏法)의 기질이 있다. 정법(正法)의 대표적인 정관(正官)을 천적으로 삼아 극(剋)하는 것도 상관(傷官)만의 특권이니 상관(傷官)의 위력을 짐작할만하다.

■ 상관(傷官)은 관성(官星)을 상하게 하기 때문에 상관(傷官)이라 한다. 식신(食神)과 같이 머리를 설기(泄氣)하는 별이니 머리가 총명하며 뛰어나나 남을 무시하며 남의 말을 잘 듣지 않는 기질이 있다.

- 사주에 상관(傷官)이 있으면 총명하여 사랑을 받으나, 윗사람을 무시하는 기질이 있어 어려서는 부모와 선생님의 말을 잘 듣지 않고, 사회에 나와서는 상관을 극한다. 성격이 괴팍하며 모가 나고, 규칙과 규범에 얽매이는 것을 싫어하니 독불장군이 되는 경우가 많다.

- 상관(傷官)이 왕성하면 구속받지 않는 자유로운 직업이나 독자적인 사업이 적합하다.

- 상관(傷官)은 인정은 많으나 자유분방하다. 머리만 믿고 지나치게 행동하다 형벌을 받거나 참혹한 일을 당하는 경우가 많다. 특히 겁재(劫財)·양인(羊刃)과 같이 있으면 조상에게 누를 끼치며 참수형을 당하는 경우도 있다.

- 상관(傷官)이 왕성하면 인성(印星)으로 눌러주어야 한다. 그렇지 않으면 항상 불평불만이 많고 외롭다.

- 어릴 때 상관(傷官)이 왕성하면 조실부모한다. 잘 살던 집안도 망하며 조상을 욕되게 한다.

- 상관(傷官)이 왕성하면 너무 감정적이니 수양과 교양을 기르는 일에 힘써야 한다.

- 신강(身强) 사주가 상관(傷官)이 있으면 영특하다. 아이디어·예술·연구·참모·교육·지도 등과 관계 있는 일이 좋다.

- 식상(食傷)이 왕성하면 남자는 자식을 극(剋)하고, 여자는 남편을 극(剋)한다. 특히 여자는 남편과 고난이 심하니 후실로 가는 것이 좋다.

■ 식상(食傷)이 왕성하면 인물은 좋으나 기복이 많다. 이때 인성 (印星)이 상관(傷官)을 제지하면 좋다. 그러나 비견(比肩)이나 겁재(劫財)가 있으면 상관(傷官)이 더 왕성해지니 흉하다.

■ 상관(傷官)이 왕성하면 교통사고·흉터·수술 등이 따른다.

辛　辛　壬　戊　　坤
卯　亥　戌　午　　命

　이 사주는 월(月)에 상관(傷官)이 있고, 일지(日支) 해수(亥水)가 뿌리이고, 시(時) 신금(辛金)이 생수(生水)하니 상관(傷官)의 작용이 강하다. 두 번이나 이혼한 사주다.

■ 상관(傷官)은 조모나 외조부를 뜻한다. 남자에게는 첩의 어머니를 의미하고, 여자에게는 자식을 의미한다.

■ 일주(日柱)가 왕성한데 상관(傷官)이 용신(用神)이면 감수성이 예민하고 예술감각이 뛰어나며 특출한 학문이나 연구로 명성을 얻는다.

■ 사주에 상관(傷官)이 있는데 정관(正官)이나 인수(印綬)가 없으면 관골(觀骨)이 높고 눈썹이 거칠며 눈빛이 예리하다. 예능 방면에 재능이 있으나 안하무인이다.

■ 사주에 상관(傷官)과 겁재(劫財)가 많으면 재산 때문에 결혼을 하기도 한다.

- 사주에 상관(傷官)이 왕성한데 인수(印綬)가 없으면 욕심이 많고, 재(財)가 없으면 잔재주는 많으나 빈천하다.

- 상관격(傷官格) 사주는 강자에게는 강하고, 약자에게는 약한 기질이 있다.

- 상관(傷官)은 불의를 보면 참지 못하며 비밀이 없다.

- 상관(傷官)은 허영과 사치를 좋아하나 선견지명과 승부욕도 대단하다.

- 신왕(身旺) 사주가 상관(傷官)이 왕성한데 제극(制剋)하는 인성(印星)이 없고, 상관(傷官)이 양인(羊刃)과 함께 있으면 허영과 욕망이 많고, 간사하며 계략이 능숙하다.

- 목화상관격(木火傷官格)은 총명해 문학이나 문장이 뛰어나다.

- 화토상관격(火土傷官格)은 학식은 있으나 자신을 과장되게 평가하는 기질이 있다.

- 토금상관격(土金傷官格)은 재능과 지혜가 뛰어나며 인정이 많다.

- 금수상관격(金水傷官格)은 박학다능하며 지혜가 청수하다.

- 수목상관격(水木傷官格)은 다재다능하나 질투심이 강하다.

- 신강(身强) 사주가 상관(傷官)이 왕성한데 제화(制化)되지 않으면 종교계나 예술계로 많이 나가고, 재(財)로 왕성한 상관(傷官)을 중화시키면 큰 사업가로 출세한다.

- 여명이 상관격(傷官格)인데 정관운(正官運)이 오면 남편이 죽거나 남편의 신상에 큰 흉조가 따른다.

- 신왕(身旺) 사주가 상관(傷官)이 왕성하면 재성(財星)이 있어야 복록이 따르고, 신약(身弱) 사주는 인성(印星)으로 제화(制化)시켜야 길명이 된다. 그러나 이때 재(財)가 인수(印綬)를 극(剋)하면 차려논 밥상을 엎는 격이 된다.

- 상관(傷官)이 흉신이면 합(合)하여 작용하지 못하게 해야 좋고, 상관(傷官)이 왕성하면 일간(日干)이 왕성해야 상관(傷官)의 능력을 최대한 발휘할 수 있다.

- 신왕(身旺) 사주가 상관(傷官)이 강한데 인수운(印綬運)이 오면 대흉하다. 그러나 식상운(食傷運)이 오면 크게 발전한다.

- 신왕(身旺) 사주가 상관(傷官)이 왕성하면 관성(官星)이 없고 중화되면 명리를 이룬다.

- 금수상관격(金水傷官格)이면 관(官)인 화(火)를 반기고, 목화상관격(木火傷官格)도 관(官)인 금(金)을 만나면 기물을 이루니 좋다. 그러나 다른 상관격(傷官格)은 관(官)이 있으면 흉하다.

- 토금상관격(土金傷官格)은 진상관격(眞傷官格)이 좋고, 수목상관격(水木傷官格)은 재성(財星)을 보는 것이 좋다. 화토상관격(火土傷官格)은 인성(印星)인 목(木)을 쓰는 경우도 있지만, 조후(調候)가 필요할 때는 재성(財星)인 금(金)과 관(官)인 수(水)를 반긴다.

- 편관(偏官)이 일간(日干)을 심하게 극(剋)할 때는 상관(傷官)으로 편관(偏官)을 제거하면 일주(日柱)를 보호하니 길하다.

- 병일주(丙日柱)가 기토(己土) 상관(傷官)이 있으면 상하간에

불화가 잦고 대범하지 못하며 편협하다.

- 신금일주(辛金日柱)가 상관(傷官)이 있는데 조후(調候)가 안 되거나 토(土)가 없으면 가정이 불안하며 매사 안정감이 없다.

- 임수일주(壬水日柱)나 계수일주(癸水日柱)가 상관(傷官)이 왕 성하면 영특하나, 어릴 때 죽을 고비를 넘기거나 집안에 풍파가 따른다.

- 경금일주(庚金日柱)가 상관(傷官)이 왕성하면 질병이 따르거나 가정에 풍파가 심하며 재물에 고난이 많다. 그러나 토(土)로 상 관(傷官)을 다스리면 발복할 수 있다.

- 상관패인격(傷官佩印格)이 재성(財星)이 있으면 파격(破格)되 고, 왕성한 상관운(傷官運)을 만나면 고질병이 생기거나 생명이 위태롭다.

- 일간(日干)이 너무 허약하여 전 국(局)이 상관(傷官)이면 종아 격(從兒格)이 되어 상관(傷官)을 따라가 상관왕운(傷官旺運)에 발복한다. 그러나 남자는 자식문제로 걱정이 많고, 여자는 남편 문제로 애로가 따른다.

- 상관격(傷官格)은 극과 극을 달리므로 벼락출세를 하거나 갑자 기 좌천되어 고생하기도 한다.

- 가상관격(假傷官格)이 인성운(印星運)이 오면 각종 질병에 걸 리거나 재물을 패한다.

- 상관(傷官)이 희신(喜神)이면 예능·연구·개발 등에서 남다른 명망을 얻는다.

■ 상관(傷官)이 있는데 상관운(傷官運)을 만나면 혼인·출산·희망 등이 이루어진다.

■ 상관(傷官)이 기신(忌神)이면 매사에 구설·시비·송사·손재·건강악화·수술 등이 따른다. 직장인은 사표를 쓰거나 파직이나 좌천되기도 한다.

■ 상관(傷官)이 왕성한데 상관(傷官)이 다시 왕성하게 들어오면 질병이 생기거나 큰 재난이 일어난다.

■ 대운(大運)은 상관운(傷官運)인데 년운(年運)이 관운(官運)이거나, 대운(大運)이 관운(官運)인데 세운(歲運)이 상관운(傷官運)이면 액난이 생기거나 손재나 구설이 따른다.

■ 상관(傷官)이 기신(忌神)인데 상관운(傷官運)이 오면 학생은 학업이 중단되거나 가출하고, 질병으로 학업을 중단한다.

■ 상관(傷官)은 인정과 눈물이 많고 고집이 강하다. 매사가 노력과 투쟁으로 이루어지니 식신(食神)보다 강하다. 항상 불평불만이 많고 가난하며 공상이 많다.

■ 상관격(傷官格)이 왕성한데 맑고 깨끗하면 충신·열사·열녀·순교자·혁명가 등이 나온다.

■ 여명이 식신(食神)이나 상관(傷官)이 왕성한데 관(官)이 있으면 고난이 많다. 자식을 낳은 후 남편과 생리사별한다. 자식과 남편 중 한 쪽을 버려야 한다. 남명도 직장과 인연이 없고 자유업을 갖는다.

■ 인수(印綬)가 희신(喜神)인데 상관(傷官)이 왕성해 파인(破印)

되면 정신이상·변태행동·괴질·불구·단명 등이 따른다.

■ 상관(傷官)은 투쟁의 별 또는 노력의 별이니 불로소득은 바라지 않는 것이 좋다. 월지(月支)에 있는 상관(傷官)이 가장 강하게 작용한다.

■ 식신(食神)이나 상관(傷官)이 기신(忌神)인데 인수(印綬)로 다스리지 못하면 머리를 나쁜 곳에만 쓴다.

■ 왕성한 식상(食傷)이 관(官)을 극(剋)하면 조상궁을 극(剋)하는 것이니 조상을 욕되게 한다. 여자는 남편과 이혼하거나 말썽이 일어나고, 남자는 관재나 송사가 따르거나 자손이 속썩인다.

■ 중년에 식상운(食傷運)이 오면 활동할 때니 무방하나, 말년에 오면 늙어도 활동해야 하니 자식덕이 없고 고달프다.

■ 식상(食傷)은 아내의 인수운(印綬運)이니 아내가 활동해 내조한다.

戊　乙　丙　己　　乾
寅　亥　子　丑　　命

　이 사주는 월(月) 상관(傷官)이 시지(時支) 인목(寅木)에 뿌리를 내리고, 시(時) 무토(戊土)가 제습(除濕)한다. 초년에 고학으로 서울대학을 졸업한 후 결혼하면서 차차 안정되었다. 부모와 형제덕은 없으나 말년으로 갈수록 좋아져 재물복이 있다. 알뜰하고 성실한 성격이다.

癸　壬　乙　甲　　坤
卯　寅　亥　戌　　命

이 사주는 남편이 직장을 다니다 교통사고로 폐인처럼 되었다. 자식 때문에 자기가 활동하면서 불평불만 속에 살아가고 있다. 재물복도 약하고, 수목상관격(水木傷官格)으로 남편복이 적은 편이다.

壬　丁　乙　己　　坤
寅　巳　亥　亥　　命

이 사주는 년(年)에 식신(食神)이 있으나 월(月) 편인(偏印)이 왕성해 식신(食神)의 극(剋)이 심하다. 어머니 말을 듣고 자식을 두고 재가한 사주다.

■ 식신(食神)이나 상관(傷官)이 용신(用神)인데 관운(官運)이 왕성하게 들어오면 남편이 죽거나 외도한다.

■ 식상(食傷)은 생식기와 행동을 의미하고, 관(官)은 영광과 즐거움을 의미한다. 상관(傷官)이 관(官) 위나 아래에 있으면 성적인 쾌락을 즐기는 형이다. 궁합을 볼 때는 오행(五行)이 골고루 있는지 사주의 조직이 좋은지를 잘 보아야 한다.

■ 식상(食傷)의 왕약(旺弱)과 관(官)의 비중으로 부부생활을 알 수 있다. 물론 환경과 성격에 따라 다르지만, 남편을 두고 애인

을 사귀는 것도 오행(五行)으로 알 수 있다.

```
戊 甲 丁 丙    坤
辰 午 酉 申    命
```

이 사주는 초년에 부모덕이 없다. 어린시절부터 고생하다 일찍 옷
가게 점원생활을 시작했다. 식상관(食傷官) 밑에 관성(官星)이 있
고, 년월(年月)에 식신(食神)과 상관(傷官)이 있으니 외모가 아름
다워 많은 남성들이 따랐으나 임신만 하면 애인과 멀어졌다. 3명의
남자를 사귀고 3번 임신했으나 모두 낙태시켰다. 그후 시집을 갔으
나 딸 하나를 두고 이혼한 후 장사를 하면서 혼자 살고 있다. 그런
데도 남자들이 계속 따라다니니 항상 번민에 젖어 있다.

■ 여명이 식상(食傷)이 암장(暗藏)되고 사주에 충(沖)이 있으면
  아들을 두기 어렵다.
■ 여명이 상관(傷官)의 뿌리가 강하면 마음에 드는 남자를 만나
  야 결혼하나, 남편에게 지배받고는 살 수 없다. 식상(食傷)은
  인정·봉사·눈물의 별이니 불평하면서도 자식 때문에 산다.

```
己 己 辛 辛    坤
巳 卯 丑 卯    命
```

이 사주는 연애로 만난 연하의 남편과 곡절 끝에 살고 있다. 파란 만장한 부부여정을 걷는 운명이다.

■ 여명이 상관(傷官)이 왕성하면 남자를 사귀기 어렵다. 그러나 한 번 정을 주면 어떤 여건이든 감수하며 죽도록 사랑한다. 이런 사주는 남편이 놀아도 자식 때문에 불평불만 속에서 산다.
■ 여명이 식상(食傷)이 태왕(太旺)한데 관(官)이 없거나 약하면 성관계를 맺은 남자에게 반드시 흉조가 일어난다. 정기가 너무 소진되기 때문이다.

丁　甲　丙　丁　　　坤
卯　午　午　卯　　　命

이 사주는 자형(自刑 : 午午自刑)과 홍염살(午午)이 겹쳐 있어 정상적인 가정생활을 유지하기 어렵다.

辛　壬　乙　甲　　　坤
亥　子　亥　戌　　　命

이 사주는 왕성한 상관(傷官)이 관(官)인 술토(戌土)를 심하게 극(剋)한다. 남편이 직장생활을 오래하지 못하고, 돈이 생기면 외도를 하니 여자가 벌어 생활해야 한다. 불평불만을 하면서도 자식

때문에 살고 있다. 겨울의 임자일주(壬子日柱)는 사폐일(四廢日)이
되어 사주 조립이 어렵다.

辛　甲　辛　甲　　坤
未　午　未　午　　命

　이 사주는 지지(地支) 상관(傷官)이 왕성해 남편이 일정한 직업
을 갖지 못하고, 한때 승도생활도 했다. 사주에 수(水)가 하나도
없으니 허리와 방광이 나쁘고, 자식도 두지 못했다. 토운(土運)이
와서 그런대로 길하고, 상관(傷官)이 왕성해 총명하며 알뜰하다.
16세나 많은 남편과 살고 있다. 부부간에 풍파도 많으나 운명으로
돌리며 항상 불안하게 산다. 화(火)가 왕성하면 재운(財運)이 약한
편인데, 조후(調候)까지 되지 않아 재물이 많지 않다. 조토(燥土)
이나 다행히 사주에 천을귀인(天乙貴人) 재(財)가 있으니 의식은
해결할 수 있다.

■ 여명이 식상(食傷)이 관(官)을 극(剋)하면 남편이 똑똑하고 착
　해도 하는 일이 잘 되지 않고, 본인도 인정이 많고 영리해도 고
　난이 많으니 자식을 위해 인내로 살아야 한다. 상관(傷官)이 병
　이 되면 전생의 빚을 갚기 위해 태어났다고 하니, 불평불만을
　참고 수도하는 마음으로 살아라.

```
己  庚  癸  丙      坤
卯  子  巳  戌      命
```

이 사주는 총명하며 명망 있는 가문의 남편을 만났으나 자식을
두면서 고난이 심했다. 여자가 활동하면서 살아간다.

```
丙  庚  癸  癸      坤
戌  子  亥  巳      命
```

이 사주는 한동(寒冬) 냉금(冷金)이 추위에 떨고 있으니 반드시
관(官)인 화(火)를 반긴다. 관성(官星)인 남편이 사주에 나타나도
한동(寒冬)의 왕수(旺水)에 위축되고, 일주(日柱)인 경금(庚金) 자
체가 냉한 수(水)를 생(生)하니 일주(日柱)도 흉신이다. 그러므로
남편을 좋아하며 그리워하는데 남편은 바람만 피운다. 자식 때문
에 막노동을 하면서도 남편을 기다리며 산다. 남편에게 잘해주면
잘해줄수록 멀리하니 더욱더 괴롭다.

- 여명이 상관(傷官)이 왕성한데 기신(忌神)이면 자식에 대한 정
  과 눈물 때문에 재가하지 않는다. 자식(傷官)에 대한 사랑이 강
  해 관(官 : 남편)을 거역하는 것과 같다.
- 남명이 중년에 식상(食傷)이 왕성하게 들어오는데 재(財)가 길
  신이면 아내의 활동으로 재산이 늘어난다.

- 여명에서는 상관(傷官)이 나쁘다고 하나 용신(用神)이 되거나 길신작용을 하는데 관(官)이 나타나지 않으면 남편과 자식이 잘 되고, 영특하며 투지력이 강해 행복하게 산다. 그러나 정은 있으나 이기적이며 극성스럽다.

- 사주에 식신(食神)과 상관(傷官)이 있는데 초년 대운(大運)에서 식상(食傷)이 왕성하게 들어오면 어머니가 심하게 고생하거나 활동을 한다. 식상(食傷)은 어머니의 재(財)이기 때문이다.

- 식신(食神)이 강하고 인수(印綬)가 왕성한데 식신(食神)이 관(官)과 합(合)하면 아버지가 첩을 두거나 두 번 결혼하거나 바람을 많이 피운다.

- 말년 대운(大運)에 식신(食神)이나 상관(傷官)이 왕성하게 들어오면 자식 때문에 속을 썩거나 망신당하거나 자식관계가 편하지 않거나 돈이 있어도 편안하지 않다.

- 식상(食傷)이 왕성한데 인수(印綬)가 왕성하면 변덕스럽고 변화가 많다. 사주의 격이 좋으면 뛰어난 연기자가 될 수 있으나 그렇지 않으면 바람을 많이 피우며 만사에 변화가 심해 고통이 많다.

- 식상(食傷)이 왕성한데 인수(印綬)가 왕성하면 위장병·피부병·식중독 등을 조심해야 한다. 식상(食傷)은 먹는 것, 토하는 것을 의미하고, 인수(印綬)는 먹는 것을 극(剋)하는 의미가 있기 때문이다.

- 식상(食傷)이 약한데 인수(印綬)가 왕성하면 놀기를 좋아하고

게으르며 식성이 까다롭고 편식을 한다. 여자는 결혼해 자식을 낳으면 골치아픈 일이나, 집안에 불안한 일이 자주 생긴다.

■ 식상(食傷)은 투쟁·노력·행동·육체의 기운을 뜻하고, 재(財)는 돈·과욕·욕심·청결·실속·현실 등을 뜻하고, 관(官)은 조상·명예·영광·빚·자존심·사치 등을 뜻하고, 인수(印綬)는 꾸준성·성실성·인내·전달 등을 뜻하고, 비겁(比劫)은 활동·사교·노력·역마(驛馬)·우유부단 등을 뜻한다.

■ 식신(食神)이 왕성한 운에 결혼하면 남자는 자식궁이 아름답지 못하고, 여자는 남편의 인연이 나쁘다.

■ 신왕(身旺) 사주가 식신(食神)이 왕성한데 희신(喜神)이면 정이 많고 봉사정신이 강하다.

壬	癸	甲	甲	坤
子	酉	戌	子	命

이 사주는 왕성한 상관(傷官)이 관(官) 위에서 관(官)을 극(剋)하니 결혼해 자식을 낳으면 남편이 죽거나 이혼한다. 세 번의 결혼으로 성씨가 각각 다른 세 명의 딸을 두었다. 이런 사주는 자식을 낳은 남편과는 살기 어렵다.

■ 상관(傷官)이나 식신(食神)이 약한데 인수(印綬)가 왕성해 식상(食傷)을 강하게 극(剋)을 하면 언젠가는 돈에 대한 큰 충격

을 받으니 조심해야 한다.

壬　辛　丙　癸　　　坤
辰　丑　辰　巳　　　命

이 사주는 바탕은 좋아보이나 상관(傷官)이 왕성한데 관성(官星)을 만난다. 결혼 전에는 정이 많으며 영특하고 미인이라 인기가 좋았으나, 결혼해 자식을 낳고는 남편 일이 안 되고 자식도 잘 되지 않는다. 천간(天干)에 인수(印綬)가 없어 상관(傷官)을 다스리지 못하기 때문이다. 자신의 운명 때문에 남편과 자녀가 속을 썩이는 것이니 남을 원망하지 마라. 궁합에서 상관(傷官)이 왕성한 여자를 피하는 이유다.

■ 식신(食神)과 상관(傷官)이 기신(忌神)이면 대개 살이 찌지 않고, 눈만 높고 이상이 크며 교만하고 불평불만이 많다. 비관적이며 말 속에 독이 있으니 수행이 필요하다.
■ 식상(食傷)이 길신인데 충(沖)이나 극(剋)을 심하게 받거나, 합(合)되어 작용을 잘못하면 고난이 많아 비관적이 되거나, 사고방식이 편협되어 신앙을 맹종하기 쉽다.
■ 식상(食傷)이 왕성한데 재(財)가 허약하면 공상이나 신비한 학문으로 세상을 놀라게 하고, 인생이나 종교철학 등 심오한 방면에 인연이 있다.

■ 여명이 식신(食神)이나 상관(傷官)이 왕성한데 흉신이면 남편이 무능하며 인덕이 없으나 자식 때문에 감수하며 산다.

■ 여명이 상관(傷官)이 왕성하면 질투심이 강해 남편의 일거일동을 간섭하고, 히스테리나 노이로제 등이 따른다.

■ 상관(傷官)이 관성(官星)과 동주(同柱)하면 교만하며 안하무인이고 자만심이 강하다.

■ 상관(傷官)이 많으나 희신(喜神)이면 충신이나 열사 등이 나오고, 정의감이 강해 상사를 위해 목숨을 버리기도 한다.

■ 여명이 식상(食傷)이 왕성하면 연애결혼하기 힘들다. 한 번 정을 주면 끝까지 사랑하고, 자식을 데리고 혼자 산다.

■ 식상격(食傷格) 사주는 겉으로는 냉정한 것 같아도 속으로는 따뜻하고, 나이가 들수록 재산이 늘수록 몸가짐과 행동이 단정해진다.

■ 여명이 식상(食傷)이 기신(忌神)이면 성격이 까다롭고, 이상이 높아 독신으로 살거나 결혼할 때 여건이 나빠 눈물을 흘리고, 억지로 결혼하는 경우가 많다.

■ 여명이 중년에 식상(食傷)이 왕성하게 들어오면 남편을 꺾는 격이니 궁합을 볼 때 잘 살펴야 한다. 여자가 식신(食神)이 왕성하면 남편에게 쏟던 정까지 자식에게 준다.

■ 여명이 말년에 식상운(食傷運)이 오면 매우 고독하다. 자신이 노력해야 살 수 있으니 젊을 때 말년 준비를 잘 해야 한다.

■ 여명이 식상(食傷)이 왕성한데 관(官)을 만나면 결혼 전에 유

산을 하거나 부부생활을 시작하며, 결혼에 파란곡절이 많다.

■ 식신(食神)이나 상관(傷官)이 기신(忌神)이고 인성(印星)을 만나면 식상관(食傷官)을 다스리면 길조이고, 중화만 이루면 현숙하며 인정이 많고 인내와 사려가 깊어 만인에게 존경을 받는다.

■ 식상(食傷)이 인수(印綬)와 동주(同柱)하면 결혼 전에 유산을 하거나 성생활 경험이 있고, 결혼할 때 부모 가슴에 눈물을 남긴다.

■ 식상(食傷)과 인수(印綬)가 동주(同柱)하는데 식상(食傷)이 왕성하면 자기주장대로 하고, 인수(印綬)가 왕성하면 부모의 극성 때문에 부모의 뜻을 따른다. 결혼도 부모의 뜻대로 하고, 결혼 후에도 간섭이 심하다.

■ 식신(食神)과 상관(傷官)은 자식·식복·고난·인정·남편을 극(剋)함·자식문제·결혼문제·활동·투쟁·눈물·슬픔·변동·풍파·발명·특수분야·기인·예술·뒷바라지·다른 사람이 싫어하는 일·봉사·인술·질병 등의 뜻이 있다.

| 丙 | 甲 | 丙 | 丁 | 坤 |
| 寅 | 子 | 午 | 酉 | 命 |

이 사주는 상관(傷官)이 태과(太過)하여 어머니가 자기를 버리고 재혼했다. 19세에 연애를 하고 20세에 동거를 시작해 살고 있다.

■ 상관(傷官)이 태과(太過)하면 후실이나 첩의 자식인 경우가 많고, 인성(印星)이 무력하니 자랄 때 부모의 사랑을 받지 못하고, 조상을 욕되게 하며 말썽만 피운다.

■ 상관(傷官)과 인성(印星)이 동주(同柱)하는데 상관(傷官)이나 인성(印星)이 용신(用神)이면 후실의 자손인 경우가 많다.

庚　庚　癸　乙　　坤
辰　午　未　未　　命

이 사주는 월간(月干)이 상관(傷官)이고 월지(月支)가 인성(印星)이니 상관(傷官)과 인성(印星)이 동주(同柱)한다. 월(月) 계수(癸水) 상관(傷官)이 조후용신(調候用神)이다. 어머니가 두 번 결혼해 본인을 낳았다. 부부간에 성생활이 순조롭지 못하고 화목하지 않다. 자식보다 자신의 삶을 더 중요하게 여기는 사주이며, 신체는 건강하며 활동하고 있다.

7. 편재(偏財)

약자에게 동정을 베풀 때는 주저함이 없고, 이익을 탐할 때는 맹수와 같은 양면성이 있다. 편재(偏財)는 왕성한 활동력을 갖고 있다. 모험·투지·야심·욕망·배타·의협심 등이 강하고, 재물에는 수단과 방법을 가리지 않는다. 마약·절도·도박·증권·횡령·사기 등에도 손을 대는 기질이 있다. 돈 앞에서는 굴복도 잘 하는데 정재(正財)처럼 작은 돈에 집착하는 것이 아니라, 천금을 손바닥에 놓고 굴려야 직성이 풀린다. 야망은 늙어도 꺾일 줄 모른다. 늙어서도 교도소에 드나드는 사람들이 대개 여기에 해당한다. 이들 가운데 많은 사람이 편재(偏財) 때문에 늦도록 범죄를 저지른다는 것을 기억하기 바란다.

- 편재(偏財)는 남자에게는 아버지·아내·아내의 형제를 의미하고, 여자에게는 아버지·시어머니·시댁을 의미한다.
- 편재(偏財)는 자선심이 강해 사람이 많이 따르나 성격이 급한 면이 있어 가끔 실수를 한다. 의로운 일에는 돈을 아끼지 않고, 여자가 많이 따르나 신강(身強)하면 돈과 여자로 인해 재앙이 따르기도 있다.
- 사주에 편재(偏財)가 있으면 남자는 풍류가 있고 첩을 두거나 여난을 당하기 쉽고, 여자는 아버지나 시어머니 때문에 고생하기 쉽다.
- 편재(偏財)는 인수(印綬)를 극(剋)하니 고향과 인연이 박하고, 타향에서 출세하는 경우가 많다. 편재(偏財)는 남의 자본과 같으니 울타리 밖의 돈이다.
- 사주에 편재(偏財)가 많으면 다정하며 주색을 좋아하고, 본처보다 첩을 더 아낀다. 신왕(身旺)한데 재왕(財旺)하면 능력과 수

완이 좋아 남의 돈으로 큰 사업을 일으킨다.

■ 미혼자는 편재운(偏財運)에 정을 일으키고, 중년에 편재운(偏財運)을 만나면 외정을 그리워한다.

■ 년주(年柱)에 편재(偏財)가 있는데 길신이면 조상의 업을 상속받고, 편재(偏財)가 태왕(太旺)하면 양자로 간다.

■ 년월(年月)에 편재(偏財)가 있는데 희신(喜神)이고 비겁(比劫)이 왕성하면 초년에는 잘 살아도 말년에는 어렵다.

■ 편재(偏財)가 천월이덕(天月二德)이면 아버지가 현명하며 명망이 있어 유복하다.

■ 편재(偏財)가 묘(墓)와 동주(同柱)하면 아버지와 일찍 사별하고, 목욕(沐浴)과 동주(同柱)하면 아버지가 풍류를 즐긴다.

甲　庚　戊　甲　　乾
申　申　辰　辰　　命

이 사주는 토다매금(土多埋金)되었는데 재(財)인 갑목(甲木)이 인수(印綬)인 토(土)를 극(剋)하니 경금(庚金)을 구제해 길신이 되어 호명을 이루었다.

甲　庚　甲　戊　　乾
申　寅　子　辰　　命

이 사주는 신자진수국(申子辰水局)을 이루어 경금일주(庚金日柱)를 설기(泄氣)하니 허약하다. 년(年)의 무진토(戊辰土)가 경금일주(庚金日柱)를 생부(生扶)하여 길신인데 월(月) 갑목(甲木)이 년간(年干) 무진토(戊辰土)를 극(剋)한다. 약은 있으나 병이 더 왕성해 화가 된다.

- 편재(偏財)는 개척정신이 강하고 재물에는 능력과 수단이 있다. 신왕재왕(身旺財旺) 사주는 현실감각이 빠르다.
- 정재(正財)와 편재(偏財)가 교잡하게 많으면 게으르고 한 곳에 정착하기 어렵다. 편재(偏財)는 역마살(驛馬殺)과 같은 작용을 하기 때문이다.
- 편재(偏財)는 돈을 착실하게 모으려는 생각보다 요행이나 투기를 바라는 본성이 있고, 재물을 모으는 일이라면 수단과 방법을 가리지 않는다.
- 편재(偏財)가 왕성한데 신강(身强)하면 우둔하며 이기적이고 의리나 인정이 없다. 돈의 노예가 되는 경향이 있다.
- 편재(偏財)가 기신(忌神)이면 수단과 방법을 가리지 않는 돈벌이 습관 때문에 관재구설·송사·시비 등이 많이 따른다.
- 편재(偏財)가 희신(喜神)이면 통신·교통·판매·증권·금융업 등이나 사업가로 크게 성공한다.
- 신왕(身旺) 사주가 재성(財星)이 왕성한데 길신이면 아내가 어질며 아름답고 아내덕으로 성공한다.

■ 여명이 관성(官星)이 없어도 재왕(財旺)하면 재생관(財生官)이 되어 남편복이 있고 남편을 성공시킨다.

■ 여명이 신강(身强) 사주인데 재왕(財旺)하면 남편 때문에 정신적 물질적인 고통을 받는다. 그리고 식상(食傷) 자식은 재(財)를 생(生)하니 자식이 기신(忌神)이 되어 속을 썩인다.

■ 편재(偏財)가 너무 왕성하면 비겁(比劫)이나 인성(印星)으로 일주(日柱)를 생부(生扶)해야 길하다.

■ 편재(偏財)와 정재(正財)가 혼잡하면 남자는 금전과 여자문제로 풍파가 따르고, 여자는 남편궁에 고난이 많고 가정사가 어수선하다.

■ 남명이 월주(月柱)에 편재(偏財)가 왕기(旺氣)를 띄는데 희신(喜神)이면 초년부터 물질의 혜택이 많고, 신강(身强)한데 재왕(財旺)하면 돈에 팔려 결혼하거나 데릴사위로 간다.

■ 재성(財星)이 충(沖)이나 형(刑)되어 흉신작용을 하면 돈을 벌려는 수단과 방법이 잘못되어 관재나 구설이 항상 따라다닌다.

■ 재물을 많이 모으려면 일주(日柱)와 재성(財星)이 균형을 이루어 태과(太過)와 불급(不及)이 없어야 한다.

■ 신약재왕(身弱財旺)한데 식신(食神)이나 상관운(傷官運)이 와서 왕성한 재성(財星)을 생(生)하면 금전고통이 따르거나 질병으로 고생하거나 사망한다.

■ 신왕재약(身旺財弱)한데 식상(食傷)이 재(財)를 생부(生扶)하지 못하거나 운에서도 만나지 못하면 큰 소리를 잘 치나 실속

이 없다.

■ 신왕재약(身旺財弱)한데 식상(食傷)이 생재(生財)하지 못하면 가난뱅이 사주로 재물과 아내궁에 풍파가 많으니 정상적인 가정을 이루기 어렵다.

■ 신왕재약(身旺財弱)한데 비겁(比劫)이나 인수운(印綬運)이 왕성하게 들어오면 아내와 사별하거나 이혼하고 만사가 뜻대로 되지 않는다.

■ 신왕(身旺) 사주가 재성(財星)이 묘(墓) 위에 있으면 아내와 사별하거나 이혼한다.

■ 편재(偏財)와 정재(正財)는 신왕(身旺)하면 관리할 수 있는 소유물이므로 통상 구분하지 않기 때문에 재성(財星)이라고 한다.

■ 재성(財星)이 기신(忌神)인데 재성운(財星運)이 또 오면 돈을 내버릴 운이 되어 사업확장이나 변동으로 손해를 본다. 이런 경우에는 돈을 버릴 방향으로만 생각하기 마련이다.

■ 재(財)는 재물·여자·애인·첩을 의미하고, 육신(六神)으로는 아버지·아버지의 형제·시어머니·시댁어른 등을 의미한다.

■ 정신은 양(陽)에 속하고, 물질은 음(陰)에 속하고, 남자는 양(陽)이고, 여자는 음(陰)이다. 여자는 음성이며 음(陰)은 물질을 의미하니 여자는 물질세계에 속한다. 따라서 여자는 재물의 성분과 같아 재물에 대한 개념과 계산이 빠르고, 깔끔하며 단정하고 소심하게 돈을 쓰는 경향이 많다. 그래서 사주에 재(財)가 많은 남자는 성격이 여성적이기 쉽다.

- 재(財)를 현실의 쾌락과 행복, 경제의 세계라고 한다면 인수(印綬)는 정신세계, 이상, 수양과 지식을 쌓는 세계로 비교할 수 있다. 따라서 재왕(財旺)하면 인수(印綬)를 극(剋)하니 학문연구, 이상적인 지식, 수양을 목적으로 하는 인수(印綬)와는 반대 개념이다. 그래서 재왕(財旺) 사주는 학문이나 연구와는 거리가 멀다. 다만 재물을 목적으로 할 뿐이다.

- 사주가 재격(財格)이면 신왕(身旺)해야 하고, 여기다 재왕(財旺)과 관왕(官旺)을 이루면 더욱더 좋은 격이 된다.

- 재(財)는 뿌리가 있어야 한다. 만일 뿌리없이 천간(天干)에 나타나거나 비겁(比劫) 위에 있으면 불안하다.

- 재(財)가 강해 식신생재(食神生財)를 이루었는데 식상(食傷)이 강하면 큰 재물을 모으기 어렵다.

- 남명이 재(財)가 너무 왕성하면 여자의 특성이 많고 재물에 대한 집착이 강하다. 이런 사주는 손해 볼 일은 하지 않고, 정신세계가 강해 큰 일은 하지 못한다.

- 재(財)는 현실감각이며 여성의 본질에 비유한다. 그래서 여자는 현실에 밝고 사치와 유행에 민감하다. 자식을 키우는 목적도 있지만 멋을 내며 사치하고 자랑하는 재미로 살기도 한다.

- 사주에 재(財)가 없으면 물욕이 강하나 사고방식은 정상이다. 인수(印綬)가 희신(喜神)이면 인수(印綬)는 아내의 재(財)이니 아내덕을 보고 말년에는 자식덕을 본다.

- 일지(日支)에 재(財)가 있으면 인수(印綬)인 부모를 극(剋)하

여 부모덕이 박하다. 아들이 이런 사주이면 성장할수록 부모와
멀어진다.

■ 남명이 재(財)가 있으면 부모에게 잘 하지 못한다. 재(財)와 인
수(印綬)는 중화되기 어렵기 때문이다. 그래서 처자식에게 빠진
남자는 부모에게 잘 하지 못하는 것이다.

■ 일지(日支)에 재(財)나 관(官)이 있는데 통관(通關)되지 않으
면 성격이 급하다.

■ 일지(日支)에 재(財)가 있으면 경제력이 강하고 계산과 판단이
빠르다. 부모나 형제와도 금전문제는 냉정하다. 그러나 일지(日
支)에 인수(印綬)가 있으면 이와 반대다.

■ 재왕(財旺)한데 인수(印綬)가 없으면 편한 것을 좋아하고 요행
이나 횡재를 바란다.

■ 재왕(財旺)한데 인수(印綬)를 심하게 극(剋)하면 참을성과 끈
기를 의미하는 인수(印綬)를 극(剋)하니 어릴 때부터 공부를
잘 하기 어렵고 학업에 고통이 많다.

■ 인수(印綬)의 본질은 노숙하며 점잖고, 재(財)는 까다롭고 이론
적이며 계산적이다.

■ 년주(年柱)에 재(財)가 있으면 초년에 여자가 많이 따른다. 편
재(偏財)보다 정재(正財)가 더 까다롭고, 옷을 입는 것도 까다
롭다.

■ 년간(年干)에 재(財)가 있으면 깔끔하며 단정하다.

■ 년지(年支)에 재(財)가 있으면 주위나 가정에 까다롭게 굴고,

첫인상도 까다로워 보인다.

- 재(財)가 용신(用神)이면 정확한 사람이나 흉신이면 남을 골탕 먹이며 손해볼 일은 하지 않는다.

- 월간(月干)에 재(財)가 있으면 사귈수록 타산적인 사람이다.

- 월지(月支)에 재(財)가 있으면 욕심이 많고 개성이 뚜렷하며 대인관계도 이권을 위해서만 한다.

- 일지(日支)에 재(財)가 있으면 아내나 가정에 까다롭게 군다.

- 시간(時干)에 재(財)가 있으면 자식과도 재물을 따진다.

- 시지(時支)에 재(財)가 있으면 죽을 때까지 자식을 믿지 못한다. 인수(印綬)는 봉양의 별이므로 늙어서 봉양받을 수 있으나, 재(財)는 양명(養命)의 별이므로 늙어서도 자신의 힘으로 살아야 한다.

- 정편재(正偏財)가 기신(忌神)이면 악처를 만나거나 아내와 생리사별하고, 수단을 가리지 않고 재물을 모은다. 그러나 여자·송사·건강문제 등으로 재물을 탕진하고 이름만 더럽힌다.

- 초년에 재(財)가 왕성하게 들어오면 조실부모하기 쉽고 부모덕이 없다. 이런 사주는 고학으로 공부하는 경우가 많다.

- 재(財)가 허약하면 식상(食傷)이 생조(生助)해야 길해진다. 그러나 인수(印綬)가 왕성해 식상(食傷)을 심하게 극(剋)하면 재(財)를 생조(生助)할 수 없으니 우둔하며 사리판단이 어둡다.

- 중년에 왕성한 비겁(比劫)이 들어오거나 비겁(比劫)년에 아내가 활동하면 재물과 건강을 잃고, 가정이 시끄러워진다.

- 신약재왕(身弱財旺) 사주가 재(財)가 왕성한 해가 오면 반드시 우환이나 돈이 나갈 일이 생긴다.

- 남명이 정재(正財)가 희신(喜神)이면 본처가 좋고, 편재(偏財)가 희신(喜神)이면 첩이나 애인이 좋다. 이런 사주는 두 번 결혼하면 좋다.

- 재(財)가 희신(喜神)이면 식상(食傷)의 생조(生助)가 있어야 결혼한다. 식상(食傷)이 없으면 여자는 많아도 결혼하기 어렵거나 늦게 결혼하거나 중매로 가는 경우가 많다. 만약 인수(印綬)나 비겁(比劫)이 왕성하면 방해물이 많아 늦게 결혼하는 경우가 많다.

- 여명이 재(財)가 없으면 여성의 본질이 강하고, 지나치게 많으면 지저분하며 추하다.

- 여명이 신왕재왕(身旺財旺)하고 재용신(財用神)이면 집안살림을 잘 한다. 재생관(財生官)하니 남편을 잘 받들고 정숙하다.

- 여명은 재(財)가 있어야 좋다. 재(財)가 혼잡하면 돈을 잘 쓰고 잘 돌아다닌다. 재(財)는 역마살(驛馬殺)과 같아 집에 있으면 공상이 많다.

- 여명이 재(財)가 없으면 돈에 대한 결단과 집안살림이나 몸가짐이 부족해 남편에게 사랑받기 어렵다.

- 목일간(木日干)이 재(財)가 있으면 부부금실이 좋다.

- 재(財)가 용신(用神)이라 해도 식상관(食傷官)이 없으면 자식과의 인연이 박하고, 자식이 잘 되어도 덕이 없다.

- 년월간(年月干)에 재(財)가 있으면 재물욕심이 강하며 쌀쌀맞다. 그러나 맺고 끊음이 정확하고 사리판단이 빨라 연애를 해도 확실하게 한다.

- 여명이 월지(月支)에 재(財)가 있는데 길신작용을 하면 살림살이나 돈씀씀이에 빈틈이 없다. 재(財)가 용신(用神)이면 겉으로는 어리석어 보이나 실속있는 사람이다.

- 재(財)가 기신(忌神)이면 수단과 방법을 가리지 않고 재물을 모은다. 이런 사주는 병이 들어도 돈을 써보지 못하거나 돈 때문에 가족과 원수처럼 지내는 경우가 많다.

- 재(財)가 인수(印綬)와 합(合)하여 흉신이 되면 문서관계에 항상 송사나 시비가 따르고 손재가 따른다.

- 여명이 재왕(財旺)한데 재왕(財旺)년을 만나면 시댁이나 친정 걱정에 속이 탄다.

- 재(財)는 재물·혁신·새것을 의미하고, 인수(印綬)는 끈기·인내·연구 등을 의미하니, 재(財)와 인수(印綬)가 같이 오는 운에는 직업에 변화가 생긴다.

- 천간(天干)에는 재(財)가 왕성한데 지지(地支)에 비겁(比劫)이 왕성하면 재물을 모으기 위해 수단과 방법을 가리지 않는다.

- 여명이 재(財)가 기신(忌神)이면 시부모가 까다로워 시집살이가 고통스럽거나 본인이 시댁에 걱정을 끼친다.

- 신왕재약(身旺財弱) 사주는 불평불만이 많고 재물을 모으려고 구상은 많으나 돈버릴 궁리다. 이런 사주는 기술업이나 월급생

활이 적합하다.

庚　丙　壬　丙　　乾
寅　戌　辰　寅　　命

이 사주는 직장생활이 맞는데 사업을 하니 돈만 갖다버린다. 시
(時)에 재(財)가 있으니 부부간에 갈등이 많고 말년도 고달프다.

■ 남명이 신왕재왕(身旺財旺)하면 거부가 된다. 신왕(身旺)하여
  재(財)를 지배할 수 있기 때문이다.
■ 남명이 신약재왕(身弱財旺)한데 여자를 얻거나 공돈이 생기면
  화근이 된다. 재(財)를 지배하지 못해 병이 되기 때문이다.
■ 상관(傷官)이 생재(生財)하면 기술이나 아이디어 사업이 가장
  좋다.
■ 정재(正財)는 증식의 재물이고, 편재(偏財)는 횡재의 재물이다.

사부곡(思父曲)

　고개숙인 아버지가 많은 요즘 「아버지는 누구인가?」라는 작자미상의 글이 인터넷에 뜨면서 화제가 되었다. 이 글에는 잔잔한 감동이 있다. 미처 아버지의 마음을 몰랐던 지난날이 한없이 부끄럽다.

아버지는 누구인가?

아버지란 기분이 좋을 때 헛기침을 하고
겁이 날 때 너털웃음을 웃는 사람이다.

아버지란 자기가 기대한 만큼
아들 딸의 학교성적이 좋지 않을 때
겉으로는 괜찮아 괜찮아 하지만
속으로는 몹시 화가 나는 사람이다.

아버지의 마음은 먹칠을 한 유리로 되어 있다.
그래서 잘 깨지기도 하지만
속은 잘 보이지 않는다.
아버지란 울 장소가 없기에 슬픈 사람이다.

아버지가 아침식탁에서 성급하게 일어나서 나가는 장소는

즐거운 일만 기다리고 있는 곳은 아니다.

아버지는 머리가 셋 달린 용과 싸우러 나간다.
그것은 피로와 끝없는 일과 직장상사에게서 받는 스트레스다.

아버지란
내가 아버지 노릇을 제대로 하고 있나?
내가 정말 아버지다운가?
라는 자책을 날마다 하는 사람이다.

아버지란 자식을 결혼시킬 때 한없이 울면서도
얼굴에는 웃음을 나타내는 사람이다.

아들 딸이 밤늦게 돌아올 때
어머니는 열 번 걱정하는 말을 하지만
아버지는 열 번 현관을 쳐다본다.

아버지의 최고의 자랑은
자식들이 남의 칭찬을 받을 때다.
아버지가 가장 꺼림칙하게 생각하는 속담이 있다.
그것은 「가장 좋은 교훈은 손수 모범을 보이는 것이다」
라는 속담이다.

아버지는 늘 자식들에게 그럴듯한 교훈을 하면서도
실제 자신이 모범을 보이지 못하기 때문에
미안하게 생각하고
남모르는 콤플렉스도 갖고 있다.

아버지는 이중적인 태도를 곧잘 취한다.
그 이유는
아들 딸들이 나를 닮아 주었으면 하고
생각하면서도
나를 닮지 않아 주었으면 하는
생각을 동시에 하기 때문이다.

아버지에 대한 인상은 나이에 따라 달라진다.
그러나 그대가 지금 몇 살이든지
아버지에 대한 현재의 생각이
최종적이라고 생각하지 말라.

일반적으로 나이에 따라 변하는 아버지의 인상은
4세 때--아빠는 무엇이나 할 수 있다.
7세 때--아빠는 아는 것이 정말 많다.
8세 때--아빠와 선생님 중 누가 더 높을까?
12세 때-아빠는 모르는 것이 많다.

14세 때-우리 아버지요? 세대차이가 나요.

25세 때-아버지를 이해하지만 기성세대는 갔습니다.

30세 때-아버지의 의견도 일리가 있지요.

40세 때-여보! 우리가 결정하기 전에 아버지의 의견을 들어봅시다.

50세 때-아버님은 훌륭한 분이었어.

60세 때-아버님께서 살아계셨다면 꼭 조언을 들었을 텐데 …

아버지란 돌아가신 뒤에도
두고두고 그 말씀이 생각나는 사람이다.

아버지란 돌아가신 후에야 보고 싶은 사람이다.

아버지는 결코 무관심한 사람이 아니다.
아버지가 무관심한 것처럼 보이는 것은
체면과 자존심과 미안함 같은 것이 어우러져서
그 마음을 쉽게 나타내지 못하기 때문이다.

아버지의 웃음은
어머니의 웃음의 두 배쯤 농도가 진하다.
울음은 열 배쯤 될 것이다.
아들 딸들은 아버지의 수입이 적은 것이나
아버지의 지위가 높지 못한 것에 대해 불만이 있지만

아버지는 그런 마음에 속으로만 운다.

아버지는 가정에서 어른인 체를 해야 하지만
친한 친구나 맘이 통하는 사람을 만나면
소년이 된다.

아버지는 어머니 앞에서는 기도도 안 하지만
혼자 차를 운전하면서는
큰 소리로 기도도 하고
주문을 외우기도 하는 사람이다.

어머니의 가슴은
봄과 여름을 왔다갔다 하지만
아버지의 가슴은
가을과 겨울을 오고간다.

아버지!
뒷동산의 바위 같은 이름이다.

시골마을의 느티나무 같은
크나큰 이름이다.

6. 정재(正財)

 태양계의 무리들은 서로의 인력에 의해 흐트러짐 없는 순환운동을 한다. 이를 지공무사(至公無私)한 법칙이요 법도라고 한다. 이들의 질서운동은 일회성이 아닌 항구성으로 우주운동을 한다. 이를 사주에서는 정재(正財) 또는 정득(正得)이라 한다.

 이것은 한 남자가 한 여자를 사랑하는데 항구적으로 사랑해 아내로 삼는 것과 같고, 먹는 것과 재물을 소중히 여기며 애착을 갖는 것과 같다. 정재(正財)는 강탈이나 비합리적으로 재물을 탐하는 것이 아니라, 정당한 댓가와 능력의 범위 내에서 살려는 기질이 있다. 가정적이며 안정을 선호하고, 허례허식보다는 내실을 기하는 실용주의자로 보수적이라고 이해하기 바란다.

- 정재(正財)는 자기 소유의 재물이다. 재(財)는 양명(養命)의 근원이라고 한다. 나무(木)는 재(財 : 土)가 없으면 뿌리를 튼튼하게 내릴 수 없듯이, 인간은 누구나 재(財)가 없으면 일신과 정신의 안정을 찾을 수 없다.
- 신왕재왕(身旺財旺)하면 나무가 비옥한 땅에서 마음껏 성장할 수 있는 것과 같고, 재왕신약(財旺身弱)하면 비옥한 땅이라도 조립되지 못한 것 같아 겉으로는 큰 소리를 치지만 인색하며옹졸하다.
- 남명이 신약(身弱)한데 정재(正財)가 왕성하면 오히려 재물이

화근이 되고, 재물의 노예가 된다. 이런 사주는 밖에서는 큰 소리를 치지만 아내에게는 꼼짝못한다.

■ 여명이 신약재왕(身弱財旺)하면 구박과 재물의 고난을 받다가 결혼 후에는 시집의 등살이 심하고, 괴팍한 남편의 눈치를 보며 산다.

■ 남명이 신왕(身旺)한데 정재(正財)가 왕성해 중화를 이루면 정당한 노력에 의한 재물과 같아 가정이 화목하며 성실하고 낭비가 없다. 이런 사주는 아내와 자녀복이 있어 말년이 유복하다. 여자도 평생 물질의 고난이 없으며 유복하다.

■ 일지(日支)와 정재(正財)가 합(合)되어 중화를 이루면 현명한 아내를 만나 모범가정을 만든다. 그러나 형충파해(刑沖破害)되면 부부간에 불화하고, 심하면 질병이나 생리사별이 따른다.

■ 재(財)는 비겁(比劫)의 극(剋)을 받고, 정편인(正偏印)은 재(財)의 극(剋)을 받는다. 재(財)가 희신(喜神)이나 용신(用神)이 되면 비겁(比劫)이나 인수(印綬)의 조화를 살펴야 한다. 여자가 정재(正財)가 용신(用神)이면 용신운(用神運)에 결혼하는 경우가 많은데, 만일 비겁(比劫)이 많으면 방해가 많다.

■ 재(財)가 희신(喜神)이면 일찍부터 사업에 인연이 있고, 중년에 재(財)가 들어오면 중년부터 사업으로 크게 성공한다. 그렇지 않으면 아내의 도움으로 큰 재물을 모은다.

■ 정재(正財)가 비록 희신(喜神)이라 해도 두세 개가 나오면 부부의 인연이 바뀌고, 재(財)가 인수(印綬)를 극(剋)하면 어머니

와의 인연이 박하다.

■ 초년에 재(財)가 인수(印綬)를 심하게 극(剋)하면 어머니와 일찍 사별하거나 양모를 모신다. 그렇지 않으면 아버지와 어머니가 별거하거나 가정이 화목하지 못하다.

丁　壬　甲　辛　　乾
未　辰　午　未　　命

이 사주는 정재(正財)는 왕(旺)한데 신약(身弱)하여 오히려 정재(正財)가 병이 된다. 신왕운(身旺運)에 발복할 수 있으나 사주가 편고(偏枯)되어 가정과 재물에 풍파가 많다.

■ 정재(正財)는 백부·삼촌·고모를 의미한다. 남자에게는 정처(正妻), 여자에게는 시어머니를 의미한다.
■ 정재(正財)는 번영·성실·재산·명예·신용 등 복록의 길상이다. 정의감이 강하여 공론과 현실을 직시하고, 의협심이 강하며 시비를 분명히 하고, 명랑하여 대인의 존경을 받는다. 그러나 사주에 정재(正財)가 많으면 주색과 방탕에 빠질 염려가 있다.
■ 사주가 신약재왕(身弱財旺)하면 재물관리를 잘못해 잃기 쉽고, 엄처나 악처를 만나 평생 고난이 많다. 재왕운(財旺運)이 오면 풍파가 더욱 심해 별거하거나 이혼한다.
■ 사주가 신약재왕(身弱財旺)하면 허욕을 부리다 남에게 피해를

주고 자신도 망신을 당한다. 따라서 재운(財運)이 빈약하면 배움과 지혜가 있어도 가난을 면하기 어렵다.

■ 년간(年干)의 정재(正財)가 유기(有氣)하면 조부대에 부귀했고, 년월(年月)에 정재(正財)와 정관(正官)이 있으면 부귀한 집안의 출신이고, 일시(日時)의 정재(正財)가 중화되면 아내덕이 있고 자수성가한다.

■ 정재(正財)는 천간(天干)에 있는 것보다 지지(地支)에 있는 것이 좋고, 월지(月支)에 있는 것이 가장 좋다. 남자는 월지(月支)의 정재(正財)가 길신이면 현모양처를 만난다.

■ 정재(正財)와 정관(正官)이 중화되면 품행이 단정하고 성격이 고매하다.

■ 여명이 정재(正財)와 인수(印綬)가 너무 많은데 목욕(沐浴)이나 도화(桃花)와 함께 있으면 음란하거나 천박하다.

■ 여명이 정재(正財)와 인수(印綬)가 난잡하거나 충극(沖剋)되면 시집식구와 사이가 나쁘다.

■ 편재(偏財)는 한탕주의를 좋아하는 면이 있고, 정재(正財)는 정상적인 것을 좋아한다.

■ 진술축미(辰戌丑未)에 재(財)가 있으면 인색한 편이고, 신강(身强)한데 정재(正財)가 많으면 융통성과 사교력이 부족하다.

■ 천간(天干)에 정재(正財)가 있는데 지지(地支)에 비견(比肩)이나 겁재(劫財)가 왕성하면 겉으로는 정직한 것 같으나 속으로는 남을 이용하려고 한다.

- 재(財)가 조화를 이루면 맺고 끊음이 정확하나, 신약(身弱)한데 재(財)가 많으면 매사에 흐리멍텅하며 우유부단하다.

- 정재(正財)는 정당한 댓가를 좋아하니 금융・재정관리・개인사업 등이 적합하다. 그러나 일간(日干)이 왕성한데 재(財)가 강하면 사업을 실패한다.

- 신약재다(身弱財多) 사주가 돈을 관리하는 일을 맡으면 언젠가는 돈 때문에 큰 화를 당한다. 이런 사주는 기술업이 좋고, 집안살림도 여자의 주장대로 한다.

- 신왕재왕(身旺財旺)하여 시주(時柱)에 정신기(精神氣)가 균형을 이루면 사업가로 성공하고, 관직에서 고관이 된다.

- 신약(身弱)한데 정재(正財)가 비견(比肩)과 합(合)되어 강하면 자신이 죽은 후 아내가 형제나 동료의 부인이 되거나 통정한다.

- 정편재(正偏財)가 도화(桃花)와 같이 있으면 색정풍파가 많다.

- 정재(正財)가 허약한데 비겁(比劫)이나 양인(羊刃)이 왕성하면 아내가 질병으로 고생하거나 사별한다.

- 신왕(身旺)하고 관(官)이 약한데 재성(財星)이 관(官)을 도와주면 좋은 배우자를 만난다. 그리고 여명은 직업을 갖는 것이 더 좋다.

- 재(財)가 암장(暗藏)되면 충(沖)되어야 아내의 인연이 좋다. 그렇지 않으면 아내복이 박하다.

- 정재(正財)가 여러 개 있으면서 왕성하면 어머니와 인연이 박하다. 만약 인성(印星)을 극(剋)하면 어머니와 일찍 사별하고,

관(官)으로 상생(相生)하면 어머니가 장수한다.

- 여명이 재(財)가 태과(太過)하면 자식인 식상(食傷)의 기운을 심하게 설기(泄氣)하니 자식덕이 없다. 자식과 돈에 신경을 많이 쓰는 사주로 자식의 뒷바라지를 못하는 경우가 많다.

- 정재격(正財格) 사주가 비견(比肩)이 왕성하면 파격(破格)되나, 구신(救神)인 식상관(食傷官)과 정관(正官)을 만나면 구제된다.

- 정재격(正財格) 사주가 식상관(食傷官)이 너무 왕성해 일주(日柱)를 심하게 설기(泄氣)하면 오히려 기신(忌神)이 된다.

- 정재격(正財格) 사주에 정재(正財)가 흉신인데 공망(空亡)이나 형충파해(刑沖破害)되면 좋으나, 정재(正財)가 길신인데 공망(空亡)되면 재물이 공망(空亡)되니 흉하다.

- 신약(身弱) 사주가 재성(財星)이 왕성하면 비겁(比劫)이나 인수(印綬)가 길신이다. 신왕(身旺) 사주가 재성(財星)이 강하면 식상(食傷)이 길신인데, 식상(食傷)이 없으면 관(官)으로 일주(日柱)를 다스려야 좋다.

- 종재격(從財格) 사주는 일주(日柱)가 신약(身弱)해야 발복한다.

- 정재(正財)가 있어도 파극(破剋)되면 아내덕이 없다. 유산을 물려받아도 지키지 못하고 타국으로 가는 경우가 많다.

- 재성(財星)이 지합(支合)이나 삼합(三合)되어 희신(喜神)이 되면 아내덕으로 출세하고, 재(財)가 절지(絶地)에 있으면 아내와 생리사별하거나 부부간에 갈등이 끊기지 않는다.

- 재(財)가 왕성한데 인수(印綬)로 조화를 이루면 아내가 어질며

알뜰하고 아내덕을 본다.

■ 재(財)가 왕성해 관살(官殺)을 생하여 길신이 되면 자수성가한
다. 토일주(土日柱)는 재(財)가 관(官)보다 더 좋은 경우가 있
고, 관(官)이 있으면 오히려 흉해지는 경우도 있다.

庚	戊	丙	己		坤
申	子	子	未		命

이 사주는 관(官)이 나오면 대흉하다. 비겁(比劫)이 있으니 인수
(印綬) 화(火)가 길신이다.

■ 신약(身弱)한데 정재격(正財格)이고 관살(官殺)이 왕성하면 요
절·불구·단명 등이 따른다.

■ 재(財)가 있는데 뿌리가 강하고 일간(日干)이 허약하면 재물이
생겨도 곧 나간다. 만약 재물이 나가지 않으면 재물로 인한 화
가 따른다.

■ 남자에게는 재(財)가 아내이고, 여자에게는 관(官)이 남편이다.
정관(正官)이 재성(財星)의 도움을 받지 못하면 명리가 불안하
고, 재(財)가 관(官)을 생(生)하면 명리현달하여 오래간다. 여자
는 남편이 잘 되면 본인도 행복해지니 재생관(財生官)하면 귀
명이 된다.

■ 정재(正財)가 천간(天干)에 있는데 허약할 때는 대운(大運)이

나 세운(世運)에서 비견(比肩)이나 겁재운(劫財運)이 오면 돈 문제나 배우자로 인한 고통이 따른다.

■ 재성(財星)이 건록(建祿)인데 일주(日柱)가 신왕(身旺)하면 귀명이나 부명을 이룬다.

■ 정재(正財)가 길신인데 재(財)가 약할 때는 관(官)으로 재성(財星)을 설기(泄氣)하면 재물관계로 시비와 송사가 많다.

■ 병정일주(丙丁日柱)가 여름에 태어났는데 재성(財星)이 튼튼하면 재물복이 많고, 무기일주(戊己日柱)가 봄에 태어났는데 재성(財星)이 왕성하면 다집다산(多集多散)하다. 재(財)가 관(官)을 생(生)하여 극(剋)이 심하니 항상 불안하다.

■ 정재격(正財格) 사주가 재(財)가 왕성한데 인수(印綬)로 일주(日柱)를 왕성하게 해주면 반드시 귀명을 이룬다. 여기다 정관(正官)이 또 있으면 부귀를 이룬다.

■ 인수(印綬)가 식상(食傷)을 심하게 극(剋)하면 재성(財星)으로 인성(印星)을 극(剋)하여 식상(食傷)이 생재(生財)하니 길명으로 변한다.

■ 정재격(正財格) 사주가 인성운(印星運)이 오면 직업이나 문서에 변화가 생긴다.

■ 인수(印綬)가 용신(用神)인데 재성(財星)이 인성(印星)을 극(剋)하면 학업중단·사업중단·부도 등이 따른다. 그렇지 않으면 질병이나 뜻밖의 신액이 따른다.

■ 인성(印星)이 약한데 재성(財星)이 심하게 극(剋)하면 어머니

와 사별하거나 신병(神病)이 발생하거나 어머니로 인한 걱정이
생긴다.

■ 정재격(正財格)은 정의가 강하며 도량이 넓고 정직한 반면에
편재격(偏財格)은 횡재나 요행을 바라고 정재(正財)보다 융통
성이 많다.

■ 정재(正財)와 편재(偏財)는 모두 아내와 재물을 뜻하는데, 구분
하는 것은 음양(陰陽)의 차이가 있기 때문이다.

■ 재격(財格) 사주는 신왕재왕(身旺財旺)해야 재물을 마음대로
다룰 수 있다. 만일 신약재다(身弱財多)하면 그림의 떡과 같아
재물을 감당하지 못하니 오히려 병이 된다.

■ 사주가 신왕재왕(身旺財旺)하면 관성(官星)이 있어야 하고, 신
약재왕(身弱財旺)하면 인수(印綬)가 있어야 한다.

■ 재(財)는 뿌리가 있어야 한다.

■ 재격(財格) 사주가 살이 있으면 간합(干合)으로 제거하여 재
(財)를 머무르게 해야 나의 재물이 된다.

■ 정재(正財)는 나의 재물을 의미한다면 편재(偏財)는 대중의 재
물이기 때문에 낭비가 심하다.

■ 재강신왕(財强身旺) 사주는 재물에 대한 집착이 너무 강해 다
른 사람을 힘들게 한다.

■ 재(財)가 천간(天干)에 있으면 재물에 대한 허욕이 많고, 지지
(地支)에 있으면 재물에 대한 집착이 강하나 모으는 수단이 있
고 낭비가 적다.

■ 정재(正財)가 왕성하면 알뜰하여 낭비가 없고, 신왕(身旺)한데
  편재(偏財)가 왕성하면 자선심이 강하여 베풀기를 잘 한다.

■ 신약재왕(身弱財旺)하면 재물에 우둔하고 작은 재물에 집착이
  강하다.

7. 편관(偏官)

편관(偏官)은 칠살(七殺)이나 강권살(强權殺)이라는 이름을 가질
만큼 난폭하다. 권위의식이 강하고 의협심이 있어 불의를 보면 공
격형으로 바뀌고, 어려운 일에는 앞장서서 승부를 보고마는 맹독
성도 있다. 윗사람에게는 신명을 바쳐 충성을 다하는 무골격(武骨
格)이다.

예를 들어 주체가 편관(偏官)일 때 객체를 제압하고 다스리는 일
에는 좋으나, 객체가 편관(偏官)이 될 때도 있다. 자연으로 말하면
자연의 위계질서가 인간을 다스리는 것과 국가에서는 국민의 의무
가 있다. 납세의 의무, 국방의 의무, 근로의 의무와 같이 꼭 지켜야
할 의무에 대해서는 충직하게 복종하나 그 외의 간섭을 싫어한다.
반항하는 기질이 강하여 자신을 억제하기 힘든 사람이다.

■ 관성(官星)은 나를 극(剋)하는 오행(五行)이다. 그 중에서 정관
  (正官)은 음양(陰陽)이 다른 정통 지배자에 비유한다면, 편관

(偏官)은 음양(陰陽)이 같은 비정통 지배자에 비유할 수 있다.

■ 편관(偏官)은 칠살(七殺)이라고 한다. 남자에게는 자식·외조부·아버지·조상 등을 의미하고, 여자에게는 남편 외의 남편·애인 등을 의미한다.

■ 편관(偏官)은 권력·투쟁·성급·흉폭·고독 등을 의미하고, 두목이나 협객을 암시하기도 한다. 대귀나 대부를 뜻하기도 하나 흉폭하여 깡패나 앞잡이 기질도 있다.

■ 정관(正官)은 정통적인 지배자라면 편관(偏官)은 혁명이나 강압에 의한 지배자로 구분할 수 있다.

■ 일주(日柱)가 건왕(健旺)하면 편관(偏官)을 두려워하지 않으나, 허약하면 편관(偏官)이 칠살(七殺)로 변해 무서운 호랑이가 된다. 이때 인수(印綬)와 상생(相生)하면 오히려 좋게 작용한다.

■ 여명이 신왕(身旺)하나 관살(官殺)이 혼잡하면 남편궁이 혼잡하니 부부운에 변화가 있거나 단명하거나 곡절이 많다.

丙	甲	庚	乙	乾
寅	戌	辰	酉	命

이 사주는 관(官)이 태왕(太旺)하나 봄철의 왕목(旺木)으로 태어났다. 그러나 다행히 시(時)의 병화(丙火)가 왕성해 제살(制殺)하니 용신(用神)이 되었다. 초년에는 고통이 있어도 시(時)에 용신(用神)이 있으니 말년은 좋다.

■ 년월(年月)의 편관(偏官)이 왕성하면 부모와의 인연이 박하고, 혈통있는 가문이 아니다. 그러나 상생(相生)하여 희신(喜神) 작용을 하면 가문이 일어난다.

■ 월(月)의 편관(偏官)이 왕성하면 형제덕이 없고, 일찍 사망한 형제가 있다. 만일 장남이 편관(偏官)이 왕성하면 집안에 불길한 일이 생긴다.

■ 편관(偏官)이 왕성하면 상생(相生)하거나 제살(制殺)하는 식신(食神)이나 상관(傷官)을 만나야 일주(日柱)를 보존할 수 있다.

■ 일주(日柱)보다 편관(偏官)이 왕성하면 무관직·권력직과 인연이 많고, 인수(印綬)로 상생(相生)하면 문관직과 인연이 많다.

■ 남명이 관살(官殺)이 혼잡하면 색을 좋아하며 음란하다. 이런 사주는 거관유살(去官留殺)이나 합살유관(合殺留官)이 되어야 귀격을 이룬다.

■ 여명이 편관(偏官)이 많은데 일주(日柱)가 허약하면 창녀가 되거나 불구자가 되거나 단명한다.

■ 여명이 정관(正官)이나 편관(偏官)이 많은데 재(財)가 관(官)을 생(生)하면 부부간에 변화가 생기거나 간부를 둔다.

■ 여자는 편관(偏官)이나 정관(正官)을 남편으로 보는데, 관살(官殺)이 혼잡하거나 삼합(三合)으로 혼잡해지면 남편을 알아보지 못할 정도로 음란하다고 한다.

■ 여명이 정편관(正偏官)이 비견(比肩)이나 겁재(劫財)와 동주(同柱)하면 자매가 한 남자를 두고 다툰다.

- 무오(戊午)·병오(丙午)·임자(壬子)·신유(辛酉)일생이 편관(偏官)이 있으면 남편과 이별하거나 첩이 된다. 그러나 간호원이나 조산원 등으로 나가면 면할 수 있다.
- 여명이 관(官)이 합(合)하여 기신(忌神)이 되면 천하며 고독하고, 삼합국(三合局)이 되어 극(剋)이 심해도 고독이나 단명 등이 따른다.
- 여명이 편관(偏官)이 목욕(沐浴)과 동주(同柱)하면 남편이 풍류객이고, 장생(長生)과 동주(同柱) 하면 귀명의 남편과 인연이 많고, 사묘절(死墓絶)과 동주(同柱)하면 사별한다.
- 편관(偏官)은 우직하며 순수하나 고집과 성격이 강하고, 우유부단하나 식신(食神)이나 상관(傷官)으로 잘 다듬어주면 좋은 격을 이룬다.

```
丁   乙   辛   癸      乾
亥   酉   酉   未      命
```

이 사주는 시(時) 식신(食神)으로 왕성한 편관(偏官)을 다스리니 귀명이 되었다.

- 편관(偏官)은 조급하며 지는 것을 싫어하고, 투쟁심이 강하며 권모술수에 능하다.
- 편관(偏官)은 식상(食傷)으로 다듬거나 인수(印綬)로 설기(泄

氣)하여 왕강(旺强)한 편관(偏官)을 다스리면 좋은 격을 이룬다. 그러나 재(財)가 편관(偏官)을 생(生)하여 일주(日柱)의 극(剋)이 심하면 매우 난폭해 흉칙하고, 심하면 요절하기도 한다.

■ 신왕(身旺)한데 편관(偏官)이 허약하면 재성(財星)이 관(官)을 생(生)하여 편관(偏官)이 왕성한 것을 반긴다. 이때는 편관(偏官)이 왕성해 무법자인 일주(日柱)를 제도하여 사주가 중화되기 때문이다.

■ 사주가 신왕(身旺)하면 관(官)으로 다스리거나 일주(日柱)의 왕기(旺氣)를 설기(泄氣)해야 중화가 된다. 그러나 왕성한 일주(日柱)를 인수(印綬)가 생(生)하거나 비겁(比劫)이 와서 일주(日柱)를 더욱 왕성하게 하면 일주(日柱)를 다스릴 수 없는 것과 같아 무법자가 된다.

■ 편관격(偏官格) 사주가 양인(羊刃)이 있어 살인격(殺刃格)이 되면 위엄과 권위가 있다. 그러나 살왕(殺旺)한데 제화(制化)가 없으면 모사꾼이나 허황된 사람으로 말썽을 일으킨다.

■ 편관(偏官)이 제화(制化)되면 검찰·경찰·감사·군인 등의 권력직을 갖는 경우가 많다. 그러나 제화(制化)되지 못하면 깡패·사기꾼·강도·흉악범 등이 되는 경우가 많다.

■ 편관(偏官)이 격이 좋으면 고관·국회의원·군인·법관 등으로 명망을 얻는다.

■ 편관격(偏官格) 사주가 인성(印星)으로 중화되면 문인이 많이 나오고, 여기다 식상(食傷)이 제살(制殺)하면 권력을 갖는다.

- 살이 매우 허약하여 재(財)의 생부(生扶)가 없는데 인성(印星)이 일주(日柱)를 생(生)하면 가난한 선비에 불과하다.

- 편관격(偏官格) 사주가 제화(制化)되어 중화를 이루었는데 재(財)가 유근(有根)하면 기술업이나 기업체의 고급간부가 많고, 다방면에 유능하다.

- 편관(偏官)은 남자에게는 자식이고, 여자에게는 간부나 애인으로 본다. 만일 사주에 정관(正官)이 없으면 정부(正夫)로도 본다. 편관(偏官)이 충(沖)되면 남자는 자식궁이 불길하고, 여자는 남편궁이 불길하다.

- 편관(偏官)은 비겁(比劫)인 형제를 극(剋)하니, 편관(偏官)이 왕성하면 형제가 죽거나 형제의 수가 적다. 특히 월령(月令)에 편관(偏官)이 있으면 작용이 더욱더 강하고, 편관(偏官)이 왕성하면 형제덕이 없고 고독하다.

- 편관(偏官)이 희신(喜神)인데 인수(印綬)가 일주(日柱)를 생(生)하면 무관벼슬을 한 집안이거나 망했던 집안이 조부나 아버지 대에 다시 일어난 집안이다.

- 신왕(身旺) 사주가 편관(偏官)이 희신(喜神)인데 허약하여 재(財)가 살편관(殺偏官)을 생(生)하면 아내덕으로 출세하고, 자식 중에 큰 인물이 나온다. 여자는 돈을 벌어 남편을 출세시키거나 친정의 도움으로 남편을 출세시킨다.

- 여명이 정관(正官)이 없어 편관(偏官)을 정부(正夫)로 삼으면 편관(偏官)이 왕성해야 남편덕이 있다. 편관(偏官)이 허약하거

나 식상(食傷)의 극(剋)이 심하면 남편과 사별하거나 남편이 무능하다.

■ 시(時)에 편관(偏官)이 하나 있는데 사주와 중화되면 귀격을 이룬다.

■ 편관격(偏官格) 사주가 인성(印星)으로 일주(日柱)를 생(生)하면 살인화격(殺印化格)이라 하고, 식상관(食傷官)이 살을 다스리면 식신제살격(食神制殺格)이라 한다. 재(財)가 관(官)을 생(生)하면 재생관격(財生官格)이라고 하고, 사주에 관(官)과 살이 혼잡하면 관살(官殺) 혼잡이라고 한다.

■ 사주가 살왕(殺旺)한데 일주(日柱)가 신약(身弱)하면 인성(印星)으로 살인상생(殺印相生)해야 좋고, 일주(日柱)가 왕성하면 식상(食傷)으로 제살(制殺)하여 식신제살격(食神制殺格)을 만들어야 좋다.

■ 편관격(偏官格)은 일주(日柱)가 왕성하니 식신(食神)으로 관(官)을 제화(制化)시킨다. 식신(食神)은 머리와 지혜를 뜻하니 깡패와 같이 흉폭한 편관(偏官)을 지혜로 다스리는 것과 같다.

■ 편관(偏官)이 흉신이면 간합(干合)으로 작용하지 못하게 해야 좋고, 길신이면 합(合)되는 것이 나쁘다.

■ 편관(偏官)이 태과(太過)하여 흉신인데 제화(制化)가 없으면 빈천하거나 단명한다.

■ 편관(偏官)이 약한데 제(制)하는 식상(食傷)이 많으면 약살제강(弱殺制强)이라 하고, 편관(偏官)이 강한데 식상(食傷)도 강

하면 강살제약(强殺制弱)이라 한다. 이 두 가지는 중화를 잃었으니 평생 빈천하거나 불안하다. 특히 일간(日干)이 허약한데 편관(偏官)을 만나면 평생 고난을 면하기 어렵다.

- 편관(偏官)이 왕성하면 성격이 급하며 주색을 좋아한다. 재기(財氣)를 설기(泄氣)하여 왕성해졌기 때문이다.

- 편관(偏官)은 중화를 이루어도 정관(正官)만큼 예의나 언행이 바르지 않다.

- 년월(年月)의 편관(偏官)이 중화되어 격이 좋으면 조부나 아버지 대에 일어난 집안이고, 시(時)의 편관(偏官)이 중화되면 자신의 대에 귀격을 이룬다.

- 살은 힘을 뜻하고, 인(印)은 덕을 뜻한다. 살인(殺印)이 상생(相生)하면 힘과 덕을 갖춘 명장이다. 지혜와 덕이 만인을 제압하는 힘을 가지니 사주가 중화되면 일등귀인이 된다.

- 여명이 신약(身弱) 사주인데 편관(偏官)이 왕성하고, 재성(財星)이 편관(偏官)을 생(生)하면 남편이 돈만 들어오면 아내에게 고통을 준다.

- 편관(偏官)이 흉신이면 극제(剋制)하는 식상(食傷)이 길신이고, 편관(偏官)이 길신이면 관(官)을 극(剋)하는 식상(食傷)이 흉신이다.

- 관살(官殺)이 혼잡하여 살을 제거했는데 살운(殺運)이 오면 살 작용이 살아나니 흉하고, 관(官)을 제거했는데 관운(官運)이 오면 격이 깨지니 흉하다.

- 시(時)의 편관(偏官)이 흉신이면 평생 사회에 말썽만 피운다.

- 년주(年柱)나 월주(月柱)의 편관(偏官)이 미미하면 미미한 가문의 출신으로 고향을 떠나 객지에서 자수성가한다.

- 종살격(從殺格) 사주는 살왕운(殺旺運)에 발복하고, 종살진격(從殺眞格) 사주는 귀격을 이룬다.

- 편관(偏官)이 용신(用神)인데 편관운(偏官運)이 오면 남자는 승진이나 자녀의 기쁨이 있고, 미혼여자는 좋은 인연을 만난다. 대개 용신(用神)이 들어오는 해는 미결된 일들이 잘 풀리나 타고난 격국(格局)에 맞는 일만 풀린다.

- 편관(偏官)이 흉신인데 편관(偏官)년이 오면 사업의 어려움이 따르고, 직장인은 고통과 변화가 생긴다. 또한 형제궁에 근심이 생기거나 질병, 손재 등이 따른다. 심하면 형사상의 처벌이나 유혹에 빠져 고생한다.

- 신왕(身旺) 사주가 편관(偏官)이 왕성한데 인수(印綬)로 살인상생(殺印相生)하면 총명한 문사로 명망이 높지만, 편관격(偏官格)이 나쁘면 세력을 믿고 큰 소리 친다.

- 일주(日柱)가 약한데 칠살(七殺)이 왕성하면 화액이 따르고, 칠살(七殺)이 약한데 제복(制伏)이 심하면 뜻밖의 위험이 따른다.

- 신약살왕(身弱殺旺)한데 재(財)가 살을 생(生)하면 요절하거나 불구자가 된다.

- 칠살(七殺)이 삼합(三合)하는데 인수(印綬)가 없으면 불안이 떠나지 않는다.

- 편관격(偏官格) 사주가 제화(制化)되면 편관(偏官)이 되고, 무제(無制)하면 칠살(七殺)이 된다.

- 편관격(偏官格) 사주는 영특하나 권모술수에 능하며 자신을 높이 평가한다.

- 신왕살강(身旺殺强)하면 자존심이 강하나 경솔하며 중상모략을 많이 당한다.

- 신살강건(身殺强健)하면 모사가 유능하며 남을 이기는 것을 좋아한다.

- 칠살(七殺)이 무제(無制)하면 인격이 용렬하고, 제화(制化)되면 영특하다.

- 칠살(七殺)이 가벼운데 제(制)가 중하면 성격이 흉폭하고, 살충(殺沖)하면 흉한 일이 생긴다.

- 칠살(七殺)은 무(武)·예술·문장·관리의 신이니 제극(制剋)이 태과(太過)하면 가난한 선비에 불과하다.

- 년(年)의 편관(偏官)은 조상의 업을 이어받기 어렵고, 뿌리가 깊고 길신이면 벼슬한 집안의 자손이다.

- 시상편관격(時上偏官格)이 월기(月氣)에 통하면 무관의 직업으로 명성을 얻는다.

- 종살진격(從殺眞格)이면 관계·권력계·정계 등 사회적인 명망이 있다.

- 월지(月支)에 정편관(正偏官)이 있으면 편관(偏官)의 특성을 가지니 명예·우월감·과대한 욕심 등이 있다.

■ 여명이 음일주(陰日柱)이면 재(財)가 있어야 좋고, 남명이 양일주(陽日柱)이면 양관(陽官)이 있어야 좋다. 양일주(陽日柱)는 양관(陽官)이 나와야 좋고, 음일주(陰日柱)는 정관(正官)이 나와야 좋다. 그러나 경일주(庚日柱)는 음관(陰官)이 좋다.

■ 년지(年支)의 관(官)이 유근(有根)한데 용신(用神)이면 가장 좋다. 관(官)은 조상인데 조상자리인 년지(年支)에 있으니 조상이나 하늘의 혜택이 있고, 월지(月支)는 싹과 같으니 그 다음으로 좋다. 노력에 비해 재물이 많고 말년복과 자식복이 있다.

■ 관(官)이 기신(忌神)이면 부모덕이나 조상덕 등 윗사람의 음덕이 없다.

■ 남자는 아내덕이 있으면 자식덕이 좋은 편이나, 여자는 육친법이 남자와 달라 자식과 남편의 구분이 다르다. 남자와 같은 점도 많으나 음양(陰陽) 관계에서 달라진다.

■ 초년에 대운(大運)에서 관운(官運)이 오면 조부모궁의 글자가 나타나는 격이니, 타향이나 외가나 조부 밑에서 자라거나 양자로 간다.

■ 여명이 재관(財官)이 왕성한데 인수(印綬)가 없으면 남편의 허욕과 강압 때문에 고통스럽다.

辛　乙　己　癸　　　坤
巳　酉　未　酉　　　命

이 사주는 재관(財官)이 왕성한데 신약(身弱)하니 부성(夫星)에 파란곡절이 많다.

■ 여명이 신강(身强)한데 재관(財官)이 강하면 노력해도 욕만 듣고 항상 금전의 고통이 따른다.

庚　乙　辛　辛　　　坤
辰　丑　卯　巳　　　命

이 사주는 관살(官殺)이 혼잡하여 여러 남자를 거느리는 격이 되어 기생팔자다. 여명이 관살(官殺)이 혼잡하면 미인이나 천한 경우가 많다. 그리고 관살(官殺)이 왕성하니 편한 것을 좋아하며 이상만 높아 망상적이다. 인수(印綬)가 부족해 관(官)을 제화(制化)하지 못하니 성격이 편고(偏枯)되기 마련이다.

■ 양인(羊刃) 위에 관(官)이 하나 있으면 남편궁이 위태롭다.
■ 관(官)이 있으면 상관(傷官)은 관(官)의 적이니 주의해야 한다.
■ 여명이 관(官)이 없는데도 남편의 사랑을 받으며 잘 사는 것은 격국(格局)이 다르기 때문이다. 관(官)이 강하면 없는 것만 못한 때가 많다.
■ 여명이 상관(傷官)이 관(官)을 상하게 만들면 남편을 상하게 하거나 조상을 욕먹인다.

■ 관(官)이 약한데 재(財)가 관(官)을 생하지 않으면 관운(官運)
  이 있어도 미약하다.

8. 정관(正官)

대자연의 질서는 참으로 준엄해 바꿀 수도 없고 탓할수도 없다.
그래서 정관(正官)을 정법(正法)이라고도 한다. 정법(正法)은 위계
질서를 말한다. 억고불변 자리잡고 자기가 맡은 일만 하고 있는 태
양이 있다. 수억만 개의 별과 달을 위시한 태양계의 질서가 정교하
게 순행하고 있기에 지구에는 춘하추동이 있는 것이다. 움직일 수
없는 산하의 자연이 있기에 자연의 모습따라 만생군락들이 옹기종
기 모여 그곳의 기후와 풍토에 맞춰 살고 있으니 이것이 정법정관
(正法正官)이다.

부모와 자식을 천륜이라 하여 파괴하지 못하듯이, 자연과 인간도
천륜관계가 되어 이를 거역하지 못한다. 만일 어느 한 곳을 거역한
다면 자연으로부터 엄청난 도전을 받아 자연재해를 당하듯이 천륜
은 준엄한 것이다. 그러므로 정관(正官)은 충효·공평·정직·양
심 등과 같이 바른 자세와 바른 정신을 모체로 하여 생활하기 때
문에 사주에 정관(正官)이 좋은 작용을 할 때는 만인의 추앙을 받
는 인격자가 된다.

- 정관(正官)은 음양(陰陽)이 바른 올바른 지배자를 말한다. 바른 행동과 언행으로 만인의 존경을 받고, 천혜의 음덕이 있는 귀성으로 최고의 영광과 벼슬을 뜻한다.
- 정관(正官)은 남자에게는 자식과 조카를 의미하고, 여자에게는 정부(正夫)와 조모를 의미한다.
- 정관(正官)은 가계의 정통성을 의미하고, 신용과 자비심이 많아 사리판단이 공명정대하며 용모가 단정하고 청순하다.
- 여명이 정관(正官)이 용신(用神)이면 정부(正夫)가 용신(用神)이 되므로 일주(日柱)와 조화를 이루면 존경받는 천하일품의 부인이 된다.
- 남명이 정관(正官)이 용신(用神)이면 바른 가통의 자손이고, 재(財)가 관(官)을 생(生)하여 조화를 이루면 현명한 아내를 만나고 자손에게도 영화가 따른다.
- 여자는 정관(正官)을 정부(正夫)로 보고 편관(偏官)은 간부로 보니, 관살(官殺)이 혼잡하면 품행이 방정하지 못하고 천하다.
- 정관(正官)이 희신(喜神)인데 재(財)가 관(官)을 생(生)하여 조화를 이루면 유산이나 가통을 이을 사람이다.
- 사주에 정관(正官)이 많으면 일주(日柱)가 허약해지니 길조가 아니다.
- 사주에 정관(正官)이 하나만 있는데 편관(偏官)이나 상관(傷官)이 없으면 강직한 군자다.
- 남명이 관(官)이 용신(用神)인데 재(財)가 재생관(財生官)하여

길조가 되면 처가덕으로 출세하거나 현명한 아내를 만난다.

■ 신왕(身旺)한데 관(官)이 있으면 벼슬과 출세를 하나, 관(官)이 너무 왕성하면 일주(日柱)가 관(官)을 감당하지 못하니 오히려 발전하지 못한다.

■ 년주(年柱)에 정관(正官)이 있으면 장남이다. 차남으로 태어나도 가문의 후계자가 되고, 청년기에 명성을 얻는다.

■ 일지(日支)에 정관(正官)이 있는데 인성(印星)이 일주(日柱)와 상생(相生)하면 품행이 방정하며 공명정대하다.

■ 년월(年月)에 정관(正官)이 유근(有根)하여 상생(相生)하면 좋은 가문의 후손이다.

■ 시주(時柱)에 정관(正官)이 있으면 현량한 자식을 두고 만년에 발달한다. 정관(正官)이 용신(用神)이면 용모가 아름답다.

■ 여명이 관(官)이 형충파해(刑沖破害)되면 매우 흉하고, 상관(傷官)이 극관(剋官)해도 흉하다. 관성(官星)이 천을덕(天乙德)이나 귀인이면 좋은 남편을 만난다.

■ 정관(正官)이 장생(長生)과 동주(同柱)하면 좋은 남편을 만나고, 목욕(沐浴)과 동주(同柱)하면 색을 좋아하는 남편을 만나고, 사묘절(死墓絶)이나 공망(空亡)과 동주(同柱)하면 남편덕이 없다.

■ 여명이 정관(正官)이 태왕(太旺)하면 부부간에 불화한다. 독신으로 살거나 화류계로 나가거나 종이 된다.

■ 여명이 정관(正官)이 합(合)되면 애교가 많고, 인수(印綬)가 태

왕(太旺)하면 잠자리가 쓸쓸하다.

■ 정관격(正官格) 사주가 격이 좋으면 행정고관이나 뛰어난 경영자가 되고, 모범적이며 명망이 있다.

■ 정관격(正官格) 사주가 진술축미(辰戌丑未)일생이면 인색하고, 재관격(財官格) 사주가 격이 좋으면 재무계통에서 고위직에 오르거나 기업의 경영자가 많다.

■ 정관격(正官格) 사주가 인성(印星)이 있어 상생(相生)으로 격국(格局)이 잘 이루어지면 대학자·연구가·정치가·참모 등으로 명성을 얻는다.

■ 여명이 관왕(官旺)하면 수녀나 승려가 되거나 독신으로 산다.

■ 남명이 정편관(正偏官)이 있어도 쇠강(衰强)하면 자식덕이 박하다.

■ 정관(正官)이 약한데 상관(傷官)이 왕성하면 자식이 일찍 죽거나 무능하여 손자가 가통을 이어받는다.

■ 여명이 상관(傷官)이 왕성해 관(官)의 극(剋)이 심한데 구해주는 인성(印星)이 없으면 남편과 일찍 사별하거나 자식을 낳은 후 별거한다.

■ 인수(印綬)가 태왕(太旺)하여 관(官)의 설기(泄氣)가 심하면 남편이 무능하거나 남편의 가권을 빼앗는다.

■ 여명이 정관(正官)이 왕성한데 인성(印星)이나 상관(傷官)이 있어 조화를 이루면 가정이 화목하다.

■ 정관(正官)이 강하고 상관(傷官)이 왕성해도 재성(財星)으로

통관(通關)시켜 관(官)을 생조(生助)하면 남편이 영달한다.

■ 관살(官殺)이 혼잡해도 상관(傷官)이 관(官)을 다스리면 길하나, 인성(印星)이 식상(食傷)을 극(剋)하면 상관(傷官)이 무용지물이 된다.

■ 여명이 관성(官星)이 없는데 비겁(比劫)이 왕성하면 남편을 극(剋)한다. 여명은 대개 너무 신왕(身旺)하면 불길하다.

■ 정관격(正官格) 사주가 재(財)를 만나면 재생관(財生官)하여 남편을 더욱 영달하게 한다. 그러나 재관(財官)이 너무 왕성해지면 오히려 흉이 된다.

■ 관(官)이 아무리 좋아도 일주(日柱)와 조화를 이루어야 좋은 것이다. 정관(正官)이 용신(用神)이면 정관(正官)이 왕성해야 부귀가 더욱 좋다.

■ 정관격(正官格) 사주가 일주(日柱)보다 관(官)이 약하면 재(財)가 좋고, 일주(日柱)보다 관(官)이 왕성하면 인성(印星)이 좋고, 인성(印星)이 없으면 식상(食傷)이 있어야 한다. 식상(食傷)이 있는데 재(財)가 있으면 재생관(財生官)하여 관(官)이 왕성해진다.

■ 정관격(正官格) 사주가 형충파해(刑沖破害)가 있으면 귀가 없어지고, 식상(食傷)의 극(剋)이 심하면 천해진다.

■ 정편관(正偏官)이 왕성한 식상(食傷)을 만나면 강아지가 호랑이를 보는 것과 같아 쓸모없게 된다.

■ 관격(官格)도 체(體)와 용(用)의 균형과 조화에 따라 사주의

청탁고저(淸濁高低)가 구분된다.

■ 관성(官星)이 충(沖)하면 고향과 인연이 박하고, 관살(官殺)이 혼잡하면 성질이 급하고 손버릇이 나쁘다.

■ 정관격(正官格) 사주가 편관(偏官)을 만나면 탁해지고, 신약(身弱)한데 인성(印星)이 있으면 관살(官殺)이 있어도 상생(相生)되어 일주(日柱)를 생(生)하니 흉하지 않다.

■ 정관(正官)은 선정(善政)의 신이요 충신의 신인데 편관(偏官)이 또 있어 정편관(正偏官)이 섞여 있으면 악정(惡政)이 되니 정관(正官)은 편관(偏官)을 싫어한다.

■ 목정관(木正官)은 인격이 청고하고, 화정관(火正官)은 성급하며 불안하나 악을 보면 추상같은 엄한 기질이 있고, 토정관(土正官)은 강직하고, 금정관(金正官)은 결단이 뛰어나며 경제관념이 특출하고, 수정관(水正官)은 지혜로우며 만사에 사려가 깊다.

■ 월일지(月日支)에 정관(正官)이 있으면 어질며 영리하고 재능이 있으며 계획적이다.

■ 정편관(正偏官)이 태왕(太旺)하면 겁이 많고 자유가 억제된다. 비겁(比劫)의 성분이 자유분방함을 누르기 때문이다.

■ 관(官)이 희신(喜神)이면 조심성이 많고 예의가 바르며 준법정신이 강하다.

■ 무관(無官) 사주는 관(官)의 지배가 없으니 부모나 상사가 없는 것과 같다. 이런 사주는 예의가 없고 자유분망하며 겸손함이 부족하다.

- 비겁(比劫)이 많으면 젊은 친구가 많고, 정편관(正偏官)이 많으면 노숙한 사람을 많이 사귀고, 관(官)이 없으면 무해무덕하다.

- 천간(天干)은 순리, 하늘의 뜻, 외부에서 일어나는 일을 의미한다. 지지(地支)는 인위적인 행동, 노력, 내부에서 일어나는 일을 의미한다.

- 일지(日支)에 정관(正官)이 있으면 자기만 위해주기 바라는 마음이 강하고, 관(官)이 용신(用神)이면 오락이나 잡기를 싫어하며 점잖고 실수를 하지 않으려고 조심한다.

- 여명이 관(官)이 기신(忌神)이면 팔자가 좋지 않다. 돈은 많이 벌어도 품격이 탁하다.

- 여명이 정관(正官)이 용신(用神)이면 첫남편이 좋고, 편관(偏官)이 용신(用神)이면 두 번째 남편이 좋다.

- 관격(官格)에 상관(傷官)이 왕성하면 여자는 자식을 낳은 후 남편과 사별하거나 별거한다.

- 여명이 재왕관왕(財旺官旺)하면 재(財)는 시어머니이고 관(官)은 남편이니 시어머니가 자식에게 극성스러워 본인이 고생하며 고부간의 갈등이 많다.

- 신강(身强)한데 인수(印綬)가 없고 재관(財官)만 왕성하면 초년에 횡액이나 질병이 따르고, 부부운이 나빠 파란곡절이 많다.

- 여명이 정관(正官)이 유근(有根)하여 상생(相生)하면 가장 좋은 명이 된다.

- 여명이 관왕(官旺)하면 본인이 관(官)의 극(剋)을 받아 약해진

다. 그러나 약한 여자가 남편에게 사랑받고 사는 경우가 많으니 오히려 길하다.

■ 여명이 상관(傷官)이 왕성하면 병이 된다. 관(官)인 남편을 극(剋)하니 좋지 않다. 상관토수격(傷官土水格)이니 목화통명격(木火通明格)이니 하여 길한 상관격(傷官格)도 있으나 여자의 운명은 남편에 달려 있으니 남편이 잘 되는 것이 좋다. 여자의 청탁고저(淸濁高低)는 남자와 다르게 본다.

■ 여명은 편관(偏官)이 재생관(財生官)되어 좋은 명을 이룰 수도 있다. 요즘처럼 돈만 있으면 명예를 가질 수 있는 이치와 같다.

■ 여명이 관약(官弱)한데 식상(食傷)이 왕성하면 남편이 하는 일이 안 되고, 자식이 속을 썩인다.

■ 여명이 재(財)만 왕성하며 희신(喜神)이면 생관(生官)하니, 자신이 돈을 벌어 남편을 출세시킨다. 따라서 재(財)가 용신(用神)이면 남편복이 있는 경우도 많다.

9. 편인(偏印)

편인(偏印)은 변기(變機) 또는 효신(梟神)이라고도 한다. 이 말은 자연계의 순조로운 질서가 아니라 변칙적인 질서로 자연을 괴롭히고 재앙을 일으키는 작용을 한다 하여 붙여진 이름이다. 이는 어머니의 순정이 아니라 서모의 위선적인 정이라고 생각하면 된다.

예를 들어 자식이 배가 고픈데 먹이를 주지 않는 것도 그렇고, 반대로 배가 불러 터질 것만 같은데도 억지로 먹여 탈나게 하는 것과 자식의 괴로움은 생각하지도 않고 오히려 자기만의 괴로움을 자식에게 덮어 씌우려는 것 모두는 어미의 순정이라 할 수 없는 것이다.

이처럼 자연에서도 필요한 만큼의 물과 바람이 불어주고, 필요한 때 적당한 물과 바람이 있다면 좋겠지만 불필요할 때 많은 비가 내려 홍수를 만들고 태풍이 불어 재난을 일으킨다면 누가 좋아하겠는가. 이것이 변기작용이다. 이는 예측불허한 돌발돌출의 자연재해와 같아 인간에게 초조·불안·공포를 만들듯이 사주에서도 편인(偏印)은 사람을 괴롭히는 작용을 한다. 변태성·기만·배신·도벽·가식 등의 생각을 갖게 하며, 간섭을 결코 용납하지 않는 괴벽성도 강하다. 예술·문학·오락·잡기 등에 능한 것도 알고 보면 편인(偏印)의 성질에서 비롯된 것이니, 이런 방면에서 자신의 소질을 개발하면 큰 명성을 얻을 것이다.

- 정인(正印)은 음양(陰陽) 배합이 올바로 된 친어머니에 비유하고, 편인(偏印)은 음양(陰陽) 배합이 편중된 서모나 계모에 비유한다.
- 정인(正印)은 유정이라는 뜻을 갖고 있고, 편인(偏印)은 무정이라는 뜻을 갖고 있다.
- 편인(偏印)은 수복을 해치는 신이고, 식상(食傷)을 파극(破剋)

한다. 길작용을 하면 편인(偏印)이라 하나, 흉작용을 하면 도식(倒食)이라 하고, 수명을 해친다고 하여 효신살(梟神殺)이라고 한다.

■ 편인(偏印)은 파재 · 실권 · 질병 · 이별 · 고독 · 박명 · 색난 등을 의미한다. 사주에 편인(偏印)이 많으면 불행하다는 뜻이다.

■ 편인(偏印)의 성격은 처음에는 부지런하나 곧 싫증를 느끼며 용두사미로 끝내는 경우가 많고, 도량이 넓으나 변덕이 심하다. 그러나 편업에는 적합하여 예술가 · 의사 · 승려 · 배우 등으로 명성을 얻는 경우가 많다.

■ 편인(偏印)이 식상관(食傷官)을 만나면 위와 같은 특성이 뚜렷하나, 재(財)를 만나면 억제된다.

■ 편인(偏印)은 눈치가 빠르며 재치가 있고, 다재다능하며 임기응변에 능하다. 예능방면에서 특출한 경우가 많다.

■ 인수(印綬)가 왕성하면 식상(食傷)을 극(剋)하기 때문에 사주 조직이 나쁘면 직업이나 의식주에 변화가 많고 항상 불안하다.

■ 여명이 편인(偏印)이 있으면 눈치가 빠르고 재치가 있어 인기를 모을 수 있고, 예능인이나 술장사 등으로 성공하기도 한다. 다만 자식궁인 식상(食傷)의 극(剋)이 심해 자식이 속을 썩이며 불량하기 쉽다.

庚　戊　丁　丙　乾
申　戌　酉　申　命

이 사주는 득령(得令)한 식신(食神)이 4개나 있으니 일주(日柱)의 설기(泄氣)가 너무 심하다. 이때는 정인(正印)과 편인(偏印)을 가리지 않고 생부(生扶)하면 길신이 되어 편인(偏印)도 길신작용을 한다.

戊 戊 丙 庚 乾
午 戌 戌 申 命

이 사주는 무토(戊土)가 4개나 있으니 뿌리가 튼튼해 일주(日柱)가 극왕(極旺)하다. 신왕(身旺)하면 설기(泄氣)를 기뻐하는데, 년주(年柱)의 경신(庚申)이 왕성한 토(土)를 설기(泄氣)하여 길신이 된다. 인성(印星)은 일주(日柱)를 더 왕성하게 하고, 용신(用神)인 식신(食神)을 극(剋)하니 병이 된다. 신왕(身旺)할 때는 정인(正印)과 편인(偏印)이 모두 기신(忌神)이 된다.

- 사주에 편인(偏印)이 많으면 일찍 부모와 이별하고, 처자식과도 인연이 박해 재앙과 불명예가 따른다. 여자는 더욱 심하다.
- 사주에 편관(偏官)과 편인(偏印)이 있는데 식신(食神)이 있으면 신체가 왜소하고 재물덕이 박하다.
- 월지(月支)의 편인(偏印)이 왕성하면 의사·운명가·의약업·종교인·예능인·이발사 등 편업에 종사하고, 쇠병사묘(衰病死絶) 등의 십이운성(十二運星)이 있으면 인기가 없고, 재성(財

星)이 왕성하면 상사나 윗사람의 방해가 따른다.

■ 월지(月支)에 편인(偏印)이 있는데 사주에 재(財)와 관살(官殺)이 있으면 부귀하다. 특히 편재(偏財)가 있으면 흉조가 사라진다.

■ 일지(日支)에 편인(偏印)이 있으면 결혼운이 나쁘고, 사주에 식신(食神)과 상관(傷官)이 또 있으면 어릴 때 젖이 부족하다.

■ 편인(偏印)과 비견(比肩)이 동주(同柱)하면 결혼에 애로가 많고, 정인(正印)이나 편인(偏印)이 있으면 두 가지 직업에 종사한다.

■ 편인(偏印)과 장생(長生)이 동주(同柱)하면 친어머니와 인연이 박하고, 목욕(沐浴)과 동주(同柱)하면 계모나 양모 밑에서 성장한다.

■ 편인(偏印)과 건록(建祿)이 동주(同柱)하면 의사나 기술업 등의 특수분야와 인연이 많고, 부귀한 집안에서 태어났어도 크면서 집안이 기운다.

■ 편인(偏印)과 제왕(帝旺)이 동주(同柱)하면 계모나 서모 밑에서에 자란다. 여자는 자식덕이 박하며 자손의 해가 따르고, 유산이나 산액이 따른다.

■ 여명이 편인(偏印)이 많으면 남편과의 인연이 박하고, 상관(傷官)과 동주(同柱)하면 남편이나 자손과 인연이 박하다.

■ 편인(偏印)이 중첩하면 용모가 추하고, 편재(偏財)가 길이 잘 들면 인수(印綬)를 능가하는 차분한 성격을 갖는다.

- 편인(偏印)이 흉신이면 성격이 각박하고, 합화제극(合化制剋)으로 중화되면 겉으로는 성인군자 같으나 속으로는 예측할 수 없는 사람이다.

- 편인(偏印)이 겁재(劫財)나 양인(羊刃)과 동주(同柱)하면 말은 번지르하게 잘 하나 간교하며 자비심이 없다.

- 무(戊)일생이 편인(偏印)이 있으면 눈을 잘 속이고, 금(金)일생이 편인(偏印)이 있으면 진실을 잘 숨긴다.

- 편인격(偏印格)이 왕성하면 계획은 좋으나 처음과 끝이 같지 않다.

- 편인(偏印)이 허약하면 말이 진실하지 못하다.

- 편인(偏印)이 왕성하면 노후가 처량하며 자식덕이 온전하지 못하나 희신(喜神)이면 무방하다.

- 신약(身弱)한데 편인(偏印)이 왕성하면 배우자와 자식궁이 불길하다.

- 여명이 왕성한 편인(偏印)이 일주(日柱) 옆에 있고, 식상(食傷)이 편인(偏印) 옆에 있으면 식상(食傷)을 극(剋)한다. 유산이나 조산 등의 산액이 따르고, 성생활로 인한 질병으로 고생한다.

- 사주는 네 기둥의 조화에 따라 희신(喜神)과 기신(忌神)이 구분되고, 나쁜 육신(六神)도 구조에 따라 길신작용을 한다. 편인(偏印)이나 상관(傷官)과 같은 나쁜 육신(六神)이라도 일주(日柱)를 도와주고 이로움을 주면 길신이 되고, 아무리 좋은 육신(六神)이라도 일주(日柱)에게 방해와 해만 된다면 흉신이 된다.

- 편인(偏印)은 정인(正印)과는 달리 스포츠·예술·기술·의학·종교·문학·역술·무속인 등 편업에 종사한다. 그러나 편재(偏財)가 인수(印綬)를 다스리면 정인(正印)과 같은 직업을 가질 수도 있다.

- 편인격(偏印格) 사주가 정관(正官)이 있으면 관인화격(官印化格)이 되고, 편관(偏官)이 있으면 살인화격(殺印化格)이 된다. 이런 사주는 격이 좋으면 정치가나 행정가로 명성을 얻는다.

- 편인(偏印)이 흉신인데 정관(正官)이나 편관(偏官)이 있어 상생(相生)하면 편인(偏印)은 더욱 야비하고 흉폭해진다.

- 편인(偏印)이 간합(干合)하여 작용하지 않으면 좋으나, 만약 간합(干合)을 극(剋)하는 오행(五行)이 합(合)을 깨면 흉폭함이 강해진다.

- 편인(偏印)이 흉신일 때는 재신(財神)으로 다스리면 약이 된다.

- 상관(傷官)이 흉신일 때는 인성(印星)으로 다스리면 약이 된다.

- 관성(官星)이 흉신일 때는 식상(食傷)으로 다스리면 약이 된다.

- 재성(財星)이 흉신일 때는 비겁(比劫)으로 다스리면 약이 된다.

- 비겁(比劫)이 흉신일 때는 관성(官星)으로 다스리면 약이 된다.

- 악신도 다스리면 흉신작용을 하지 못하니 좋고, 반대로 길신을 충극(沖剋)하면 길함이 없어지니 나빠진다.

- 월지(月支)나 일지(日支)의 편인(偏印)이 제화(制化)되지 않으면 재난이 많고 복이 없다. 그러나 천덕(天德)이나 월덕(月德) 등 귀인이 있으면 그렇지 않다.

- 편인(偏印)이 인수(印綬)와 혼잡하거나 형충파해(刑沖破害)되면 남의 눈치만 보고 산다.

- 편인격(偏印格)인데 재성(財星)으로 편인(偏印)을 다스리면 자수성가하며 복이 많다.

- 사주에 관(官)이 왕성한데 인수(印綬)가 없으면 편인(偏印)이라도 관인상생(官印相生)하면 길명이 된다.

- 년월(年月)에 편인(偏印)이 있는데 일시(日時)에 식상(食傷)이 왕성하면 조상의 업을 받아도 지키지 못한다.

- 남명이 년월(年月)의 편인(偏印)이 일시지(日時支)의 식상(食傷)을 상하게 하면 아내의 시집살이가 고통스럽다.

- 사주에 편인(偏印)이 왕성한데 대운(大運)이나 세운(歲運)에서 식상운(食傷運)이 오면 재액이 일어나고, 심하면 횡사한다.

- 여명이 편인(偏印)이 식상(食傷)을 심하게 극(剋)하여 병이 되면 재성운(財星運)에 자식을 두거나 자녀의 경사가 있거나 재물이 들어온다.

- 편인(偏印)은 일주(日柱)가 신약(身弱)할 때 도와주면 좋고, 관왕(官旺)하여 일주(日柱)의 제극(制剋)이 심할 때 관인(官印)이 상생(相生)하면 좋고, 식상(食傷)이 왕성해 병이 될 때 식상(食傷)을 다스려주면 길신이 된다.

- 신왕(身旺)한데 편인(偏印)과 재성(財星)이 있으면 조상의 업을 버리고 자수성가한다.

- 도식(倒食)과 효신(梟神)은 공망(空亡)되거나 충(沖)되면 좋고,

편인(偏印)은 충(沖)이나 공망(空亡)되면 흉하다. 다시 말해 편인(偏印)이 흉신으로 작용하면 공망(空亡)이나 충(沖)으로 억제해야 길하고, 길신으로 작용하면 공망(空亡)이나 충(沖)을 싫어 한다.

- 도식격(倒食格)인데 재성(財星)이 없으면 단명하거나 만사가 용두사미격이고, 건강이 온전하지 못하다.

- 편인격(偏印格)이 재관(財官)을 만나면 귀명을 이룬다.

- 편인(偏印)이 길신이면 부모형제나 상사의 도움이 있고, 문서로 좋은 일이 생긴다.

- 대운(大運)이 편인운(偏印運)인데 세운(歲運)에서 식신(食神)이나 상관(傷官)을 만나면 재난과 건강에 이상이 생기고, 여자는 자손의 걱정이 생긴다.

- 편인(偏印)이 기신(忌神)인데 편인운(偏印運)이 오면 문서에 모사나 시비가 따르고, 건강이 나빠져 고생한다.

- 신강(身强)한데 인수(印綬)가 없으면 참을성이 없고, 신약(身弱)한데 재왕(財旺)하면 돈약속을 지키지 않는다. 이런 사주는 본성이 게으르고 돈쓰는 것도 무질서하다.

- 편인(偏印)은 생명의 전달자, 자라나는 기운, 도움받는 기운, 사물을 보는 단면적인 편입감, 종교나 역사 등 조상에 대한 인연 등 사주의 조직에 따라 작용이 다양하니 잘 살펴야 한다.

- 편인(偏印)은 정인(正印)보다 문학·종교·철학·예능방면에 재능이 있고, 명예욕이 강하다.

- 편인격(偏印格)인데 관(官)이 용신(用神)이면 정치가·군인·법조인·기자 등과 인연이 많다.

- 편인(偏印)은 도식(倒食)의 성질과 같아 심술이 많다. 남이 잘 되는 것을 못 보며 비웃기를 잘 한다.

- 정편인(正偏印)이 혼잡되면 중심이 없다. 귀가 엷고 믿기 어려운 사람이다.

- 지지(地支)에 편인(偏印)이 무리지어 있는데 천간(天干)에 식신(食神)이 있으면 욕심이 태산과 같아 만족할 줄 모른다. 여기다 재(財)까지 있으면 부자라고 자랑은 하나 언제 편인(偏印)이 식신(食神)을 극(剋)하여 파재(破財)를 일으킬지 모른다.

- 사주에 편인(偏印)·겁재(劫財)·양인(羊刃)이 진을 치고 있으면 겉으로는 온화한 것 같으나 속으로는 독과 반항하는 기질이 강하다.

- 편인(偏印)이 국(局)을 이루면 단명·요절·빈곤 등이 따르고, 평생 풍류객으로 살아간다.

- 편인(偏印)이 중첩되면 하는 일마다 근심이 따른다. 정법이 아닌 편법으로 살려는 기질이 있어 평생 염문을 일으킨다.

- 사주에 편인(偏印)이 많으면 변화가 많아 종잡을 수 없고, 반항하는 기질이 강해 속마음을 털어놓을 친구가 못 된다.

- 사주에 편인(偏印)이 많으면 이해심과 배려가 없고, 냉정하며 무정하다. 단것을 보면 간사하고, 쓴것을 보면 돌아선다.

10. 인수(印綬)

 부모와 자식간은 무조건적인 관계다. 동물의 세계에서 어미가 새끼에게 먹이를 주어 기르는 것은 도덕을 떠나 본능이다. 이것은 자연의 온갖 만물이 창조적 진리에 의해 본능적으로 생육한다. 이를 넓은 뜻으로 해석하면 공기·물·태양열 등과 같다. 이들은 예쁘고 밉고를 떠나 무조건 필요한 자에 공급하는 공유(共有)이기에 필요로 하는 자에게는 어머니와 같은 존재다.

 사람은 이를 인수(印綬)라고 하는데 인수(印綬)는 생조작용을 한다. 인수(印綬)는 사주에서 신비스런 작용을 할 때도 있다. 인수(印綬)는 산하대지와 일월성신의 보호신과도 같아, 때로는 조상신에게 꿈으로 선몽을 받아 위태로움을 피하게도 해주고, 좋은 일을 있게 하여 광영을 주기도 하는 길신이다.

- 정인성(正印星)은 인수(印綬)라고 하고, 편인(偏印)이 흉신작용을 하면 도식(倒食)이나 효신(梟神)이라 한다. 인수(印綬)는 나를 생(生)하여 주는 것이니 나를 기르며 가르치는 것이다. 어릴 때는 젖이 되고, 자라서는 지식과 경험을 뜻한다.
- 인수(印綬)는 어머니를 뜻하니 인수(印綬)가 있으면 자비심이 있으며 슬기롭고 어질며 착하고 따뜻하며 인정이 많다.
- 인수(印綬)는 남자에게는 어머니나 장모를 뜻하고, 여자에게는 어머니와 사위를 뜻한다.

■ 인수(印綬)가 약한데 관(官)이 있어 관인상생(官印相生)하여 일주(日柱)가 건왕(健旺)하면 부모덕이 있고, 좋은 가문의 출신으로 교육을 제대로 받아 행동과 언행이 모범적이다. 그러나 인수(印綬)가 허약하며 형충파해(刑沖破害)되면 어머니덕이 부족하고, 교육이 중단되며 상사나 스승과의 인연이 약하다.

■ 인수(印綬)는 지혜·학문·총명의 뜻이 있다. 따라서 인의를 알며 군자나 대인의 기풍이 있고 온후하며 단정하고 만인의 신망을 얻는다.

■ 사주에 인수(印綬)가 있으면 연구심이 강하며 기술이 능하고 기획성이 풍부하다. 사회를 위해 헌신하며 정도를 걸어간다.

■ 남명이 인수(印綬)가 일주(日柱)와 형(刑)되거나 충(沖)되면 모자간에 정이 없고, 어머니와 아내의 갈등이 심하다.

■ 년월(年月)에 인수(印綬)가 있는데 길신이면 부모 유산을 받고, 좋은 집을 갖는다.

■ 시(時)에 인수(印綬)가 있는데 희신(喜神)이면 자식이 번창하고 노후가 안락하다.

■ 인수(印綬)가 충극(沖剋)되거나 기신(忌神)이면 평생 좋은 집에 살기 어렵다.

■ 사주에 인수(印綬)가 너무 많으면 남자는 자식덕이 없고 아내와 이별수가 따른다. 여자는 어머니와 인연이 박하고 남편덕이 없으며 평생 풍파가 많다.

■ 월주(月柱)의 인성(印星)이 길신이면 초년에 문장으로 이름을

날리고 총명한 문사가 된다. 여기다 관(官)이 있어 생인(生印)하면 부귀를 이룬다.

■ 인수(印綬)는 관(官)이 있어야 명망이 높다. 관(官)이 없으면 총명하고 재능은 있으나 명망은 높지 않다.

■ 신왕(身旺)한데 인성(印星)이 많으면 아내와 자식궁이 불길하고 일에 막힘이 많다.

■ 인수(印綬)와 상관(傷官)이 동주(同柱)하면 어머니와 의견충돌이 많고, 인수(印綬)와 재(財)가 동주(同柱)하면 어머니와 아내의 사이가 좋지 않다 .

■ 여명이 인수(印綬)가 상관(傷官)이나 양인(羊刃)과 동주(同柱)하면 남편·자식과 인연이 약하여 독신으로 살거나 수도자가 된다.

■ 여명이 관성(官星)이 약한데 인성(印星)이 태왕(太旺)하면 남편궁이 산란하다. 자신이 가장노릇을 하면서 살아간다.

■ 인수(印綬)가 정관(正官)과 동주(同柱)하면 성격이 치밀하며 자존심이 강하고 가정교육을 잘 받은 사람이다. 인성(印星)이 편관(偏官)과 동주(同柱)하면 과단성이 있으나 조급하다.

■ 인수(印綬)가 길신이면 음식솜씨가 뛰어나다. 낭비가 없고 판단이 정확하며 알뜰하다.

■ 인수격(印綬格)인데 정관(正官)의 뿌리가 있으면 대학자·문교계통·수뇌·학구적인 정치인 등 학문을 바탕으로 하는 직업을 갖는다.

■ 인수격(印綬格)이 편관(偏官)의 뿌리가 있으면 군인·법관·경찰·기자·기술분야의 고위직이나 경영자가 많다.

■ 인수격(印綬格)이 인수(印綬)가 왕성하면 인자한 성격의 소유자로 교육자나 종교인이 많고, 노년까지 학문을 연구한다.

■ 사주에 인수(印綬)와 편인(偏印)이 같이 있으면 두 가지 직업을 갖고, 인수(印綬)와 화개(華蓋)가 동주(同柱)하면 종교인이나 예술인으로 명망을 얻는다.

■ 인수(印綬)가 있는데 재(財)가 심하게 극제(剋制)하면 어릴 때 어머니를 떨어져 성장한다.

■ 인성(印星)이 충파(沖破)되면 조상의 업을 받기 어렵고, 인성(印星)이 장생(長生)이면 어머니가 인자하며 현명하다.

■ 년(年)의 인성(印星)이 유력하면 명망있는 집안의 자손이고, 월지(月支)나 일지(日支)에 인성(印星)의 고(庫)가 있으면 망한 집안의 자손이다.

■ 인수격(印綬格)인데 일지(日支)에 재성(財星)이 있으면 결혼한 후 일이 막히고, 아내 때문에 막힘이 많다.

■ 사주에 인수(印綬)가 왕성하면 자식덕이 없고 노후를 고독하게 보낸다.

■ 인수격(印綬格)의 뿌리는 관성(官星)이다. 관(官)이 있으면 재(財)가 와도 인성(印星)이 탁해지지 않으니 성품이 고매하다.

■ 신왕(身旺)한데 인성(印星)이 왕성하면 식상관(食傷官)과 재(財)가 같이 있어야 현달한다. 만일 식상(食傷)만 있으면 인성

(印星)의 극(剋)을 받아 흉해진다.

- 인수격(印綬格)은 일주(日柱) 생기의 신이므로 갑자기 극(剋)을 심하게 받으면 불귀객이 되거나 흉재가 따른다.

- 관(官)이 흉신인데 인성(印星)이 나타나면 관(官)을 교화하여 길신으로 만드니 길조가 따른다.

- 인수격(印綬格)이 파격(破格)되면 조상의 업을 지키지 못하고 고향을 떠나 자수성가한다.

- 인수격(印綬格)이라도 인수(印綬)가 갑자기 태왕(太旺)하여 사주의 균형이 깨지면 여러 가지 재난이 일어난다.

- 인수격(印綬格)이 인수(印綬)가 상하지 않으면 평생 복덕이 많고 상사나 스승의 덕이 많다.

- 인성(印星)이 강하고 신약(身弱)한데 식상(食傷)이나 재(財)가 태왕(太旺)하면 매사에 막힘이 많고 평생 가난하다.

- 신강(身强)한데 인성운(印星運)이 오면 재(財)와 용(用)의 균형이 깨지니 흉하고, 융통성이 없어 독선으로 흐르기 쉽다.

- 인수(印綬)는 인내·성실·양보·종교·기획·머리·꾸준함·기술·근면·희생·문서·조직·경험·노숙·가정·안식처·조상·생명·생기·정직·역사·상사·밤·잠·느림·순응 등의 뜻이 있다.

- 남명이 일지(日支)에 인수(印綬)가 있으면 결혼한 후 부모와 멀어진다. 자식을 두면 아내(財)를 따라가니 인수(印綬) 부모를 치는 것이다.

■ 사주에 인수(印綬)가 있으면 보수적이며 동정심이 많고 착하다. 그러나 약고 예리한 면은 적다.

■ 사주에 인수(印綬)가 있으면 사람을 가려 사귀고 무질서한 생활을 싫어한다. 외곬의 기질이 있어 장기적인 직업으로 나가면 성공한다. 그러나 사주에 재(財)가 나타나면 인수(印綬)의 특성이 변한다.

■ 여명이 인수(印綬)가 왕성하면 인내와 고난의 별이 된다. 인수(印綬)가 태왕(太旺)하면 관(官)이 허약하여 늦게 결혼하거나 후실로 가고, 돈버는 재주는 없다.

■ 인수(印綬)가 태왕(太旺)하면 관(官)의 기운을 설기(泄氣)시켜 잘 살던 집안이 자신이 태어난 후 망한다. 결혼할 때도 부모의 속을 썩인다.

■ 정인격(正印格)인데 인수(印綬)가 형충(刑沖)되거나 공망(空亡)되면 실직 등 불길한 변화가 생긴다.

■ 여명이 인수(印綬)가 왕성하여 상관(傷官)을 심하게 극(剋)하면 남편과 잠자리가 나쁘다. 불평불만이 많거나 공방수가 있거나 생리사별한다.

■ 남명이 정인(正印)이 있으면 아내덕이 있다. 정인(正印)은 아내의 재물이다. 알뜰한 아내를 만나거나 처가의 재물덕을 본다.

■ 인성(印星)이 용신(用神)이면 부모에게 의지하거나 부모가 자신에게 의지한다.

■ 사주에 인수(印綬)가 있으면 성실하나 융통성이 부족하고, 인수

(印綬)가 없거나 있어도 허약하면 근면과 끈기가 약하다.

■ 인수(印綬)가 왕성하면 늙어서도 돈이 있어야 한다. 인수(印綬)
가 식상(食傷)을 극(剋)하니 자식의 도움이 없기 때문이다.

■ 인성(印星)이 년주(年柱)에 있거나 월령(月令)에 있거나 일지
(日支)에 있으면 성실하며 노력하는 사람이다. 시주(時柱)에 있
는데 희신(喜神)이면 자식이 착실해 노후가 편안하다.

■ 여명이 인수(印綬)가 태왕(太旺)하면 식상(食傷)을 극(剋)하니
자식이 공부를 잘 하지 않는 등 자라면서 애를 먹인다.

■ 인성(印星)이 태왕(太旺)하면 식상(食傷)이 위축되어 자기보다
못한 자식을 두고, 인수(印綬)가 기신(忌神)이며 태왕(太旺)한
아내를 만나면 그 집안의 자손은 볼 것이 없다.

■ 인수(印綬)가 태왕(太旺)하면 식상(食傷)을 극(剋)하니 입이
짧고 편식한다. 여기다 재(財)가 없으면 위가 작고, 위장병이
생긴다.

■ 인수(印綬)가 너무 왕성해 식상(食傷)의 극(剋)이 심하면 식상
(食傷)은 자기 몸에서 나가는 것을 의미하니, 머리회전이 늦거
나 사고방식이 잘못되어 사고를 일으킨다.

■ 인수(印綬)가 용신(用神)인데 재(財)가 와서 인수(印綬)의 제
극(制剋)이 심하면 어릴 때는 청개구리 심사가 있고 공부는 하
지 않고 놀기만 한다.

■ 인수(印綬)가 식상(食傷)을 극(剋)하면 잘 체하고 식중독이나
음식으로 인한 병이 생기고 피부병이 따른다.

- 여명이 인왕(印旺)하여 식상(食傷)을 심하게 극(剋)하면 인수(印綬)가 도식(倒食)으로 변하여 식복이 없고, 자식농사도 실패한다. 그러나 재(財)가 있어 인수(印綬)를 다스리면 구제할 수 있다.

- 여명이 인수(印綬)가 왕성하면 후실로 가거나 결혼에 곡절이 많고 남편과 자식도 말썽만 피운다. 부모가 돈 때문에 강제로 결혼시키는 경우도 있다.

丁	乙	壬	壬	坤
丑	未	子	申	命

이 사주는 남편이 바람을 피워 속을 썩으면서도 자신의 노력으로 살고 있다. 식상(食傷)이 용신(用神)이고 인수(印綬)가 왕성해도 극(剋)은 없으니 자식은 무난할 것이다.

庚	庚	己	戊	坤
辰	戌	未	戌	命

이 사주는 인수(印綬)가 너무 태왕(太旺)하여 건달과 강제로 결혼했다. 매를 맞으면서도 자기가 돈을 벌어 생활한다. 관(官)이 인성(印星)에 설기(泄氣)되어 무력하므로 남편이 하는 일이 되지 않는다. 사주가 너무 메말라 편고한데다 식신(食神)도 암장(暗藏)되

어 자식도 애를 먹일 것이니, 눈물과 인내로 살아야 할 운명이다. 여명이 인수(印綬)가 왕성한데 기신(忌神)이면 자식덕과 남편덕이 없고, 자식도 대를 잇기 위해 낳는 경우가 많다.

■ 여명이 관(官)이 없으면 재(財)로 생관(生官)해야 좋은데, 사주에 인수(印綬)가 있고 기신(忌神)이면 재(財)를 쓸 수 없다. 이런 사주는 돈만 생기면 사고나 말썽을 부리니 더 나쁘다.

■ 여명이 관왕(官旺)하면 인성(印星)이 통관(通關)되어야 길하다. 만약 인성(印星)이 없으면 시집가는 날부터 남편에게 심한 구박을 받는다.

■ 인수(印綬)가 희신(喜神)인데 인수운(印綬運)을 만나면 집·문서·시험·승진 등의 즐거움이 따른다.

■ 인수(印綬)가 있으면 속이 깊고 넓으며 나이가 들어 보인다.

■ 사주에 인수(印綬)가 있으면 나이가 많은 사람과 의견이 잘 통하고, 비겁(比劫)이 있으면 자신보다 어린 사람과 잘 통한다. 인수(印綬)를 쓰느냐 못쓰느냐에 따라 인덕이 있는지 없는지를 알 수 있다.

■ 여명이 인수(印綬)가 관성(官星)과 같이 있어 관인상생(官印相生)되면 남편이 미남이고, 다른 여자가 남편을 좋아한다.

■ 여명이 인수(印綬)가 있으면 성실하며 인내가 있다. 그러나 태왕(太旺)하여 흉신이 되면 자식과 남편궁에 애로가 많다.

■ 인수(印綬)가 왕성한데 상관(傷官)의 극제(剋制)가 심하면 꿈

자리가 나쁘고 항상 건강이 좋지 않다. 상관(傷官)이 인성(印星)과 동주(同柱)하면 변덕스러워 생각이 하루에도 몇 번씩 바뀐다.

■ 재왕(財旺)한데 인수(印綬)를 심하게 극제(剋制)하면 자신이 태어난 후부터 부모의 일이 잘 되지 않는다.

■ 재왕(財旺) 사주가 인수(印綬)의 극(剋)이 심한데 또 재왕운(財旺運)을 만나면 돈 때문에 부모와 등을 돌리고 문서나 관재 송사가 생긴다.

■ 인수(印綬)가 용신(用神)이면 꾸미는 것을 좋아하지 않아 화장이나 멋을 부리지 않는다.

■ 중년에 인성운(印星運)이 왕성하게 들어오면 부모와 인연을 암시한다. 자식에게 신경쓸 일이 생기고, 자신의 건강이나 걱정할 일이 생긴다.

■ 인수(印綬)가 왕성해 기신(忌神)이 된 사주를 며느리로 삼기 꺼리는 것은 남편과 자식궁에 고난이 많기 때문이다.

■ 사주에 인수(印綬)가 왕성하면 자식을 많이 낳아도 평생 신경쓸 일 뿐이다. 키울 때도 잔병이 많거나 문제가 많다.

■ 인수격(印綬格) 사주는 평생 잔병이 없고, 인수운(印綬運)에 길신이 들면 병마를 퇴치한다.

■ 인수(印綬)가 정재(正財)를 만나면 마음이 인자하고 인정이 많아 큰 일을 도모하기 어렵다.

■ 인수(印綬)가 상관(傷官)을 만나면 인색하고 마음의 동요가 심

하다.

■ 인수(印綬)가 왕성한 재(財)를 만나면 남자는 아내로 인해 불
  행한 일이 생기고, 여자는 고부간에 갈등이 심하다.

■ 인수(印綬)가 재(財)보다 강하면 학마재(學魔財)가 되어 학업
  운이 없고, 평생 원하지 않는 직업에 종사한다.

12. 가족의 길흉

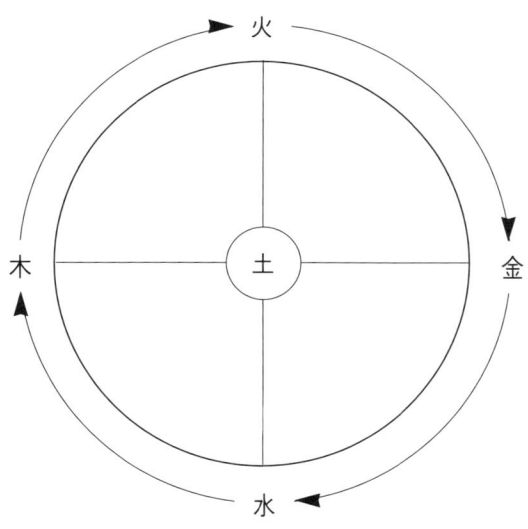

목(木)은 무한대로 크고 싶고, 화(火)는 무한대로 흩어지고 싶고, 금(金)은 무한대로 모으고 싶고, 수(水)는 무한대로 단단해지고 싶고, 토(土)는 이들의 무한대 직선운동을 못하게 원운동을 시킨다.

앞의 그림처럼 수(水)는 화(火)를 향해 올라가고, 화(火)는 수(水)를 향해 내려간다. 수(水)는 올라가는 동안 목(木)을 만나 크게 팽창시키고, 화(火)는 내려가는 동안 금(金)을 만나 제련시키고 수(水)의 자리로 돌아온다. 이렇게 수(水)와 화(火)는 상극(相剋)이면서도 호선(好善) 작용을 한다. 이때 수(水)를 생명의 어머니라 하고, 화(火)를 생명의 아버지라 한다.

사람도 이처럼 수승화강(水昇火降) 작용이 잘 되어야 건강한 삶을 살 수 있다. 머리는 수(水)가 상승해 서늘해야 하고, 하체는 화(火)가 하강해 따뜻해야 하는 것처럼 말이다. 생명의 씨앗이며 보고라고까지 칭송받는 단전(丹田)도 그렇다. 상단전(上丹田)·중단전(中丹田)·하단전(下丹田)으로 3분한다. 상단전(上丹田)은 인당(印堂)으로 신(神)을 맡고, 중단전(中丹田)은 심장으로 기(氣)의 뿌리이며, 하단전(下丹田)은 전립선과 자궁으로 정(精)의 뿌리다.

단전(丹田)은 전립선과 자궁에 들어 있는 에너지가 심장에 올라와 사람을 생기있게 만들고는 건전한 정신 속으로 올라온다. 인당(印堂)까지 올라온 신(神)은 낮에는 활동시간이니 잠을 자고 있는 듯이 어디론가 숨어버리고, 밤에는 천하를 주유하며 주인이 된다. 낮과 밤에 따라 영혼과 의식이 자리를 바꿔가며 사는 것은 참으로 흥미롭다.

남녀를 불문하고 정력이 좋아야 하는 것은 말할 필요도 없다. 여기서 말하는 정력이란 하단전(下丹田)으로 남자는 전립선, 여자는 자궁이라고도 한다. 남자의 전립선은 정자의 밭이고, 여자의 자궁은 난자의 밭으로 새 생명을 창조하는 곳이다. 참으로 위대하며 근엄한 곳이다. 나랏님이 계신 구중궁궐이요 천하제일 명당이라고 말해도 지나치지 않으니 함부로 하지 말라. 새 생명의 씨앗이 건장할 때 나도 튼튼, 가정도 튼튼, 나라도 튼튼해지는 법이다.

음양(陰陽)의 이기생법(理氣生法)에 의해 우리는 사람으로 태어났다. 천일생수(天一生水)한 양정자는 음난자와 교합해 비로소 축토(丑土)에 응고됨으로 수태해 열 달만에 태어난 것이다. 열 달이란 십(十)이라는 동서남북의 기가 모여 만든 것이고, 동서남북은 사방을 뜻하며 전후좌우의 기합(氣合)을 뜻한다.

한 인간이 열 달만에 태어나기란 이처럼 어렵다. 어느 한 기(氣)만 부족해도 완전한 인간이 탄생할 수 없으니, 인간은 빈부귀천을 떠나 모두 귀하다. 다만 수복의 후박은 사주팔자에 따른 것이다.

동(東) 3, 서(西) 4, 남(南) 2, 북(北) 1. 이것은 하도(河圖)의 수리에서 비롯된 것으로 만수를 뜻한다. 중앙 토(土) 역시 5다. 5는 뱃속의 중앙이면서 음양(陰陽)의 배합이 있어야 十이 되므로 5×2=10이 되어 뱃속에서도 열 달을 채워야 완성된 인간을 출생시킨다. 그러나 정확하게는 10개월이 아닌 9개월 째 태어난다. 이것은 1 2·3·4·5 중 생수(生數) 1·3·5가 합해 9가 되므로 9개월째 태어나는 것이다. 그리고 사람마다 입태(入胎) 일수는 모두 다르다.

※ 입태(入胎) 일수

자오(子午)일생 = 276일

축미(丑未)일생 = 266일

인신(寅申)일생 = 256일

묘유(卯酉)일생 = 246일

진술(辰戌)일생 = 296일

사해(巳亥)일생 = 286일

위의 입태(入胎) 일수를 평균내보면 271~275일이다. 그렇다면 사람이 입태(入胎)하는 날은 언제인가를 알아보자. 태어난 날의 천간(天干)일에 입태(入胎)하고, 입태일지(入胎日支)가 충(沖)하는 날 태어난다. 이것은 천일생수(天一生水)한 날, 즉 음양(陰陽)이 교합한 날을 말한다. 이날은 하늘의 기가 땅에 내린 날이다. 천간(天干)의 기(氣)는 불변이므로 이날은 하늘로부터 하나의 기(氣)를 받고 태어났기에 출생한 날이 입태(入胎)한 천간(天干)일과 같다.

속담에 씨 도둑질은 못한다는 말이 있다. 이것은 입태(入胎)일의 천간(天干)과 출생일의 천간(天干)이 같기 때문이다. 하늘에서 천일생수(天一生水)하여 씨앗을 뿌렸으니 다른 씨가 나올 수 없다. 만약 천일생수(天一生水)가 아니라 천이생수(天二生水)라면 그 씨가 아닐 수도 있다. 그러나 하늘에서는 이를 허용하지 않으니 우주의 법도는 엄숙하기 이를 데 없다. 얄팍한 인간의 지능으로 잠시는 속일 수 있을지 모르나 영원하게 속일 수는 없다.

하늘은 아버지요 땅은 어머니다. 어머니의 뱃속에서 열 달을 채우고 충(沖)하는 날 태어난다. 충(沖)은 충격이요 자극이다. 두꺼운 껍질을 깨고 씨앗이 터지는 것도 충(沖)이요, 병아리가 두꺼운 알껍질을 깨고 부화하는 것도 충(沖)이며, 사람이 어둡고 두꺼운 양수주머니에서 터져나오는 것도 충(沖)이다. 이렇게 만물은 모두 충(沖)을 받아 출생한다. 이런 충(沖)을 호충(好沖)이라 한다.

1. 부모의 길흉

천일생수(天一生水)하여 나를 낳았으니 아버지는 하늘이요, 아버지에게 씨를 받아 나를 뱃속에 넣고 키웠으니 어머니는 땅이다. 천(天)의 아버지는 하늘의 상징이라 가정에서는 하늘과 같이 지엄하고, 지(地)의 어머니는 기름진 밭에서 나를 잘 양육했으니 땅과 같이 자애롭다.

이처럼 천지조화의 합일로 태어나나 길흉화복은 다르다. 어느 누구는 천지합덕으로 부모가 장수하며 유복해 좋고, 누구는 부모가 무정해 좋지 않다. 이것을 사주의 구조로 알아본다.

■ 재(財)가 많은데 인(印)이 약하면 반드시 한쪽 부모를 잃는다.
■ 편재(偏財)가 약한데 비겁(比劫)이 많으면 아버지를 일찍 잃는다. 여기에 양인(羊刃)까지 있으면 작용력이 더 강하다.

- 비겁(比劫)이 많으면 아버지를 일찍 잃는다.
- 정재(正財)가 많으면 어머니가 일찍 개가한다.
- 편재(偏財)와 인수(印綬)가 심하게 충극(沖剋)되면 부모와 인연이 없다. 설사 있어도 도움이 되지 않는다.
- 편인(偏印)이 강한데 관살(官殺)이 중하면 부모와 인연이 없다.
- 인수(印綬)가 충파(沖破)되지 않으면 부모가 무병장수한다.
- 무토(戊土)일생이 임수(壬水)가 2개 투간(透干)되면 아버지가 두 분이다.
- 년(年)에 편관(偏官)이 득세(得勢)하면 한쪽 부모가 없다.
- 년월(年月)이 공망(空亡)되면 부모와 인연이 짧고 조상을 지키기 어렵다.
- 년월(年月)에 비겁(比劫)과 편재(偏財)가 무리를 이루면 아버지가 객사한다.
- 년월(年月)에 편인(偏印)이 중중하면 한쪽 부모와 인연이 없고 곤고하다.
- 년월일(年月日)에 편인(偏印)이 중첩하면 어릴 때 다른 집에서 자라거나 중년 이후에 처자식과 이별한다.
- 년일(年日)이 공망(空亡)되거나 충극(沖剋)되면 부모와 사별한다. 그렇지 않으면 불화가 심하다.
- 월(月)에 편재(偏財)가 있는데 사절(死絶)되면 반드시 아버지가 객사한다.
- 일지(日支)에 정인(正印)이 있으면 부모가 모두 장수하나 충극

(沖剋)되면 한쪽 부모가 없다.

■ 일(日)이 쇠(衰)나 절(絶)되면 아버지가 힘을 못쓴다. 그렇지 않으면 한쪽 부모와 인연이 없다.

■ 시간(時干)이 년월간(年月干)을 극충(剋沖)하면 아버지를 먼저 잃고, 시지(時支)가 년월지(年月支)를 극충(剋沖)하면 어머니를 먼저 잃는다.

그러나 위의 문항 중에서 제화(制化)가 잘 되면 오히려 유복하고 조상덕이 있다.

2 부부의 길흉

■ 사주의 천간(天干)에 재관(財官)이 일찍 투간(透干)하면 일찍 결혼한다.

■ 사주에 비견(比肩)·겁재(劫財)·양인(羊刃) 등이 있으면 부부 간의 불화로 가정이 위태롭다. 특히 비견(比肩)은 편재(偏財)를 극(剋)하고, 겁재(劫財)와 양인(羊刃)은 정재(正財)를 극(剋)하기 때문에 평화로운 가정을 꾸미기 어렵다.

■ 일간(日干)이 간여지동(干與支同)이면 극처극부(剋妻剋夫)한다. 그러나 부부의 사주가 똑같이 일간(日干)이 간여지동(干與支同)이면 면할 수 있다.

- 신왕(身旺)한데 재(財)의 뿌리가 좋으면 남자는 아내덕으로 부자가 되고, 여자는 시집이 부자다.
- 재(財)나 관(官)이 충극(沖剋)되지 않으면 부부가 행복한 일생을 보낸다.
- 남자는 재(財)가 묘(墓)되고, 여자는 관(官)이 묘(墓)되면 반드시 배우자를 잃는다.
- 양인(羊刃)이 중첩되거나 양인(羊刃)이 있는데 대세운에서 또 만나면 부부의 인연이 바뀐다.
- 편인(偏印)이 많은데 강하면 남의 배우자를 사랑한다.
- 인신사해(寅申巳亥)생은 술미(戌未)생과 결혼하면 크게 흥하고, 자오묘유(子午卯酉)생은 축진(丑辰)생과 결혼하면 크게 흥하다.
- 정유(丁酉)일생은 까다롭고 외로워서 좋은 배우자를 만나도 이별한다.
- 계사일생(癸巳日生)은 배우자가 병약하거나 주색에 빠져 가정을 돌보지 않는다. 그러나 여자는 나이 많은 남편을 만나면 면할 수 있다.
- 정사(丁巳)일생은 부부가 해로하기 어렵다. 그러나 겁재(劫財)가 손님을 모셔오는 행운도 있으니 위로를 받는 이로움도 있다.
- 을사(乙巳)일생은 간부를 둔다.
- 남명이 비겁(比劫)과 양인(羊刃)이 중중하면 아내로 인해 망신을 당하고 재해가 끊기지 않는다. 그럼에도 아내는 부끄러움을 모르는 사람이다.

- 남명이 비견(比肩)이 정재(正財)와 암합(暗合)하면 아내가 사통을 즐긴다.

- 남명이 재(財)가 많으면 어머니와 아내가 불화하고, 어머니가 가출하거나 단명하다.

- 남명이 편재(偏財)가 많으면 본처와 정이 없다.

- 남명이 정편재(正偏財)가 합(合)되면 아내가 색을 좋아한다.

- 남자가 진술축미(辰戌丑未)일생인데 화개(華蓋)가 있으면 아내가 병약하고 단명한다.

- 남명이 정재(正財)에서 월(月)의 지지(地支)가 사절(死絶)되면 딸을 낳은 후 아내와 사별한다. 이것을 처절(妻絶)이라 하는데 아들을 낳으면 무사하다.

- 남자가 신(申)일 진(辰)시생이거나 미(未)일 해(亥)시생이거나 인(寅)일 술(戌)시생이거나 축(丑)일 사(巳)시생이면 아내에게 상해가 생겨 사별한다.

- 남자가 인(寅)일생인데 축(丑)년이나 축(丑)운을 만나면 반드시 아내를 극(剋)한다.

- 남명이 년월(年月)이 일지(日支)를 충(沖)하면 조상에게 미움을 받는 것과 같고, 일지(日支)가 년월(年月)을 충(沖)하면 조상에게 불효하는 것과 같다.

- 남명이 월지(月支)에 비겁(比劫)이나 양인(羊刃)이 있는데 다른 주(柱)에 비겁(比劫)과 양인(羊刃)이 중중하면 아내와 생사이별을 면하기 어렵다.

- 남명이 월지(月支)에 비겁(比劫)과 양인(羊刃)이 많으면 아내가 현숙하지 못하다.

- 남명이 일지(日支)에 편인(偏印)이 있으면 결혼운이 나쁘고 아내가 음탕하다.

- 남명이 일지(日支)에 식신(食神)이 있는데 십이운성(十二運星)이 강하면 후하고 미색을 갖춘 현모양처를 만난다.

- 남명이 일지(日支)에 편인(偏印)이 있는데 극제(剋制)하지 못하면 아내의 용모는 볼 것이 없다.

- 남명이 일지(日支)에 편인(偏印)이 있는데 또 편인(偏印)이 중중하면 아내에게 질병이 많다.

- 남명이 일지(日支)에 재(財)가 있는데 용신(用神)이면 아내가 어질고 덕을 본다.

- 남명이 일지(日支)에 편관(偏官)이 있으면 아내가 아름다우나 허영심이 많다.

- 남명이 일지(日支)에 기신(忌神)이 있으면 평생 아내와 불화하며 반목한다.

- 남명이 일지(日支)의 재(財)가 희용신(喜用神)이면 아내가 명문가 출신이며 덕을 많이 본다.

- 남명이 일지(日支)에 재(財)가 있는데 다른 주(柱)에 또 있어 혼잡하면 부끄러운 아내를 둔다. 재혼해도 현명하지 못하다.

- 남명이 일지(日支)에 재(財)가 있어도 기신(忌神)이면 아내가 어리석고 열등하다.

- 남명이 일지(日支)의 재(財)가 암합(暗合)하면 아내가 정숙하지 못하다.

- 남명이 일지(日支)에 편인(偏印)이 있는데 신강(身强)하면 아내와 불화가 많고 결국은 이별한다.

- 남명이 일지(日支)에 정관(正官)이 있는데 희용신(喜用神)이면 아내가 현명하고 가정이 화평하다. 그러나 다른 주(柱)의 상관(傷官)이 정관(正官)을 극(剋)하면 이별한다.

- 남명이 일지(日支)에 편관(偏官)이 있는데 다른 주(柱)에 정관(正官)이 있어 관살(官殺)이 혼잡하면 아내가 두 마음을 갖고 있는 음흉한 사람이다.

- 남명이 일지(日支)가 형충(刑沖)되면 아내가 항상 동요하며 안정을 찾지 못한다.

- 남명이 일지(日支)가 양인(羊刃)인데 비겁(比劫)으로 신강(身强)해지면 반드시 아내를 손상시키고 생사이별한다.

- 남명이 일지(日支)가 역마(驛馬)에 앉으면 아내가 병약하며 게으르다.

- 여명이 관살(官殺)이 혼잡하면 반드시 재혼한다. 그렇지 않으면 남자관계가 복잡해 풍문을 일으킨다.

- 여명이 관(官)이 일찍 있으면 결혼을 일찍하거나 남자를 일찍 안다. 그러나 관(官)이 일찍 있는데 혼잡하면 늦게 결혼하는 경우도 있다.

- 여명이 재성(財星)이 많으면 남편이 무능하니 외조를 못받는다.

■ 여명이 정관(正官)이나 편관(偏官)이 하나 있는데 식신(食神)이나 상관(傷官)이 왕성하면 늦게 결혼한다.

■ 여명이 식상(食傷)이 왕성하면 결혼한 후 일찍 이별하고, 식상(食傷)이 좀 약하더라도 힘없는 관(官)이 투출(透出)하면 늦게라도 이별한다.

■ 여명이 정편관(正偏官)이 혼잡해도 식상(食傷)이 어느 것 하나를 제극(制剋)하면 남편이 현량하다.

■ 여명이 식상(食傷)이 태과(太過)하면 남편을 둘 수 없는 팔자다. 대세운(大歲運)에서 결혼한다 해도 불안하기는 마찬가지다.

■ 여명은 정편관(正偏官)이 혼잡된 것과 편관(偏官) 하나가 투간(透干)하고 지장간(支藏干)에 정관(正官)을 암장(暗藏)시킨 것은 같다. 이런 사주는 반드시 사통한다.

■ 여명이 지지(地支)에 편관(偏官)이나 정관(正官)이 하나 있으면 어질다. 그러나 관(官)이 협공되면 반드시 외정을 갖는다.

■ 여명의 상관(傷官)은 정부(正夫)를 극(剋)하므로 년월시간(年月時干)에 상관(傷官)이 투간(透干)하면 이별을 면하기 어렵다.

■ 여명의 식신(食神)은 편관(偏官)을 극(剋)하므로 년월시간(年月時干)에 식신(食神)이 있는데 편관(偏官)이 있으면 역시 이별을 면하기 어렵다.

■ 여명이 힘없는 정관(正官)이나 편관(偏官)이 투출(透出)했는데 대세운(大歲運)에서 식상(食傷)을 만나면 남편과 이별한다.

■ 여명이 일지(日支)에 식신(食神)이 있으면 남편이 너그럽고 인

물이 좋으며 풍만하다.

- 여명이 일지(日支)에 비겁(比劫)이 있는데 다른 주(柱)에 양인(羊刃) 등이 많으면 남편과 이별한다.

- 여명이 일지(日支)에 재(財)가 있는데 길성이면 남편이 재력이 풍부하다. 설사 가난하다 해도 결혼하면 부자가 된다.

- 여명이 일지(日支)에 편인(偏印)이나 인수(印綬)가 있으면 남편의 사랑을 받는다. 그러나 정편인(正偏印)이 중첩되면 다른 사람에게 질시와 질타를 받는다.

- 여명이 일지(日支)에 상관(傷官)이 있으면 결혼 후 곧 권태가 찾아와 이별을 재촉한다.

- 여명이 일지(日支)에 편인(偏印)이 있는데 합(合)으로 편인(偏印)이 강해지면 남편이 무능해 평생 불만이 많다.

- 여명이 일지(日支)가 충파(沖破)되면 첩의 팔자를 면하기 어렵다. 그렇지 않으면 재취자리이고, 재혼을 해도 해로하기 어렵다.

- 여명이 갑인(甲寅)이 있으면 반드시 과부가 된다.

- 여자가 갑인(甲寅)·무신(戊申)일생이면 반드시 과부가 된다.

- 여명이 식신(食神)이 왕성한데 관(官)이 약하면 자식을 낳은 후 남편과 정이 멀어진다.

- 여명이 신왕(身旺) 사주인데 재(財)의 뿌리가 좋으면 시집이 부자다.

- 여자가 해(亥)일에 태어났는데 자(子)가 있으면 남편이 하는 일을 사사건건 방해한다.

■ 여명이 정관(正官)에서 월(月)의 지지(地支)가 사절(死絶)되면 아들을 낳은 후 남편과 사별한다. 이것을 관절관사(官絶官死)라 하는데 딸을 낳으면 무사하다.

■ 여명이 인수(印綬)가 강하면 남편의 권리를 빼앗고 전횡을 일삼아 빈축을 산다.

3. 자식의 길흉

■ 사주에 자식을 극(剋)하는 오행(五行)이 있으면 자식을 두기 어렵다. 설사 행운(行運)에서 둔다 해도 병약해 효도와 봉양을 받기 어렵다.

■ 사주에 양(陽)이 많으면 아들을 낳고, 음(陰)이 많으면 딸을 낳는다.

■ 자식이 천간(天干)에 있으면 자식을 일찍 두나 지지(地支)에 있으면 늦게 둔다. 이것은 천간(天干)은 지지(地支)보다 작용이 빠르게 나타나기 때문이다.

■ 사주에 정인(正印)이나 편인(偏印)이 많으면 남녀 모두 자식을 두기 어렵다. 설사 있어도 변변치 못해 노고가 많다.

■ 자식의 열에 칠살(七殺)이 있으면 자식이 병약하거나 잃는다.

■ 자식이 형충(刑沖)되거나 공망(空亡)되면 자식이 변변하지 못하고, 늦게 두는 경우도 있다.

- 사주에 정편인(正偏印)이 극왕(極旺)하면 모자멸자(母子滅子)가 되어 자식이 변변치 못하고 버릇이 없거나 무능하다.

- 비겁(比劫)이 많아 일간(日干)이 왕성한데 인수(印綬)까지 있으면 신태왕(身太旺)하여 자식이 많지 않다. 어렵게 하나를 두어도 효도와 봉양을 받기 어렵다. 이로 인해 부부간의 정이 멀어지기도 한다.

- 일간(日干)이 극쇠한데 자식이 극왕(極旺)하면 종관(從官)하니 자식이 크게 성공한다.

- 일간(日干)이 약해도 인수(印綬)가 도와주면 현귀현출한 자식을 둔다.

- 일간(日干)이 약한데 인수(印綬)까지 없으면 자식이 병약하다.

- 일간(日干)이 왕성하면 재(財)를 기뻐하고, 약하면 인(印)을 기뻐한다. 이런 사주는 역극상생법(逆剋相生法)에 의해 좋은 자식을 둔다.

- 일간(日干)이 약해도 시(時)에 비겁(比劫)이나 양인(羊刃)이 있으면 자식의 효도와 봉양을 받는다.

- 일간(日干)이 왕성한데 시간(時干)에 비겁(比劫)이나 양인(羊刃)이 있으면 자식 때문에 가산이 기울어 곤고해진다.

- 일간(日干)이 왕성한데 시(時)에 편인(偏印)이 있으면 자식이 오만불손하며 야비하다.

- 일간(日干)이 태왕(太旺)하면 아들을 두지 못한다.

- 시(時)에 인수(印綬)가 있으면 자식이 어질며 효양심이 깊다.

- 시(時)가 형충파(刑沖破)되거나 공망(空亡)되면 불행한 자식이 있으나, 제극(制剋)과 합화(合化)되면 나중에는 좋아진다.

- 시(時)에 식신(食神)이 있고 신왕(身旺)하면 자식이 현출하다.

- 시(時)에 정관(正官)이나 편관(偏官)이 있는데 길신이면 자식에게 명리가 있고, 흉신이면 부모가 단명하다.

- 시(時)에 양인칠살(羊刃七殺)이 태왕(太旺)한데 기신(忌神)이면 자기 자식과는 인연이 없고 남의 자식을 키울 팔자요, 남의 자식을 키워주고도 구박을 받을 팔자다.

- 시(時)에 양인(羊刃)이나 상관(傷官)이 있는데 대세운(大歲運)에서 심하게 극충(剋沖)되면 반드시 가난하고 자식과 인연이 끊어진다.

- 시간(時干)이 양(陽)이면 아들을 먼저 낳고, 음(陰)이면 딸을 먼저 낳는다.

- 남명이 식상(食傷)이 왕성하면 자식이 없고, 있어도 불효한다.

- 남명이 관(官)이 장생(長生)이면 자식을 일찍 두고, 명조(命造)가 좋으면 이름 있는 자식을 둔다.

- 남명이 편관(偏官)이 많으면 딸만 둔다.

- 남명이 해해(亥亥)가 있으면 아들을 먼저 낳고, 사사(巳巳)가 있으면 딸을 먼저 낳는다.

- 여명이 편인(偏印)과 식신(食神)이 있으면 자식이 있어도 없는 것과 같다.

- 여명이 식신(食神)이 길신이면 자식이 집안을 일으킨다.

- 여명이 진술축미(辰戌丑未)가 많으면 자식을 낳지 못한다.
- 여명이 해해(亥亥)가 있으면 딸을 먼저 낳고, 사사(巳巳)가 있으면 아들을 먼저 낳는다.

4. 형제의 길흉

- 사주에 살이 많으면 형은 있으나 동생이 없다.
- 사주에 관살(官殺)이 많으면 형제가 없어 외롭다.
- 천간(天干)에 재(財)가 투간(透干)하는데 비겁(比劫)이 많으면 형제간에 재산싸움을 한다.
- 월지(月支)에 양인(羊刃)이 있거나 건록(建祿)이 있으면 장자의 명이다.
- 편재(偏財)나 식신격(食神格) 사주인데 비겁(比劫)이 많으면 형제와 항상 재물싸움을 한다.
- 재관(財官)이 왕성하며 신약(身弱)한데 비겁(比劫)이 있으면 형제들이 부귀영달한다.
- 일간(日干)이 왕성한데 비겁(比劫)과 양인(羊刃)이 있으면 형제간에 불목한다.
- 일간(日干)이 약한데 비겁(比劫)을 만나면 형제가 의롭다.
- 비겁(比劫)이 건록(建祿)에 앉으면 훌륭한 형제를 둔다.
- 비겁(比劫)이 심하게 형충(刑沖)되면 비명횡사하는 형제가 있

다. 그렇지 않으면 잔병치레하는 형제가 있다.

- 비겁(比劫)과 양인(羊刃)이 무리를 이루면 반드시 이복형제가 있으며 성격이 거칠다.
- 비겁(比劫)으로 신왕(身旺)사주가 되면 요절하고 빈곤한 형제가 있다.
- 비겁(比劫)과 양인(羊刃)으로 신강(身强) 사주가 되었는데 편인(偏印)까지 있으면 더욱더 태강(太强)해진다. 이때 편관(偏官)이 미약하고 재(財)까지 약하면 반드시 형제가 요절한다. 그렇지 않으면 의절하거나 행방불명된다.
- 비겁(比劫)이 많아도 편관(偏官)이 제화(制化)를 잘 하면 형제가 다정하며 유복하다.
- 비겁(比劫)이 형충(刑沖)이나 공망(空亡)되면 형제가 화목하지 못하다.

5. 나의 길흉

- 신왕재왕(身旺財旺) 사주이면 큰 부자가 된다.
- 사주에 양인(羊刃)이 있는데 음인(陰刃)이 있으면 광기가 대단하고 자해도 서슴치 않는다.
- 양인(羊刃)이 년(年)에 있으면 조상을 욕되게 하고, 월(月)에 있으면 부모를 욕되게 하며, 일(日)에 있으면 배우자를 상하게

하고, 시(時)에 있으면 자식을 욕되게 하고 말년이 추하다.

■ 사주에 편관(偏官)과 편인(偏印)이 합(合)되면 사생아나 서출이다.

■ 관살(官殺)이 혼잡한데 삼형(三刑)까지 있으면 가계가 복잡하다. 그러나 재(財)가 있으면 무난하다.

■ 사주에 편인(偏印)·편관(偏官)·편재(偏財) 등이 많으면 반드시 서출이거나 첩의 자식이다.

■ 사주에 비겁(比劫)이 많으면 음탕하며 추잡하다.

■ 남자는 일(日)을, 여자는 년(年)의 띠를 맞추어 상생(相生)되면 길합(吉合)으로 본다.

■ 사주에 양인(羊刃)·편관(偏官)·상관(傷官) 등이 있으면 반드시 친구 때문에 크게 패한다.

■ 사주에 해살(害殺)이 많으면 가정에 풍파가 끊기지 않는다.

■ 신유(辛酉)일생은 비밀스런 생활을 즐긴다.

■ 신해(辛亥)일생은 재(財)를 감춘 부자라고는 하나 안방이 냉하고 썰렁하다.

■ 신축(辛丑)일생은 내것 주고 뺨맞는 격이니 빈털털이다.

■ 병자(丙子)일생은 허세뿐이다.

■ 여명이 갑오(甲午)가 있는데 일지(日支)에 상관(傷官)이 있으면 미색은 있으나 허풍쟁이다.

■ 년월(年月)의 인수(印綬)가 손극(損剋)되지 않으면 조상의 업이 있고 유업을 보존한다.

- 월(月)에 재관인(財官印)이 있으면 명문가다.

- 일간(日干)이 왕성한데 식신(食神)이 좋으면 반드시 부자다.

- 일간(日干)은 왕성하나 재(財)가 약하면 식상운(食傷運)에서 발복한다.

- 일간(日干)이 강한데 재(財)가 뿌리가 있어 길성이면 평생 좋은 일만 생긴다.

- 시(時)에 양인(羊刃)이나 상관(傷官)이 있는데 대세운(大歲運)에서 심하게 극충(剋沖)하면 반드시 가난하다.

옹달샘

당신과 내가 마주 앉으면
반 평도 안 되는 자리지만
주고 받는 사랑에
시간이 짧구려.

부푼 가슴
늘어나는 꿈
주체할 길 없어
몸부림치는 이 소리 들리나

여보!
가득찬 사랑으로 사랑해요.

나 한 마리
작은새 되어
이 산 저 산 찾으며 노래하듯
당신을 노래하며 사랑하고 싶소
당신은 나의 작은 옹달샘이니까.

별들도 모르는
숲 속에서
당신 팔베개 베고
잠들고 싶소
당신 향기에 취하여
아주 깊이 잠들고 싶소.

— 임오년 초겨울에

13. 귀신이야기

1. 살(煞)의 정체

이 살(煞) 자는 달달볶아죽일 살, 때려죽일 살자다. 살이란 얼마나 고약하기에 이처럼 독한 글자를 썼는지 긴 설명을 하지 않아도 미루어 짐작할 것이다. 그러나 흔히들 죽일살(殺) 자를 쓴다. 명리학에서는 편관(偏官)을 칠살(七殺)이라 해 기신(忌神)이면 매우 흉한 살로 보듯, 살은 귀(鬼) 또는 귀신(鬼神)이라고도 한다. 살이 흉신으로 작용하면 사람을 해칠 정도니 괴수(魁首)라고도 한다.

살이라는 용어는 철학적인 학문에서 쓴다. 특히 무당(巫堂)들은 전매특허처럼 살이라는 용어를 남발하고 있어 사회적인 물의를 일으키는 경우도 있다. 이를 볼 때마다 철학자의 한 사람으로 부끄러움을 느낄 때가 한두 번이 아니다. 왜냐하면 일반인들이 볼 때 살이라는 용어를 같이 쓰고 있는 역학자나 무당을 한데 묶어 격하시키기 때문이다.

 여기서 분명히 말하는데 역학자가 쓰는 살은 그 쓰임새가 전혀 다르다. 역학자들은 살을 희신과 기신으로 나눈다. 이때 좋은 길성이나 희신도 좋은 뜻의 살이라는 이름을 붙여 설명한다.

 명리학에서는 절대로 답을 주지 않고, 줄 수도 없다. 다만 언제 어떤 이유로 어떤 일이 생기겠다는 것만 알려줄 뿐이다. 이것은 사주에 나타난 오행(五行)을 보고 추리하는 것이다.

 다시 말해 언제 비가 오겠으니 우산을 준비해라, 언제 결혼을 하겠다 하고 예언해 줄 뿐이다. 비오는 것을 오지 못하게 해준다거나, 결혼을 빨리할 수 있도록 해준다거나 하지 않는다.

 이와 같은 답을 해주겠다고 하는 것이 종교요 무당이다. 종교에서는 기도하라, 천도해라, 굿해라, 부적을 쓰라며 답을 준다. 이때 정답일 수도 있겠지만 오답일 수 있다는 사실에 주목하기 바란다.

 죽어서 천당가게 해준다는 것도 종교적인 답이지만 과연 이 답이 정답일까? 천도하고 굿을 하면 귀신도 물러가고 병자도 낫고 부자도 되고 출세도 한다는데 과연 정답일까? 혹세무민(惑世誣民)할 뿐이다.

 하지만 명리학자는 결코 이런 짓은 하지 않는다. 실용철학 학문이므로 현실적인 말만 할 뿐 더 이상의 답을 줄 수 없다. 이것이 학문과 종교의 차이다. 명리학에서는 결코 종교적인 행위는 하지않는다는 사실을 깊이 유념하기 바란다. 그러면 지금부터 무당들이 쓰는 살의 내용과, 이에 대한 답을 어떻게 주고 있나 알아보자.

2 귀신들린 여인

충청북도 괴산에 38세된 여인이 4년 전 남편을 잃고 혼자 살고 있다. 그런데 어느날부터 이유없이 배가 아프기 시작하더니 고통을 참을 수 없었다. 청주에 있는 병원은 물론이고 서울의 유명한 병원을 찾아도 신경성 배앓이라는 진단 밖에는 나오지 않았다. 진통은 계속되어 몸이 귀신처럼 수척해지기만 했다. 산 사람이 아니라 죽은 사람의 모습이었다. 미이라처럼 뼈만 앙상하게 남아버렸으니 말이다.

참으로 이상한 일이다. 매일 새벽 4시만 되면 어김없이 복통이 시작되었다. 마치 시간을 맞춘 듯 서너 시간이 지나면 언제 그랬느냐는식으로 복통은 사라진다. 신기한 일이다. 그래서 얻어진 것이 신경성 노이로제다. 매일 새벽 4시부터 3시간 동안은 진통을 겪어야 되기 때문이다. 하도 답답해 동네에 있는 무당집을 찾았다. 문을 들어서자마자 보살이 "죽은 네 남편이 찾아와 너를 건드리는 데도 모른척하고 있으니 빨리 영가천도를 해줘라"라고 호통을 쳤다. 이 말을 듣고 시키는 대로 했지만 결과는 예전과 다른 것이 하나도 없었다.

며칠 후 다른 무당을 찾아갔더니 이 무당은 "죽은 남편이 나타나 너를 괴롭히기도 하지만 너는 지금 네 몸에 귀신이 들어와 있는데 이것은 지살(地煞)탓이다"라고 하며 한술 더 뜬다. 집터에서 쏟아져 나오는 땅의 살기가 동해서 그렇다는 것이다. 이 말을 들으니 황당무계하고, 흘려버리자니 왠지 꺼림칙했다. 그래서 또 한 번 속는셈 치고 굿을 했더니 거짓말처럼 나아 지금은 멀쩡하게 돌아다닌다고 한다.

미신(迷信)이란 불가근불가원(不可近不可遠)이라, 가까이 할 수도 없고 멀리 할 수도 없는 것이다. 지금까지의 이야기는 우리들 생활의 한 부분을 들은대로 적은 것 뿐이다. 이것이 우리의 민속신앙이기도 하다.

여기에 대한 긴 설명은 지면상 생략하기로 한다. 다만 이처럼 살이 끼었다, 살을 맞았다, 무슨무슨 살 때문에 어떻게 됐다 등등 우리는 주위에서 흔하게 이러한 말들을 듣는다. 그러나 그 살의 개념을 가만히 분석해보면 애매모호하다.

어쨌든 살(煞)이란 사물의 해로운 빌미가 되는 힘과 나쁜 기운이라고 정의를 내린다. 그렇다면 현대를 살아가는 우리는 살을 어떻게 이해하며 받아들여야 할까? 생각해 볼 문제다. 불행은 올 수도 있고 오지 않을 수도 있다. 그러나 살은 인생의 불행을 가져올 가능성을 지닌 대단히 위험한 것이다. 비록 정체가 확실하지는 않으나 두려운 것은 사실이다.

그래서 역술인들이나 무당들은 원인이 확실하지 않은 사고, 원인을 알 수 없는 질병, 불행의 연속 등을 말한다. 역술인들은 사주팔자와 운을 보고 말하고, 무당들은 살과 귀신의 작용에서 비롯된다고 말한다. 이렇게 역술인과 무당은 전혀 다르다는 것을 이해해 주기 바란다.

그러나 불교에서는 업(業)을 중요시한다. 누구나 삶은 업과 밀접하다고 한다. 인간이란 업을 낳는 존재이며, 그 업은 업살(業殺) 또는 선천살(先天殺)이라고도 하고, 업장이 두터우면 소멸해 준다고도 한다. 살의 종류는 무궁무진하다.

이것을 탓할 수는 없다. 사실 원시시대부터 신이란 다신(多神)이었다. 신이 아닌 것이 없고 신이 하도 많다 보니 없는 곳도 없다. 심지어 뒷간에도 있고, 부엌에도 있고, 장독대에도 있으니 말이다. 이러한 것들이 모두 신이다. 이러한 신들이 수천년 동안 내려오며 우리의 삶을 지켜왔고, 지금의 우리를 있게 한다. 이것은 사실 때 묻지 않은 원시종교다. 신을 부정하지는 말자. 오늘날처럼 썩을대로 썩어 흐물거리는 구정물 같은 종교보다는 더욱더 신선한 맛이 있지 않은가.

그러나 역사적으로는 기독교가 탄생하면서부터 다신교(多神敎)에서 유일신(唯一神)을 강조했다. 기독교는 나 이외는 다른 신을 믿지 말라는 유일신이다. 이처럼 독선적이고 아집스런 신앙이 어디 있는가. 기독교 사상이 세계를 덮어버려 맹위를 떨치고 있으니 신들의 전쟁에서 기독교가 이겼다고는 할 수 있겠으나 엄밀히 따져보면 기독교의 오만이다. 내 것이 소중하고 귀하면 남의 것도 귀하고 소중하다는 것을 알라. 남의 것을 긍정하는 것도 진정한 기독교 정신이요, 기독교인이라는 것을 알아라.

3. 시험당하는 무속인과 역술인

무당들에게 가장 흔하게 접신되는 귀신은 빙의살(憑依殺)이라는 빙의신(憑依神)이다. 이것은 죽은 사람의 영혼이 산 사람의 육체에 들어와 영적인 장애를 일으켜 무당이 되게 하는 무서운 살이며 신이다. 그런가 하면 죽은 악령이 산 사람 속에 들어와 미친듯 실성하여 흐느적 거리게 만들며, 삶의 의욕마저 깨버리는 가렴살(裂濂殺)도 있다. 이 살에 침범당하면 노린내가 나고 송진내 같은 역겨운 냄새가 나며 향수 썩은 냄새도 난다. 그렇다면 이런 살이 끼는 것을 어떻게 아는 것일까? 물론 여러 가지 방법이 있지만 역학에서는 사주·관상·목소리·눈동자·말하는 것을 보고 안다.

그러나 여기는 과학적인 방법을 기대하지 말라. 신의 세계는 4차원인데 과학은 3차원의 세계밖에 안 되어, 3차원이 4차원의 기철학을 밝힐 수 없기 때문이다. 어찌 하수가 상수를 대적해 묘수를 읽을 수 있단 말인가? 가끔 TV에서 무당을 출연시켜 뇌파검사·파장검사·심전도검사·체면술 등을 써가며 무당의 신기(神氣)가 존재하는가를 분석하려 한다. 역시 결과는 신통치 않고, 신이 있다는 것인지 없다는 것인지 도무지 알 수 없는 말로 끝낸다.

여기에 잠시 생각해보자. 기(氣)는 정(精) 또는 신(神)이라고도 한다. 사람의 눈에는 공기와 정신이 보이지 않는데도 신기정(神氣精)을 과학으로 분석하겠다며 요란을 떨고 있으니 우습다.

4차원은 시공(時空)을 초월하지만 3차원은 시공(時空) 안에서만 존재한다는 사실만이라도 인정한다면 이렇게 어리석은 짓은 하지 않을 것이다. 이런 프로들은 시청자를 혼란에 빠뜨릴 뿐이다. 이와 같은 프로그램은 한 차원 낮은 과학의 한계를 인정하는 꼴인데도, 오히려 자기들이 알 수 없는 것은 미신이라 하여 부정해 버리니 적반하장이다. 어이없는 노릇이다. 물끄러미 TV만 시청하고 있던 시청자들은 부정적인 시각을 갖고 진행하는 P.D의 숙련된 진행솜씨에 빨려들어 자신도 모르게 부정적인 결론을 얻게 된다. 참으로 애석한 일이다. 그러나 신은 존재한다. 만약 이러한 기(氣)철학이 의심스럽다면 기독교나 불교의 실체를 갖고도 무당을 시험하듯 공개적으로 시험해 볼 뜻은 없는지 묻고 싶다. 아마도 그 거대한 집단을 대상으로는 못할 것이다. 방송국 문을 닫을 각오가 아니면.

4. 신(神)들의 난장판

신들의 이야기는 계속된다.

급각살은 전생에 남을 수천 길 낭떨어지 아래로 떨어트려 머리를 다치게 하고 다리를 부러지게 한다는 살이다. 괴강살은 전생에 나쁜 짓을 너무 많이 한 남자가 여자로 태어나 고약하게 살아야 되는 괴강살도 있고, 고란살·백호살·단교관살·탕화살·혼란살·고진과숙살·홍염살·원진살·귀문관살·효신살·도화살·수옥살·음양착살·삼형살·자형살·파살·해살 등 헤아릴 수 없다.

이 살들은 우리를 괴롭힌다. 예를 들어 빙의살이 끼면 얼굴이 일그러지고, 머리카락이 거칠어지고, 동공이 수축되거나 튀어나오고, 눈이 충혈되고, 몸과 손에 전류가 흐르는 듯 떨림이 온다 등으로 겉으로 나타나는 증상만으로도 신이 들렸다는 것을 알 수 있다.

이것만도 아니다. 사람의 얼굴에 따라 살이름이 붙어 있다. 눈썹이 짧으면 고독살, 눈이 사각형이면 독단살, 콧대가 가늘고 높으면 아만살, 코가 삐뚤어지면 허풍살, 입이 뾰족하면 아수라살, 입이 작고 꽉 다물어졌으면 단폭살, 이마 한가운데 점이 있는 여자는 살부살, 얼굴의 좌우 균형이 다르면 변태살 등이 있다.

그런가 하면 집터도 기(氣)가 강하여 센 곳이 있다. 이런 곳에 살면 재앙이 떠나지 않고 하는 일마다 막힌다.

- 큰 산 밑이나 큰 건물의 옆 또는 아래.
- 큰 건물의 추녀 끝이 대각선 방향으로 뻗어 꽂히는 듯한 자리. 이런 곳은 살맞았다고 한다.
- 수맥이 흐르는 집.
- 주인이 자꾸 바뀌는 집.
- 내 집보다 맞은편 집 대문이 큰 경우
- 두쪽인 대문이 한쪽은 크고 한쪽은 작은 집.
- 한밤중에 탁탁거리거나 발자국 소리가 나거나 문이 삐그덕거리는 소리가 자주 들리고, 전화가 자주 혼선되는 집.
- 늘 눅눅한 듯 습기가 많은 집.

- 말소리가 울리는 집.

- TV화면이 흐렸다 맑았다 하는 집.

- 꿈자리가 개운하지 않고 자고나면 몸이 무거운 집.

이런 집은 귀신이 좋아하는 집으로 귀신이 들어와 같이 살고 있다고 한다. 귀신과 같이 살아야 하는 무당들도 이런 집을 좋아한다. 그러나 일반인에게는 해롭다. 우리가 사는 지형지물(地形地物)과도 아주 밀접한 관계가 있다.

- 계곡을 매립한 곳에 살면 정신질환자가 생긴다.

- 채석장 근처에 살거나 매립지에 산소를 쓰면 정신질환자가 나온다.

- 뒷산이 뾰족하거나 툭 솟아오른 바위 밑에 살면 혁명적 기질이 있는 자손이거나 모반가가 나온다.

- 집 앞에 흐르는 냇물이 빈약하면 부귀가 짧다.

- 집 안에 햇볕이 너무 강하게 들어와도 다혈질 자손이 생겨 화를 부른다.

- 앞산이나 옆산이 웅크린듯 내려다보는 상이면 자식이 탐관오리·협잡꾼·사기꾼이 된다.

- 호수 주변이나 안개가 자주 끼는 마을에는 색정문제가 자주 생기고, 심장과 신장질환자가 많다.

- 왼쪽 대문이 크면 아내가 바뀌고, 오른쪽 문이 크면 고아나 과

부가 생긴다.

　우리 조상들은 이와 같은 여러 가지 정황과 산천을 보고 집자리를 보았으나 얄팍한 서양철학에 가려 무시되고 있으니 안타까울 뿐이다. 지금까지 말한 것을 미신으로 치부하지 말고 자연의 순리에서 비롯된 것이라는 것을 알자. 종교적으로만 해석해 배척한다면 참으로 어리석은 짓이라고 질타하는 바다. 조상들이 경계하고 피했던 귀신의 살은 어떠한 형체가 있어 그를 혐오했던 것은 아니다. 아주 순수한 신을 말한 것이다.

　사실 잡신이든 큰 신이든 형체는 없다. 그저 모습도 없고 형체도 없는 신(神)일 뿐이다. 이것은 즉 아랍권에서 믿고 있는 모슬람과 같은 순수한 신(神)을 말하는 것이다. 그들이 믿는 신은 형상이 없다. 그들의 신전에는 예수나 부처의 모습처럼 알라신을 형상화해 모신 것이 아니다. 우리의 신(神)처럼 형상이 없는 신(神)이다. 오직 코란의 경전만 믿으며 경배하고 있다는 사실에 필자는 놀랍게도 동감하는 바이다. 이론적으로는 맞다. 결코 신은 형상이 있을 수 없다. 그런데도 기독교나 불교에서는 신(神)의 모습을 형상화시켜 놓고 여기에 경배하고 있으니 경배하라는 사람이나 하는 사람이나 이제는 다시 생각해 볼 문제다. 전통과 역사성에만 의존한 채 신의 모습이 이렇다고 고집을 부린다면 진정코 신은 웃을 것이다.

　이제는 우리도 2000년을 넘어 후천개벽(後天開闢) 시대를 살고 있으니 한층 깨어 있는 사람이 되자. 반복과 복습은 인간의 발전을 가로막는 쇠막대기와 같다. 쇠막대기가 단단하다고 무너뜨리기를 체념한다면 인간의 역사는 제자리 걸음만 한 채 또 다시 천 년을 살아야 된다고 생각하니 아찔하다. 인간의 역사를 개벽하기 위해서는 먼저 우리의 생각을 개벽하자. 얼굴 있는 신(神)에서 얼굴 없는 신(神)으로 정신을 개벽할 때 인류의 천 년 역사는 새롭게 쓰여 질 것이다. 이것은 우리의 몫이다.

이제는 신(神)도 연구하고 살(殺)도 연구해 미래의 가치관을 새롭게 정립한다면 작게는 빼앗기고 잊혀졌던 민족의 유산을 되찾는 것이고, 크게는 후천시대에 세계를 경영하는 주역 해동조선민국(海東朝鮮國民)이 되리라 믿으며 이 글을 마친다.

5. 도담(道談)

우리가 평생을 살면서 늘 함께 할 수 있는 친구가 하나 있다면 이보다 더 소중한 것은 없을 것이다. 이때의 친구는 남편이나 아내가 아닌 사람 말이다. 남편과 아내는 수평적 관계, 즉 계약관계가 되어 친구가 될 수 없고 부모와 자식관계는 수직적 관계 즉 천륜관계가 되어 친구가 될 수 없기 때문이다.

사실 절친한 친구란 가치로 따질 수 없는 무형의 자산이다. 이때의 친구는 남자도 좋고 여자도 좋다. 늙어도 좋고 젊어도 좋다. 유식해도 좋고, 무식해도 좋다. 부자도 좋고 가난해도 좋다. 그저 만나서 좋고, 만날수록 좋고, 만나면 편해서 좋은 사람 말이다. 그래서 사람들은 영혼의 안식이나마 찾으려고 글로의 친구 즉 좋아하는 책을 벗하며 친구를 찾고 있는지도 모른다. 평생토록 곁에 두고 벗하며 지낼 수 있는 친구, 평생토록 곁에 두고 읽고 또 읽으며 지낼 수 있는 책의 친구가 있으면 참으로 좋겠다고들 한다.

이것은 누구나의 바램이다. 사실 우리 모두의 삶이란 지금 이 순간도 우리의 삶은 조금씩 조금씩 줄어들고 있다. 그래서 사형수가 교수대에 올라가면 번개같이 스치는 생각이 "내가 다시 살 수 있다면 1분을 1년같이 소중하게 살겠다"고 다짐한다고 한다.

이처럼 절대절명의 극한적인 처지에서도 마지막으로 삶의 애착을 강하게 느낀다는 것은 인생에서의 가장 소중한 것은 역시 삶이라는 것이다. 우리의 욕심대로라면 우리에게는 영원한 시간이 있어주는 것이다. 만약 우리에게 영원한 시간이 주어졌다면 무슨 일을 하건 언제 어느 때 해도 늦지 않아 서두를 필요도 없고 애쓸 필요도 없어 좋겠다. 하지만 우리에게 주어진 시간은 유한하므로 시한부 인생처럼 살지 않으면 안 되는 불행한 인생이다. 그러므로 한 인간의 삶의 승부는 시간에서 나는 것이지 공간에서 나는 것이 아니다. 그러기 위해서는 제한된 시간을 얼마나 유익하게 활용하느냐에 따라 인생의 삶과 질을 평가받게 되는 것이다.

주어진 시간에 가장 유익한 벗을 만나 서로를 이야기하며 사는 것도 삶의 보람이요, 가장 유익한 책을 만나 양식을 얻는 것도 삶을 사랑하며 사는 지혜요, 때묻지 않은 도덕군자의 신선한 말씀을 듣는 것도 마음을 살찌게 하는 양식이다. 그래서 여기에 영근 현자의 말씀을 전하노니 삶의 양식으로 삼아주기 바란다.

일격타쇄태산정(一擊打碎泰山頂)
일구흡진서강수(一口吸盡西江水)
천봉만학무공곡(千峰萬壑無空谷)
원동태허무흡여(圓同太虛無吸餘)

한 주먹에 태산을 쳐부수고
한 입에 서강수를 마셔버려라.
천봉만학에 빈 골 없으니
뚜렷이 크게 비어 마실 것도 버릴 것도 없구나.

마음은 만법의 근본이요, 만법은 한 마음에서 통하는 것이니 마음에 다른 마음이 없고 법에 다른 법이 없다. 그러므로 마음이란 스스로 맑고 맑아 둘이 결코 아니며 광연(曠然)하므로 태허(太虛)와 같다. 형상없는 몸 속에 형상없는 몸으로 태어나 살려니 곳곳마다 광명이다. 광명처럼 살아라. 마음은 유심(有心)으로 알 수 없고, 무심(無心)으로도 알 수 없으니 굳이 마음을 알려고 하지도 말아라.

일편허명본묘원(一片虛明本妙圓)
유심무심능부지(有心無心能不知)

경중무형시심즉(鏡中無形是心卽)
사량야시허부부(思量也是虛浮浮)

한 조각 비고 밝은 것은 본래 둥글고 묘해
유심무심으로는 능히 알 수 없네.
거울 가운데 형상없는 마음
허공 같아 털끝만치라도 걸리는 것이 없어라.

 속가의 금이나 옥반지는 부귀영화를 말하고, 절집의 금이나 옥반지는 절집의 권세와 절간의 치장을 자랑한다. 이렇게 일홉지간에 있는 무상함은 속가의 집이나 절집이나 다를 것이 없다. 그러나 생노병사 앞에는 금이나 은이나 옥반지나 순간의 티끌에 지나지 않거늘, 인간이 여기에 목매고 있으니 한없이 부끄럽구나.

14. 가빈이를 아시나요

2000년이 저물어갈 무렵 아홉 살짜리 초등학교 2년생이 대통령 할아버지한테 보낸 편지가 세인들의 가슴을 안타깝게 했다. 신문 기사를 그대로 옮기면 다음과 같다.

2000년 12월 25일 월요일

가빈이의 희망찬 성탄.

엄마 암치료비 도둑맞은 초등생에 온정 답지.

대통령 금일봉·시민 성금 전달.

"어른들 은혜 갚을게요"

도둑이 훔쳐간 말기암 어머니의 치료비 197만원을 돌려 받게 해 달라는 애절한 사연의 편지를 김대중 대통령에게 보냈던 김가빈(8 세·부산 연일초등 2년) 양의 새천년 크리스마스는 「절망 속에서 희망을 되찾은 날」로 기억하게 됐다. 온 국민의 가슴을 울린 가빈 양 가족의 딱한 사연이 알려지면서 23일 김대중 대통령을 비롯하여 안상영 부산시장, 설동빈 부산시교육감, 이병곤 부산경찰청장 등 각계 인사와 시민들의 온정이 답지했다.

김 대통령은 이날 어머니의 치료비를 도둑맞은 가빈 양에게 부산시 정무부시장을 통해 도둑맞은 돈에 해당하는 금일봉과 위로서신을 전달했다. 김 대통령은 위로서신에서 "아버지도 안 계시고 어머니마저 병환으로 누워 있는 가빈 양의 가정에 그렇게 몹쓸 일이 생기다니, 얼마나 막막했으면 편지를 했겠느냐"면서 "가빈이의 갸륵한 정성이 마음에 와 닿는다"고 했다. 김 대통령은 이어 "세상에는 어머니의 병원비를 훔쳐간 나쁜 사람도 있지만 가빈 양처럼 어머니를 걱정하는 착한 마음씨를 가진 어린이, 가빈 양의 어머니를 위해 한푼 두푼 모아준 오빠 친구들 같은 착한 사람들도 있다"면서, "세상을 사랑하는 따뜻한 마음과 용기를 잃지 않고 살아간다면 어머니의 병이 나아서 가빈 양이 활짝 웃을 수 있는 날이 빨리 올 것"이라고 격려했다.

부산시장도 이날 정무부시장을 통해 1백만원을 전달한 것을 비롯해 설동빈 부산시교육감 1백만원, 이병곤 부산경찰청장 50만원, 부산동부교육청 1백만원, 연제구청 2백61만 9천원, 연산경찰서 2백7만 4천원 등 각계의 온정이 답지했다.

또 가빈 양과 오빠 보석(13세·부산 연천중 1년) 군의 학교에도 성금을 보내고 싶다는 전화가 하루종일 빗발쳤다. 가빈 양은 "오빠 친구들이 모아준 돈을 도둑맞고 엄마가 밤새도록 우는 모습을 보다 대통령 할아버지께 편지를 썼다"면서, "크리스마스에 이렇게 많은 선물을 주신 어른들의 은혜를 꼭 갚겠다"고 다짐했다.

한편 가빈 양은 아버지가 보증을 잘못 서서 생긴 빚과 유방암을 앓는 어머니의 치료비를 고민하다 지난달 30일 자살하고, 어머니의 치료비로 오빠의 학교 교직원과 친구들이 모아준 성금을 지난 15일 낮 도둑맞은 뒤 애를 태우다 김 대통령에게 돈을 되찾게 해 달라는 편지를 보냈었다.

그후 필자는 가빈이의 큰아버지를 만날 기회가 있어, 양해를 얻어 그들 일가의 사주를 공개감정하기로 했다. 아무쪼록 독자들께서도 이들의 삶에 아낌없는 격려와 용기를 주었으면 하는 마음에서 이 글을 썼다.

■ 망자가 된 가빈이 아빠

時	日	月	年	
甲	甲	己	庚	乾
戌	寅	丑	子	命

65	55	45	35	25	15	5	
丙	乙	甲	癸	壬	辛	庚	大
申	未	午	巳	辰	卯	寅	運

12월 갑목(甲木)이 기토(己土)가 투간(透干)되어 정재격(正財格)을 만들어 놓고, 년상(年上)에 경금(庚金)이 축토(丑土)에 뿌리해 기세좋게 우뚝 솟은 것이 한 눈에 보인다. 그런데 여기서 먼저 살펴보아야 할 것은 기세좋게 보이는 경금(庚金)이다. 12월 갑목(甲木)이 우람해 마땅히 경금(庚金)으로 용관(用官)하여 재목을 만들어야 할 사주인가 하는 것이다.

　일간(日干) 갑목(甲木)은 지지(地支)에 인목(寅木)을 놓아 전록(專祿)이 되고, 자축(子丑)이라는 수토(水土)가 있어 뿌리가 단단한 것 같아도 명조에 화(火)가 없어 조후부실(調候不失)이 분명하니 경금(庚金)을 쓸 수가 없다. 여기서 경금(庚金)은 악신(惡神)이다. 축토(丑土)라는 자양지토(慈養之土)에 뿌리한 경금(庚金)은 자수(子水) 위에 앉아 죽어라 하고 냉수(冷水)를 생(生)하니 악신(惡神) 중의 악신(惡神)이다.

　경금(庚金)이 금생수(金生水)하는 것을 보면 경금(庚金) 나는 죽어도 좋으니 무조건 구실좋게 살인상생(殺印相生)만 하는 것과 같다. 부목(浮木)을 만들겠다는 뜻인지, 모자멸자(母慈滅子)를 만들겠다는 뜻인지, 작심한 듯 냉수(冷水)만 생(生)하니 문제다.

　여기에 일간(日干) 갑목(甲木)은 시키면 시키는대로, 주면 주는대로만 하겠다고 꼼짝않고 서 있으니 이것 역시 문제다. 냉수(冷水)라도 좋을 때는 받고, 싫으면 거부해야 옳거늘 갑목(甲木)은 어찌해 갑기합(甲己合)과 자축합(子丑合)으로 묶여만 있단 말인가. 다합불기(多合不起)라. 사주에 합(合)이 많으면 사람좋단 말을 들어도 자기발전을 도모하지 못하는 법이다. 그러므로 운명에서는 충(沖)을 두려워하면 안 된다. 충(沖)이 있어야 발전하며 새로운 세계와도 만나, 안목을 넓히며 눈을 뜨는 법인데도 사람들은 충(沖)을 두려워하니 답답할 따름이다.

이 사람이 그렇다. 일간(日干)은 갑기합(甲己合)이 되고, 지지(地支)는 자축합(子丑合)과 인술(寅戌)로 오화(午火)를 협공시켜 다합(多合)을 이룬데다, 축인(丑寅)이 동궁(同宮)까지 하니 바늘 하나 들어갈 틈조차 없다.

■ 망자의 사주는 무엇을 원했나.

이 사주는 춥다. 절기로는 이양지월(二陽之月)이요, 대한(大寒)을 지나 이틀 후 출생이라 입춘(立春)이 진기(進氣)하고 있으니, 누구는 한절(寒節) 갑목(甲木)이 아니라고 항변한다. 또한 인중병화(寅中丙火)와 술중정화(戌中丁火)까지 들먹이며 조후부실(調候不失)이 아니라고 거품까지 물어가며 싸울 듯이 달려든다. 물론 이론으로는 맞는 말이다. 하지만 이 사주를 좀더 살펴보자.

12월은 아직 엄동절이니 병정화(丙丁火)는 우선 갑목(甲木)을 조후(調候)시킨 후, 재관인(財官印)을 살피는 것이 감명의 순리이다. 어쩌자고 12월 사주에 병정화(丙丁火)의 투간(透干) 여부를 살펴보지도 않고 괴변만 늘어놓는단 말인가. 더운 사주와 추운 사주는 우선 조후(調候)가 먼저라는 것쯤은 기본 상식이다. 특히 오미(午

未)월생의 여름 사주는 임계수(壬癸水)가 우선이고, 자축(子丑)월 생의 겨울 사주는 병정화(丙丁火)가 우선이라는 것쯤은 알고, 남의 소중한 운명을 감정하기 바란다.

본명은 지금까지 요약한대로 한 점의 병정화(丙丁火)가 투간(透干)하지 못하고 오히려 술토(戌土)에 화(火)를 입묘(入墓)시켜 놓았다. 이것을 보면 12월 나무가 얼마나 추웠기에 술토(戌土) 화롯불을 끼고 인술(寅戌)로 합(合)되어 있겠는가. 이런 사주는 호주가(好酒家)요 두주불사(斗酒不辭)하는 사람이다. 더구나 갑기합(甲己合)까지 되어 목(木)이 썩어가는 형상이니, 이 사람은 필경 인사불성이 되도록 술을 마실 것이다. 이것은 본능적으로 추위를 이기기 위한 방법이기 때문이다. 그러므로 본명의 용신(用神)은 인중병화(寅中丙火)다.

그들 형제는 우애가 깊고 다정다감하다. 갑술갑인(甲戌甲寅)이 협공된 오화(午火)를 사이에 두고, 12월 강 추위에 화롯불을 쬐는 형상이니 이보다 더 다정할 수 있겠는가. 년월(年月)의 대지는 부모 자리인데 자축(子丑)되어 은백절(銀白節)인 양 산야는 눈과 얼음으로 뒤덮혔고, 먹을 것이라고는 얼음 축토재(丑土財) 뿐이다. 이것을 얼음과자로 알고 먹으면 탕화재(湯火財)가 되어 죽을 것이다.

먹을 것이라고는 오직 시간(時干) 갑목(甲木) 밑에 있는 술토재(戌土財)뿐이다. 이를 보고 설상가상이라 하던가. 년월(年月)마저 공망(空亡)되어 의지할 곳 없는 갑인(甲寅)이 자축공망(子丑空亡)이 되어 기신(忌神)이 되었으니 인수(印綬)와 재처(財妻)가 공망

(空亡)이라는 말이다.

본래 년월(年月)이 공망(空亡)되면 조상의 업이 없고, 있어도 지키지 못하며 의지할 곳 없는 낭인이라 했다. 그래서 그는 공망(空亡)된 축토(丑土) 밥을 못 먹고 시지(時支) 술토(戌土) 밥을 먹으며 40평생을 살았다. 술토(戌土)는 인오술(寅午戌)의 화개(華蓋)다. 화개(華蓋)는 천문이요 승도요 재(財)이니 절밥이다. 그는 분명 명조로 보아 절밥을 먹으며 살아왔을 것이다.

■ 그의 형은 승려다.

자축공망(子丑空亡)된 부모 밑에서 두 그루 갑목(甲木)이 출생했다. 풀 한 포기 나올 수 없는 두꺼운 얼음을 뚫고 두 갑목(甲木)이 철없이 태어났으니, 천애의 고아처럼 조실부모했다. 을씬년스럽게 차갑고 황량한 12월 벌판에 내팽개쳐진 두 갑목(甲木)은 서로를 부둥켜 안고 모질게 살지 않으면 안될 운명으로 태어났다. 추위에 견디다 못한 형은 동자승으로 들어가 일러깍기가 되었고, 동생은 형 밑에서 공부하며 장가들어 남매까지 둔 것이 이 집의 전부다.

■ 부산 금정구 부곡동 삼불사(三佛寺)

넉넉하지 못한 동네의 작은 절에서 추위와 번뇌에 시달리는 중생과 구천을 떠도는 영혼을 달래며 목탁을 쳐주는 형님에게 청천벽력같은 비보가 들려왔다. 경진(庚辰)년 9월! 그렇게도 의지하던 동생이 제초제를 마시고 자살했다는 것이다. 하늘이 무너지고 땅이 꺼지는 듯 했다. 망연자실!

동생의 사주에 축인오(丑寅午) 탕화살(湯火殺)이라는 것이 있다. 음독살이라고 한다. 아무리 그렇기로 처자식이 있는 가장이 어떻게 그럴 수 있느냐며 필자를 찾아온 것이다. 그러면 망자인 동생의 사주를 다시 살펴보기로 하자.

甲甲己庚　乾
戌寅丑子　命

앞에서도 설명했지만 이 사주는 오화(午火)가 협공되어 인오술(寅午戌) 삼합(三合)이 되었다. 그런데 경진(庚辰)년 세운(歲運)이 삼합(三合)된 것을 시샘하듯, 시상(時上) 갑술(甲戌)을 경진(庚辰) 세년(歲年)이 천충지충(天沖地沖)한다. 갑목(甲木)의 목숨은 경금(庚金) 칠살(七殺)의 단칼에 날아가 버리고, 술토(戌土)까지 충(沖)으로 깨지니 가삼합(假三合)이 전파되었고, 대운(大運)까지도 삼형운(三刑運)에 머물고 있으니, 어찌 목숨을 부지하겠는가.

누구든지 세운(歲運)이 무섭다. 세운(歲運)은 속발(速發)이요 대운(大運)은 원발(遠發)이라. 특히 기신(忌神) 칠살(七殺)은 저승사자와 같아 인정을 베풀지 않는다. 저승사자 같은 칠살(七殺)을 막으려면 식신(食神)으로 제살(制殺)해야 하는데 본명에는 식신(食神) 화(火)가 투간(透干)하지 못해 단명사주로 태어난 것이다.

식신(食神)은 수성(壽星)이다. 그래서 사람의 수명을 알려면 식신 (食神)의 유무를 보고 판단한다. 또한 식신(食神)은 할머니에 해당 하는데, 할머니가 장수하면 본인도 장수한다. 이것만 보아도 사주 학은 인자론이라는 것을 알 수 있다. 부디 망자께서는 이승에서 못 다한 삶을 저승에서나마 연화대에 앉아 형복 누리기를 축원한다.

■ 김가빈 양

```
時 日 月 年
甲 壬 甲 壬    坤
辰 子 辰 申    命
```

임자양인(壬子羊刃) 물이 신자진수국(申子辰水局)을 놓아 그 물 줄기가 장연하구나. 년지(年支) 신금(申金)에서 발원한 물줄기가 대하를 이루더니 끝이 보이지 않는다. 곤륜산에서 발원한 물이 황 하를 이룬 것과 무엇이 다르랴. 이는 분명 윤하(潤下)다. 비록 지 금은 코흘리개지만 장대한 기상은 태종대의 넘실거리는 검푸른 바 다를 보며 호연지기를 키우고 있으니 누가 감히 이를 알아볼소냐! 물건이다. 그것도 대물이다.

임자양인수(壬子羊刃水) 옆에 양 갑목(甲木) 식신(食神)을 거느 린 자태를 보면 필경 아랫사람이요, 임자양인수(壬子羊刃水)에 수 국(水局)을 놓고 형충파해(刑沖破害)가 없는 것을 보니 법인(法

人)이요 공인(公人)이 분명하다. 그런가 하면 재관(財官)이 없는 것으로 보아 식신유기승재관격(食神有氣勝財官格)이 분명하다. 이런 사주가 하나 만들어지려면 3대의 조업이 선행해야 한다고 했다. 어떻게 이만한 사주가 이 집안에서 나왔단 말인가. 아무튼 집안의 경사요 사회의 공기요 공복으로 동량감이다. 비록 경진(庚辰)년에 경금(庚金)이 쳐들어와 갑목(甲木) 식신(食神)을 벌목하여 수족을 자른 것 같아도 너를 종강(從强)시키려는 하늘의 천명이요 천작으로 알고 운명에 굴복해라. 대인의 명은 결코 순탄하지 않은 법이다. 시련과 각고라는 쓰디쓴 약으로 단련시켜야 비로소 자신을 이긴다. 연약한 화초는 온실에서만 살지만 거목장송은 풍한서습 속에서 모질고 거칠게 커야 큰 나무가 되는 것처럼 말이다. 다만 감정을 쉽게 노출하지 말고, 검푸른 물처럼 도도하게만 살아다오. 다왕수(多旺水)가 분노하면 노도처럼 사납고 거칠어져 세상 사람들을 놀라게 하는 법이다. 그러나 너는 본래 사주의 격국(格局)이 윤하(潤下)되어 지혜롭고 너그러워 분노하는 일은 없을 것이다.

■ 가빈이 오빠


```
時 日 月 年
乙 甲 乙 丁      乾
丑 戌 巳 卯      命
```

4월 갑목(甲木)이 목(木)의 병기(病氣)에 태어나 신약(身弱)하기 이를 데 없고, 축중계수(丑中癸水)가 있다 하나 금기(金氣)가 태왕하여 생목(生木)하기는 어렵게 되었다. 다만 년지(年支) 묘목(卯木)에 뿌리해 살아 있다지만 양 을목(乙木)이 등라격갑(藤蘿擊甲)해 휘어감고 있으니 활목과 활엽이 되어 동량목이 되기는 틀렸다.

  그러나 월상(月上) 을목(乙木)은 년지(年支) 묘목(卯木)에 건록(建祿)을 놓고 뿌리되어 활착했는가 하면, 년상(年上)에 정화(丁火)까지 있어 강한 금기(金氣)를 다스리고 있으니, 갑목(甲木)의 동생 을목(乙木)은 스스로 목화통명(木火通明)하여 꽃피고 열매를 맺었다. 갑목(甲木) 동생은 머리가 영특하여 공부도 잘 할 것이다. 갑목(甲木)은 을목(乙木)을 시샘하지마라. 어차피 너는 을목(乙木)이 살아가는데 갑목(甲木)을 버팀목 삼아 휘어감고 올라가 살 수 있도록 만들어졌다. 그렇다고 부모를 원망할 것도 아니다. 애시당초 네 사주에 축중계수(丑中癸水)가 엄마가 된다지만 축술삼형(丑戌三刑) 속의 엄마이니 온전하지 못하고, 애비 역시 술토(戌土)다. 축술삼형(丑戌三刑) 속의 애비가 되어 무덕하기 이를 데 없다. 이를 사술원신(巳戌元嗔)이라고도 하는데, 네 사주에 있으니 어찌 애비를 원망하겠느냐.

  그런가 하면 사주에 정재(正財)는 축(丑) 큰아버지나 작은아버지요, 편재(偏財)는 술(戌) 아버지라고 하는데, 너는 아버지 자리가 공망(空亡)을 맞았으니 아버지가 없는 것과 같다. 그런데 마침 술토(戌土) 아버지는 공망(空亡)이 되고, 이것 역시 화개(華蓋)다. 화개(華蓋)가 공망(空亡)을 맞으면 승도사주라 했다. 아버지 대신 큰 아버지께서 승려가 된 것도 운명이다. 너 역시 술토(戌土) 속의 신금(辛金) 정관(正官), 즉 하는 일이 승려와 다를 바 없겠다. 이래도 운명을 거부하겠느냐.

사람이 사는 방법은 천인천색이다. 정치·경제·사회·문화·예술·종교 등 다양한 직업 속에서 나름대로 꿈꾸며 열심히 공부하고 일하는 것처럼, 너도 종교와 무관하지 않으니 관심을 갖기 바란다. 세상을 달관하는 경지에 이르면 도인이라 한다. 경제로 성공하면 경제도인이요, 정치로 성공하면 정치도인이요, 과학자로 성공하면 과학도인이 되는 것처럼, 어느 분야에서든 최선을 다하면 최고의 선이요 도인이다.

■ 가빈이 엄마

時 日 月 年
庚 丙 甲 癸　　坤
寅 午 子 卯　　命

약변강격(弱變强格) 사주다. 자수(子水) 정관(正官)이 년상(年上) 계수(癸水)로 투간(透干)되어 정관격(正官格)을 놓은 것까지는 좋았으나, 년지(年支) 묘목(卯木)이 자수(子水)와 수목응결(水木凝結)되어 남편이 무능한 것이 흠이다. 또한 자수(子水)는 생식기관이 되면서 묘(卯)가 있어 형(刑)을 만들었다. 이는 자궁암이나 물혹이라는 진단을 받을 것이고, 수술을 하지 않으면 안 된다. 더구나 사주에 토(土) 식신(食神)이 없다. 식신(食神)은 수성(壽星)으로 수명의 장단을 논한다고 앞에서 설명했다. 그래서 본명은 장수할 사주는 아니나 신강(身强)해진 것을 다행스럽게 생각하며 여기에 기대를 걸어본다.

그런가 하면 식신(食神)은 유방에도 해당하는데, 이 사람은 식신(食神)이 하나도 없으니 평생 유방암 같은 질병을 신경쓰지 않으면 안 된다. 남녀를 불문하고 누구나 만병의 근원은 습하고 냉한 것이 원인이 된다. 특히 여자가 사주가 냉하고 습하면 문제가 많다. 이때는 토(土)로 제습(制濕)하며 따뜻하게 해주어야 한다. 그런데 이 사주는 병오(丙午)에 태어났는데 인(寅)이 있으니 뜨겁기만 하지, 자수(子水)의 찬 기운이 너무 강하여 화수미제(火水未濟)가 되고 말았다.

이렇게 되면 아랫목은 뜨겁고 윗목은 냉골이 되어 입김이 얼어붙고, 숭늉그릇이 꽁꽁 얼어버리는 방에서 사는 것과 같으니 어찌 건강할 수 있겠는가. 시간(時干)에 있는 경금(庚金) 재(財)는 인목(寅木) 절지(絶地)에 앉아 있고, 인오(寅午) 화국(火局) 위에 있어 철철 녹아버렸으니 재(財)라고 할 수가 없다. 재(財)는 식신생재(食神生財)해야 뿌리가 있어 넉넉하고, 넉넉한 재(財)는 재생관(財生官)하여 비겁(比劫)까지 막아줄 때 부귀가 장구한 법이다.

마침 경진(庚辰)년은 편재(偏財)년이다. 경금(庚金)이 달고 들어

온 진토(辰土)는 인묘진(寅卯辰) 목국(木局)으로 돌변해 수기(水氣) 관성(官星)을 합거(合去)시키며 입묘(入墓) 되었으니 이를 부성입묘(夫星入墓) 또는 격장지(格葬地)라고 한다. 격(格)이 장지(葬地)에 들면 하나는 잃어야 한다. 공교롭게도 본명은 남편을 입묘(入墓)시키고 본인은 살았으니 다행인지 불행인지. 어찌 되었든 시(時)에 인목(寅木)이 생왕(生旺)하여 목화통명(木火通明)된 자식 하나를 두게 되었으니 이것으로 위안을 삼기 바란다. 만고불변한 것 가운데 하나가 모자의 정이다. 그의 자식은 효심이 지극하고 만인이 우러러 칭송이 자자할 것이다. 이놈으로 남편삼고 위안삼아라. 그대의 건승과 택내평강하시기를 늘 기원한다.

■ 정담 스님

```
時 日 月 年
丙 甲 己 壬    乾
寅 申 酉 辰    命
```

벽오동잎이 누렇게 물들어 한잎 두잎 뚝뚝 떨어지는 8월! 십오야가 막 지난 17일. 아직도 만월인데 법당의 첫 인경소리에 맞춰 불쑥 내가 태어났다. 일년 가운데 8월 한가위가 가장 맑고 밝은 달이다. 나는 분명 8월 갑목(甲木) 노송처럼 태어났다.

이런 사주는 머리가 뛰어나게 명석하며 연구심이 많고 사려가 깊다. 그러나 갑목(甲木)이 목화통명(木火通明)으로 진격(眞格)이 되려면 우선 신왕(身旺)해야 한다. 그러나 이 사주는 금기(金氣)가 태왕하여 병화(丙火) 식신(食神)을 쓰는 것 뿐이지 진격(眞格)은 아니다.

살거선(殺去先) 식거후(食去後)해야 되는 이유는 진유합금(辰酉合金), 신유(申酉) 금국(金局)을 놓아 금기(金氣) 태왕하니 병화(丙火)로 용신을 삼지 않을 수 없고, 년간(年干)의 임수(壬水)가 신금(申金)에 뿌리를 깊이 내리고 있으니, 8월에 한기가 심하여 병화(丙火)로 조후(調候)를 삼지 않을 수 없다.

또한 본명에서 기물의 원흉은 월상(月上) 기토(己土)다. 본래 8월 기토(己土)는 허토(虛土)라 윤토(潤土)가 되지 못하는데, 일간(日干) 갑목(甲木)을 갑기합(甲己合)으로 묶어놓고, 금(金)을 생(生)하여 임수(壬水)까지 왕수(旺水)로 만들어 놓았다. 아무튼 년월(年月)의 임기진유(壬己辰酉)는 모두 갑목(甲木)의 기신(忌神)이 되어 부모 형제가 무덕하다.

기토재(己土財) 아내도 악신(惡神)이요, 신유관(申酉官) 자식도 악신(惡神)이다. 사람은 재관(財官)이 좋아야 부귀한 명이 된다. 그러나 이것이 마음대로 되는가. 그래도 본명은 다행히 인(寅)시에 태어나 시록격(時祿格)을 놓고, 식신(食神) 병화(丙火)로 용신을 삼았다. 이때 임수(壬水)도 악신(惡神)이 된다. 시간(時干)의 병화(丙火)를 시(時)로 위협하고 있기 때문이나 역시 다행인 것은 갑인(甲寅)이 있어 나름대로 통관시켜주고 있기 때문이다.

식신(食神) 병화(丙火) 용신(用神) 식신성(食神星) 자체는 부드러워 불쌍한 자를 보면 베풀 줄 아는 자애로운 별이다. 특히 본명의 병화(丙火)는 새벽 인(寅)시인지라 병화(丙火)가 인(寅)에 득장생(得長生)을 하는 때요 일출시간이다. 그의 인자함과 측은지심은 병화(丙火)의 밝아지는 햇살처럼 따스하기 이를 데 없다.

산천은 고요하고 만물이 막 태동하려는 새벽처럼 무디고 어리석은 뭇 중생을 위해 북을 두드리며 목탁을 쳐 귀를 열게 하고 눈을 뜨게 하소서. 비록 아직은 시운이 오지 않아 대운(大運)을 만나지 못했으나, 운이 여름 동네로 접어 들면서부터 거송다운 정담(廷潭)의 모습이 세인의 입에 오르내리고 눈에 띄기 시작할 것이다.

식신(食神)은 중생을 나타내나 가족으로는 조카도 된다. 병화(丙火) 식신(食神) 조카 하나는 분명 목화통명(木火通明)이 되어 재주가 있고 병화(丙火)처럼 높이 떠 명진사해할 것이다. 본명의 조카 중 하나는 재주가 있어 나라의 관록으로 이름을 떨칠 것이고, 하나는 초야의 범부로 살거나 진리를 공부하면 혜안이 있어 명진하리라. 이 글을 끝으로 부디 화(火)밭이 올 때까지 정진 또 정진하십시오. 반드시 성불하리라 믿습니다.

2부. 관상편

　우리는 태어나서 죽을 때까지 많은 사람을 만난다. 부모·형제·이웃 등 수없이 많은 얼굴을 만나고 쟁하며 살아간다. 또한 조물주께서 그많은 사람을 모두 다르게 만들어 놓으심에 놀라워한다. 과학이 발달해 복제인간이 태어날 날도 머지않았다고 하는데, 과연 그때는 어떤 혼란이 닥쳐올지 두렵고 궁금하다.

　경쟁하는 사회의 많은 인간관계 속에서 우리는 사람의 겉모습에 속을 때가 종종 있다. 착하고 성실한 줄 알았는데 그렇지 않거나, 사납고 거칠다고 생각했는데 오히려 온순하며 착한 사람들을 볼 수 있다. 함께 자란 형제도 때로는 속을 모를 때가 있고, 절친한 친구나 살을 맞대고 사는 배우자도 그 속을 모를 때가 있다. 그래서 때로는 실망하고 미워한다.

　관상이란 참으로 오묘하다. 어린사람은 어린대로, 나이든 사람은 나이든대로 얼굴에 인생이란 한 폭의 그림을 그리며 살아가니 말이다. 얼굴을 보면 금방 기분이 좋아지는 사람이 있는가 하면, 반대로 우울해지고 싫어지는 얼굴이 있으니 이 무슨 조화인가.

아무리 좋은 관상을 가진 사람이라도 험한 말과 행동을 일삼는다면 나쁜 인상을 남긴다. 잘 생기고 못 생기고는 나중 문제다.

사람은 40세가 되면 얼굴에 말년의 행로가 서서히 자리잡는다. 옛 말에 사주보다는 관상, 관상보다는 심상이라는 말이 있다. 이것은 아무리 사주팔자가 좋아도 관상만 못하고, 관상이 아무리 좋아도 심상 즉 마음만 못하다는 말이다. 이는 좋은 관상을 갖고도 항상 옳지 못한 생각과 찡그린 얼굴을 한다면 반드시 불행을 불러오는 관상으로 변하고 말 것이다. 매우 힘들고 고통스러울 때 웃어넘긴다는 것이 얼마나 힘든 일인가. 그러나 그런 때일수록 얼굴을 활짝 펴보자. 언젠가는 좋은 일이 꼭 생길 것이다.

주변에 좋은 관상서도 많은데 이렇게 책을 내는 것이 두렵고 부끄럽다. 그러나 누구나 쉽게 이해하며 받아들일 수 있도록 노력했으니, 여러분의 삶에 길잡이가 되기를 바란다. 그리고 여러 가지로 부족한 원고를 공저로 하는 것을 허락해 주신 김봉준 선생님께 깊이 감사드린다.

心 相

마음을 열면
얼굴이 밝아지고
마음을 닫으면
얼굴이 어두워져요.

마음을 열면
얼굴이 맑고
마음을 닫으면
얼굴이 검어지지요.

이것을 心相이라 합니다.

色이 맑고 투명해야
福이 들어와 앉을 자리를 잡지만
色이 어둡고 칙칙하면
福은 이것을 아주 싫어해 왔다가 그냥 가지요.

이것을 氣色이라 합니다.

사람의 머리는 하늘이요
발은 땅이며
두 눈은 해와 달이고
소리는 우뢰와 같으며
혈맥은 강하요
뼈는 金石이며
이마는 山岳이요
털과 수염은 초목을 상징합니다.

그러므로
하늘을 상징한 머리는 높고 넓어야 하며
땅을 상징한 발은 두터워야 하고
해와 달을 상징한 두 눈은 밝게 빛나야 좋으며
우뢰의 상징인 소리는 울려나가야 하고
강하의 상징인 혈맥은 매끄러워야 하며
金石의 상징인 뼈는 튼튼해야 좋고
山岳을 상징한 이마는 높직한 것이 으뜸이요
초목을 상징한 털과 수염은 수려해야 좋습니다.

이것을 形相이라 합니다.

　　　　　　　　　　　　　— 癸未年 가을 下溪堂에서

십삼부위도

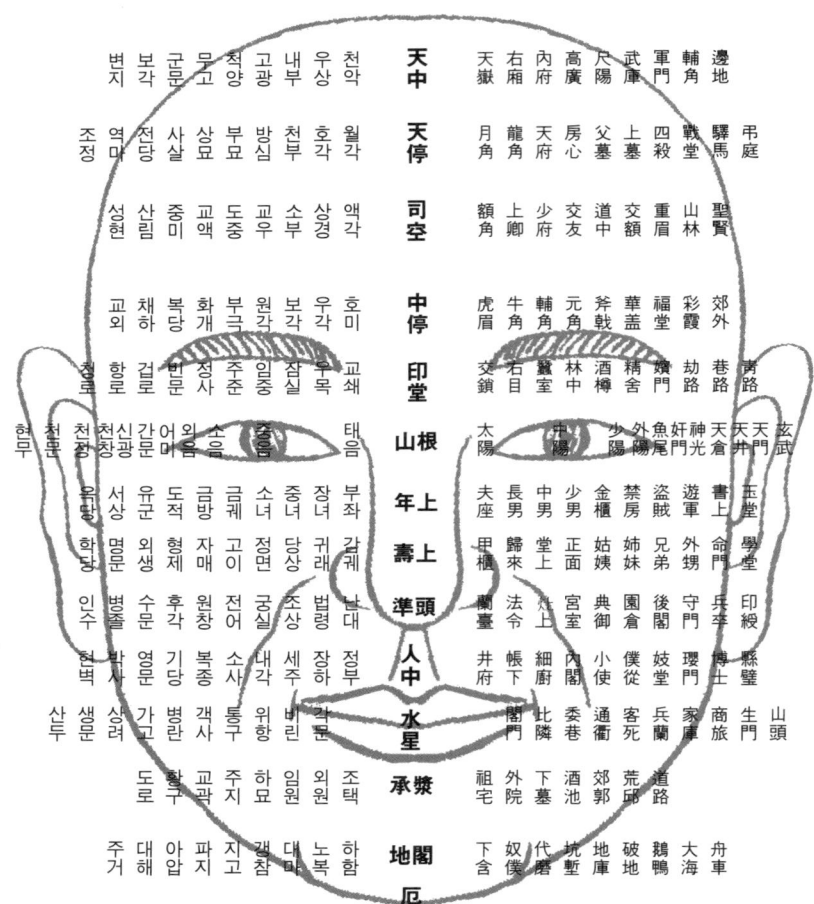

연령별 운기도

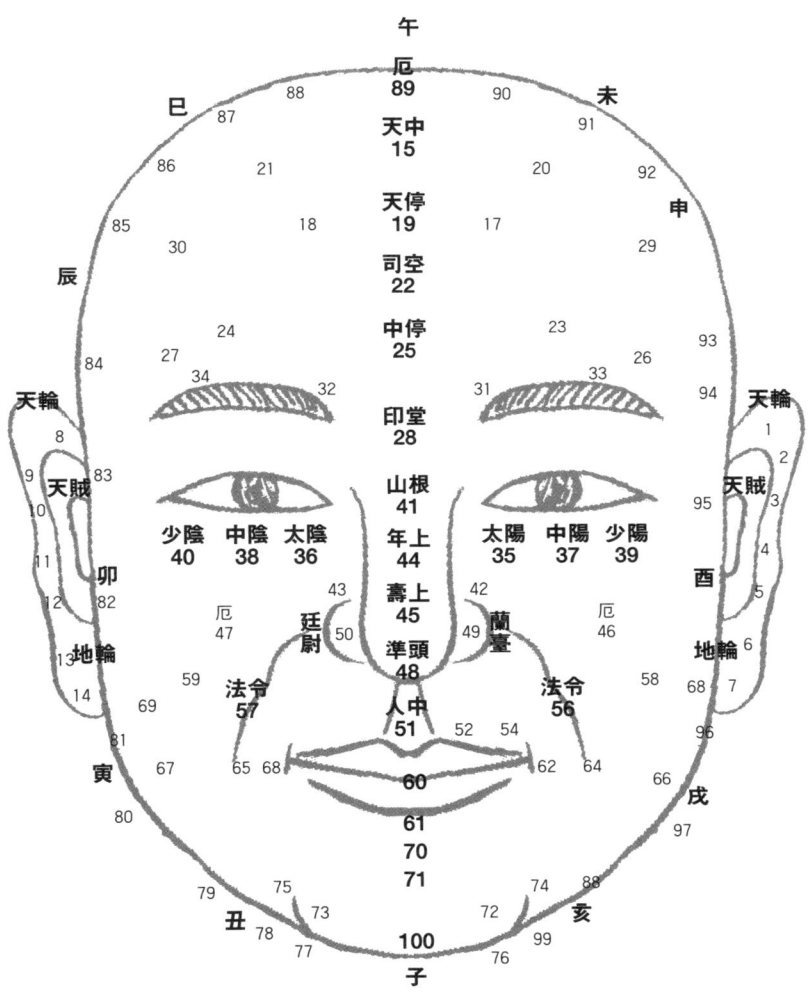

여자는 좌우를 바꿔서 본다.

주요 부위 명칭도

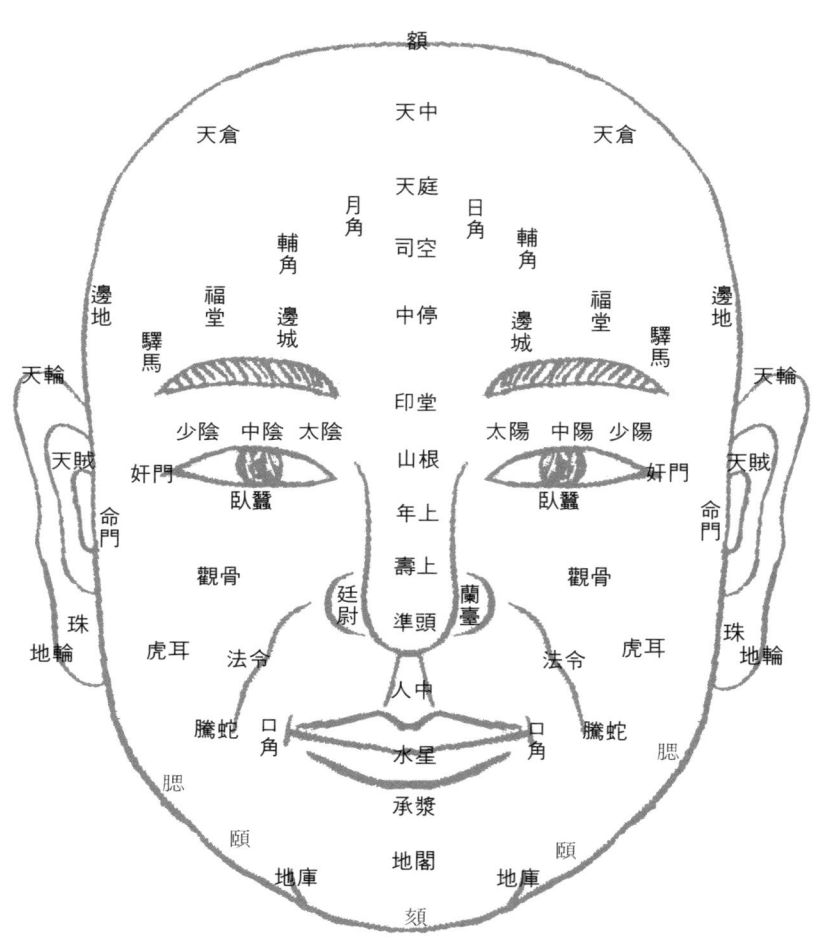

구주(九州) · 팔괘(八卦) · 간지(干支)

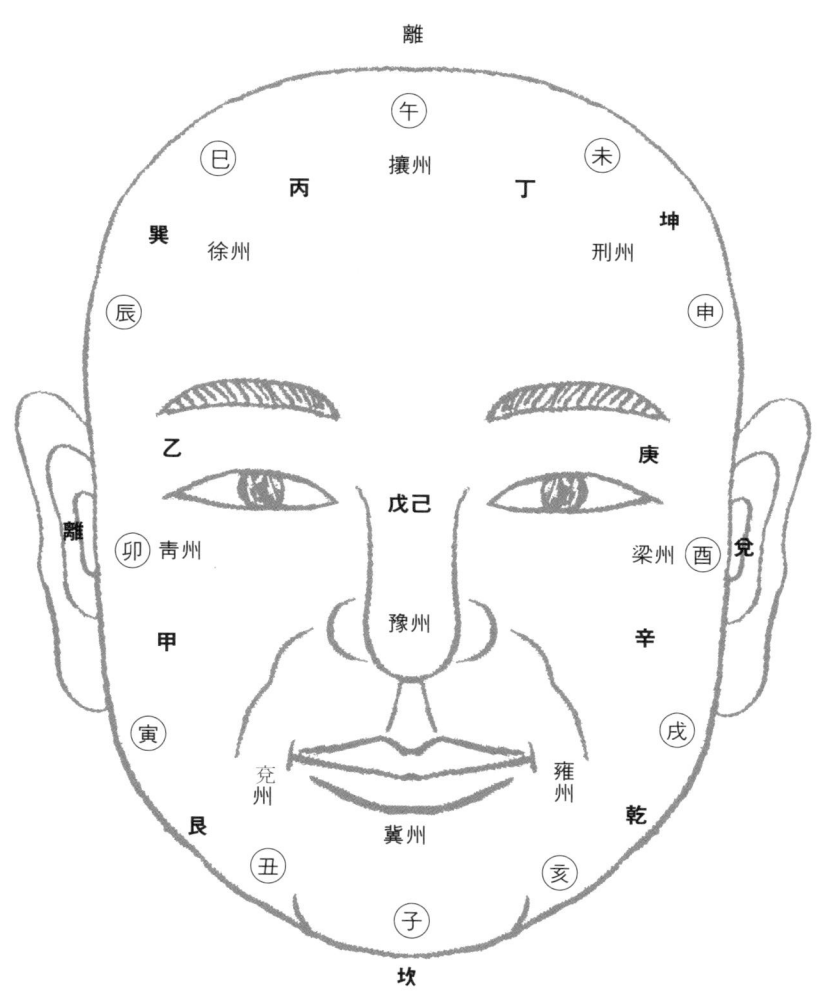

점의 길흉도

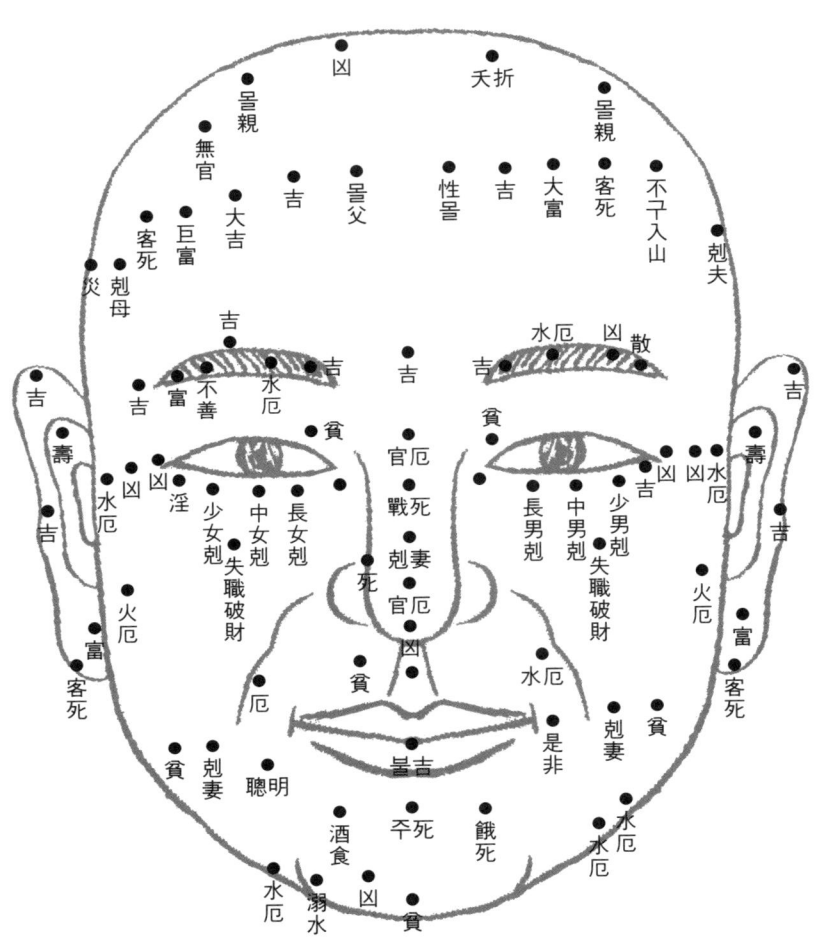

남자의 점

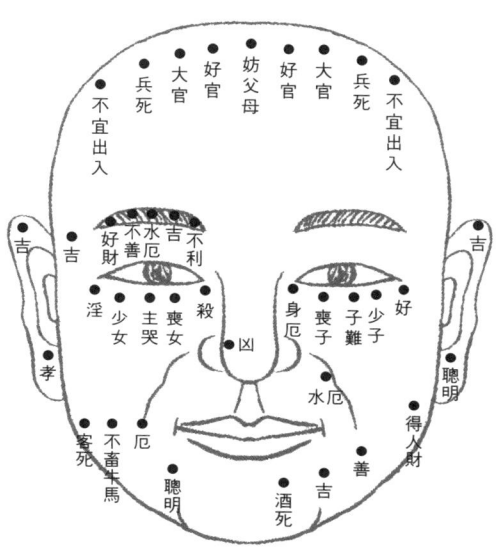

여자의 점

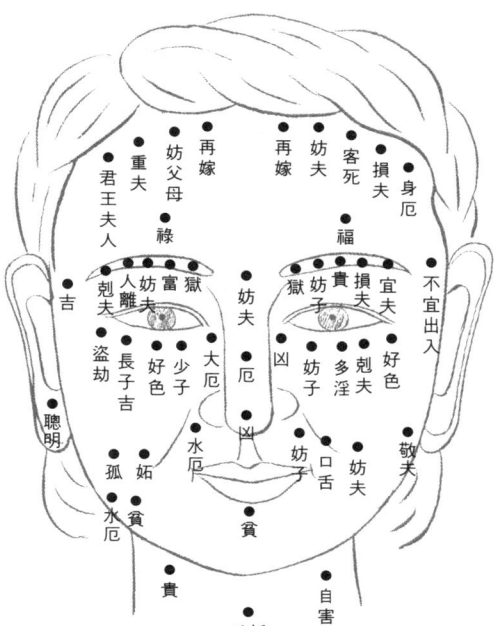

육부(六府) · 삼재(三才) · 삼정(三停)

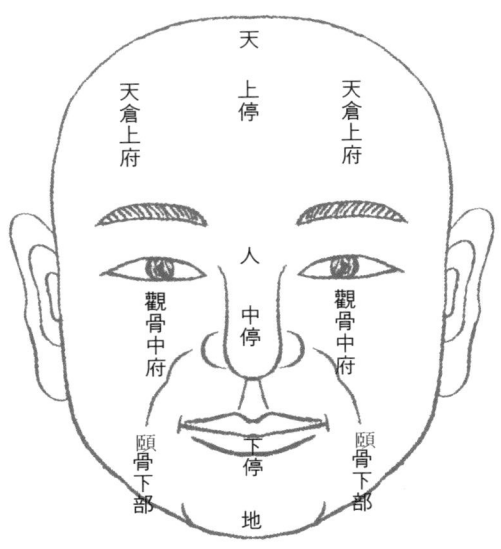

후골도(後骨圖)

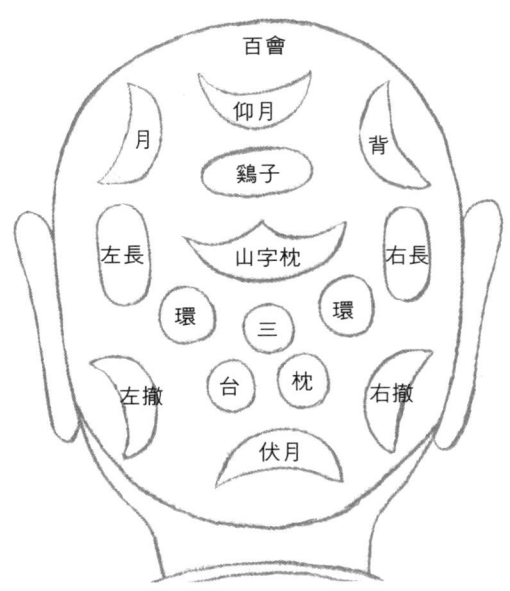

사학당(四學堂)

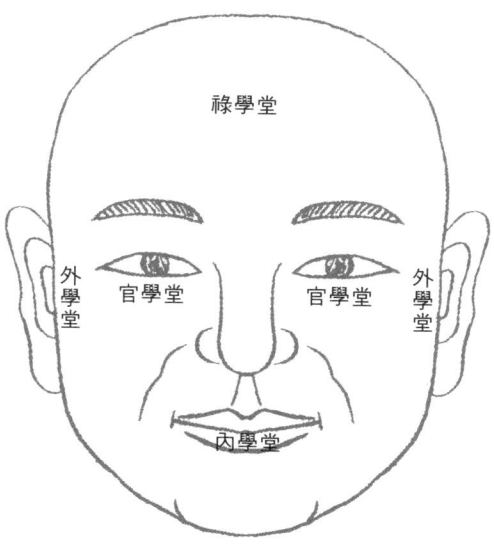

팔학당(八學堂)

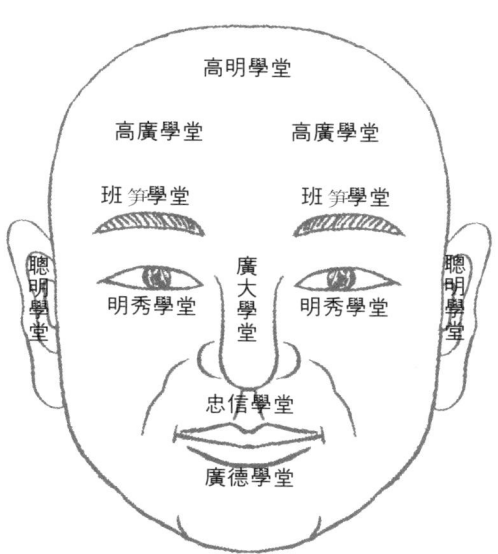

오성(五星)·육요(六曜)

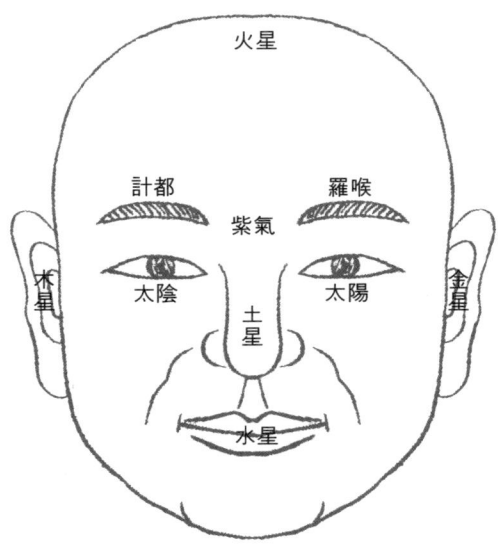

4독(四瀆)

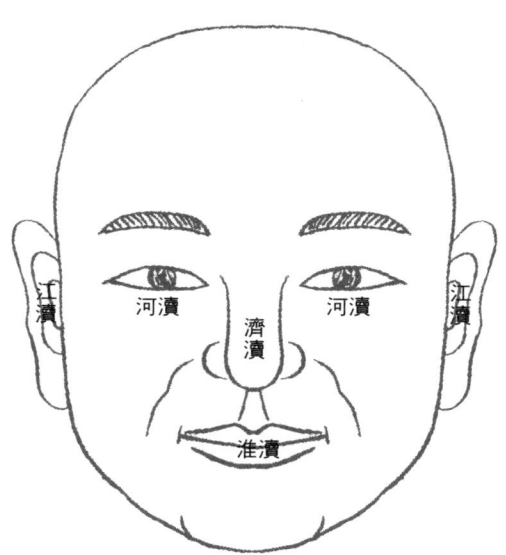

1. 관상

우주 만사만물의 원동력은 북극성이다. 그래서 북극성을 태극 옥황상제라고도 한다. 북극성을 중심으로 천체의 별들이 톱니바퀴처럼 얽혀 자전과 공전을 한다. 북극성을 모체로 공전하는 태양계는 다시 아홉 개의 행성(수성 · 화성 · 지구 · 금성 · 목성 · 토성 · 천왕성 · 해왕성 · 명왕성) 즉, 구성(九星)을 공전시키는 원동력이 되며, 천체의 모든 행성들이 북극성을 모체로 운행하듯 구성(九星) 또한 태양을 중심으로 공전과 자전을 계속한다. 또다시 구성(九星)은 각기 자기 위성을 보유하고, 그 위성들은 구성(九星)을 모체로 공전한다. 지구의 위성인 달이 지구를 중심으로 공전하듯 위성들 또한 모체인 구성(九星)을 중심으로 공전하고 있다는 말이다.

우주의 운행질서가 신효막측하여 톱니바퀴처럼 얽혀 있는 듯 복잡하지만, 모름지기 천하의 만물에는 반드시 수 있고 그 수는 반드시 시간과 공간 속에 존재해 결합을 이루니, 모든 움직이는 운행의 역사는 시공이 이룬 산물이다. 따라서 생동하는 대자연의 정기 내부에서 활동하는 인간도 우주의 이치가 축소된 것이다. 더욱이 태양계에서 근접한 금목수화토(金木水火土) 오성(五星)과도 불가분의 관계다. 따라서 인체를 소우주라고 하는 것이다.

하늘에 해와 달이 있듯이 사람에겐 두 눈이 있고, 일년에 사계절이 있듯이 사람에겐 사지가 있고, 하늘에 우뢰가 있듯이 사람에겐 음성이 있고, 하늘에 풍운이 있듯이 사람에겐 화복이 있고, 지구에 산악이 있듯이 사람에겐 뼈대가 있고, 지구에 초목이 있듯이 사람에게는 모발이 있고, 지구에 강과 바다가 있듯이 사람에겐 혈맥이 있다. 또한 하늘을 상징하는 얼굴에는 이목구비에 사상(四象)이 있다. 그 가운데 코가 무토(戊土)로 생장과 소멸의 운행을 갖는다. 이는 모두 신묘한 우주의 정기를 간직하여 각기 오성(五星)이 배합하는 것이다. 얼굴은 오성(五星 : 木火土金水)의 위치가 정해져 있다. 이마는 화성(火星), 왼쪽 귀는 금성(金星), 오른쪽 귀는 목성(木星), 코는 토성(土星), 입은 수성(水星)이다.

사람의 상을 볼 때는
① 골격을 관찰한 후 오행의 형상과 체질을 본다. 사람은 모두 오행의 정기를 받고 태어나므로 이것을 떠나서는 말할 수 없다.
② 삼정(三停)의 장단, 얼굴의 방정유무, 눈썹과 눈의 청수유무를 본다.

③ 신기(神氣)에 허실을 관찰한 다음, 신체의 장단을 살펴 오관의 충실함과 육부(六府)가 풍부한가를 본다.

④ 오악(五岳)의 조응, 창고(倉庫)의 풍만 여부, 일월의 성쇠를 본 후 기색의 길흉을 살핀다.

⑤ 피부가 고운가를 보고, 머리가 모가 났는지 둥근가를 보며, 골격의 귀천을 살핀다.

⑥ 기의 단촉을 보고, 음성의 우렁참을 보며, 마음씨의 선악을 보와, 모든 부위에 의거한 후 유년운을 추리한다.

1. 이마와 관골(觀骨) 오악(五岳)

오악(五岳)

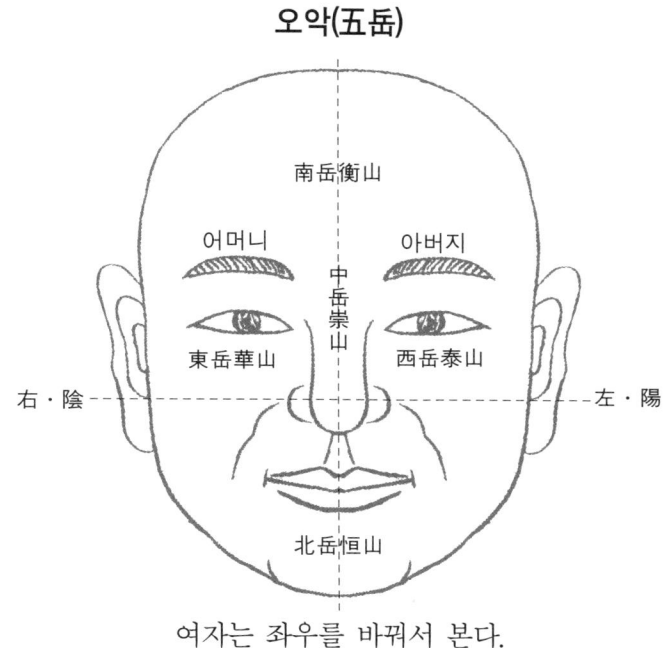

여자는 좌우를 바꿔서 본다.

오관(五官)

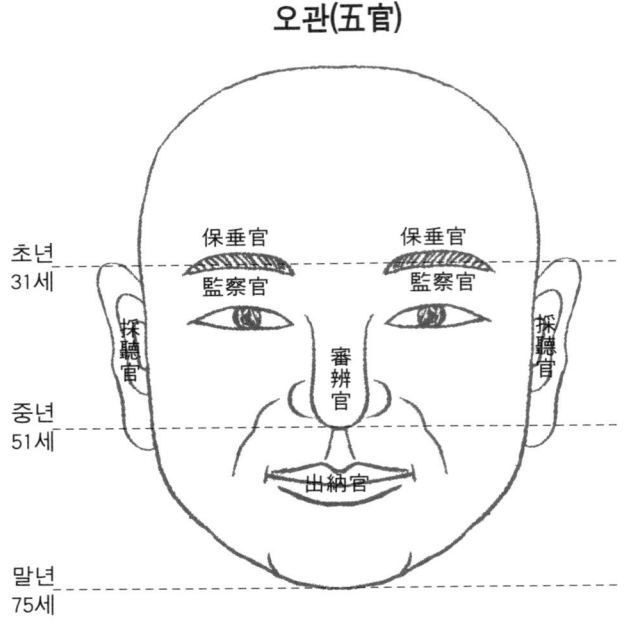

■ 보수관(保壽官) : 지붕의 역할을 한다. 눈썹이 짧거나 모양이
　나쁘면 신체가 허약하며 신고가 많다.

■ 감찰관(監察官) : 항상 맑고 밝아야 한다.

■ 심변관(審辨官) : 중년운과 금전의 출납을 본다.

■ 채청관(採聽官) : 남자는 커야 좋고, 여자는 작아야 좋다.

■ 출납관(出納官) : 능선이 선명하고 산(山)자 모양이어야 좋다.
　입은 다물어져 있고, 치아는 고르며, 입술은
　붉어야 길하다. 만일 구각(口閣)이 처져 있으
　면 좋지 않다.

1. 관록궁(官祿宮)

관록궁(官祿宮)은 관운(官運)을 보는 곳으로, 천정(天庭)·사공(司空)·중정(中正) 부위를 말한다.

- 관록궁(官祿宮)이 청색을 띠면 직업을 잃거나 소송을 당하고 관청의 일로 손재한다.
- 관록궁(官祿宮)이 적색을 띠면 놀랄 일이 생긴다.
- 관록궁(官祿宮)이 백색을 띠면 소송할 일이 생긴다.
- 관록궁(官祿宮)이 흑색을 띠면 병이 생긴다.
- 관록궁(官祿宮)이 홍황색을 띠면 승진하고, 소송 중인 경우는 승소한다.

2. 명궁(命宮)

명궁(命宮)은 총명·학문·평생운을 보는 곳으로, 인당(印堂) 부위를 말한다.

- 명궁(命宮)이 적색을 띠면 소송이나 형옥수가 따르고, 검은구름이 낀듯 어두운 색을 띠면 사망한다.
- 명궁(命宮)이 청색을 띠면 재앙이 따른다.
- 명궁(命宮)이 백색을 띠면 부모상을 당한다.
- 명궁(命宮)이 밝은 황색을 띠면 만사가 대길하다.

3. 부모궁

부모궁은 부모운을 보는 곳으로, 일월각(日月角)과 좌우의 보골(輔骨) 부위를 말한다.

■ 부모궁이 청색을 띠면 부모에게 우환이 따른다.
■ 부모궁이 흑색을 띠면 부모상을 당한다.
■ 부모궁이 백색을 띠면 효복(孝服)을 입는다.
■ 부모궁이 적색을 띠면 소송·관재·시비·화재가 따른다.
■ 부모궁이 홍황색을 띠면 부모에게 길하다.

4. 형제궁

형제와 대인관계를 보는 곳으로, 좌우 눈썹 부위를 말한다.

■ 형제궁이 청색을 띠면 형제 자매에게 재액이 따른다.
■ 형제궁이 적색을 띠면 형제간에 불화한다.
■ 형제궁이 백색을 띠면 소송이나 수족을 상한다.
■ 형제궁이 흑색을 띠면 형제 자매에게 액운이 따른다.
■ 형제궁이 밝은 황색을 띠면 경사가 생긴다. 왼쪽 눈썹은 토지가 늘어나고, 오른쪽 눈썹은 재물과 아내를 얻는다.

5. 부부궁

부부궁은 부부의 애정운을 보는 곳으로, 어미(魚眉)와 간문(奸門)

부위를 말한다. 여자의 오른쪽 눈은 남편운을 본다.

■ 부부궁이 청색을 띠면 아내에게 질병과 재앙이 따른다.
■ 부부궁이 적색을 띠면 부부간에 불화하며 아내에게 구설이 따른다.
■ 부부궁이 백색을 띠면 아내와 사별한다.
■ 부부궁이 흑색을 띠면 아내에게 슬픔과 손재가 따르고, 본인에게도 사고가 생긴다.
■ 부부궁이 밝은 황색을 띠면 아내에게 길하고, 미혼자는 좋은 배우자를 만난다.

6. 자식궁

자식궁은 자식운을 보는 곳으로 와잠(臥蠶) 아래를 말한다.

■ 남자는 왼쪽, 여자는 오른쪽 자식궁이 청색을 띠면 자녀에게 우환이 따른다.
■ 자식궁이 적색을 띠면 아내에게 산액이 따르거나 자녀에게 구설이 있다.
■ 자식궁이 백색을 띠면 자녀를 잃는다.
■ 자식궁이 흑색을 띠면 자녀에게 불길한 일이 생긴다.
■ 자식궁이 황색을 띠면 자녀가 편안하고, 임신중이면 귀한 자식을 낳는다.

7. 전택궁(田宅宮)

전택궁(田宅宮)은 부모의 유산을 보는 곳으로, 눈썹 밑부터 눈 윗부분(눈두덩이)을 말한다.

- 전택궁(田宅宮)이 청색을 띠면 토지 때문에 관재구설이 생긴다.
- 전택궁(田宅宮)이 적색을 띠면 전답이 줄어든다.
- 전택궁(田宅宮)이 백색을 띠면 우환과 실물수가 생긴다.
- 전택궁(田宅宮)이 흑색을 띠면 재산을 잃는다.
- 전택궁(田宅宮)이 황색을 띠면 전답이 늘어난다.

8. 질액궁(疾厄宮)

질액궁(疾厄宮)은 질병의 유무를 보는 곳으로, 산근(山根) 부위를 말한다.

- 질액궁(疾厄宮)이 청색을 띠면 질병이 생긴다.
- 질액궁(疾厄宮)이 적색을 띠면 농혈(濃血)병이 생긴다.
- 질액궁(疾厄宮)이 백색을 띠면 아내와 자녀에게 우환이 생기거나 수족을 상한다.
- 질액궁(疾厄宮)이 흑색을 띠면 병이 중하다.
- 질액궁(疾厄宮)이 홍·황·자색을 띠면 중병이라도 회복한다.

9. 재백궁(財帛宮)

재백궁(財帛宮)은 재산의 유무를 보는 곳으로 코를 말한다.

■ 재백궁(財帛宮)이 청색을 띠면 손재·질병·우환이 따른다.
■ 재백궁(財帛宮)이 적색을 띠면 소송이 따른다.
■ 재백궁(財帛宮)이 백색을 띠면 재산을 잃거나 부모상을 당한다.
■ 재백궁(財帛宮)이 흑색을 띠면 형옥수가 따르고, 준두(準頭)가 검어지면 사망한다.
■ 재백궁(財帛宮)이 황색을 띠면 재산이 늘어난다.

10. 천이궁(遷移宮)

천이궁(遷移宮)은 변지(邊地)와 역마(驛馬) 부위인 관자놀이를 말한다.

■ 천이궁(遷移宮)이 청색을 띠면 인덕이 없고 고독하다.
■ 천이궁(遷移宮)이 적색을 띠면 관송시비가 따른다.
■ 천이궁(遷移宮)이 백색을 띠면 아랫사람이나 가축을 잃는다.
■ 천이궁(遷移宮)이 흑색을 띠면 객지에서 횡액을 당하거나 객사한다.
■ 천이궁(遷移宮)이 밝은 황색을 띠면 귀인을 만나고 명리를 얻는다. 단 푹 꺼지지 않아야 한다.

11. 복덕궁(福德宮)

복덕궁(福德宮)은 복덕과 재물운을 보는 곳이다. 액각(額角)과 천창(天倉), 즉 양쪽 이마의 각이 진 부분을 말한다.

- 복덕궁(福德宮)이 청색을 띠면 가정이 불안해지고 매사가 불리하다.
- 복덕궁(福德宮)이 백색을 띠면 뜻밖의 재난을 당한다.
- 복덕궁(福德宮)이 적색을 띠면 재물 때문에 형제간에 시비가 생긴다.
- 복덕궁(福德宮)이 흑색을 띠면 집안의 우환과 손재수가 생긴다.
- 복덕궁(福德宮)이 홍황색을 띠면 복록이 넘친다.

12. 노복궁(奴僕宮)

노복궁(奴僕宮)은 지각(地角) 부위를 말한다.

- 노복궁(奴僕宮)이 청색을 띠면 아랫사람이나 가축을 잃거나 질병이 생긴다.
- 노복궁(奴僕宮)이 백색을 띠면 아랫사람이나 기르는 짐승을 잃는다.
- 노복궁(奴僕宮)이 적색을 띠면 아랫사람 때문에 구설과 배반이 따른다.
- 노복궁(奴僕宮)이 황색을 띠면 충성스런 부하를 얻는다.

- 노복궁(奴僕宮)이 밝은 홍색을 띠면 재물이 따르고 가축이 잘 된다.

2. 얼굴의 형과 색

사람은 음양의 기를 받아 천지의 형상을 담았고, 오행의 바탕을 받아 만물의 영장이 되었다. 따라서 머리는 하늘을 상징하고, 발은 땅을 상징하며, 두 눈은 해와 달을 비유하고, 소리는 우뢰에 비유한다. 그리고 몸 속에 흐르는 혈맥은 강하의 상징이고, 뼈는 금석의 상징이며, 이마와 머리털과 수염은 초목의 상징이다.

따라서 하늘의 상징인 머리는 높고 넓어야 하며, 땅의 상징인 발은 모나고 두터워야 하며, 해와 달의 상징인 두 눈은 밝고 빛나야 길하다. 우뢰의 상징인 소리는 울려나가야 하고, 금석의 상징인 뼈는 튼튼해야 하며, 산악의 상징인 이마는 높직한 것이 좋고, 초목의 상징인 머리카락과 수염은 수려해야 좋다.

1. 얼굴형

- 목형(木形) : 청색이며 수척한 형을 말한다.
- 화형(火形) : 적색이며 위는 뾰족하고 아래는 넓은 형이다.
- 토형(土形) : 황색이며 후중하고 거북이등 같은 형이다.
- 금형(金形) : 백색이며 모가 난 형이다.
- 수형(水形) : 흑색이며 뚱뚱한 형을 말한다.

2. 얼굴색

- 청색 : 우환과 공포를 나타낸다.
- 백색 : 상을 당하거나 슬픈 일을 나타낸다.
- 흑색 : 질병과 관재를 나타낸다.
- 적색 : 재난과 관재구설을 나타낸다.
- 황색 : 기쁘고 희망찬 일을 나타낸다.

3. 팔대(八大)의 상

아래와 같이 8가지 조건을 갖춘 사람은 부귀가 따른다.

① 눈이 크고 신기(神氣)가 맑아야 한다.
② 코가 크고 콧대가 높아야 한다.
③ 입이 크고 구각(口閣)이 천창(天倉)을 향해야 한다.
④ 귀가 크고 윤곽이 분명해야 한다.
⑤ 머리가 크고 이마에 액골(額骨)이 솟아야 한다.
⑥ 음성이 크고 맑으며 여운이 있어야 한다.
⑦ 얼굴이 크고 성곽이 분명해야 한다.
⑧ 몸집이 크고 삼정(三停)이 조화로우며 행동이 느긋해야 한다.

4. 팔소(八小)의 상

아래와 같이 8가지 조건을 갖춘 사람은 부귀가 따른다.

① 눈은 작으나 수려하고 길어야 한다.

② 코는 작으나 콧대가 있어야 한다.

③ 입은 작으나 능선과 구각(口閣)이 방정해야 한다.

④ 귀는 작으나 단단하고 원만해야 한다.

⑤ 이마는 작으나 평평하고 단정해야 한다.

⑥ 음성은 작으나 기름져야 한다.

⑦ 얼굴은 작으나 청수해야 한다.

⑧ 몸은 작으나 단정해야 한다.

5. 오장(五長)의 상

오장(五長)은 신체·머리·얼굴·손·발 다섯 가지가 모두 긴 경우를 말하며 길상이다. 그러나 오장(五長)을 갖추었다 해도 전체가 풍융하며 얼굴이 청수하고 피부가 윤택해야 한다. 만일 뼈가 드러나거나 힘줄이 불거졌거나 피부가 거칠면 빈천하다.

6. 오단(五短)의 상

오단(五短)은 신체·머리·얼굴·손·발 5가지가 모두 짧은 경우를 말하며 길상이다. 그러나 오단(五短)을 갖추었다 해도 골육이 조악하고 오악(五岳)이 기울었거나 함하면 빈천하다. 오단(五短)을 갖추었는데 골육이 가늘며 매끄럽고 인당(印堂)이 맑으며 오악(五岳)이 솟아 조응하면 대부대귀가 따른다.

7. 오소(五小)의 상

오소(五小)는 머리·눈·배·귀·입 다섯 가지가 작은 것을 말하며 길상이다. 그러나 몇 가지만 작으면 실격한 상이라 빈천하다.

8. 오로(五露)의 상

오로(五露)는 눈이 솟고, 콧구멍이 뻔히 보이고, 귀가 제껴지고, 입술이 들리고, 목뼈가 솟은 경우를 말한다. 이것은 하나씩 논할 때는 흉상이나 모두 갖추면 오히려 전화위복이 되어 중년부터 부와 녹이 따른다.

2. 눈썹(眉)

눈썹은 자연의 초목에 비유하고, 초목은 땅을 기초로 하여 성장한다. 땅은 토(土)라서 서서히 자라 발현해감을 의미하고, 만물을 능히 생(生)할 수 있으니 재능과 관후함이 있다. 이러한 만물의 생(生)함은 끊임없이 이어지기 때문에 수명으로 나타낼 수 있다.

땅은 독립성이 강하며 고독하다. 초목이 없는 땅은 민둥산과 같아서 음복을 발현할 수 없다. 따라서 눈썹이 없으면 초목이 없는 산천의 형상으로 고독하며 가치가 없다. 땅은 음복을 나타내며 부모를 상징하는데, 부모는 사회적 개념으로 볼 때 원초적 입장으로, 초목의 성장에 매우 합당한 영향력을 행사한다. 이러한 비옥한 땅을 조성하는 근본 핵심은 물이다. 그러므로 초목인 눈썹과 가장 긴밀하게 관계하는 인체의 장기는 물에 해당하는 신장이다.

눈썹은 신장이 주관하고, 신장의 외부적 징후가 된다. 따라서 눈

섭은 신장과 늙어가는 퇴화의 정도를 나타내는 상징물인 관계로, 눈썹과 수명은 밀접한 관계가 있다. 내부로는 폐와 관계가 있는데, 폐는 오행 분리상 근심에 해당한다. 근심이 있으면 눈썹이 펴지지 않아 자연히 폐와 눈썹은 상호연관하여 수명과 관계한다.

눈썹은 신장을 주관한다. 동양의학상 폐는 가죽과 털을 주관하니, 눈썹은 신체의 장기 중 폐와 신장에 관여하여 길흉을 반영한다. 그러므로 눈썹은 인간의 수명과 관계가 깊다.

인간의 생명에 절대적으로 필요한 것은 혈액이다. 심장에 펌프운동으로 보내진 피는 두 개의 경로를 통해 다시 심장으로 들어온다. 온 몸을 한 번 돌고 오는 혈액은 폐에서 이산화탄소를 방출하고 신선한 산소를 공급받아 심장으로 복귀하고, 다시 대동맥을 통해 온 몸으로 보낸다. 즉, 폐로 호흡하고 공기 중에 산소와 전신을 돌아온 혈액에 이산화탄소를 교환시켜 신선한 혈액을 만드는 역할을 하는 것으로, 하나의 공기정화시스템이라고 할 수 있다. 생명을 유지하는 필수불가결한 요소인 혈액을 항상 신선하게 유지해주는 기관이 신장과 폐이고, 눈썹은 바로 이 두 기관을 주관한다. 눈썹의 거침 여부, 굵기, 길이, 색, 눈썹간의 거리 등으로 체질과 성격을 판단한다.

자연의 초목은 사람에게는 머리카락과 눈썹·수염·음부의 털 등으로 비유한다. 그중 태양에 해당하는 눈과 가장 가깝게 관계하는 것이 눈썹이다. 눈썹의 귀함은 청구함이고, 사상과 명예에 관련된 귀함이며, 개인의 분석능력·운동성·기획·교섭·전문성 그리고 대인관계의 사고능력 등을 표현한다.

눈썹은 관상학상 문학예관으로 예의를 본다. 특히 수명의 장단, 형제의 관계, 우매함과 현명함, 재운, 출생적 강약, 자녀 등을 관찰한다. 그밖에 성(性)적인 면까지 판단할 수 있는 부위다.

- 눈썹이 눈을 누르는 것 같은 사람은 궁핍하고, 위로 치켜든 것 같은 사람은 기가 강하다.
- 눈썹 위에 세로주름이 많으면 빈천하고, 눈썹에 결함이 있으면 간교하고, 눈썹이 박약하여 없는 것 같으면 매우 교활하다.
- 양 눈썹이 사귀는 것처럼 붙어 있으면 빈천하고 형제간에 화목하지 못하다.
- 눈썹에 긴 털이 있으면 90세를 넘기고, 눈썹이 찌부러져 있으면 재산이 적다.
- 눈썹 위에 갑자기 홍색이 일면 3~7일 이내에 구설시비·관재 소송이 생긴다.
- 눈썹이 성글고 높이 붙었는데 눈이 수려하며 바르면 귀와 재물을 얻는다.
- 눈썹이 높이 있으면 성품이 고귀하고 언변이 능하다. 이런 사람은 반드시 귀인이 되어 임금을 가까이 보좌한다.
- 눈썹이 눈 위에 높이 있으면 눈과 눈썹이 서로 조화를 이루어 근심 걱정이 없다.
- 여자가 눈썹이 산만하게 흐트러지거나 기울거나 미골이 솟아

있으면 가정을 파괴한다.

1. 눈썹의 평점과 관련사항

눈썹은 얼굴의 8%를 차지하나, 항상 눈을 보호하는 보수관(保壽官)의 개념으로 생각하기 때문에 눈과 더불어 계산한다. 눈과 눈썹이 차지하는 비율은 얼굴의 약 45%로 절반 가량이다.

- 관찰내용 : 형제·수명·재운·출생·성격·우매함과 현명함·자녀 등을 본다.
- 다른명칭 : 형제궁·나후성(羅候星)·계도성(計圖星)이라고도 한다.
- 해당신체 : 신장·폐와 관계 있다.
- 판단시기 : 유년과 31~34세까지의 운을 판단한다.

2 눈썹의 구성과 세부명칭

눈썹은 보수관(保壽官)이다. 이것은 정신과 생명력을 지닌 눈을 보호하여 수명을 보존하는 역할을 수행한다는 말이다. 또한 십이궁(十二宮) 중에서는 형제궁을 대표하므로 형제 자매간의 상황과 대인관계를 보고, 넓은 의미로 동업관계까지 포함한다. 눈썹의 가장 큰 특징은 명예·성격·수명 그리고 형제의 길흉을 분석하는 것이다. 눈썹은 두 눈을 덮는 지붕이고 얼굴의 표상이다. 따라서 눈썹은 섬세하며 바르고 넓게 자리잡아야 수려하다.

1. 미두(眉頭)

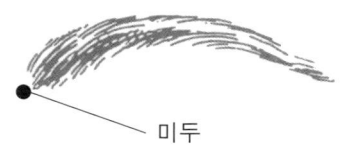
미두

눈썹의 시작부분으로 눈썹 머리를 말한다. 왼쪽은 나후(羅候)라 하고, 오른쪽은 계도(計圖)라 하며 형제궁과 관계가 있다. 만일 여기에 흠이 있으면 형제를 형극하며 토혈과 악성치질이 따르고, 청흑색을 띠면 문서나 서류, 학문 등이 정체한다.

2. 상구진(上口陳)

상구진

눈썹 머리의 윗부분으로 상반부를 말한다. 정상적인 계획에 관계하며 직접 교섭하는 생각의 의념처다. 만일 이곳이 움직이며 정숙하지 못하면 근심이 따른다.

3. 복당(福堂)

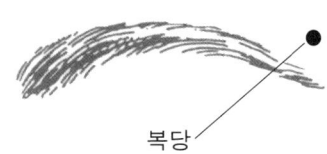
복당

눈썹 꼬리의 뼈부분을 말한다. 외부의 재고(財庫)로 이곳이 함몰되면 고향에 머물면 파재하나 타향으로 가면 발전한다. 만일 복당(福堂) 골격이 솟아 있으면 외부의 재운이 좋고, 전답과 수명이 좋다. 그러나 복당(福堂) 주변에 흑암색이 나타나면 갑자기 재앙이 생긴다.

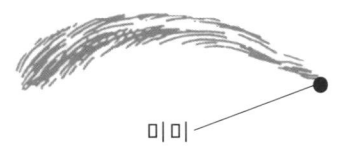

4. 미미(眉尾)

미미

눈썹 꼬리를 말한다. 돈의 유통과 수명을 의미하고, 골육·혈통에 관계한다. 이곳이 약간 드러나면 친척의 문제이고, 붉고 탁한 기색이 비치면 관재·소송·시비 등이 따른다. 그리고 빗겨서 흩어지면 재물을 모을 수 없고 가산을 파산한다.

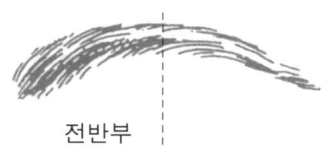

5. 전반부

전반부

눈썹의 전반부는 형제궁과 관계가 있는데, 청수하며 부드럽고 고우면 길하다. 이런 사람은 큰 이름을 얻고 장수한다. 그러나 눈썹이 거꾸로 난 사람은 형제끼리 위반하고 부모에게 불효한다.

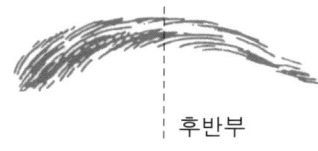

6. 후반부

후반부

눈썹의 후반부는 자손이나 돈과 관계가 있다. 이곳이 높고 기세가 있으면 명예와 권세가 높고, 둥글고 수려하면 자식에게 길하다.

7. 삼양(三陽)

삼양

눈썹 아래를 말하며, 수명이나 자식과 관계가 있다. 이곳이 높으면 수명이 길고, 풍만하면 자식이 많다. 그러나 함하여 힘이 없거나 살집이 없어 쭈글대거나 흠이 있으면 자식을 형극하고, 어두운 색을 띠면 염병 등 괴질을 앓거나 상을 당하거나 원수를 맺는다.

미간

8. 미간(眉間)

관상에서 매우 중요한 곳으로 눈썹과 눈썹 사이인 인당(印堂)을 말한다. 십이궁(十二宮) 중에서는 명궁에 해당하고, 운세의 강약과 일체의 희망을 본다. 미간(眉間)은 심장에 근원을 두고, 여자에게는 음부에 해당한다. 오행으로는 화(火)에 속하여 얼굴에서 가장 으뜸인 군왕의 위치다. 미간(眉間)은 손가락 두 개가 들어가야 표준이고, 흉터·점·사마귀·주름 등의 잡음이 없어야 길격이다.

■ 미간(眉間)에 어두운 색이 돌거나 이상이 생기면 불치병이나 중병을 앓는 등 건강에 문제가 생긴다.
■ 미간(眉間)에 윤택한 자색이나 황색이 돌면 대길하다.
■ 미간(眉間)에 붉은색이 비치면 위험한 일이 생기고, 심하면 죽음에 이르기도 한다.
■ 미간(眉間)이 넓으면 마음도 넓고, 미간(眉間)이 좁으면 마음도 좁다. 미간(眉間)은 손가락 두 개가 들어가야 표준이고, 흉터·점·사마귀·주름 등의 잡음이 없어야 길격이다.
■ 미간(眉間)이 넓고 두둑하며 윤기가 흐르는 사람은 신망이 두텁고 공명이 이롭다. 그러나 지나치게 넓으면 성격이 무사안일

하여 큰 일을 이루기 어렵다.

- 미간(眉間)이 좁으면 사업이 불안하고 금전이 인색하며 상사의 도움이 없고, 부부와 자식운 또한 나쁘다.

- 여자가 미간(眉間)이 넓으면 음란하고 성기 수축력이 좋지 않고 힘이 없다. 중국에서는 미간(眉間)이 넓은 여자를 현모양처로 보나, 미간(眉間)이 넓은데 코에 살이 없으면 악녀로 본다.

- 여자가 미간(眉間)이 좁으면 성기의 신축성과 수축력이 매우 이상적이다. 그러나 결혼운과 금전운은 더 나쁘다.

- 미간(眉間)이 좁은 사람은 소심하며 가업을 계승하지 못한다. 특히 여자는 요염한 상으로 본다. 또한 양 눈썹 꼬리는 원래 문서를 담당하는데, 윤택하면 문서의 기쁜 소식이 있거나 계약이나 신체적 억압에 대한 자유를 의미하기도 한다.

3. 눈썹의 형태와 길흉

눈썹을 평가하는 기준은 동양과 서양이 매우 다르다. 서양은 단순히 두 눈을 보호하는 차원으로만 보나, 동양에서는 매우 중요하게 취급해 형제·수명·유전적 건강·재물·출생의 강약 등을 살핀다. 눈썹의 털은 대략 600~800개 정도다. 이것은 일반적으로 지능을 나타내며 수명과 관계가 있기도 하다.

눈썹은 눈의 길이보다 약간 긴 것을 표준으로 본다. 남자는 직선에 가깝고 거친편이라 남성적인 감각을 보이고, 여자는 가늘면서 가운데가 활처럼 휜 곡선에 가까워 애정과 친근감을 나타낸다.

1. 긴 눈썹

눈에 비해 눈썹이 긴 경우를 말한다.

- 눈썹이 긴 사람은 온후하며 솔직 담백하고 이해심이 많다.
- 눈썹이 긴 사람은 총명하다. 그러나 거칠거나 빽빽하거나 거꾸로 솟아 혼란하거나 짧고 급박하면 흉악하다.
- 눈썹이 길어 눈을 지나는 사람은 부귀하고, 눈썹이 짧아 눈을 덮지 못하는 사람은 재운이 부족하다.
- 눈썹이 긴 사람은 대인관계가 원만하고 가족적이며 평화적이어서 안정된 환경에서 성장한다.
- 눈썹이 긴 사람은 귀한 인물이 되고 보좌를 얻는다.
- 눈썹이 발재(髮材)까지 길게 있는 사람은 수려하며 군왕에 버금가는 대귀를 누린다.

2. 짧은 눈썹

눈에 비해 눈썹이 짧은 경우를 말한다.

- 눈썹이 짧은 사람은 유년에 부모 형제와 원만하지 못하다.
- 눈썹이 짧은 사람은 생활이 곤란하고 형제가 적고 근심이 많다.
- 눈썹이 짧은 사람은 형극이 크고 고생이 많아 고루하며 쓸쓸하

고 수명이 짧다.

- 눈썹이 짧으면서 짙은 사람은 성격이 거칠지만 공정한 면이 있고 고난을 극복한다.
- 눈썹이 짧으면서 거친 사람은 성격이 급하다. 질병도 급한 병에 걸린다.
- 눈썹이 짧으면서 드물게 난 사람은 미련하다.
- 눈썹이 짧은 사람은 배우자가 좋지 않다.
- 여자가 눈썹이 짧으면 특히 부부운이 좋지 않다. 마치 연못의 정자에 앉아 있는 기생과 같아 뭇남성의 사랑을 받는다. 이상형과 결혼하나 결국은 극부한다.
- 남자가 눈썹이 짧으면 생활이 고단하며 애정관계가 복잡하여 아내가 고생한다.

3. 진한 눈썹

빽빽하게 숱이 많아 진한 눈썹을 말한다.

- 눈썹이 짙은 사람은 완고하며 의리가 있다.
- 눈썹이 짙은 사람은 감정이 여리며 온유하여 큰 돈을 벌지는 못하지만 아무리 어려운 일에 부딪쳐도 목표를 향해 나간다.
- 눈썹이 짙은 사람은 감정이 풍부하고 좋아하는 이성에게는 적극적이다.
- 눈썹이 짙은 사람은 평생 질투와 시비·모함이 끊이지 않는다.

- 눈썹이 조밀하게 많은 사람은 체질과 정력이 강하다.

4. 엷은 눈썹

얇고 듬성듬성하게 난 눈썹을 말한다.

- 눈썹이 엷은 사람은 유년에 부모 형제복이 엷고, 부부간에도 융화하지 못한다.
- 눈썹이 엷은 사람은 엉큼하며 지레짐작을 잘 하고 박력이 없다.
- 눈썹이 엷은 사람은 영도적인 지위를 갖기 어렵다.
- 눈썹이 엷은 사람은 공치사가 대단하며 교만함이 많고, 일이 순조롭게 진행되는 기미가 보이면 자기덕이라고 자화자찬한다.
- 눈썹이 듬성듬성 난 사람은 체질과 정력이 약하다.
- 개나 고양이처럼 눈썹이 없으면 야만인으로 보기도 한다.
- 여자가 눈썹이 얇고 듬성듬성하면 남편의 보호를 받지 못한다. 여자에게 눈은 자신이고, 눈썹은 남편에 해당한다.

5. 거친 눈썹

눈썹이 부드럽지 않고 거칠며 마른 듯한 경우를 말한다.

- 눈썹이 거친 사람은 적극적이며 목적과 수단이 강하다.
- 눈썹이 거친 사람은 유연성이 없어 처음에는 좋아도 나중에 불화하는 경우가 많다.

■ 눈썹이 거친 사람은 평생 걱정과 고생이 많고 원망과 시비구설
  이 많다.

6. 가는 눈썹

가늘고 부드러운 눈썹을 말한다.

■ 눈썹이 가는 사람은 평안하며 맑고 우아하다.
■ 눈썹이 가늘고 부드러운 사람은 온순하며 신체가 좋다.
■ 눈썹이 가는 사람은 의식이 풍족하며 우환이 없고 아내와 자식
  이 좋다.
■ 눈썹이 가는 사람은 섬세하며 유순하나 안으로는 매우 열정적
  이다.
■ 눈썹이 가는 사람은 이성관계에서 만반의 준비가 된 것처럼 보
  이나 움추리는 경향이 있다.

7. 올라간 눈썹

눈썹의 머리나 꼬리가 위로 솟구쳐 올라간 경우를 말한다.

■ 양 눈썹 머리가 높이 올라간 사람은 장부의 기개가 있고, 양 눈
  썹 끝이 뿔처럼 일어서면 재운이 넉넉하며 일생이 순조롭다.
■ 눈썹 꼬리가 위로 치솟은 사람은 의지와 기개가 있다.
■ 눈썹 꼬리가 위로 치솟은 사람은 단도직입적이며 절대로 남에

게 굽히지 않고 끝까지 해보는 형이다.

■ 눈썹 꼬리가 위로 치솟은 사람은 연륜이 쌓일수록 생활이 안정되고 형제간에도 화목하다.

■ 눈썹 꼬리가 위로 치솟은 사람은 서비스업 계통은 맞지 않는다.

■ 눈썹 꼬리가 위로 치솟은 사람은 남의 의견을 이해하며 받아들여야 성공할 수 있다.

■ 여자가 눈썹 꼬리가 위로 치솟으면 극성스럽고 남자보다 위에 서려는 경향이 있어 남편과 불화하나 능력을 발휘하는 편이다.

8. 내려간 눈썹

눈썹 꼬리가 아래로 쳐진 경우를 말한다.

■ 눈썹 꼬리가 아래로 쳐진 사람은 성격이 온순하며 유연하고 사교적이다.

■ 눈썹 꼬리가 아래로 쳐진 사람은 의지력과 대담함이 없다. 그러나 일을 처리할 때는 중심을 잘 잡고 금전운영에 뛰어나다.

■ 눈썹 꼬리가 아래로 쳐진 사람은 생활이 안정적이며 이상적이고, 사업이나 정치 등에서 두각을 나타낸다.

■ 남자의 눈썹 꼬리가 아래로 쳐져 있으면 부부인연이 이상적이지 못하고, 여자는 과부의 상이다.

9. 일자형 눈썹

한일(一) 자로 곧은 눈썹을 말한다.

- 눈썹이 일자형인 사람은 자신에 대한 믿음이 강하고, 일에 있어서는 일관적인 신념이 있다.
- 눈썹이 일자형인 사람은 기개가 충분하여 지도자의 임무를 수행한다.
- 눈썹이 일자형인 사람은 행동은 대범하나 마음을 열지 않고 상대를 배려하지 않아 외골수로 흐르기 쉽다. 그러나 난세에는 무권을 행사하여 명예를 얻는다.
- 눈썹이 일자형인 사람은 자식을 형극함이 많고 병권을 쥔다.
- 여자의 눈썹이 일자형이면 정서가 부족하고 온유하지 못하여 남자를 무시하는 경향이 있다.

10. 청수한 눈썹

가장 이상적인 눈썹으로 단정하며 가볍게 굽은 경우를 말한다.

- 눈썹이 청수한 사람은 총명하며 지혜롭고 민첩하다.
- 눈썹이 청수한 사람은 기예가 특출나 미술·문학·문장 등으로 귀함이 크고, 교육·정치·문화 등에서도 명성을 얻는다.
- 눈썹이 청수한 사람은 좋은 환경에서 태어난 사람으로 부모·형제·자손이 모두 화평하다.

■ 여자가 눈썹이 가지런하며 초생달처럼 수려하면 남편의 보호를 받는다.

11. 각진 눈썹
중간에 각이 있는 눈썹으로 칼눈썹 또는 검미라고도 한다.

■ 눈썹에 각이 있는 사람은 독립심과 의지력이 있고 매우 정열적 이다. 이런 사람은 자신의 목표를 이룬다.
■ 눈썹에 각이 있는 사람은 색채감각이 매우 풍부하고 연구심이 뛰어나며, 위엄이 있어 무관의 권한을 쥔다. 난세에는 직접 출 병하여 임전무퇴하는 장수가 된다.

12. 나선형 눈썹
눈썹 꼬리가 나선형인 경우를 말한다.

■ 눈썹이 나선형인 사람은 형제를 형극하고 부모에게 불효하며 골육을 공경하지 않는다. 이복형제가 있고 관재소송에 휘말리 는 경우가 많다.
■ 눈썹이 나선형인 사람은 성격이 광폭하고 궁량이 협소하다. 사 나운 용기만 믿고 어두운 길을 걷는다.
■ 나선형 눈썹 중에서도 휘감아 돌지 않고 눈썹 꼬리가 천창(天 倉)을 향해 올라간 사람은 기억력이 매우 우수하고, 높은 추리

계산 능력이 있으며, 천재적인 기예가 있다. 지혜가 뛰어나고 일처리가 정확하며 세심하다. 문무를 겸비해 권위에 오르기도 하나 평범한 사람이나 여성에게는 화가 되는 상이다.

■ 눈썹 머리가 소용돌이치는 것 같으면 성격이 투쟁적이라 살생을 저지른다.

13. 거꾸로 난 눈썹

눈썹이 반대로 난 경우를 말한다.

■ 눈썹이 거꾸로 난 사람은 심성이 불량하며 잔인무도하다. 여기다 빗자루로 싹싹 쓴 것 같으면 교활하기 짝이 없다.
■ 눈썹이 거꾸로 난 사람은 예의를 모르며 옹졸하고, 관재소송과 시비가 많다.
■ 눈썹이 거꾸로 나거나 매우 거친 사람은 흉폭하다.
■ 평소에는 가지런했는데 어느 순간 역모로 변하면 머지않아 재난이 닥칠 징조라는 뜻이다.

14. 충돌한 눈썹

두 마리 닭이 볏을 세우고 대적하는 듯한 눈썹을 말한다.

■ 눈썹이 충돌한 사람은 형제를 극하며 근심이 많다.
■ 눈썹이 충돌한 사람은 지혜가 부족하여 경거망동을 일삼고, 성

격이 강하여 사람을 기만하며 주도권을 빼앗으려 한다. 은혜를 원수로 갚는 배은망덕한 사람이다.

■ 눈썹이 충돌한 사람은 아내와 자식을 형극하고 육친덕이 없다.

■ 눈썹이 충돌한 사람은 가업을 지킬 수 없다. 고향을 등지고 타향을 떠돈다.

15. 갈라진 눈썹

눈썹 꼬리 부분이 흩어지거나 갈라진 경우를 말한다.

■ 눈썹이 산란하고 균형이 없거나 흩어진 사람은 마음이 어지럽고 불안정하며 탐욕스럽다.

■ 눈썹이 갈라진 사람은 지혜는 작은데 모략이 크다. 잔머리를 쓰다 오히려 낭패를 본다.

■ 눈썹이 갈라진 사람은 분수에 넘치는 어려운 일을 맡는 등 가짜 얼굴이 많다.

■ 눈썹이 갈라진 사람은 교만하여 뜬구름을 잡는 인생을 살고, 늘 가볍게 처신하니 수입보다 지출이 많다.

■ 눈썹이 갈라진 사람은 부부운과 자식운이 박하다. 특히 여자는 일찍 혼자되기 쉽고 불행을 면하기 어렵다. 부모 형제운도 좋지 않아 의지할 데가 없다.

16. 끊어진 눈썹

중간이 끊어진 눈썹을 말한다.

■ 눈썹 중간이 끊어진 듯하거나 시작과 끝이 다른 사람은 아내 ·
자식 · 형제와의 인연이 좋지 않아 불화가 많다.
■ 눈썹 중간이 끊어진 사람은 형극과 풍파가 많고 빈천하다.
■ 눈썹 중간이 끊어진 사람은 배은망덕하여 은혜를 져버린다.

17. 이층 눈썹

위아래로 갈라진 눈썹을 말한다.

■ 눈썹이 이층인 사람은 어릴 때 아버지를 잃는다.
■ 눈썹이 이층인 사람은 성격이 우유부단하며 갈팡질팡한다.
■ 눈썹이 이층인 사람은 육친과 헤어지고, 재물이 들어와도 오래
가지 못한다.
■ 눈썹이 이층인 사람은 중년에 감옥살이를 면하기 어렵다.

18. 빗자루 눈썹

빗자루처럼 생긴 모양으로 눈썹 머리에는 숱이 적고 눈썹 끝은
성근 형상을 말한다.

■ 눈썹이 빗자루 같으면 형제간에 우애가 없어 의지할 수 없다.

- 눈썹이 빗자루 같은 사람은 형제 중에 한둘은 복이 없다.
- 눈썹이 빗자루 같은 사람은 노년으로 갈수록 더 궁핍해진다.

19. 눈썹뼈 부위가 솟은 눈썹

눈썹 두덩이가 높이 솟은 경우를 말한다.

- 이런 눈썹은 서양인에게서 많이 볼 수 있다. 분석력과 관찰력이 뛰어나고 직감력이 민감하여 사나운 매와 같다. 매는 미구(眉口)가 매우 발달하여 아주 작은 먹이까지 한 눈에 찾아내어 정확하게 사냥한다. 이것은 예민한 직감력의 표현이다.
- 미구(眉口)는 두 눈을 보호한다. 미구(眉口)가 잘 발달했다는 것은 공격할 목표가 정해져 있다는 뜻이고, 그것을 향해 돌진할 수 있는 강한 용기가 숨어 있다는 의미다. 따라서 미구(眉口)가 발달한 사람은 추진력이 강하다.
- 미구(眉口)가 솟은 사람은 노력형이며 자존심이 매우 강하다.
- 미구(眉口)가 솟아 있는데 눈썹이 가늘고 거친 사람은 일에서는 차분하지 못하다.
- 여자가 미구(眉口)가 발달하면 남자에게 절대로 순종하지 않고, 자기 뜻대로만 밀고나가는 경향이 있다.

20. 불평형 눈썹

눈썹의 좌우 높낮이가 다른 경우를 말한다.

- 눈썹이 불평형한 사람은 운기가 부족하다.
- 눈썹이 불평형한 사람은 조실부모한다. 다른 부모를 섬기며 이 복형제를 두기도 한다.
- 남자가 눈썹이 왼쪽이 높고 오른쪽이 낮으면 어머니를 먼저 잃고, 왼쪽이 낮고 오른쪽이 높으면 아버지를 먼저 잃는다. 여자는 이와 반대로 본다.

4. 눈썹에 있는 점과 흉터

눈썹의 점은 중간에 있는 것이 좋다. 만일 눈썹 꼬리에 점이나 흉터가 있으면 흉하다.

- 눈썹에 점이 있는 사람은 지능이 매우 우수하며 총명하고 자만심이 있다. 그러나 큰 점은 소용이 없고 작은 점만 해당한다.
- 남자가 눈썹에 점이 있으면 손에도 점이 있고, 여자는 다리에도 있다.
- 여자가 눈썹에 점이 있으면 보기에는 차분해도 적극적인 데가 있고 애정에 실패가 따른다.
- 눈썹 가운데 유난히 긴 털이 하나 있는 사람은 본인뿐만 아니라 가족 중에 성공하는 사람이 있다.

3. 눈(目)

 눈은 얼굴의 핵심으로 하늘의 태양과 태음, 즉 해와 달에 비유한다. 태양은 태양계의 중심이기 때문에 모든 별들이 태양을 중심으로 운행하고, 지구상의 모든 생명체도 태양의 빛과 열에 의지하여 살아간다. 이는 곧 태양이 모든 생명의 생사권을 쥐고 있는 셈이다. 태양과 태음이 존재하지 않는 지구는 상상할 수 없듯이 사람에게는 해와 달로 비교되는 눈이 매우 중요하다.

 인간의 생사와 부귀빈천, 길흉화복과 희노애락을 관장함은 물론 오장육부까지 연결시키는 중심축으로 얼굴의 핵심이라 할 수 있다. 눈은 신이 거주하는 신성한 집이다. 잘 때는 신이 마음에 들고, 깰 때는 신이 두 눈에 의지한다. 눈은 얼굴을 관찰하는데 최고의 관건이요 제일 맥이다.

- 눈가에 주름이 많으면 대하를 옆에 두고도 물이 없어 논밭이 쩍쩍 갈라지는 형상이다.
- 눈은 가장 소중한 것으로 생명과 재산이다. 그것을 밑에서 받쳐 주는 것이 와잠(臥蠶)이다. 늙어가며 자기를 뒷받침 해주는 것은 자식만한 것이 없으니 자식으로 본다.
- 인중이 아무리 대쪽처럼 깊고 길어도 눈에 정기가 없는 사람은 절대로 오래 살 수 없다.

1. 눈의 평점과 관련사항

눈은 얼굴의 38%로 절반 가량을 차지한다.

- 왼쪽 눈 : 태양·삼양(三陽)·아버지·아들·간 등을 본다.
- 오른쪽 눈 : 태음·삼음(三陰)·어머니·딸·간 등을 본다.
- 여자는 반대로 본다.

2 눈의 구성과 세부명칭

눈의 상을 판단하려면 먼저 눈의 구성과 세부명칭에 대한 이해가 필요하다. 그런 다음 세부사항의 전반적인 특성을 파악하고, 집중적으로 분석하여 눈의 전체적인 윤곽을 잡는다. 처음에는 다소 복잡하게 여길 수 있으나 자주 대하면 익숙해질 것이다.

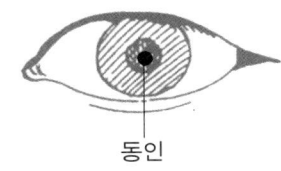
동인

1. 동인(瞳瞵)

동인(瞳瞵)은 검은 눈동자 속에 있는 작은 동자를 말하며 안핵이라고도 한다. 동인(瞳瞵)은 다시 여러 종류로 나뉘고, 인체의 장부로는 신장과 관계 있다. 특히 출신성분과 부귀빈천, 성취여부를 판단한다. 가장 관찰하기 어려운 곳이기도 하다.

눈동자가 크면 성정이 온화하며 선량하고 환락과 투쟁을 꺼린다. 생활이 성실하여 가정이 화목하다. 업무적으로도 진실하기 때문에 부지불식간에 귀인의 덕을 본다. 이런 사람은 마음이 순수하고 적응력이 있다. 그러나 일에 계획성이 없고 경솔한 것이 흠이다. 육감에만 의존하기 때문에 인내심이 없고 의지가 산만하다.

눈동자가 작으면 자기 중심적인 경향이 있어 완고하고, 자신의 의견만을 내세우며 경쟁의식이 매우 강하다. 일에 임할 때는 정력을 모두 발휘하기 때문에 조직에서도 독자적으로 움직이려는 경향이 있다.

전동(全瞳) : 동인(瞳瞵)이 둥글고 일정하게 생긴 것을 말한다. 지혜가 뛰어나 명성을 얻고, 의식이 풍족하며 사업을 크게 이룬다.

반동(返瞳) : 양쪽의 동인(瞳瞵)이 생김새가 다른 것을 말한다. 총명하며 재주가 있다. 그러나 운이 복잡하여 형극과 고생이 따르고, 사업을 일으킬 수 있으나 병이나 실명을 당할 수 있다.

양동(兩瞳) : 양쪽의 동인(瞳隣)이 가깝게 있는 것으로 근시 또는
원시라고 할 수 있다. 출신이 빈천하여 좌절을 많이
겪은 후에 발달한다. 성격이 편향된 것이 단점이다.

취동(聚瞳) : 동인(瞳隣)이 축소된 것처럼 작은 것을 말한다. 문학
가문의 출신으로 미술이나 문장이 특출하나 재주에
치우쳐 거만하다.

산동(散瞳) : 동인(瞳隣)이 흩어져 바르지 못한 것을 말한다. 빈천
하여 고생이 많고, 어리석고 지혜가 부족하다.

2. 안백(眼白)

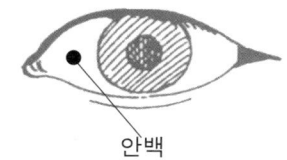

안백

안백(眼白)은 눈동자의 흰자위를 말한
다. 흰자위는 깨끗한 담황색이어야 길한
데, 번뇌와 정력을 과도하게 낭비하면 홍색을 띠기도 한다. 눈에는
여러 경락이 흘러 육체와 정신이 건강하면 흰자위가 깨끗하다. 따
라서 여기로 운세·죽음·성격·색정 등을 판단한다.

■ 흰자위는 조금 보여야 길하고, 많이 보이면 흉하다.
■ 눈동자가 위나 아래로 치우쳐 눈의 세 방향에서 흰자위가 드러
난 것으로 상삼백안(上三白眼)과 하삼백안(下三白眼)으로 나눈
다. 삼백안(三白眼)은 주로 좌절과 형극이 따르고, 사백안(四白
眼)은 눈동자가 작고 흰자위가 사방으로 드러난 눈으로 흉사와

형극이 따른다.

■ 흰자위에 점이나 흉터가 있으면 총명하나 형극이 있어 원망이나 한이 있거나 질병으로 근심한다.

■ 흰자위의 붉은선이 눈동자를 뚫고 지나가면 겁난의 상으로 칼이나 금속 등의 상해를 입는다.

■ 남자가 흰자위에 붉은선이 두 줄 있으면 다른 여자와 내통했거나 가정에 문제가 있다는 뜻이다.

■ 붉은선이 눈 머리나 꼬리에 나선형으로 뻗어 있으면 파재한다.

■ 눈동자의 주변에 붉은색을 띠면 과거의 일이 탄로난다.

■ 흰자위에 붉은점이 있으면 다른 사람과 내통한다.

■ 흰자위에 붉은선이 방사형이나 ㄱ자 무늬로 있으면 형벌이 따른다.

■ 눈동자 주변에 황청색이 있으면 질병이 따른다.

■ 누런 좁쌀 같은 것이 용궁(龍宮)에서 시작하여 응어리져 있으면 건강에 문제가 있다. 눈은 간에 해당하므로 간열이나 간병 등으로 본다.

※ 삼백안(三白眼)과 사백안(四白眼)

삼백안(三白眼)이란 눈동자가 위나 아래로 붙은 것으로 흰자위가 세 군데 들어난 모양을 말하며 험한 눈으로 본다.

■ 상삼백안(上三白眼)은 뱀눈에 속한다. 성격이 음험하며 인내심

이 없고, 경박하며 욕심이 많고 신의가 없다. 토혈과 악성치질을 주의해야 하고 평생 흉하다. 평소에는 온화한 것 같다가도 이해관계가 발생하면 본성을 드러낸다.

- 하삼백안(下三白眼)도 간사한 눈으로 매사에 계산적이며, 중년에 좌절할 상이다.
- 사백안(四白眼)은 흰자위가 사방으로 드러난 눈이다. 보석 같은 눈동자를 감추지 못한 만큼 내부가 허실하다.
- 남녀 모두 사백안(四白眼)은 부부운이 나쁘다.
- 남자가 사백안(四白眼)이면 대악무도하여 함부로 살생하고 아내복이 없거나 질액이 있다.
- 여자가 사백안(四白眼)이면 골반이 협소해 출산에 어려움이 많고, 흉부에 질병이 있으니 폐결핵 등을 조심해야 한다.
- 여자가 사백안(四白眼)인데 눈빛까지 어두우면 질병과 범죄가 끊임없이 일어나 중년이 빈궁하고 흉사한다.

3. 어미(魚尾)

어미

어미(魚尾)는 눈 맨끝의 물고기 꼬리처럼 생긴 곳을 말하는데 올라간 것이 좋다. 이곳은 눈꼬리 선으로 아내를 본다. 어미(魚尾)는 부부궁에 속하며 처첩궁이라고도 한다. 이성관계의 좋고 나쁨과 성(性)적인 문제를 추론한다.

- 어미(魚尾)가 올라갔으면 양성적인 성격으로 실행력과 용감함이 있고 솔직담백하다. 일에 대해서는 신념으로 완전함을 추구한다.

- 여자가 어미(魚尾)가 올라갔으면 남성적인 적극성을 띠며 남편을 통제한다.

- 남자가 어미(魚尾)가 올라갔으면 아내가 현숙하다. 미모의 여자를 좋아하는 경향이 있으나 배우자를 고를 때는 엄격하고 자기주장이 강하며 적극적이고 진취적이다.

- 어미(魚尾)가 길게 올라가면 운기가 매우 좋고, 가무와 기예에 능하다.

- 어미(魚尾)가 길게 올라갔는데 코까지 높으면 양성적인 면이 지나쳐 주장이 너무 강하고 말년이 고독하다.

- 어미(魚尾)가 내려가면 남녀를 불문하고 적극성이 부족하며 담이 작으나 친절하다.

- 어미(魚尾)가 길게 내려가면 우유부단하다.

- 어미(魚尾)가 일직선인 사람은 아내를 형극하여 재혼하는 경우가 많다. 아래로 쳐져 있으면 더욱더 불리하다.

- 어미(魚尾)에 십자(+)선이 있으면 부부간의 불화로 생이별하고, ×자 모양의 엇갈린 문양이 있으면 이혼소송을 한다.

- 어미(魚尾)에 자황색이 나타나면 아내가 편안하고 잉태의 기쁨이 있다.

- 어미(魚尾)에 점이 있으면 이성을 좋아한다. 어미(魚尾)의 점은

색난이나 호색다정의 상으로 본다. 여자는 젊은 남자를 좋아하며 외정을 갖는다.

- 남자가 어미(魚尾)에 점이 있으면 아내를 형극함이 많다.
- 어미(魚尾)와 발재(髮材) 사이에 점이 있으면 반드시 숨겨둔 애인이 있다.
- 어미(魚尾)가 푸른색을 띠며 반들거리면 아내에게 질병과 구설이 따른다.
- 어미(魚尾)에 살이 풍부하면 성적으로 강열하고 이성과 건전한 관계를 유지한다. 결혼 후에도 부부간의 성생활이 원만하다.
- 남자가 어미(魚尾)에 살이 풍부한데 눈꺼풀도 풍만하면 호상으로 보이나 호색가다.
- 남자가 어미(魚尾)가 풍만하면 능력 있는 아내를 두고, 움푹 들어갔으면 형극하거나 현숙하지 못한 아내를 둔다.
- 어미(魚尾)의 선이 하나면 표준형으로 이성관계가 좋고 생활이 평안하며 행복하다.
- 어미(魚尾)의 선이 두 개면 이성에게 매우 친절하며 육체적인 접촉이 많다. 그러나 이성운이 좋다고 할 수는 없다.
- 어미(魚尾)의 선이 세 개면 이성운이 좋지 않다. 배신을 당하거나 결혼 후에도 부부간에 불화하여 파국을 맞는다.
- 어미(魚尾)의 선이 매우 복잡하면 이성운이 매우 나쁘고 신체에도 장애가 따른다.
- 노년에 어미(魚尾)에 주름이 없으면 매우 호색하는 형으로 음

탕함 때문에 수명을 마친다.

■ 중년 이후에 어미(魚尾)의 선이 한 개면 품행이 바르고 단정해도 속으로는 호색함이 많다. 대개 사별하는 경우가 많고 재혼한다 해도 편안하기 어렵다. 이런 사람은 성기가 길고, 어미(魚尾)에 파문이 복잡한 사람은 성기가 비교적 짧다.

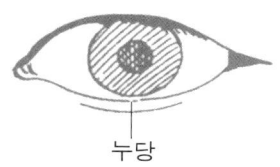
누당

4. 누당(淚堂)

누당(淚堂)은 눈 아래 눈물이 떨어지는 곳으로 쑥 들어간 주름을 말한다.

■ 누당(淚堂)이 가늘고 짧으면 자녀가 번성하고, 굵고 길면 자식을 극한다.
■ 누당(淚堂)에 흙진주빛이 돌면 형극으로 눈물을 흘리며 병이 많다.
■ 누당(淚堂)이 푸른듯하거나 지저분하면 병으로 근심하거나 근심으로 잠을 이루지 못한다.

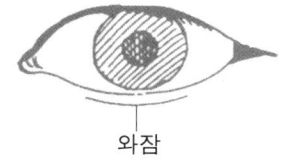
와잠

5. 와잠(臥蠶)

와잠(臥蠶)은 누에가 누워 있는 형상으로 눈 아래 뼈가 없는 부분의 불룩한 곳을 말한다. 물론 자식은 누당(淚堂)·와잠(臥蠶)·인중(人中)·눈썹·인당(印堂)·연수·눈 등으로 보나, 이곳으로 자식의 길흉화복과 성생활과 임신 등을 본다.

- 와잠(臥蠶)이 풍만하면 정력이 왕성하다.
- 와잠(臥蠶)이 명랑하며 풍후하면 음덕을 많이 쌓는다. 성품이 선량하며 특히 동정심이 강하다.
- 와잠(臥蠶)이 좋으면 심지가 선량하다. 애정운이 순조롭고 부부 간에 성생활도 원만하다.
- 와잠(臥蠶)에 살이 풍만하고 탄력이 있으며 빛이 밝으면 자녀가 번성한다.
- 와잠(臥蠶)이 움푹 패인 것 같거나 흉터·사마귀·주름 등이 있으면 자식이 번성하지 못하고 질병과 요절이 따른다.
- 와잠(臥蠶)에 우물정(井) 자의 주름이 있거나 색이 어두우면 반드시 자녀에게 불리하다.
- 와잠(臥蠶)이 검푸른색을 띠면 성관계로 생식기에 장애가 발생하고, 좋은 자식을 두기 어렵다.
- 와잠(臥蠶)이 어두침침한 색을 띠면 성생활을 지나치게 즐긴다.
- 와잠(臥蠶)이 색이 꺼지거나 침체되면 건강에 문제가 있다. 자식이 좋지 않고 성생활에 문제가 있다.
- 와잠(臥蠶)이 꺼진 사람은 자신을 뒷받침해 줄 자식이 없다. 여기다 인중까지 평평하면 확률이 더 높다.
- 와잠(臥蠶)이 탄력이 없어 축 쳐진 사람은 자식이 기가 없다.
- 와잠(臥蠶)이 아무리 좋아도 지각(地閣)이 후퇴한 사람은 자식

복이 없다.

■ 와잠(臥蠶)은 자율신경중추가 분포해 신장과 밀접한 관계가 있다. 이곳이 침체되면 소변에 프로틴(단백질) 물질이 있어 심한 경우에는 급성신장염에 걸린다.

■ 와잠(臥蠶)이 지나치게 팽창하면 향락과 색을 좋아하고 대인관계도 문제가 많다.

■ 남자가 와잠(臥蠶)이 좋은 것 같으나 아래로 쳐져 있으면 면부하운이 없고 여자문제가 많다.

■ 와잠(臥蠶)에 살이 있어 좋게 보이나 색정과 욕심이 있는 것은 관골(觀骨)이 어둡고 좋지 않기 때문이다.

■ 여자는 와잠(臥蠶)에 점이 있으면 유방에도 점이 있다. 여자의 눈은 유방이나 생식기와 관계 있다. 여자가 두 눈 사이가 넓으면 유방 사이도 넓다. 여자가 음부에 점이 있으면 젖이 적게 나온다.

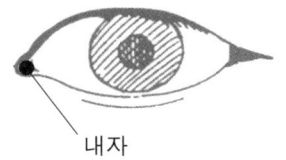

6. 내자(內眥)

눈 머리의 붉은 곳을 말하며 용궁(龍宮)이라고도 한다.

내자

■ 의학적으로는 태양경맥이 흐르는 곳으로 지나치게 많이 보이면 명성을 얻으나 좌절의 아픔이 있다.

■ 내자(內眥)는 드러나지 않을수록 좋다. 감춰진 듯 드러나지 않

으면 매우 길하고, 바늘구멍과 같이 작게 드러나면 총명함이 하늘에 닿는다.

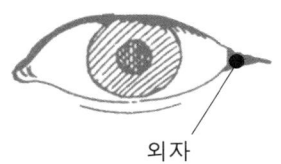

7. 외자(外眥)

눈 꼬리의 안쪽 부분으로 내자(內眥)인 용궁(龍宮)의 반대쪽을 말한다.

외자

■ 의학적으로는 소양경맥이 흐르는 곳으로 지나치게 많이 보이면 아내를 극하고 호색하며 병을 지닌다. 성격은 매우 냉정하다.

■ 외자(外眥)가 매우 작게 보이면 아내를 무서워한다. 구설시비가 많고 거짓말을 잘 한다.

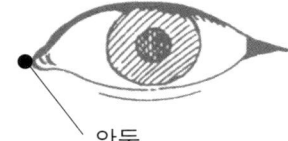

8. 안두(眼頭)

눈 머리를 말한다.

안두

■ 눈 머리가 둥글면 성격이 바르고 정서가 매우 안정된 사람이다.

■ 눈 머리가 둥글면 허영심이 없고 대인관계를 오래 유지한다.

■ 눈 머리가 둥글면 비록 소극적이고 직관력이 부족하나 타인을 정성으로 대하고, 일에서는 큰 신임을 얻는다.

■ 눈 머리가 둥글면 협동심이 많아 대인관계가 원만하고 가정을 화목하게 만든다.

■ 눈 머리가 예리하면 행동이 표리부동하여 겉모습은 좋으나 감

언이설에 능하다.

■ 눈 머리가 예리하면 자기보호 의식이 강하여 애정관계에서 불리해지면 그전에 했던 약속은 의미가 없다.

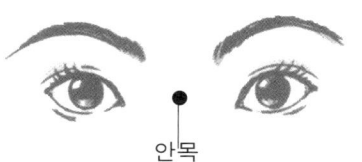
안목

9. 안목(眼目)

안목(眼目)은 두 눈 사이를 말한다.

■ 안목(眼目)이 넓으면 육체적으로 조숙하고 성감이 좋은 편이다.

■ 안목(眼目)이 넓으면 주관이 약한 편이고 인정이 많아 흔들리기 쉬우나 쓸데없는 고집이 많다.

■ 안목(眼目)이 좁으면 신체발육이 더디다.

3. 눈의 형태와 길흉

1. 큰 눈

■ 눈이 크면 대개 낭만적이고 개인적이며 활발한 편이다. 일을 처리할 때는 비교적 큰 것을 고려하고, 사고력과 감수성이 풍부하여 표현력이 좋을 뿐 아니라 말에 매력이 있다.

■ 눈이 크면 신경질적이며 어떤 일에 쉽게 동요된다.

■ 눈이 크면 음감이 예민하여 노래와 춤에 소질이 많다. 속설에 눈과 입은 한 몸이라는 말처럼 눈이 크면 입이 크다. 음성의 대소가 눈의 대소와 일치한다.

- 여자가 눈이 큰 데 치아가 돌출하고 고르지 못하면 음치다.
- 여자가 눈이 크면 언변이 좋고 연애를 잘 하며 개방적이다.
- 눈이 크면 정력적이고 금전차용기술이 좋다. 만사에 부지런하고 큰 소리를 잘 친다.

2. 작은 눈

- 눈이 작은 사람은 성격이 소박하며 말이 적은 편이다.
- 눈이 작은 사람은 의지력과 집념이 강하다. 고난을 극복하고 행운을 개척한다.
- 눈이 작은 사람은 기회를 포착할 때 나서지 않으나 속으로는 이로움을 정확하게 판단한다.
- 눈이 작은 사람은 연애에 보수적이다. 이런 사람은 행동력이 필요한 직업이 적합하다.
- 눈이 작은 사람은 상대를 선택할 때 매우 신중하고 애정에서도 진솔한 편이다.
- 여자가 오른쪽 눈이 작으면 남편을 무서워하고, 남자가 왼쪽 눈이 작으면 아내를 무서워한다. 대체로 눈이 극단적으로 크거나 작으면 부부간에 불화한다.
- 좌우 눈이 크기와 위치가 다르면 운세가 정체하고, 정체적 현상은 권모술수와 관계 있다.

3. 가는 눈

■ 눈이 가는 사람은 신을 감추고 있어 평안하며 온화하고 청고하한 복이 있다.

■ 눈이 가는 사람은 관찰력이 예리하나 편파적이고, 내성적이라 표현력이 부족하다.

■ 눈이 가는 사람은 일에 주저함이 있어 실패할 수 있으니 마음씨 좋은 친구를 만나야 한다.

4. 들어간 눈

■ 눈은 관상학상 사독(四瀆)의 하나로 쉽게 표현하면 물이다. 물이란 흐름이 원칙이며 고여 있는 물은 반드시 썩을 것이다.

■ 눈이 들어간 사람은 표현력이 부족하다. 합작으로 하는 일이나 사교적인 업무는 적합하지 않다.

■ 눈이 들어간 사람은 성실과 노력형으로 신임을 얻는다.

■ 눈이 심하게 들어간 사람은 지혜와 기쁨을 맛보기 어렵다.

■ 눈이 깊고 움푹한데 둥근 사람은 영원히 흐를 수 없는 물과 같아 복을 기대하기 어렵다.

5. 튀어나온 눈

■ 튀어나온 눈은 들어간 눈과 반대로 넘실대며 흐르는 물과 같아 돌출한 만큼 유실이 많다. 이런 사람은 충동적이며 자재심이 없고 언행에 실수가 많다.

- 남자가 눈이 튀어나오면 사업은 적합하지 않고 예능과 기술방면이 길하다. 이것은 두뇌보다 재주가 활발하기 때문이다.
- 여자가 눈이 튀어나오면 일찍 배우자를 잃는다. 미망인이 된 후에는 남편을 잊지 못하고 일생을 홀로 지낸다.
- 여자가 눈이 심하게 튀어나오면 음탕하며 격정적이다.

6. 각진 눈

각진 눈은 아래는 둥글고 윗부분은 각이 새겨진 듯한 삼각형 눈을 말한다. 어떤 경우에는 이와 반대로 윗부분은 직선에 가깝고 아래 누당(淚堂) 부위가 삼각형을 이룬 형태도 있다. 눈은 하독(河瀆)으로 흐르는 물처럼 부드러워야 좋은 눈이라 할 수 있다.

- 삼각형 눈은 유유히 흘러가던 물이 각진 모서리에 부딪치며 파문을 일으켜 소용돌이 치는 비정상적인 물의 흐름과 같다. 눈이 각진 여자가 생리 때만 되면 이상한 행동으로 사람들을 당혹하게 만드는 원인이 여기 있다.
- 삼각형 눈은 성격이 정상적이지 않을 뿐만 아니라 급하고 강폭하여 인자함이 없다. 대인관계가 좋지 않고 정신광란이 따른다. 전택궁(田宅宮)은 재산의 유무와 유년의 생활을 보고, 조상의 재산을 지킬 수 있는가를 볼뿐 아니라, 가정의 안녕과 주거상태 등을 보는 중요한 곳이다. 따라서 삼각형 눈의 여자는 특별히 경계해야 한다.

4. 속눈썹

속눈썹은 보석과 같은 귀한 눈을 보호하는 수문장이다. 물가에서 물을 머금고 서 있는 긴 갈대와 같다.

- 속눈썹이 너무 길면 보호하는 면이 많아 키가 큰 갈대가 흔들리듯 고생이 많다.
- 여자가 속눈썹이 길면서 얼굴까지 거므스레하면 성적인 면이 강하다.
- 여자가 속눈썹이 길면서 흰자위가 많으면 신체는 병약하고 미성숙하나 정신은 매우 조숙한 편하다. 여성들이 속눈썹을 길게 보이려고 마스카라 등을 하는 것을 보면 사람을 매혹시키는데 속눈썹의 길이가 중요한 것 같다.
- 속눈썹이 많으면 손재주가 있으니 그림·수놓기·꽃꽂이·피아노 등으로 나가면 길하다.
- 속눈썹이 없는 사람은 교활한 편이다.

5. 쌍꺼풀

요즘은 성형수술의 발달로 너나 할 것 없이 쌍꺼풀을 만들지만 관상은 원래의 쌍꺼풀로 본다. 물론 성형으로 만들어진 것도 영향이 없는 것은 아니나 원래의 것만은 못하다.

- 쌍꺼풀이 있으면 개방적이고 멋에 민감하며 사치를 좋아한다.
- 쌍꺼풀이 있으면 내면의 통찰력이 부족하고 감정변화가 빠르다. 낭만적이며 명랑하다.
- 남자가 쌍꺼풀이 있으면 여자의 실패가 많다.
- 여자의 쌍꺼풀이 눈머리부터 시작했으면 본 부인이고, 떨어져서 시작했으면 첩인 경우가 많다.
- 여자가 이중 쌍거풀인데 눈머리부터 뚜렷하게 시작했으면 정조관념이 희박하다. 음부들이 이런 유형에 속한다.

6. 눈길

- 대상을 볼 때 눈길이 항상 바르면 정직하고 선량하다.
- 눈알을 사방으로 움직이면 도적의 마음이 있다.
- 곁눈질하는 사람은 도적의 마음이 있고 안정감이 없다. 간교하며 신의가 없고 상황에 따라 배신할 수 있다.

7. 고전비결(古傳秘訣)

1. 은시가(銀匙歌) 해설

- 양의 눈은 머무를 짬조차 없다. 여기다 눈망울까지 튀어나왔으면 포악하여 인자함이 없고 전답을 없앤다.
- 눈이 맑고 수려하면 배움이 없어도 능히 업적을 이룬다.

- 눈밑이 어둡거나 점이나 흉터가 없으면 중년에 관록이나 재물을 얻는다.

2. 인륜대통부(人倫大通符) 해설

눈의 신기(神氣)를 보려면 먼저 눈동자를 관찰해야 한다.

- 현자는 눈동자가 물처럼 맑고, 호걸은 눈동자가 정예롭다.
- 눈에 신이 없으면 수명이 짧고, 눈동자가 튀어나왔으면 극형이 따른다.
- 곁눈질을 하면 악독함을 만나고, 어리벙벙한 눈은 자신을 망치게 한다.
- 졸린 듯한 눈은 신이 탁하고, 놀란 듯한 눈은 배짱이 없다.
- 병안은 질병으로 기가 빠진 눈을 말하고, 취안은 술에 취해 가물거리는 눈을 말한다. 방탕하며 음란하고 되는 일이 없다.
- 어미(魚尾) 부분이 칼로 자른 듯하면 문장력이 우수하고, 어두(魚頭) 부분이 둥글게 굽어 있으면 총명하며 지혜롭다.
- 개·양·거위·오리·닭·쥐·원숭이·뱀 등과 같은 모양의 눈은 좋지 않다.

3. 마의(麻衣) 선생 석실신이부(石室神異賦) 해설

- 사람을 대할 때 시선이 바른 사람은 곧고 바르며 강직하다.
- 눈이 맑으며 튀어나오지 않고, 입이 큼직하면서 바르면 부귀를

모두 얻는다.

- 눈에 신이 없으면 콧대가 높아도 수명이 길지 않다.
- 눈빛이 물에 젖은 듯 촉촉하면 음란하다.
- 간문(奸門)이 푸르면 반드시 부부 사이에 재앙이 있다.
- 여자의 눈이 가늘고 길지 않으며 둥글고, 붉거져 있거나 각이 져 수려함이 없으면 반드시 남편을 형극한다.
- 눈망울이 툭 불거져 있으면 인자함이 없어 다른 사람과 화목하기 어렵다.
- 두 눈의 형태가 다르면 부유해도 간사하다.
- 눈동자가 붉고 수염이 누릇누릇하면 노년에도 편안하지 않다.
- 여자가 음성이 맑고 눈이 맑으면 반드시 남편을 영화롭게 하고 복록이 따른다.
- 눈빛이 술에 취한 듯하면 음란하다.
- 눈 밑에 잔주름이 산만하면 육친덕이 없다.
- 눈은 빛나고 입은 박약하여 볼품없으면 고집스럽고 불량하다.
- 눈이 도화색을 띠면 항상 주색과 향락에 취해 있다.

4. 달마(達摩) 상법(相法)

- 눈이 자애로우면 재물이 없어도 빈궁하지 않고, 눈이 혼탁하면 재물이 있어도 재앙이 많다.
- 와잠(臥蠶)이 풍부하면 자식이 넉넉하다.
- 두 눈동자가 싸우는 듯이 마주하면 재물의 풍족함으로 재앙이

발생한다.

- 누당(淚堂)이 평만하면 자손이 번성하고, 함하여 어둡거나 흠이 있으면 자식운은 좋지 않다.

- 눈이 수려하여 봉이나 곰의 눈을 닮으면 신이 안정되어 부귀를 누린다.

- 눈은 둥글고 관골(觀骨)은 솟아 그 위세가 하늘을 핍박하는 것 같으면 형벌과 액을 만나 죽을 상이다.

5. 유정(維正) 선생 비전구결(秘傳口訣)

- 눈이 크고 둥글게 노출되면 범죄와 요절이 따른다.
- 눈동자를 상하좌우로 빙글빙글 움직이면 도적의 마음이 있다.
- 남자가 간문(奸門)에 십자선 주름이 있으면 아내를 극한다.
- 여자가 와잠(臥蠶) 부위에 자색을 띠면 귀한 자식을 얻는다.
- 남자가 눈 가운데 점이 있으면 매우 총명하나 음란하다.
- 삼각형 눈에 눈빛이 있으면 속으로 독을 품은 사람이다.
- 양의 눈동자처럼 크게 드러나면 고독하여 의지할 데가 없다. 결국 재산이 한 푼도 없게 된다.
- 눈이 가늘고 깊으면 복이 없다.
- 눈은 몸의 주인이고 해나 달과 같으니 만상을 비추는 주성이다.
- 눈이 수려하고 맑고 바르면 오래도록 부귀를 누린다.
- 눈이 둥글고 튀어나온 사람을 가까이 하면 재앙을 만난다.
- 눈이 깊으면 재산과 양식이 궁핍하고, 우는 모양의 눈은 남편과

자식에게 해롭다.

- 먼지가 낀 것 같은 눈은 탐욕으로 타향에서 비참하게 죽는다.
- 누당(淚堂) 부위에 검은점이나 사마귀가 분명하면 집안에 녹을 먹는 사람이 있다.
- 흑과 백이 분명한 눈은 신의가 있다.
- 닭눈인데 눈빛이 어두우면 빈천하다.
- 소눈은 자상하고, 거북이눈은 막힘이 많다. 뱀눈이나 양눈을 한 사람은 멀리 하는 것이 좋다.
- 두 눈이 맑고 빛나면 귀인이고, 호랑이나 사자눈은 장군감이다.
- 사람을 훔쳐보거나 엿보는 사람은 적의 손에 죽는다.
- 매눈은 고금 이래 자상한 경우가 없었고, 원숭이눈은 미쳐서 죽는다.
- 남자가 왼쪽 눈이 작으면 아내를 두려워하고, 물고기눈으로 흰자위가 많으면 비명횡사한다.
- 형제간에 눈의 크기가 다른 것은 출생시 부모가 다른 것이다.
- 어미의 선이 복잡하며 귀 가까이 있으면 아내를 형극하고 재산을 탕진한다.

4. 귀(耳)

　귀는 소리를 듣는 것만이 아니라, 중력을 조절하여 몸의 균형을 유지하는 평형기 역할과 기압의 변화를 조정하여 환경에 적응한다. 귀는 이러한 생리작용 외에도 특별한 가치가 있다.

　귀를 채청관(採聽官)이라고 하는데, 인체 내부에 수많은 맥이 모여 각각 반응하고 있는 중요한 정보기관의 작용을 한다는 뜻이다. 그러므로 귀는 음파를 감지하는 능력에 앞서 인체정보를 감지할 수 있는 가장 중요한 가치를 지닌다.

　귀는 두뇌를 연결하고 심장의 심실과 연결되어 신장을 관통한다. 따라서 신기(神氣)의 성쇠는 인간의 수명과 직접적인 영향이 있다. 귀의 상황으로 인간의 수명을 추측하고, 신장의 성쇠를 보는 것이다. 신장은 혈액을 정화하고, 채액의 성분을 일정하게 유지하며, 생체 내부를 청정하게 만드는 순환기능을 담당한다. 그런 까닭으로 신장의 기운이 왕성하면 인체 내부가 청정하여 귀가 밝고 깨끗하며 총명함을 의미한다. 신장의 기운이 쇠약하면 귀가 탁하고 어두워 심신이 안정되지 못하며 활력이 없어진다.

고서에 귀가 견고하면 신장이 견고하고, 귀가 얇고 약하면 신장 또한 약하다고 했다. 따라서 귀의 생기와 색으로 질병을 추측할 수 있고, 기질과 성격과 유전을 판단할 수 있다. 예를 들어 풍부하고 윤곽이 분명하며 붉으면 활발하고 낙관적이다. 그러나 뾰족하며 얇고 검으면 음침하며 꾀가 많고 건강 또한 좋지 않다.

귀가 넓고 두텁고 튼튼하며 윤택하고 붉으면 신체리듬에 생활력이 있다. 귓불이 두둑하여 아래로 쳐지면 장수하고, 귓불이 얇으며 작고 뒤집어지거나 구겨지고 어두우면 대개 단명한다.

이밖에도 귀는 재운과 유전, 친족관계를 나타낸다. 예를 들어 좌우의 귀가 균형이 없거나 흉터 등이 있으면 부모와 연분이 약하거나 초년에 생사이별한다. 반대로 귀가 모양이 좋으면 행복한 환경에서 부모의 사랑을 받으며 성장한다. 또 귀가 크면 소년시절의 생활이 여유롭고 장수를 의미한다. 반대로 귀가 작으면 소년시절의 생활이 순조롭지 못함을 나타낸다.

곽이 없어 밋밋한 귀가 있다. 이것은 하늘은 있으나 땅이 없으니 농사를 지을 수 없다. 곽이 있어야 귀로 흐르는 물과 같은 모양새가 생긴다. 곽이 없으면 강물에 흐름이 없는 것과 같으니 무슨 농사가 되겠는가. 귀의 바퀴와 윤곽은 물의 흐르는 모습과 같다. 귀는 옆에 붙어 있어 역할이 드러나기 보다는 숨어서 도와주는 음덕이다. 위쪽으로는 광활한 이마에 물질을 보내주고, 중간으로는 코와 광대뼈로 스프링쿨러를 돌려줘 푸른 초원을 만들고, 아래로는 입으로 물을 충분히 보내줘 입의 역할을 더욱 왕성하게 한다.

따라서 귀는 눈썹보다는 약간 위로 올라가야 지혜의 플러스 알파의 심오함이 생기고, 아래는 귓방울이 두툼해서 기가 모여야 입으로 가는 힘이 생겨 노당익장(老當益壯)할 수 있다. 귀의 가운데인 곽이 튀어나온 것은 강물이 넘쳐 범람하는 형상이다. 금성(金星)·목성(木星)인 귀가 꽃이 피면 명성과 재물은 헛될 것이다. 귀 가운데가 나온 것은 꽃이 핀 것으로 본다. 귓가를 하늘로 보고, 귀 가운데를 땅으로 본다. 땅인 곽이 너무 나오면 하늘을 우습게 본다. 이런 여자는 남자를 극한다.

귓방울이 두툼한 것은 수기가 응축된 것이다. 화(火)가 예의와 명예를 상징한다면 수(水)는 지혜와 재물을 상징한다. 그러므로 귓방울이 두툼하여 살이 뭉쳐 있으면 지혜와 재복이 있다.

- 귀는 높이 솟고 큼직하고 두텁고 단단하고, 수주(垂珠)가 두툼하게 내려오고, 색이 윤택해야 길상이다.
- 귀가 두텁고 단단하며 위에서부터 길면 장수할 상이다.
- 귀가 윤곽이 뚜렷하면 지혜롭고 총명하다.
- 귀가 색이 밝고 깨끗하면 명예·건강·대인관계 등이 좋다.
- 귀가 얇고 삐뚫어졌거나 뒤집혔거나 좌우가 다르면 흉하다.
- 귀가 검붉거나 푸르거나 지저분하면 흉상으로 빈천 박복하다.

1. 귀의 평점과 관련사항

 귀는 관상에서 4/100 정도로 평점이 낮다. 천인 중에도 귀한 귀가 있고, 귀인 중에도 천한 귀가 있다. 연도별로 출생부터14세까지의 초년운을 관장한다. 그러나 위치상으로는 중정(中停)에 속해 중년운을 볼 때 빼놓을 수 없는 부분이다. 초년에서 말년까지의 운세에 전체적인 영향을 끼치기 때문에 소홀하게 다루면 안 된다.

 귀는 세 부분으로 나누어서 본다. 상부는 천지인 중에서 하늘에 속하고 지혜를 나타내는 부위로 유년의 교육정도와 생활환경을 나타낸다. 중부는 사람에 속하며 의지의 강약을 나타내는 부위로 중년의 운세와 생활력을 본다. 하부는 땅에 속하며 덕의 유무를 보는 곳으로 말년운을 주관한다.

- 관찰내용 : 수명·유전·성격·재운·성격 등을 본다.
- 다른명칭 : 채청관(採聽官)·강독(江瀆)·금목성(金木星)·총 명학당이라고 한다.
- 신체부위 : 신장과 관계 있다.
- 인체경락 : 수삼양(手三陽) 경락·족삼양(足三陽) 경락이 12경 락과 연관되어 음유맥(陰流脈)과 양유맥(陽流脈)은 머리를 따라 귀로 들어간다.

2. 귀의 구성과 세부명칭

 귀는 오관(五官) 중에서 채청관(採聽官)에 속하고 오성(五星) 중에서는 금목성(木星)에 속하며, 사독(四瀆) 중에서는 강독(江瀆)에 속한다. 귀는 오행상으로는 금목(金木)이며, 1~14세까지의 초년운을 본다.

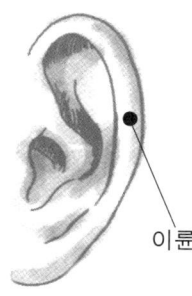

이륜

1. 이륜(耳輪)

 이륜(耳輪)은 귓바퀴를 말하며 주로 선천적인 유전을 본다. 천·지·인 중에 천에 해당하고 수명과 골육을 판단한다. 특히 상반부는 부모를 본다.

- 이륜(耳輪)이 작고 협소하면 의지가 약하고 궁량이 작아 뜻을 이루기 어렵다.
- 이륜(耳輪)이 종이처럼 얇거나 뒤집혀 있으면 부모를 형극하고 9세 전에 질병을 앓는다.
- 이륜(耳輪)이 윤택하고 좋은데 흠이 없으면 80세 이상의 수명을 누리나, 흠이 있으면 골육을 형극하며 유년에 재난이 많다.

2. 이곽(耳郭)

이곽(耳郭)은 안쪽에 있는 휜 바퀴를 말한다. 이곳은 주로 의지와 지혜를 본다.

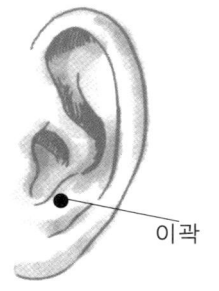

이곽

■이곽(耳郭)이 굽고 휜 층이 많으면서 균형이 있으면 총명하며 지혜롭고 재주가 있어 배움이 없어도 성공한다. 그러나 작게 휘어져 있으면 성실하고 신용은 있으나 심지는 작은 편이다.

3. 명문(命門)

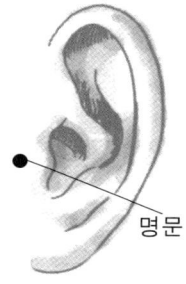

명문

명문(命門)은 생사를 분별하며 신장에 경맥과 교류하는 곳이다. 따라서 색이 윤택하며 풍부하면 장수한다. 명문(命門)은 인당(印堂) 다음으로 생사를 관장하는 중요한 부위다.

■ 중년에 명문(命門)이 어두운색을 띠면 목숨이 위태롭다. 특히 어두운 흑암색을 띠면 심기가 단절하여 고칠 수 없으니 반드시 죽는다. 설사 당장은 질병이 없어도 갑자기 질병이 발생한다. 따라서 질병이 있으면 우선 명문(命門)의 색을 살펴야 한다.

■ 명문(命門)이 청색을 띠면 질병이 있다는 증거이고, 홍적색으로 두 가지 붉은 기운이 일어나면 방광에 문제가 있다는 뜻이다.

4. 수주(垂珠)

수주(垂珠)는 귓불을 말하고 주로 지식의 정도를 본다.

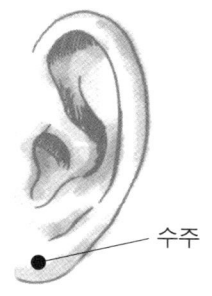

수주

■ 수주(垂珠)가 둥글고 원만하면 총명·지혜롭다. 미술 등에 재능이 있고 의식이 풍족하다.

■ 수주(垂珠)에 줄금이나 상처가 있으면 14세 이전에 형제자매를 극하고 신체에 손상을 입는다.

■ 수주(垂珠)에 점이나 사마귀가 있으면 매우 총명하나 수액이 따른다.

■ 수주(垂珠)가 크며 둥글고 구슬 같으면 상격이다. 총명하며 지혜롭고, 어질며 자애롭다. 복이 매우 크다.

■ 수주(垂珠)가 둥글면 귀하고 살집이 두터우면 부유하다.

■ 수주(垂珠)가 짧으며 작고 얇으면 초년에 불길하다. 어리석고 기억력이 부족하며 복이 없다.

■ 수주(垂珠)가 각이 지면 성실하나 지략이 없다.

■ 수주(垂珠)가 홍조를 띠면서 밝으면 길상으로 신체가 강건하고 운세 또한 좋아 부귀를 누린다.

■ 수주(垂珠)가 검붉으면 중풍의 염려가 있다.

■ 수주(垂珠)가 메마른 듯 건조하면 신기(神氣)가 통하지 않아 위험하다.

■ 수주(垂珠)가 아래로 늘어져 입에 조응하면 재물이 풍요롭고 수명이 길며 관대하다.

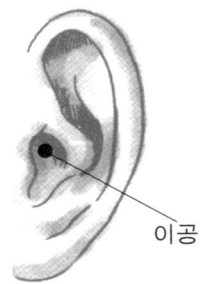

이공

5. 이공(耳空)

이공(耳空)은 귓구멍을 말하며, 총명학당을 본다. 귓속의 털을 이호(耳毫)라고 하며 장수를 상징한다. 35세 이후에 난 것을 상격으로 고, 35세 이전에 난 것은 효력이 없다.

- 이공(耳空) 넓으면 지혜가 출중하다.
- 이공(耳空)이 작고 좁으면 장수하지 못한다. 새끼손가락이 들어가기 힘들 정도로 좁고 작으면 어리석다.

3. 귀의 형태와 길흉

1. 큰 귀

- 귀가 크고 색이 윤택하며 윤곽이 분명한 사람은 재운이 좋다. 생활이 안정되며 가정과 자손이 번창한다. 애정운 또한 순조롭고 원만하며 만사형통한다.
- 귀가 지나치게 큰 사람은 성격이 음성적이고, 너무 단단하면 성격이 편협하고 고집스럽다.

2. 작은 귀

귀가 작다고 모두 흉한 것은 아니다. 작아도 살집이 있고 윤곽이 분명하며 귓불이 두둑하고 윤택하면 순발력과 이지적인 면이 있고, 건강도 양호해 전반적으로 좋은 상이 된다. 그리고 귀의 색으로 건강운·금전운·애정운 등을 판단하니 귀의 색은 매우 중요하다. 예를 들어 이마가 좋아도 귀의 색이 밝지 않고 어두우면 공명을 떨칠 수 없고, 코가 제아무리 좋아도 귀의 색이 명윤하며 윤택하지 않으면 금전적인 이득을 볼 수 없다. 관상을 볼 때는 형상이 아무리 좋아도 기색이 좋지 않으면 좋은 결과를 기대할 수 없다.

- 귀가 작으면 의지가 약하며 소심하고, 감정의 변화가 빠르며 성급하고 이상이 작다. 다정다감하나 신기(神氣)가 부족하니 신체는 그다지 강하지 못해 생산적인 업무에 적합하지 않다.
- 귀가 작은데 짧으면 성품이 어리석고 인색하다. 의지가 약하고 궁량이 작아 평생 고생하며 정처없는 세월을 보낸다. 또한 복잡하고 번거로운 번뇌가 있고, 성패가 불안정하며 조상의 업을 지키기 어렵다. 이런 사람은 수명이 길지 않으며 형극이 많다.
- 귀가 작은데 얇으면 빈천한 상이다.

3. 두툼한 귀

- 귀가 두툼한 사람은 온화하며 총명하다. 예절이 바르고 신뢰감이 있을 뿐 아니라 인정미가 풍부하고 진취적이며 융통성이 있다. 이런 사람은 대개 좋은 가문에서 태어나 좋은 환경에서 성장하여 조상의 유산을 계승 발전시키는 경우가 많다. 평생 의식이 풍족하고 복록이 많은 편이다.

■ 귀가 두툼하고 수주(垂珠)까지 풍만하게 내려온 사람은 더욱더 길상을 이룬다. 관대하며 온화하고 인자하며 인정미가 넘친다. 애정과 금전적 측면도 매우 좋다.

4. 얇은 귀

■ 귀가 얇은 사람은 성품이 부족하고 신경이 과민한 경향이 있다. 체격도 비교적 쇠약한 편이라 생산적인 업무에는 부적합하고, 정력과 추진력도 약하다. 이런 사람은 주관이 뚜렷하지 않아 잘 동요되니 기복이 심하다. 금전적인 면도 좋지 않다.

■ 귀가 얇지만 윤곽이 분명한 사람은 많은 재물을 모으기는 어려우나 학문이나 예술 등에서 명성을 얻을 수 있다.

■ 귀가 얇은데 윤곽까지 분명하지 않은 사람은 재물운이 더 약해진다. 설사 재물을 모으더라도 끝내는 모두 탕진한다. 이런 사람은 일반적이거나 투기성이 있는 사업은 절대금물이다. 쓸데없는 욕심을 버리고 청정한 마음을 갖도록 노력하라.

5. 코(鼻)

　코는 얼굴의 중심부에 자리잡고 있는 중앙산으로 풍수지리학으로 볼 때는 명당에 해당한다. 코는 모든 것을 포함하는 곳이다. 중앙산의 명당으로 뒤로는 남악산인 이마가 악산으로 버티고, 좌우로는 좌청룡 우백호라는 양 관골(觀骨)이 동서 산악이 되어 코를 얼싸 앉고 있고, 앞 전방에는 입이라는 대해수 큰 물을 형성하고 있다. 인체의 건강은 혈맥에 의존한다. 혈맥이 정상으로 순환하면 건강하고, 불규칙하면 반드시 질병이 발생한다. 코는 오악(五岳)이라는 다섯 개의 큰 산 중에서 중심부에 위치한 중앙의 산으로 중앙 숭산이라 고도 하고, 오행상으로는 중앙토에 속한다.

　또한 남악형산인 이마를 상관으로 모시고, 좌우에 동악태산과 서악화산을 청룡과 백호로 보필을 삼으며 북악항산이라는 턱을 현무로 놓고 있다. 청룡·백호·주작·현무 4가지가 중앙산인 코를 향해 서로 감싸안듯 조응해야 길하다.

그러나 반역하듯 치우치거나 질투하듯 돌아눕거나 서로 물어뜯는 자세면 흉격으로 본다. 청룡 백호에 해당하는 양쪽 관골(觀骨)이 홀로 너무 높이 솟거나 뼈가 튀어나오면 신하가 본분을 망각하고 군주를 능멸하는 위험한 형세가 된다. 양 관골(觀骨)의 임무는 중앙산인 코를 주인으로 삼고 좌우에서 보필하는 것이니, 주인을 향한 자세가 반드시 부드러워야 한다.

또한 남악산인 이마는 아버지에 해당하는데, 지나치게 높이 솟아 가파르면 아버지의 권세가 지나친다. 자식들이 주눅이 들어 제대로 기를 펴지 못하고 열등의식 속에서 살아갈 수밖에 없다. 부모는 위엄을 갖추되 자상함을 잃어서는 안 된다.

코는 볼품없이 낮은데 주변의 산들만 높다면 주인의 위엄이 없어 제구실을 할 수 없다. 주변의 강세에 밀려 담이 작고 용렬하다. 주위의 산들은 밋밋하여 황량한 들판 같은데 코만 홀로 우뚝 솟아 있다면 사방에서 몰아닥치는 세찬 비바람을 피할 수 없으니 고통스럽고 고독할 수밖에 없다. 이와 같이 산맥이란 양팔을 벌려 끌어안는 자세로 명당에 생기를 불어넣는 따뜻한 존재가 되어야 안락한 명당이 된다.

코는 오관(五官) 중에서 심변관(審辨官)이고, 오악(五岳) 중에서는 중앙산이며, 오행상으로는 토성(土星)에 해당하니, 얼굴 전면부의 중앙에 처해 있는 중후한 산이다. 모든 변화의 중추적인 역할을 담당하는 곳으로 오장육부의 정기가 집중되어 오색(五色)의 변화를 결정짓는 주체이기도 하다.

오행으로는 금(金)에 속하는데, 토성(土星)인 코가 토생금(土生金)으로 금(金)의 어머니에 해당하여 서로 연관되어 있으니 코가 폐의 신성한 싹이 된다. 준두(準頭)는 전면의 중심으로 중앙토에 배속된다. 준두(準頭)가 붉은듯 마른듯 하면 신장경맥에 정체현상이 있다는 뜻이다. 그러므로 코는 심장의 주인이고, 폐는 그 문이며 신장의 싹이요 뿌리다.

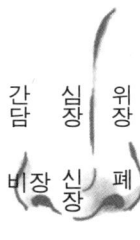

양 눈 사이의 산근(山根)은 심장에 응하고, 콧대는 간에 응한다. 콧대 왼쪽이 담에 속하고, 코 끝 준두(準頭)는 신장에 속한다. 이와 같이 코는 내장의 모든 정기를 집중 반영하는 중요한 정보 저장창고인 동시에 수명과 밀접한 관계가 있다.

코는 재백궁(財帛宮)이라 하여 재물운을 보고, 건강운과 부부운을 본다. 오성(五星) 중에서는 토성(土星)이며, 십이궁(十二宮) 중에는 재백궁(財帛宮)에 해당한다. 돈복을 보는 곳으로 금전의 출납과 유무를 본다. 또한 코는 얼굴의 중심부에 있어 용모의 좋고 나쁨을 결정하기도 한다. 특히 여자의 코는 남편의 운세를 크게 지배하기 때문에 남자가 아무리 좋은 상이라도 아내의 코가 좋지 않으면 운세의 절반은 손해를 보는 격이 된다.

1. 코의 평점과 관련사항

 얼굴에서 코가 차지하는 비율은 대개 8% 정도로 보나 고정된 것
은 아니다. 중년운과 그 재물운을 보며 중요도는 훨씬 높다.

- 관찰내용 : 재물운·건강운·부부운·의지의 강약 등을 본다.
- 다른명칭 : 심변관(審辨官)·중악숭산(中岳崇山)·재백궁(財帛
  宮)·토성(土星)이라고도 한다.
- 신체부위 : 오장육부가 모두 연관되어 있으나 특히 폐와 큰 관
  계가 있다.

2 코의 구성과 세부명칭

 코는 얼굴의 중심이다. 제일 윗부분인 두 눈 사이를 코뿌리 또는
산근(山根), 바로 아래를 콧등 또는 연상(年上), 그 아래를 수상(壽
上), 코끝은 준두(準頭), 양쪽 콧망울은 각각 난대(蘭臺)와 정위(廷
尉), 콧구멍은 비공(鼻空)이라 한다. 아래 그림은 여자는 반대로
본다.

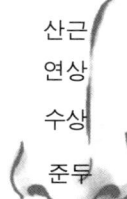
산근
연상
수상
준두

- 산근(山根) : 41세 ■ 정사(精舍) : 42세,
- 광전(廣田) : 43세 ■ 연상(年上) : 44세,
- 수상(壽上) : 45세 ■ 관골(觀骨) : 46·47세
- 준두(準頭) : 48세 ■ 콧망울 : 49·50세

1. 산근(山根)

질액궁에 해당한다. 수명의 근원을 판단하는 곳이다. 산근(山根)이 높고 바르면 조상의 업을 계승하고, 낮고 함하면 조상의 업을 탕진한다.

2. 수상(壽上)·연상(年上)

처첩과 자식의 형극문제, 위장의 건강여부를 본다.

3. 준두(準頭)

재물복의 핵심이다.

■ 준두(準頭)를 힘있게 감싸고 있는 사람은 제방이 튼튼하니 홍수가 와도 겁나지 않다.

4. 난대정위(蘭臺廷尉)

금전의 출입을 담당하는 곳으로 드러나지 않아야 길하다.

■ 난대정위가 드러난 사람은 재물이 많아도 지킬 수 없다.
■ 준두(準頭)와 난대정위(蘭臺廷尉)가 빈약한 사람은 제방이 부실하니 홍수가 오면 맥없이 무너진다.

5. 비공(鼻空)

콧구멍을 말하며 금전출납을 담당한다.

- 좌우 비공(鼻空)이 관대하면 힘이 있다.
- 비공(鼻空)은 금전출납을 담당하는 기관으로 구멍이 클수록 씀 씀이가 헤프다.
- 비공(鼻空)이 작으면 매우 인색하다. 여자는 이성의 유혹에 넘 어가기 쉬우니 인내심을 길러라.

3. 코의 형태와 길흉

1. 높은 코
- 코가 높으면 자존심이 강하고 독단적이며 자신감과 자만심이 있다. 이런 사람은 남보다 위에 오르기를 좋아하고 지배적인 인 상을 풍긴다.
- 코가 지나치게 높으면 허영심이 많고 재물운이 좋지 않다.
- 남자가 코가 지나치게 높으면 여색과 유흥을 즐긴다. 이런 사람 은 일반적인 사업보다는 사회봉사나 정신적인 일이 적합하다.

2. 낮은 코
- 코가 낮으면 주관이 없다. 이런 사람은 업무적으로 심사숙고함 이 부족하여 다른 사람에게 동요되기 쉽다.

■ 여자가 코가 낮으면 남편의 운세를 어렵게 만든다.

3. 긴 코

■ 코가 긴 사람은 책임감과 인내심이 강하다. 그러나 체면을 너무 중시하는 경향이 있다.

■ 코가 긴 사람은 자만심이 강하며 매사에 묵직하므로 자아를 속 박하는 경향이 있고, 금전 활용부분에서는 좋지 않다.

■ 코가 긴 사람은 고상한 심리가 있어 세속에 얽매이지 않으니 생활은 그다지 풍족하지 않다.

■ 코가 길고 좋으면 매사가 순조로우나 반대이면 흉하다.

4. 짧은 코

■ 코가 짧은 사람은 공정하며 단순한 편이다. 왕왕 홀가분하고 느 린편이나 절대로 남에게 의지하지 않는다.

■ 코가 짧은 사람은 싹싹하며 인정이 있고 결단력이 빠른 편이나 순리를 따르지 않는 것이 흠이다.

■ 코가 짧은 사람은 가업을 계승할 수 없다. 설사 계승하더라도 끝내는 탕진하고 분가한다.

5. 두툼한 코

■ 코가 살집이 풍부하고 기골이 장대하면 안정감이 있다.

■ 살찐 코는 준두(準頭)가 풍부한 것을 말하고 재물복이 있다. 그

러나 지나치게 풍부하여 인중(人中)까지 내려오면 추비(推鼻)라 한다. 이런 코는 준두(準頭)인 토(土)가 수(水)인 인중(人中)을 토극수(土剋水)하니 풍부해도 소용이 없다.

■ 코에 살이 찐 사람은 성품이 강직하며 평화롭고 큰 뜻을 품고 있다.

■ 코에 살이 찐 사람은 사고력이 풍부하며 호방하고 담이 크다. 이런 사람은 친구가 많고 부자가 된다.

6. 마른 코

마른 코는 코 끝에 살이 없어 뾰족하고, 콧등에도 살이 없어 칼처럼 날카롭게 야윈 코를 말한다. 준두(準頭)가 발달하지 않으면 집중력과 계획성, 책임감이 부족하여 실수가 따른다. 피켈이라는 해부학자는 '준두(準頭)에 살이 없으면 날카롭고 인내심이 없어 쉽게 화를 내고 말다툼을 잘 한다'고 했다.

■ 준두(準頭)가 예리한 사람은 성격이 급하고 거칠어 수단이 좋아도 대성할 수 없다. 그러나 동작이 민첩하고 아이디어가 풍부해 천재적인 발명으로 사람들을 놀라게 하기도 한다.

7. 매부리 코

매부리 코는 코끝이 뾰족하고 모가 나며 굽은 것을 말한다.

- 매부리 코는 음험하고 각박하며 신용까지 없다. 이런 사람은 재산을 모을 수 없고, 설령 권세가 있어도 오래 가지 못한다.
- 매부리 코는 금전만능주의로 지나치게 이기적이며 타산적이다. 이익이 되는 일이라면 혈육도 버릴 수 있는 사람으로 평생 파란과 고생이 많다.

8. 계단 코

콧등에 울퉁불퉁 굴곡이 있는 것을 말한다.

- 콧대는 인생의 걸음걸이와 같은데, 굽어 있다면 성품 또한 바르지 못하고 편벽하며 간악하다.
- 계단코는 허위와 과장이 많고 질서가 없으니 일이 뜻대로 이루어지지 않는다.
- 여자가 계단 코라면 재혼하는 경우도 많다.

9. 틀어진 코

한 쪽으로 삐뚤어진 코를 말한다. 주희는 '중용은 편벽되지 않고 기울지 않고 지나침이 없고 미치지 못함이 없다'고 했다. 중용은 늘 드러냄이 없고 분별심을 내지 않아 조화를 이루는 상태를 말한다. 코는 한가운데 위치하기 때문에 어느 한 쪽으로 치우침이 없어야 중용의 덕을 가질 수 있는데, 삐뚤어져 있다면 무엇을 의미하는가. 그것은 중용의 제자리를 잡지 못하여 음양의 법칙을 배반하고 오행을 불화하는 것이다.

- 코가 틀어진 사람은 성격이 편벽되고 삐뚤어져 정의롭지 못하고 정직하지 못하다.
- 코가 굽었거나 휘고 상처나 반점이 있으면 건강과 가정생활에 장애가 있다.

10. 들창코

난대정위(蘭臺廷尉)가 일어나 콧구멍이 들어나며 준두(準頭)가 치켜올라간 모양을 말한다.

- 들창코인 사람은 지혜는 작은데 모략이 크고, 경거망동하며 탐욕에 어둡다.
- 들창코인 사람은 성패가 많고 육친에게 해로우며 번뇌가 많다.
- 들창코인 사람은 윗사람과 화합하지 못하니 상관의 도움이 없고, 낭비와 사치와 향락에만 관심이 있다.

4. 고전비결(古傳秘訣)

코는 얼굴을 대표하는 기관으로 오악(五岳) 중에서는 중악에 해당하고, 오행 중에서는 토(土)에 속하며, 인체에서는 폐에 해당한다. 따라서 코의 소통여부로 폐의 허실을 판단할 수 있다.

- 코가 높고 풍부하며 콧대가 넉넉한 사람은 장수한다.

- 콧대가 넉넉하고 단단한 사람은 장수한다.

- 코가 쓸개를 달아맨듯 절구통같이 생겨 곧은 사람은 부귀한다.

- 콧뼈가 단단한 사람은 장수한다.

- 준두(準頭)가 높아 풍융한 사람은 남에게 해를 끼치지 않는다.

- 준두(準頭)가 가늘고 뾰족한 사람은 간교함이 많다.

- 매부리코는 남의 골수를 빼먹는 사람이다.

- 코가 3단으로 굽은 사람은 재산을 탕진하고 고독하다.

- 코가 3단으로 오목한 사람은 골육간에 정이 없다.

- 콧대가 천정(天庭)까지 솟아 이어진 사람은 이름을 떨친다.

- 콧대뼈가 없는 사람은 반드시 요절한다.

- 산근(山根)이 끊어진 사람은 만사에 이로움이 없다.

6. 입(口)

입은 음식물을 섭취하는 기관으로, 치아·혀와 함께 삼위일체를 이루어 소화기관의 입구 역할을 하므로 생존과 깊은 관계가 있다.

입은 오관(五官) 중에서는 출납관(出納官)에 속하고, 재무능력과 외부활동을 본다. 오성(五星) 중에서는 수성(水星)에 속해 북두성에 비유하고, 사독(四瀆) 중에서는 회독(淮瀆)이라 하여 크게는 대해요 작게는 호수다. 또한 입은 오행 중에서는 수(水)에 해당하고, 방위로는 북쪽을 나타내고, 하루 중에서는 밤을 나타내고, 절기로는 겨울에 해당하고, 인생으로는 하정부위에 배속되어 말년이라는 황혼에 속하여 휴식을 나타낸다.

이밖에 괘상으로는 감괘(坎卦)에 속하고, 12운성법으로는 포(胞)·태(胎)에 속한다. 포(胞)는 텅빈 공허한 상태를 말하고, 태(胎)는 잉태를 말하는 것으로 음양이 서로 교회한 후에 생명이 모

체에 착근하여 어머니의 뱃속에서 태기를 느끼는 생명의 잉태를
의미한다.

물은 곧 생명의 출발이요 만물의 시작이다. 입은 오행으로는 수
(水)로 대해수요 호수에 비유한다고 했다. 호수는 넓으며 깊고 맑
은 물이 풍부하고 제방이 튼튼하며 주변의 경관이 아름다워야 많
은 생물들을 길러낼 수 있다. 외부로는 많은 짐승과 관광객을 불러
모을 수 있는 편안한 휴식공간이 될 수 있다.

이와 같이 입은 단정하며 깨끗하고 입술은 붉고 윤택하며 활력이
있어야 신체의 기혈이 활발하다. 또한 경제적으로 풍요로울 뿐만
아니라 대인관계에서도 원만하고 순조로워 풍부한 의식으로 향수
를 누릴 수 있는 것이다. 따라서 배우자를 선택할 때 참고해야 한
다. 입은 이외에도 애정과 성적기능을 판단한다.

■ 입의 윤곽이 바른 사람은 빈곤한 가정에서 태어나도 가족이 화
  목하며 행복하다.

■ 입이 단정하지 못하고 양 해각이 아래로 쳐져 있는 사람은 좋
  지 않다.

■ 입이 꽉 다물어지고 단정하면 양호한 상으로 능히 향수할 수
  있고 혼인이 순조로우며 부부관계도 매우 원만하다. 입은 결국
  환경과 의식의 향수와 깊은 관계가 있다. 오장 중에서는 비장이
  피부를 주관하기 때문에 입술은 비장의 거울인 셈이다.

입술은 다른 피부에 비해 얇으며 색소가 적은 편이라 혈액의 붉

은빛이 투명하게 비친다. 건강할 때는 윤택한 붉은색으로 보이고, 피부 전체가 기혈이 충족하다는 것을 알 수 있다. 그러나 만약 입술이 건조하여 마른듯하며 색이 어두우면 피부진액이 윤택하지 않다는 것을 쉽게 알 수 있다.

입술은 내장의 질병을 그대로 반영한다. 맥이 원활하지 못해 입술과 혀가 연약해지고 건조하면 인중(人中)이 붓는다. 인중(人中)이 부으면 입술이 뒤집히고, 입술이 뒤집혀지면 살이 먼저 죽는다고 했다. 입술은 주사와 같이 붉어야 부귀영화가 따르고, 단정하며 두터워야 복록이 깊다.

입술은 입의 성곽이고 치아의 울타리며 언어의 문호다. 따라서 입술은 바르고 단정하며 두텁고 윤택해야 한다. 만약 입술이 푸르거나 검거나 희면 질병이 많고 안락한 생활을 영위할 수 없다. 만약 입술이 너무 얇거나 말하기 전에 움직이는 사람은 언어가 망령되고 간사하며 거짓됨이 많다. 반대로 너무 두꺼운 사람은 욕심이 많아 만족할 줄 모르고 애정문제가 생긴다. 입을 한 번 열고 닫는데 인생의 행복과 불행이 달려 있고, 영광과 치욕이 결정되는 곳이다.

1. 입의 평점과 관련사항

얼굴에서 입은 4% 정도를 차지한다. 입을 볼 때는 입만을 보는 것이 아니라 법령(法令)·치아·지고(地庫)·인중(人中) 등과 함께 보기 때문에 평점이 높다.

- 관찰내용 : 가정환경·생활력·교제·애정·말년운 등을 본다.
- 다른명칭 : 출납관(出納官)·수성(水星)·회독(淮瀆)이라고도 한다.
- 신체부위 : 비장·단전·방광·자궁 등과 관계 있다.
- 왼쪽 구각(口閣) : 대장과 연결된다.
- 오른쪽 구각(口閣) : 소장과 연결된다.
- 승장 : 남자는 방광을 나타내고, 여자는 자궁을 나타낸다.
- 적용나이 : 대운 55~64세까지 10년운을 지배한다.

2 입의 구성과 세부명칭

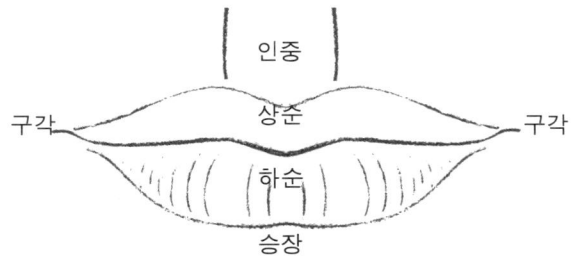

1. 인중(人中)

인중(人中)은 수명을 보는 곳이다. 준두(準頭)와 입술 사이로 우리 몸에서 도랑과 같은 곳이다. 여기가 잘 통하면 물길이 막힘이 없으나 좁고 얕으면 물이 잘 흐를 수 없다.

- 인중(人中)은 길며 가운데가 깊고 외곽은 넓어야 한다.

- 인중(人中)은 위에서 아래로 넓어져야 좋고, 비뚤어지지 않아야 한다.
- 인중(人中)이 윤택하지 않고 매우 좁거나 치우쳐 있으면 늦도록 고독하며 빈궁하고 신의가 없다.
- 인중(人中)이 좁으면 의식을 걱정한다.
- 인중(人中)이 평평하여 가득차면 막힘과 재앙이 따른다.
- 인중(人中)이 위가 넓고 아래가 좁으면 자녀를 적게 둔다.
- 인중(人中)이 위아래가 모두 좁고 가운데만 넓으면 자녀가 질병으로 자라지 못한다.
- 인중(人中)이 위아래가 평평하고 얕으면 자녀와 인연이 없다.
- 인중(人中)이 굽으면 신의가 없다.
- 인중(人中)이 바르고 늘어지면 부와 수를 누린다.
- 인중(人中)이 젖혀지고 짧으면 빈천하며 단명한다.
- 인중(人中)에 가로주름이 있으면 늙어서 고생한다.
- 인중(人中)의 중간에 사마귀가 있으면 혼인을 여러 번 한다.
- 인중(人中)에 세로주름이 있으면 자녀에게 해롭다.
- 인중(人中)의 왼쪽이 기울면 아버지를 잃고, 오른쪽이 기울면 어머니를 잃는다.

2. 법령(法令)

법령(法令)은 물길이기 때문에 가늘고 깊어야 하고, 입과는 될수록 멀리 떨어져야 독자적으로 임무를 수행할 수 있다. 여자는 이마로 부모를 보고, 코로 남편을 보며, 입으로 자식을 보고, 눈으로는 귀천을 본다.

3. 혀(舌)

혀는 단원(丹元: 뱃속)에서 나오는 말을 소리를 내고 밖에 있는 입술과 더불어 소리를 울리는 역할을 한다. 입 안에서는 말을 부드럽게 만드는 침이 나와 조화를 이루며 마음 속의 뜻을 밖으로 전달하는 역할을 한다. 혀는 성명(性命)의 기틀이요, 한 몸의 득실을 판가름하는 곳이다.

- 혀가 단정하며 길고 크면 가장 좋다.
- 혀가 좁고 길면 간사하며 도둑의 상이다.
- 혀가 추잡하고 짧으면 일에 진취성과 끝맺음이 없다.
- 혀가 크고 얇으면 망령된 말을 많이 한다.
- 혀끝이 뾰죽하고 작으면 탐욕스럽다.
- 혀가 길어 코끝에 닿으면 지위가 높고, 손바닥같이 튼튼하면 벼슬이 높다.
- 혀가 주사와 같이 붉으면 사람이 귀하여 녹을 얻는다.
- 혀가 검으면 천하며 가난하다.
- 혀에 흰색을 띠면 좋지 않다.
- 혀에 무늬가 있으면 매우 귀한 사람이다.
- 혀에 엇갈린 무늬가 있으면 매우 좋은 상이다.

- 혀에 무늬가 없으면 보통사람이다.
- 혀가 입 안에 가득차면 매우 부하다.
- 혀에 검은 사마귀가 있으면 거짓말을 잘 한다.
- 혀를 뱀처럼 날름거리면 사람을 해치며 독하다.
- 말하기 전에 혀로 입술에 침을 바르는 사람은 음란하다.

4. 이(齒)

　이는 음식을 섭취하는데 매우 중요한 기관이다. 보통 입술 속에 가려 보이는 경우는 적으나, 가치와 작용은 매우 높다. 아무리 관상이 좋고 수려해도 이가 누렇고 성글면 십 년을 공부해도 벼슬을 얻지 못한다. 입은 말년과 재물을 보기도 한다.

- 이가 옥이나 은처럼 빛나고 입 속을 빼곡하게 채우면 부귀를 누린다.
- 이는 곧고 입 안에 빼곡하게 차며 갯수가 많고 백옥처럼 희면 귀하다.
- 이가 38개이면 왕후의 상이다.
- 이가 36개이면 거부의 상이다.
- 이가 32개이면 중품의 부를 누린다.
- 이가 30개이면 보통의 상이다.
- 이가 28개 이하이면 하천하며 빈궁하다.
- 이가 밝고 빛나며 희면 만사가 순조롭다.

- 이가 누러면 하는 일마다 막힘이 많다.
- 이가 석류씨 같으면 복록이 많다.
- 이가 위는 넓고 아래는 뾰족해 짐승의 이빨 같으면 성질이 거칠고 육식을 좋아한다.
- 소이는 영귀하다.
- 쥐이는 빈천하고 단명한다.
- 개이는 표독스럽고 사납다.

3. 입의 형태와 길흉

1. 큰 입

- 입이 큰 사람은 생활력이 매우 왕성하고 마음이 관대하며 성실하다.
- 입이 큰 사람은 신체가 좋고 활력이 있어 활동력이 풍부하여 목표를 이룬다.
- 입이 큰 사람은 업무적으로도 자신의 능력을 충분히 발휘하여 부유한 여건을 만든다.
- 주먹이 들어갈 정도로 입이 큰 사람은 활대(闊臺)라고 한다. 남자가 여기에 해당하면 부귀와 복록이 매우 풍부하다. 그러나 여자는 음양 중 음에 해당하기 때문에 여기에 해당하면 재산을 탕진하는 등 불리하다.
- 얼굴은 작은데 입이 크면 육지는 작은데 망망대해에 푸른파도

만 출렁이는 형상이다.

■ 여자가 입이 크면 외향적이며 정력이 풍부하고 활동적이어서 남편을 부양한다.

2. 작은 입

■ 입이 작은 사람은 보수적이며 소심하다.

■ 입이 작은 사람은 소극적이고 자주성이 부족하여 능력을 충분히 발휘하지 못한다.

■ 입이 작은 사람은 도량과 담이 작아 용기와 경쟁심이 없다.

■ 남자가 입이 작으면 그릇이 작고 의식이 부족하여 큰 일을 이루지 못한다.

■ 여자가 입이 작으면 귀록이 있고 애정을 많이 받는다.

■ 얼굴은 큰데 입이 작으면 넓은 초원이 사막으로 변하는 것과 같다.

■ 입이 작고 박약하며 다물어지지 않거나 팔(八)자인 사람은 생식능력이 약한 편이고, 애정운이 순조롭지 못하다. 건강상으로는 소화와 생식기관이 좋지 않다.

3. 두툼한 입

■ 입이 두툼한 사람은 다른 사람을 보살필 줄 알고 인간관계도 매우 좋다.

■ 입이 두툼한 사람은 종교가 · 전도사 · 보모 · 사회교육가 등으

로 나가면 길하다.

■ 입이 두툼한 사람은 상대의 외모에 신경쓰지 않고 애정에 빠지고, 관능적인 향락을 추구한다.

4. 얇은 입

■ 입이 얇은 사람은 매우 이성적이며 총명하고 박식하다.

■ 입이 얇은 사람은 머리가 매우 좋고 행동은 민첩하나 실행력이 부족하여 환상에 그치는 일이 많다.

■ 입이 얇은 사람은 대인관계가 적극적이지 못하고, 항상 이해득실을 먼저 따진 후에 접근하는 형이다. 사업은 적합하지 않고 직장인·연구가·학술분야 등이 알맞다.

■ 입이 얇은 사람은 애정면에서 이기적이고 감정표현도 좋지 못해 환심을 사기 어렵다.

5. 튀어나온 입

■ 입이 튀어나온 사람은 생명력이 매우 왕성하고 야성이 넘치며 적극적인 투쟁력이 있다. 그러나 사려가 깊지 않고 단순하여 막무가내로 밀어부치는 형이다. 아프리카 흑인들에게서 많이 볼 수 있는 입으로 육체노동이 적합하다.

■ 입이 튀어나온 사람은 빈천 고독하며 형극이 많다.

■ 여자가 입이 튀어나오면 흉상 중의 흉상으로 부모에게 불효하고 남편과 아들을 극한다.

6. 들어간 입

이빠진 노인처럼 안쪽으로 오므라진 입을 말한다.

■ 입이 들어간 사람은 보수적이며 소극적이다. 따라서 대범한 일에는 적합하지 않다.

■ 입이 들어간 사람은 평화주의자이며 논쟁을 좋아하지 않는다.

■ 입이 들어간 사람은 윗사람에게 호평을 받는다.

■ 입이 들어간 사람은 꼼꼼하며 재주가 있다.

■ 입이 들어간 사람은 사교성은 부족하나 남의 의견을 잘 수용하고, 대립과 분쟁을 조성하지 않아 주변이 원만하다.

7. 수족(手足)

1. 손

용골(龍骨 : 어깨에서 팔꿈치, 임금을 상징)과 호골(虎骨 : 팔꿈치에서 손목, 신하를 상징) 역시 사람의 귀함과 천함을 나타낸다. 용골(龍骨)은 길어야 하고, 호골(虎骨)은 짧아야 한다. 만일 용골(龍骨)은 짧고 호골(虎骨)은 길며 뼈가 솟고 힘줄이 뜨며, 살이 말라 깎인 듯하면 좋은 상이 아니다. 용골(龍骨)이 호골(虎骨)보다 크고 길면 반드시 영화가 있고, 여기다 열 손가락이 윤택하고 부드러우면 부귀공명을 누린다.

■ 손은 섬세하며 길어야 좋다.

■ 손이 짧고 두터우면 이익을 탐하며 비열하다.

■ 손의 길이가 무릎을 지나면 영웅호걸이다.

- 손의 길이가 허리에 닿지 않으면 빈천하다.
- 열 손가락이 부드럽고 섬세하면 귀한 직위와 복록을 누린다.
- 손이 향기로우며 부드럽고 사이가 뜨지 않으면 재물을 모은다.
- 손가락이 닭발처럼 뻣뻣하고 성글면 빈천하며 파패가 많고 우둔하다.
- 손가락과 손가락이 사이가 거위발처럼 연결되면 귀하다.
- 손바닥이 두툼하며 부드럽고 반듯하면 부를 누린다.
- 손바닥이 피를 머금은 듯 붉으면 귀하다.
- 손바닥이 건조하여 누른 흙덩이처럼 거칠면 매우 천하다.
- 손바닥 가운데 검은점이 있으면 지혜가 있고 부를 누린다.
- 손바닥이 얇고 깍여 있으면 가난하다.
- 손바닥이 단단하고 거칠면 매우 천하다.
- 손바닥에 세로주름이 있으면 삼공에 이른다.

2. 발

발은 몸의 가장 밑부분에 있는데 역할은 매우 크다. 발은 한 몸을 받들고 백체를 운행하여 땅을 상징한다. 예로부터 귀한 사람의 발은 두터우니 한가로움과 즐거움을 누리고, 천한 사람의 발은 얇으니 쉴새없이 분주하다고 했다.

- 발가락이 섬세하고 단정하며 가지런하면 선량하며 어질다.

- 발이 모가 지고 넓고 바르고 둥글고 부드러우면 부귀하다.
- 발이 뾰족하고 얇고, 가로로 넓고 짧고 거칠면 빈천하다.
- 발바닥에 무늬와 검은점이 있으면 식록이 넉넉하다.
- 발바닥이 널판지같이 평평하면 빈천하다.
- 발바닥이 오목하면 부귀를 누린다.
- 발바닥 네모퉁이가 두터우면 거부의 상이다.
- 발바닥이 부드럽고 무늬가 많거나 검은점이 있으면 귀하다.
- 발바닥이 거칠며 단단하고 무늬가 없으면 빈천하다.

8. 점과 털

1. 점

　산은 아름답고 비옥해야 훌륭한 재목을 기르며 그 빼어남을 자랑하고, 땅은 토양이 오염되면 잡초가 일어나 혼탁해진다. 이처럼 사람도 본질이 아름다우면 귀하고, 혼탁하면 약점이 생기는 것이니 이는 빈천함을 의미한다. 한고조는 왼쪽 허벅지에 72개나 되는 점이 있어 제왕의 상이 되었다고 한다.

　점은 밖으로 드러나면 흉하고, 들어나지 않으면 길하다. 그러나 얼굴에 있는 점은 대개 불리하다. 점이 옻칠을 한 것처럼 검거나 주사와 같이 붉고 윤택하면 길상이고, 윤택하지 않고 붉기만 하면 구설시비가 있고, 흰색이면 형액이 따르고, 황색이면 정신이 혼미하여 사리분별이 없다. 이런 이치로 점의 길흉을 판단하면 된다.

- 천중(天中)은 귀함을 보는 곳으로 이곳에 점이 있으면 좋지 않다. 남자는 부모를 형극하고, 여자는 남편을 극한다.
- 천정(天庭)에 점이 있으면 저자거리에서 죽을 염려가 있다.
- 사공(司空)에 점이 있으면 부모를 방해한다.
- 인당(印堂)에 점이 있으면 고귀하다.
- 양쪽 귀의 윤곽에 점이 있으면 지혜롭다.
- 수주(垂珠)에 점이 있으면 재물복이 많다.
- 산근(山根)에 점이 있으면 상극과 해로움이 많다.
- 눈썹 위에 점이 있으면 빈곤하다.
- 눈썹 가운데 점이 있으면 부귀하다.
- 준두(準頭)에 점이 있으면 칼로 인한 상해로 죽을까 두렵다.
- 콧대에 점이 있으면 매사에 지체와 막힘이 많다.
- 입술 가운데 점이 있으면 술과 음식을 좋아한다.
- 승장(承漿) 가운데 점이 있으면 술로 인해 죽는다.
- 난대정위(蘭臺廷尉)에 점이 있으면 가산을 파재한다.
- 지각(地閣) 부위에 점이 있으면 전답이 작다.
- 남자가 얼굴에 참새알 크기의 반점이 있으면 아내와 자식복이 없고 매사가 불길하다. 여자는 남편을 상해하고 자식을 극하여 평생 불길하다.
- 점은 어느 곳에나 있을 수 있으나 목뼈에 있는 점이 가장 나쁘다. 남녀 모두 대개 천명을 다하지 못하고 죽거나, 상해로 죽거나, 질병으로 죽거나, 난산 때문에 액을 당한다.

- 허리에 있는 점도 불리하다. 대개 남자는 허약하여 질병으로 요절하고, 여자는 음란하다.
- 발바닥 가운데, 음부 위, 배꼽 위아래, 무릎, 가슴, 팔꿈치, 손목, 정강이 부위에 있는 점은 대체로 길하다.

2 털

머리털은 피의 여분이고, 그밖의 털은 그 다음이다. 상법으로 볼 때 부위에 따라 길흉이 정해진다. 얼굴에 털이 있으면 대부분 좋지 않다. 이것은 다된 밥에 재를 뿌리는 것과 같다.

- 이마 변두리에 털이 있으면 대부분 좋지 않다. 주로 가산과 유업을 파산한다.
- 전택(田宅) 부위에 털이 있으면 원한이 많다.
- 수주(垂珠)에 털이 있으면 총명하다.
- 간문(奸門) 주위에 털이 있으면 주로 이성으로 실패한다.
- 누당(淚堂) 부위에 털이 있으면 자식을 극한다.
- 정위난대(蘭臺) 부위에 털이 있으면 가산을 탕진한다.
- 양 관골(觀骨) 부위에 털이 있으면 특이한 부귀를 누린다.
- 목뼈 부위에 털이 있으면 원한과 시비가 많다.
- 어깨 부위에 털이 있으면 육친덕이 없고 질병이 많다.
- 겨드랑이에 털이 없으면 흉하다. 여자는 산액이 있고, 털이 거

칠고 윤택하지 않으면 고생이 많다.

- 배꼽 부위에 털이 있으면 음란하다.
- 발바닥 부위에 털이 있으면 귀하며 복록이 많다.
- 발가락 위에 털이 있으면 명성이 귀하다.
- 음부에 털이 전혀 없으면 자궁이 좋지 않다.
- 눈썹이 많으면 음부에 털이 많다.
- 항문에 털이 없으면 빈천하다.

9. 부귀빈천한 상

■ 머리의 좌우가 틀어져 있으면 부모운이 좋지 않다.

■ 머리카락이 드물고 가죽이 얇으면 천하다.

■ 뼈와 살이 알맞게 응해 있으면 벼슬과 식록에 근심이 없다.

■ 귀인의 음성은 단전에서 나오며 소리가 단단하다.

■ 콧대가 높으면 보통이 넘는 사람이다.

■ 콧등에 주름이 있고 코가 짧으면 오래 살지 못한다.

■ 양 관골(觀骨)이 오목하게 들어가 있으면 천하다.

■ 인당(印堂)의 뼈가 두둑하고 윤택하면 소년에 녹을 먹고 높은 벼슬에 오른다.

■ 귀가 잘 생기고 바르면 학문이 뛰어나며 명예와 지위가 있다.

■ 정면에서 귀가 완전하게 모두 보이면 가난과 고통이 따르고, 이공(耳空)에 사마귀가 있으면 귀가 멀게 된다.

- 눈은 차가운데 얼굴만 웃는 모양이면 알지 못하는 사이에 독이 있어 반드시 해를 입힌다.
- 눈썹은 굽어야 좋다. 곧은 모양은 좋지 않다.

1. 복수를 누리는 상

- 눈썹이 길어 눈을 완전히 가리면 미모의 아내를 얻고 매사 형통한다.
- 눈썹이 초생달과 같으면 총명하며 문장으로 귀를 누린다.
- 얼굴에 온화한 기운을 띠면 귀인의 도움을 얻는다.
- 오악(五岳)이 조공하면 하는 일마다 크게 이룬다.
- 눈이 수려하고 길면 귀하고 재복과 수를 겸한다.

2. 부귀한 상

- 인물이 준수하며 궁상이 없고 활달하며 위풍이 있으면 부귀한 상이다.
- 이마가 넓으며 함하지 않고 높으며 둥글면 부귀한 상이다. 마치 간을 엎어놓은 것 같고 빛깔은 명윤해야 한다.
- 눈썹이 가늘며 윤택하고, 눈과 거리가 멀고, 길어서 눈을 잘 덮으면 부귀한 상이다.
- 눈이 가늘고 길며 흑백이 분명하고 광채가 사람을 쏘는듯 하고, 너무 깊거나 툭 불거지지 않으면 부귀한 상이다.
- 코가 산근(山根)이 함하지 않고 콧대가 풍부하며 난대정위(蘭

臺廷尉)가 반달형으로 준두(準頭)의 좌우를 꽉 감아주면 부귀한 상이다. 모형은 마치 쓸개를 거꾸로 매달아 놓은 것처럼 위는 약간 가늘고 아래는 점점 커져야 좋고, 콧구멍이 뻥하지 않으며 빛깔이 분명해야 한다.

■ 입이 크며 꽉 다물어져 힘차게 보이고, 입술은 붉고, 치아는 희며 상하를 합하여 30개 이상이면 부귀한 상이다.

■ 인중(人中)이 마치 대나무를 쪼개놓은 것처럼 골이 분명한데, 위는 약간 좁고 아래는 약간 넓으면 부귀한 상이다. 좌우 관골(觀骨)이 솟고, 하관(下觀)이 쭉 빠지지 않아야 한다.

■ 허리가 둥글고 등이 두터우면 부귀한 상이다.

■ 콧대가 높고, 좌우 관골(觀骨)이 솟고, 입이 모나고, 지각(地閣)이 풍만하고, 오악(五岳)이 조공하듯 받쳐주면 부귀한 상이다.

■ 기색이 윤택하며 수려하고, 신체가 섬세하고, 얼굴이 바르며 평만하면 부귀한 상이다.

■ 정신이 수려하고 행동이 온중하면 부귀한 상이다.

※ 부격의 조건

■ 형상이 후중해야 한다.

■ 귀가 두터워야 한다.

■ 허리가 곧아야 한다.

■ 눈빛이 고요해야 한다.

■ 입술이 붉어야 한다.

- 피부가 윤택해야 한다.
- 콧대가 반듯해야 한다.
- 등이 두터워야 한다.
- 음성이 맑아야 한다.
- 얼굴이 방정해야 한다.
- 거위걸음을 걸어야 한다.

※ 대부격의 조건
- 귀가 크고 살이 두터워야 한다.
- 얼굴은 검고 몸은 희어야 한다.
- 등이 산처럼 솟아 있어야 한다.
- 음성이 종소리와 같아야 한다.
- 등은 넓고 가슴은 바라져야 한다.
- 머리피부가 두터워야 한다.

3. 가난한 상

- 이마가 넓은 듯 하나 검고, 탁하며 죽은 데가 많고, 좁거나 잔주름이 많고, 빛깔이 침침하며 어두우면 가난한 상이다.
- 눈썹이 너무 농탁하거나 희박하고, 산란하거나 추잡해서 눈 위에 바짝 붙고, 눈을 덮지 못하거나 너무 압도하면 마치 집은 작은데 처마가 긴 것과 같아 가난한 상이다.
- 눈이 둥글고 짧으며 광채가 없이 몽롱하면 가난한 상이다.

- 코가 삐뚫어졌거나 굽었고, 뼈가 불거졌거나 움푹 패어 있고, 난대정위(蘭臺廷尉)가 힘이 없고, 콧구멍이 훤히 들여다 보이면 가난한 상이다.

- 입이 너무 작거나 크며 헤벌어져 힘이 없고, 입술은 검거나 희고, 이는 누러면서 28개 이내이면 가난한 상이다.

- 인중(人中)은 골이 희미해서 분명하지 않고, 윗입술이 짧아서 이빨이 들어나며 주름이 많으면 가난한 상이다.

- 턱이 쭉 빠져서 송곳턱이거나 뒤로 자빠지면 가난한 상이다.

- 귀가 백지처럼 얇으며 안으로 오그라들고, 커도 빛깔이 선명하지 못하고, 귓갓이 분명하지 않으며, 귀가 너무 높아서 뼈가 불거지면 가난한 상이다.

- 체격이 작거나 약하고, 건강해도 뼈가 드러나면 가난한 상이다.

4. 빈천한 남자의 상

- 남자가 두 눈이 매우 깊고 함몰해 있으면 빈천하다.
- 남자가 관골(觀骨)이 유난히 솟아 있으면 빈천하다.
- 남자가 누당(淚堂)에 주름이 있으면 빈천하다.
- 남자가 인당(印堂)에 주름이 있으면 빈천하다.
- 남자가 코가 우뚝 솟아 있으면 빈천하다.
- 남자가 음부에 털이 없으면 빈천하다.
- 남자가 음낭에 주름이 없으면 빈천하다.
- 남자가 발뒷꿈치가 없으면 빈천하다.

- 남자가 허벅지나 팔에 살이 없으면 빈천하다.
- 남자가 연상(年上)이나 수상(壽上)이 끊어져 있으면 빈천하다.
- 남자가 인중(人中)이 좁고 평평하면 빈천하다.
- 남자가 구각(口閣)이 아래로 처져 있으면 빈천하다.
- 남자가 난대(蘭臺)에 주름선이 치고 들어왔으면 빈천하다.
- 남자가 머리털이 누렇게 메말라 있으면 빈천하다.
- 남자가 겨드랑이에 털이 없으면 빈천하다.
- 남자가 평발이고 발바닥에 무늬가 없으면 빈천하다.
- 남자가 음성이 깨진 종소리와 같으면 빈천하다.
- 남자가 눈이 구덩이처럼 움푹 들어가 있으면 빈천하다.
- 남자가 코가 휘어져 있으면 빈천하다.
- 남자가 머리가 크고 얼굴이 뾰족하면 빈천하다.
- 남자가 얼굴은 크나 코가 작으면 빈천하다.
- 남자가 구각(口閣)에 주름이 많으면 빈천하다.

5. 간사한 상

- 곁눈질하는 사람은 간사하다.
- 눈동자가 아래를 보면 간사하다.
- 망령되게 말하며 매우 다급하면 간사하다.
- 치아가 성글면 간사하다.
- 코가 뾰족하며 콧털이 나오면 간사하다.
- 걸음걸이가 불균형하면 간사하다.

6. 어리석고 우매한 상

- 눈빛이 흐리고 어두우면 어리석고 완고하다.
- 광대뼈가 옆으로 드러나 거칠면 우매하다.
- 눈썹이 두텁고 탁하면 어리석다.

7. 승려의 상

- 승려가 머리가 둥글면 반드시 명성이 높고, 수도자는 형모가 청수하면 영화가 있다.
- 머리가 높이 솟아 있고 이마가 둥글면 반드시 명성을 떨친다.
- 눈빛이 맑고 골격이 수려하면 은사의 호칭을 받는다.
- 이중턱에 눈이 푸른색을 띠면 부귀를 겸한 지혜높은 고승이다.
- 이마가 넓고 눈썹이 수려하면 문장에 탁월한 조사가 된다.
- 귀가 얼굴보다 희면 귀격으로 승관에 오른다.
- 관골(觀骨)이 풍성하고 인당(印堂)이 평만하면 스승이 된다.
- 단촉하고 납작하여 천박해 보이면 평범한 승려다.
- 골격이 수려하고 음성이 맑으면 부귀를 누린다.
- 골격이 거칠고 울퉁불퉁하거나 속되면 늦게까지 산중에서 고생한다.
- 형상이 특이하고 눈빛이 뛰어나면 수도의 경지가 높다.
- 배와 등이 풍만하고 두터우면 의식이 넉넉하고, 코가 곧고 가지런하면 부귀를 얻는다.
- 이마가 넓고 턱이 풍만하면 관록을 얻는다.

- 눈썹과 눈이 바르고 곧더라도 골격이 청수해야 귀를 누린다.
- 바라보는 시선이 부정하면 반드시 음란하고, 행동거지가 경망하면 반드시 빈천하다. 그러나 두 눈에 도화기가 가득하여 불사르는 듯하면 주색과 환락만을 도모한다.

8. 부모를 형극하는 상
여자는 좌우를 바꿔서 본다.

- 이마가 왼쪽으로 치우치면 아버지를 먼저 극한다.
- 이마가 오른쪽으로 치우치면 어머니를 먼저 극한다.
- 이마가 좌우 모두 함하면 부모를 모두 극한다.
- 이가 드러나면서 울대뼈가 드러나면 아버지를 극한다.
- 발제가 이마를 누른 듯하면 초년에 부모를 잃는다.
- 윗입술이 길면 아버지를 먼저 극한다.
- 아랫입술이 길면 어머니를 먼저 극한다.
- 인중(人中)이 왼쪽으로 기울면 아버지를 먼저 극한다.
- 인중(人中)이 오른쪽으로 기울면 어머니를 먼저 극한다.
- 왼쪽 관골(觀骨)이 튀어나오면 아버지를 극한다.
- 오른쪽 관골(觀骨)이 튀어나오면 어머니를 극한다.

9. 자식을 형극하는 상
- 누당(淚堂)에 흠집이 있으면 자식을 극한다.

- 인중(人中)이 기울면 아들을 극한다.
- 귀에 윤곽이 없으면 자식을 극한다.
- 산근(山根)이 단절되면 자식을 극한다.
- 인중(人中)이 평평하거나 기울면 자식을 극한다.
- 콧날이 칼등 같고 와잠(臥蠶)에 검은 기운이 있으면 자식을 극한다.

10. 형제를 형극하는 상

- 눈썹이 단촉하면 형제가 떨어져 산다.
- 소용돌이 눈썹은 형제가 많아도 성격이 사납고 안정성이 없다.
- 눈썹의 중앙이 끊기면 형제가 멀리 떠난다.
- 눈썹의 털이 거꾸로 서면 형제와 원수처럼 지낸다.
- 인당(印堂)에 주름이 있으면 형제를 극한다.
- 눈썹 속의 피부가 금이 끊어진 듯한 것을 육해미(六害尾)라 하는데, 이런 사람은 형제를 극한다.

11. 부부운이 나쁜 상

- 남자가 이마의 양 관골(觀骨)이 높으면 여자를 극하고, 여자는 세 남편을 극한다.
- 얼굴이 크고 코가 높으면 반드시 아내를 극한다. 그러나 자색을 띠면 면할 수 있다.
- 눈이 붉고 간문(奸門)이 함몰하면 세 번 혼인한다.

- 눈썹이 굵으면 부부운이 나쁘다.

- 눈썹이 눈과 가까이 있으면 부부운이 나쁘다.

- 눈썹에 사마귀가 있으면 부부운이 나쁘다.

- 눈썹이 눈꼬리 부분까지 내려와 있으면 부부운이 나쁘다.

- 눈썹 윗부분에 가로주름이 있으면 부부운이 나쁘다.

- 인당(印堂)에 내천(川)자나 한일(一) 자 주름이 있으면 부부운이 나쁘다.

- 왼쪽 눈이 작으면 부부운이 나쁘다.

- 눈꼬리에 주름이 많으면 부부운이 나쁘다.

- 어미(魚尾) 간문(奸門)이 꺼지거나 메마르면 부부운이 나쁘다.

- 눈꼬리가 아래로 쳐져 있으면 부부운이 나쁘다.

- 광대뼈가 뾰족하면 부부운이 나쁘다.

- 눈이 크고 눈알이 나오거나 눈이 깊거나 눈이 삼각형이거나 눈 아래 살이 없거나 눈이 둥글면 부부운이 나쁘다.

- 산근(山根)이 끊어지면 부부운이 나쁘다.

- 연수(延壽)가 울퉁불퉁하면 부부운이 나쁘다.

- 코가 굽어 있으면 부부운이 나쁘다.

- 광대뼈가 코보다 높으면 부부운이 나쁘다.

- 여자의 음성이 남자 목소리 같으면 부부운이 나쁘다.

- 살이 적당히 덮어주지 못해 뼈가 불거졌거나 뼈가 거칠면 부부운이 나쁘다.

- 어금니 쪽의 턱뼈가 옆으로 많이 나오면 부부운이 나쁘다.

10. 여자의 상

하늘의 도는 남자를 이루고, 땅의 도는 여자를 이루어 음과 양이 유별하고, 강함과 유함으로 나뉘어진다. 남녀의 상은 다른데 여자는 근본이 유하고 형질이 강하여 맑으면 귀하고 탁하면 천하다. 음양의 조화는 혼잡하면 안 된다. 그 이치는 감히 어길 수 없는 것이나, 무릇 사람이 태어날 때 음양의 조화로 태어나고 강유가 정해지는 것이다.

남자는 순수한 양의 형상으로 체질과 성품이 강건해야 하고, 여자는 순수한 음의 형상으로 유순해야 한다. 만약 여자가 강건하고 용맹하며 웅장하고 조급하면 중화의 미를 잃은 것이다. 고로 여자의 성품은 유순하며 온화하고, 거동이 조용하며 수려하고 아름다우면 부귀와 정결함이 있을 것이다. 그러나 만약 성격이 광폭하며 형모가 웅장하고 사나우면 빈천하며 흉악을 당할 징후다.

얼굴에 오악(五岳)이 단정하고, 골격과 기운이 깨끗하며 명백하고, 기색이 온화 윤택하여 바라보는 시선이 편안하면 훌륭한 부인의 상이다.

1. 여자의 9가지 선한 상

① 머리가 둥글고 이마가 평평하면 선한 상이다.

② 골격이 부드럽고 피부가 매끄러우면 선한 상이다.

③ 입술이 붉고 치아가 희면 선한 상이다.

④ 눈이 길고 눈썹이 수려하면 선한 상이다.

⑤ 손가락은 섬세하고, 손바닥은 두텁고, 손금은 가늘어서 마치 명주솜털 같으면 선한 상이다.

⑥ 음성이 맑아 청정한 물과 같으면 선한 상이다.

⑦ 웃을 때 치아가 보이지 않으면 선한 상이다.

⑧ 걸을 때는 느긋하고, 앉을 때는 단정하면 선한 상이다.

⑨ 신기(神氣)가 맑고 온화하며 피부가 섬세하고 윤택하면 선한 상이다.

2. 여자의 9가지 악한 상

① 얼굴이 추악하고 광대뼈가 튀어나오면 악한 상이다.

② 치아가 드러나면 악한 상이다.

③ 머리카락이 흐트러져 있으면 악한 상으로 재산을 모을 수 없다.

④ 뱀처럼 흔들며 걷거나 쥐처럼 눈치를 보며 살살 걸으면 악한

상이다.

⑤ 눈썹이 매우 거칠면 악한 상이다.

⑥ 코 아래 갈고리 모양의 문양이 있으면 악한 상으로 아들에게 해롭고 신체가 약하다.

⑦ 양의 눈으로 사백안(四白眼)이면 악한 상이다.

⑧ 음성이 웅장하고 조급하면 악한 상이다.

⑨ 여자가 수염이 나면 악한 상이다.

3. 부귀한 여자의 상

■ 여자의 용모가 위엄이 있고 후중하며 말이 편하고 음성이 온화하면 부귀할 상이다.

■ 여자의 귀가 희며 두텁고, 이마가 둥글며 머리카락이 말의 털처럼 윤택하면 부귀할 상이다.

■ 여자의 눈썹 부위가 수려하고 목이 길면 부귀할 상이다.

■ 여자의 눈빛이 매우 맑고 단정하며 아름답고 사랑스러우면 부귀할 상이다.

■ 여자의 입술이 붉고 치아가 희면 부귀할 상이다.

■ 여자가 뼈와 살이 조화로우면 부귀할 상이다.

■ 여자가 인중(人中)이 분명하고 관골(觀骨)이 균형 있게 반듯하면 부귀할 상이다.

■ 여자가 손이 매우 섬세하며 길고, 퍼지지 않으며 곱고 단아하면 부귀할 상이다.

- 여자가 눈이 아름답고 성품이 관대하며 후하면 부귀할 상이다.

- 여자가 볼이 풍만하고 이마가 넓으면 부귀할 상이다.

- 여자가 인중(人中)이 길고 식창(食倉)이 풍부하면 부귀할 상이다.

- 여자가 난대정위(蘭臺廷尉)가 분명하고 바르면 부귀할 상이다.

4. 천한 여자의 상

- 여자가 입을 오므려 불을 부는 듯하면 천한 상이다.

- 여자가 코가 움푹 꺼져 있으면 천한 상이다.

- 여자가 양 눈이 밖으로 드러나 있으면 천한 상이다.

- 여자가 음성이 크고 웅장하면 천한 상이다.

- 여자가 눈빛이 메마르고 위엄이 없으면 천한 상이다.

- 여자가 아름다우나 귀여운 면이 없으면 천한 상이다.

- 여자가 인중(人中)이 순조롭지 않고 코가 짧으면 천한 상이다.

- 여자가 코가 휘고(地庫) 콧구멍이 뻔히 보이면 천한 상이다.

- 여자가 몸이 억세고 음성이 깨지는 듯하며 여운이 없으면 천한 상이다.

- 여자가 얼굴과 목이 모두 짧으면 천한 상이다.

- 여자가 코는 매우 크고 귀가 작으면 천한 상이다.

- 여자가 토끼처럼 이마가 좁고 깎여 있으면 천한 상이다.

- 여자가 눈이 야위거나 사백안(四白眼)이거나 삼각형이면 천한 상이다.

■ 여자가 콧등에 갈고리 주름이 있고 산근(山根)이 끊어져 있으면 천한 상이다.

5. 박복·빈천·고독한 여자의 상

■ 이마가 좁고, 눈썹이 서로 섞여 어지럽고, 입술이 높고, 치아가 가지런하지 못하면 여기에 해당한다.

■ 얼굴이 거칠어 몸이 한쪽으로 기울고, 신체가 허약하며 위엄이 없으면 여기에 해당한다.

■ 키가 작고, 수주(垂珠)가 작으며 엷고, 눈썹이 뭉치고, 코뼈가 낮게 꺼져 있으면 여기에 해당한다.

■ 음성이 곡을 하는 듯하면 재가할 상이다.

■ 여자가 남자의 상이면 반드시 아들이 없다.

■ 눈꼬리에 주름이 복잡하면 시기가 심하고 호기심이 많다.

6. 왕부(旺夫)와 극부(剋夫)의 상

■ 여자가 등이 후중하며 어깨가 둥글고 원만하면 남자를 이롭게 한다.

■ 여자가 관골(觀骨)이 높고 코가 짧으면 남자를 극한다.

■ 여자의 상은 먼저 남편에 해당하는 코를 봐야 한다. 남편을 이롭게 하고 가문을 일으키려면 반드시 얼굴에 부족함이 없어야 한다. 머리·준두(準頭)·턱이 뾰족하면 흉하고, 눈썹·눈·귀·입이 빈약하면 흉하다. 만일 얼굴이 투명한 옥과 같으면 뛰

어나게 영특한 자식을 둔다.

■ 귀한 자식을 얻으려면 반드시 입술이 균형이 있고 주름이 있어야 하고, 봉황의 눈이면 족하다.

■ 또한 삼정(三停)에 균형이 있어야 한다. 복을 누리려면 반드시 이마가 바르고 눈썹이 아름다워야 한다. 준두(準頭)가 둥근 여자가 어찌 과부가 되겠는가.

■ 기미와 주근깨가 있고 코가 작고 몸이 가벼우며 다리가 두껍고 머리를 흔들면 음란하며 숨겨진 여자다.

■ 눈이 크고 눈동자가 높으며 크고 바르면 왕부의 상이다.

■ 코가 바르고 눈빛이 맑으면 발복한다.

■ 혈이 광채가 나고 눈이 수려하면 반드시 우수한 자식을 둔다.

■ 얼굴이 큰데 뺨이 없으면 복이 없다.

■ 눈이 둥글고, 이마가 깎이고, 피부가 너무 반들거리면 비구니에 가깝다.

■ 여자의 귀함은 눈썹·눈·어깨·등에 있고, 자식의 귀함은 배·유방·배꼽에 있다. 무릇 얼굴이 각진 범의 형은 반드시 살생을 하리라.

■ 관골(觀骨)이 높이 솟으면 본남편을 극한다.

■ 여자의 음성이 웅장하면 남편을 저해한다.

■ 여자의 이마가 높으면 세 번 혼인해도 안정하기 어렵다.

■ 여자의 눈썹이 거꾸로 나 있으면 세 번 결혼한다.

11. 출산과 신생아

1. 출산

- 여자의 얼굴에 적색이나 흑색 기운이 나타나면 산액이 있다.
- 여자가 입술이 치아를 가리지 못하면 산고를 많다.
- 여자의 얼굴에 황색 기운이 있으면 편안하게 임신한다.
- 인중(人中)에 흑자색 기운이 있으면 반드시 쌍둥이를 임신한다.
- 삼양(三陽) 부위에 화토기운이 있으면 아들을 낳고, 삼양(三陽) 부위에 청흑기운이 있으면 딸을 낳는다.
- 삼양(三陽) 부위에 자주빛이 나타나면 귀한 자식을 낳는다.
- 준두(準頭) 부위에 분홍색 기운이 나타나면 부귀할 자식을 임신한다.
- 여자는 임신 중에 얼굴색이 화려해야 귀한 자식을 낳는다.

2. 태아 성별감지법

- 움직임이 반듯하며 균형이 있고, 임산부의 양 눈밑이 맑고, 준두(準頭)가 밝고, 인당(印堂) 부위가 윤택하면 아들을 낳는다.
- 인당(印堂)이 붉은색, 즉 병정화(丙丁火)의 기운이 왕성하면 아들을 낳는다.
- 준두(準頭)가 황색, 즉 무기토(戊己土)의 기운이 왕성하면 아들을 낳는다.
- 양 관골(觀骨)이 밝으면, 즉 갑을목(甲乙木)의 기운이 왕성하면 반드시 아들을 낳는다.
- 오른쪽 손바닥 가운데를 명당이라 한다. 이곳이 붉고 윤택하면 반드시 복록과 수를 겸비한 아들을 낳고, 청색 기운을 띠면 반드시 가산을 탕진할 아이를 낳는다.
- 임산부의 눈 아래가 푸르고 어두운 기색을 띠면 딸을 낳는다.
- 수성(水星)인 입가에 명윤한 기색이 있으면 임계수(壬癸水)가 왕성하여 반드시 딸을 낳는다.
- 천창(天倉)과 지고가 밝으면 경신금(庚辛金)의 기운이 왕성하여 반드시 딸을 낳는다.
- 얼굴이 밝은 기운이 없고 어두우면 태어나는 아이의 죽음을 의심할 여지가 없다.

3. 신생아의 인생을 예지하는 법

갓 태어난 신생아의 일생을 판단하는 것은 매우 어려우나 예지하는 방법이 있으니 잘 익혀두기 바란다.

■ 신생아의 얼굴이 홍적색을 띠면 길상이다.
■ 신생아의 얼굴이 흰색이면 1개월 내에 죽는다. 이것은 출산일을 앞두고 부부가 합방하여 아이에게 손상을 입혔기 때문이다. 만약 살더라도 염증 등 잔병이 많다.

4. 훌륭하게 양육되는 7가지 요건

1. 아이의 머리카락과 눈썹이 단정하면 양육이 쉽고 복록이 많다.
2. 아이의 머리가죽이 너그러우면 양육이 쉽고 복록이 많다.
3. 아이가 입을 벌리지 않고 코로 숨을 쉬면 복록이 많다.
4. 아이의 코가 높고 입술이 붉으며 두툼하면 양육하기 쉽다.
5. 아이의 눈빛이 맑으면 양육하기 쉽다.
6. 아이의 우는 소리가 처음에는 높고 나중에는 여운이 있으면 양육하기 쉽다.
7. 아이의 음낭이 크고 주름이 선명하며 검으면 양육하기 쉽다.

12. 고전비결(古傳秘訣)

1. 10대 공망(空亡)

- 이마가 뾰족한 것을 천공(天空)이라 한다. 이런 사람은 관운이 없고 조상을 계승하지 못하며 고독하고 부모를 극한다.
- 턱이 빈약한 것을 지공(地空)이라 한다. 지각(地閣)이 없는 사람은 처자와 분리되고 육친덕이 없으며 말년이 고독하다.
- 콧구멍이 위를 향해 뻔히 보이는 것을 인공(人空)이라 한다. 이런 사람은 중년에 반드시 실패하고 노년이 고독하다.
- 산근(山根)이 낮게 꺼진 것을 공망(空亡)이라 한다. 이런 사람은 골육간에 무정하고 형제와 불화하며 처자와 인연이 없다.
- 구렛나루는 있는데 승장(承漿)에 수염이 없는 것을 공망(空亡)이라 한다. 이런 사람은 매사에 성과가 없고 자녀운이 없으며 대인관계가 소홀하다.

- 얼굴에 성곽이 없는 것을 공망(㐀亡)이라 한다. 이런 사람은 되는 일이 없다. 수명이 짧고 조상의 업을 계승하지 못한다.
- 머리가 주먹처럼 작은 것을 공망(㐀亡)이라 한다. 이런 사람의 성격이 여유롭지 못하고 자녀를 극하며 부모와 상관을 존경하지 않는다.
- 누당(淚堂)이 깊은 것을 공망(㐀亡)이라 한다. 이런 사람은 아내와 자식운이 없고 평생 고생한다.
- 눈에 정신이 없는 것을 공망(㐀亡)이라 한다. 이런 사람은 총명함이 없고 자식·형제와 인연이 없다.
- 눈썹이 없는 것을 공망(㐀亡)이라 한다. 이런 사람은 독단적이고 형제의 인연이 없으며 늙어서 고생한다.

2. 10살(十殺)

① 얼굴이 술에 취한 듯한 사람.
② 혼자 중얼거리는 사람.
③ 가래가 나오지 않는데도 자꾸 침을 뱉는 사람.
④ 눈이 붉어 노기를 띤 듯한 사람.
⑤ 정신이 흐리멍텅한 사람.
⑥ 목소리가 승량이 우는 소리 같은 사람.
⑦ 아랫수염은 있는데 윗수염이 없는 사람.
⑧ 음식을 먹을 때 땀을 많이 흘리는 사람.

⑨ 코가 굽었거나 콧구멍이 뻔히 보이는 사람.

⑩ 겨드랑이에서 노랑내가 나는 사람.

 이 가운데 2가지 이상을 범하면 흉액과 재난이 많고 빈궁하며 비명횡사한다.

3. 상법기본설

■ 복덕궁은 천창(天倉)이라 한다. 이곳과 아래턱이 둥글어야 좋다. 오성(五星)인 눈·코·입·귀·이마에 광채가 있으면 복록이 장구하다.

■ 관록궁을 자세히 보라. 두 눈 사이인 산근(山根)과 창고(倉庫)가 상당해야 한다. 이곳이 깨끗하고 상한 흔적과 이동점이 없으면 관직에 영화가 있고 귀함이 오래 간다.

■ 두 눈썹의 중앙을 인당(印堂)이라 한다. 이곳이 깨끗하고 선명하면 학문이 뛰어나다. 그러나 인당(印堂)에 잔주름이 많으면 만사가 뜻대로 되지 않고 재산과 조상의 유산을 탕진한다.

■ 산근(山根)을 질액궁이라 한다. 이곳이 높고 평평하면 평생 액이 생기지 않는다. 그러나 산근(山根)에 주름이나 상처가 있고 뼈가 약하면 평생 고통스러운 일이 많고 만사가 이루어지지 않는다.

■ 코는 재물을 보는 곳이다. 깨끗하며 둥글고 높으며 콧구멍이 크

게 보이지 않아야 한다. 만일 구멍이 들여다 보이면 재물과 곡식이 없고, 턱과 코가 서로 바라보듯 향해 있으면 금과 은이 풍부하다.

- 눈썹은 형제와 같은 곳이다. 부드럽고 길면 4~5형제가 건강하게 자란다. 그러나 양쪽 끝이 가지런하지 못하면 다른 어머니를 모시고, 서로 맞닿아 있으면 객사한다.

- 전택궁(田宅宮)은 눈 주위를 말한다. 이곳이 맑고 분명해야 길하다. 만일 두 눈에 힘이 없고 눈동자가 밖으로 솟아나온 것 같으면 부모의 재산이 모두 사라진다.

- 천이궁(遷移宮)은 천창(天倉)인 이마 양 옆을 말한다. 만일 이곳이 낮고 들어가 있으면 평생 살 곳이 없다. 말년에 어미(魚尾)인 눈 양끝에서 귀 사이가 두둑하지 못하면 관직에 있어도 마음이 늘 불안하다.

- 간문(奸門)에 광택이 있고 두둑하면 아내궁이 좋고 창고에 재물이 가득하다. 그러나 간문(奸門)이 탁하고 검으면 주색을 좋아하며 음탕하다.

- 노복궁(奴僕宮)은 지각(地閣)이 두둑해야 하고, 입 양끝의 구각(口閣)이 틀리지 않아야 한다.

- 코와 입과 턱이 서로 상응하지 않으면 좋지 않다. 이곳이 찌그러지거나 오목하거나 주름과 상처가 있으면 평탄하지 않다.

- 입은 넉사(四) 자의 모양과 같고, 빛깔은 붉어야 하며, 위아래 입술은 각이 있어야 한다. 끝이 위로 향하면 반드시 문장에 뛰

어난 선비가 되고 소년에 벼슬하며 고관이 된다. 만일 입이 다 물어지지 않고 늘 이가 보이며 위아래 입술의 끝이 아래로 쳐지고, 입술이 얇고 뾰족하며 각이 없으면 걸인신세와 같다. 만일 입이 오른쪽이나 왼쪽으로 틀어지면 시비를 잘 하며 간사하고 자신의 편리만을 주장한다.

■ 화성(火星)인 이마가 평평하며 넓고 윤택하며 주름이 없고, 빛깔이 선명하며 이마의 뼈가 솟아 있으면 영화를 누린다. 그러나 이마가 뾰족하고 좁으면 보잘것없는 사람이고, 주름이 이리저리 난잡하게 있으면 아내와 이별한다.

■ 산근(山根)이 좁고 뾰족하면 만사가 어렵고 일찍 가산을 파한다. 천정(天庭)인 이마의 뼈는 높이 일어나야 하고, 사공(司空)인 이마의 중앙은 평평해야 하고, 중정(中停)인 인당(印堂) 바로 위는 맑고 넓으며 활발해야 한다. 산근(山根)은 인당(印堂) 밑 두 눈 사이로 두둑해야 하고, 연수(延壽)인 콧등은 활달해야 하고, 준두(準頭)인 코끝은 가지런하며 둥글어야 하고, 인중(人中)은 선이 깊고 반듯해야 한다. 산림(山林)인 이마의 옆끝이 둥글며 두둑해야 역마(驛馬)가 잘 되었다 하고, 일각(日角)인 이마 왼쪽과 월각(月角)인 이마 오른쪽이 높아야 하고, 변지(邊地)인 이마의 끝이 평평하고 고요해야 한다.

■ 두 눈에 살이 두둑하고 어미(魚尾)인 눈끝이 평평하며 관골(觀骨)인 눈 아래의 두 뼈에 광채가 있어야 한다.

■ 삼음(三陰)인 오른쪽 눈과 삼양(三陽)인 왼쪽 눈이 다르지 않

아야 한다. 용은 눈을 말하는데 이곳은 보이지 않아야 좋다. 호랑이 코를 말하는데 엎드린 것처럼 적당해야 좋다.

- 오악(五岳)인 이마·코·관골(觀骨)·턱과 사독(四瀆)인 눈·귀·코·입이 서로 파극되지 않으면 높은 벼슬을 한다.
- 목(木)형은 야위고, 금(金)형은 모나고, 수(水)형은 살이 있고, 토(土)형은 두툼하며 등이 거북모양이고, 화(火)형은 뾰족하다.
- 목(木)형은 푸르고, 화(火)형은 붉고, 토(土)형은 누렇고, 금(金)형의 희고, 수(水)형은 검어야 얼굴형에 맞는 색깔이다.

4. 은시가(銀匙歌)

- 아래턱이 위로 이마를 향한 듯하면 평생 운세가 좋다.
- 좌우 관골(觀骨) 부위가 좁으면 반드시 재물이 부족하다. 만일 여러 해의 흉년과 가뭄에도 쌀걱정을 하지 않는다면 이것은 위아래 천창(天倉)과 지고(地庫)가 상응하여 풍부하기 때문이다.
- 왼쪽 관골(觀骨)에 결함이 있으면 아버지를 먼저 잃는다. 만약 아버지를 잃지 않으면 자신에게 재앙이 따른다.

5. 안신칠법(安身七法)

안신칠법(安身七法)은 관상학의 원조라고 할 수 있는 달마조사(達摩照師) 상결비전(桑訣秘傳)에 있는 정신을 판단하는 7가지 묘법을 말한다.

① 눈빛이 숨겨진 듯 어둡지 않아야 한다.

② 신이 안정되어 어리석지 않아야 한다.

③ 신이 활발하되 드러나지 않아야 한다.

④ 신이 맑되 메마르지 않아야 한다.

⑤ 신이 온화하되 유약하지 않아야 한다.

⑥ 신이 엄정하되 어긋남이 없어야 한다,

⑦ 신이 강하되 외롭지 않아야 한다.

십이궁도(十二宮圖)

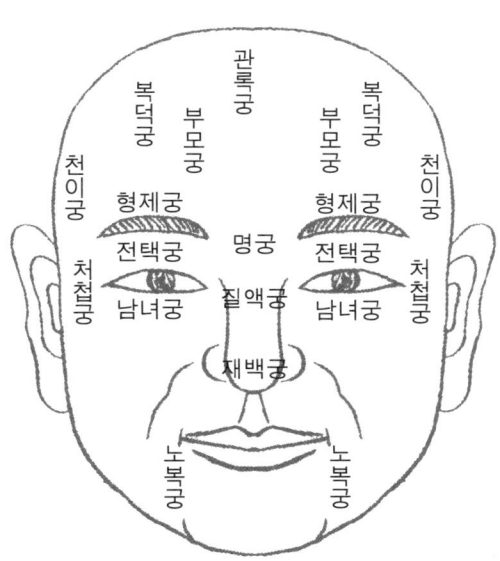

6. 영락 황제와 유장 선생과의 질의응답

문 : 짐이 왕위에 거하니 어떤 상이기에 만민의 군주가 되었는가?

답 : 폐하께서는 용의 형상으로 탄생하여 봉황과 같이 자라나셨습니다. 신장이 육척인데다 얼굴이 크며 허리가 둥글고 걸음의 넓이가 삼척이 되지만 일찍 고단했던 것은 수염이 나지 않았기 때문입니다. 그러나 이제 수염이 팔촌이나 되었으니 정히 복과 수를 누릴 것입니다.

문 : 무릇 서민이 자식을 낳는데 아들을 보자마자 아버지가 벼슬을 얻는 것은 어떠한 연유인고?

답 : 무릇 소아가 탄생할 때 상서로운 향기가 집안에 가득하면 반드시 귀할 징조입니다. 고서에 '아이를 낳을 때 몸이 향기로우면 마땅히 아버지는 벼슬에 오르고 자신도 영화를 누릴 것'이라고 했습니다. 유화두와 송태조가 태어날 때도 모두 몸에서 백일 동안 이상한 향기가 났다고 합니다.

문 : 짐이 얼마 전에 한 사람을 보니 천정(天庭)이 낮은데 무슨 이유로 그처럼 벼슬을 하게 된 것인가?

답 : 비록 천정(天庭)이 낮아도 일월각(日月角)이 발달하고 보각골(輔角骨)이 안정되며 머리가 풍만하고 얼굴이 둥글면 오행이 조화로운 것이므로 꺼리지 않는 것이니 이 때문에 벼슬을

한 것입니다.

문 : 짐의 얼굴이 모나게 생겼으므로 모난 얼굴의 왕비를 얻어 배
       필을 삼고자 하는데 또 다른 설명이 있는가?

답 : 부인의 길함은 눈썹과 눈, 어깨와 등에 있습니다. 얼굴이 모
       난 사람은 호면이라 하여 반드시 살성을 띠므로 꺼리는 것입
       니다. 대개 여인의 상이 봉황 같으면 대귀를 이룹니다. 봉의
       형상은 얼굴이 둥글고 길면서도 상하가 배합이 되어, 눈썹이
       활모양으로 아름답고 눈이 가늘며 길고 목도 둥글면서 길고
       어깨와 등도 평평한 것입니다. 이런 상은 진귀하므로 비록 궁
       중에 들어오지 못한다 해도 귀부인이 될 것입니다.

문 : 짐이 예전에 한 여인상을 총애하여 반드시 좋은 후모가 되리
       라 생각했는데, 지금은 예전처럼 반갑지 않으니 어찌 저 사람
       을 후모라 할 수 있겠는가?

답 : 그것은 후모께서 복이 박한 것이 아니라 성상의 기색에 자성
       (紫星)이 나타나지 않아 국모를 총애하시지 않는 것입니다.
       앞으로 태자를 얻게 되면 국모의 운명이 길해지니 두 분 사
       이가 더 좋아지고 수복이 연장됩니다. 태자의 탄생 또한 멀지
       않았나이다. (영락 황제는 의아해 하더니 그 뒤 삼년 만에 다
       시 총애하여 과연 태자가 태어났다.)

문 : 후비를 택할 때 솜옷을 두텁게 입혀 땀이 나게 하여 데려오
　　는 것은 무슨 연유인가?

답 : 땀을 나게 하는 것이 목적이 아니라 몸의 향기가 어떠한가
　　알고자 하는 것입니다. 무릇 여인의 몸이 향기로우면 대길하
　　고, 그렇지 않으면 하천한 사람입니다.

문 : 벼슬을 하는 사람은 귀인이므로 상이 좋거늘, 어찌하여 도검
　　의 형벌을 당하는가?

답 : 이는 모두 목 뒤에 붉은 실금이 있고 귀와 보궐(保闕)에 붉
　　은색이 많기 때문입니다. 이런 형상을 한 사람은 도검에 형벌
　　을 피하기 어렵나이다.

문 : 조정에 대신들이 의식이 부족하고, 벼슬을 하면서도 복록이
　　적은 것은 어떠한 이치인가?

답 : 관직에 오른 것은 인당(印堂)이 바르기 때문이고, 귀인은 손
　　이 무릎을 지나가고, 벼슬이 높은 것은 인당(印堂)이 열리고
　　눈썹이 수려하며 귀가 바르고 눈이 밝기 때문입니다. 그리고
　　식록은 입에 있는 것이므로 만약 입술이 얇거나 구각(口閣)
　　이 아래로 쳐지면 자연 의식이 부족한 것입니다.

문 : 귀가 뒤집혀도 벼슬이 높은 것은 무슨 연유인고?

답 : 상에는 꺼리는 것이 있고 꺼리지 않는 것도 있는데 어찌 귀

하나만으로 판단하오리까? 고서에 말하기를 눈동자가 비록 누렇더라도 눈에 신기(神氣)가 있고, 콧대가 비록 꺾였어도 준두(準頭)가 풍부하고, 몸이 비록 수척해도 뼈가 드러나지 않았다면 오히려 귀한 상이 된다 했습니다. 이러한 이치로 판단하기 때문입니다.

문 : 대저 사람이 평생 병이 없는 것은 무슨 연유인가?

답 : 사람이 세상에 태어나는 것은 상이 하늘의 도와 합하기 때문입니다. 역마(驛馬) 부위가 높으며 밝고, 변지(邊地) 부위가 안정되고, 인당(印堂)이 바르고, 삼양(三陽)과 삼음(三陰)이 윤택하고, 산근(山根) 또한 밝으면 평생 복과 수를 누릴 것입니다.

문 : 사람이 질병이 많은 것은 무슨 연유인가?

답 : 산근(山根)이 늘 어둡고, 준두(準頭)나 관골(觀骨)이 늘 푸르며, 두 귀에 때가 낀 듯하고, 눈 또한 어둡고, 변지(邊地)가 흙빛이고, 모발이 풀과 같이 거칠면 어찌 안녕하겠나이까?

문 : 짐이 제왕이 된 후 근심을 벗지 못하는 것은 무슨 연유인가?

답 : 산근(山根)과 천창(天倉)과 변지(邊地)가 줄곧 푸르고, 준두(準頭)가 붉고, 볼이 누렇고 고르지 못하기 때문입니다. 이러한 기색이 있는데 왕이 되신 분은 반드시 근심과 번뇌가 있습니다. 서민의 경우는 백 가지 일에 이룸이 없습니다. 참고

습니다. 서민의 경우는 백 가지 일에 이룸이 없습니다. 참고 기다
리면 반드시 기색이 열려 성상의 마음도 평안하게 될 것입니다.

문 : 여인은 귀한 가운데 천함이 있고, 천한 가운데 귀함이 있는
데 이것은 무슨 이치인가? 또한 여인의 상이 없다고 하는 것
은 무슨 말인가?

답 : 대저, 여인의 상은 남자의 상과 같지 않지만 어찌 상이 없겠
나이까? 머리가 뾰족하고 모발이 적으면 반드시 천인이요, 얼
굴이 둥글고 눈이 바르면 가히 현인의 배필이 되고, 혈색이
족하고 기가 조화되면 가히 귀자를 낳을 것이요, 코가 바르고
관골(觀骨)이 평평하면 가업을 이룩할 것입니다. 몸과 얼굴이
바르고, 눈도 수려하며 입술이 붉고, 어깨도 원만하다면 가히
대귀라 할 것입니다. 무릇 넉넉한 집의 여인은 머리가 평만하
고 이마가 바르며 넓을 것입니다. 만약 눈에 신기(神氣)가 흘
러나오고 입술이 엷으며 몸이 가볍고 모양이 아름답기만 하
고, 창고(倉庫) 부위가 깎이며 이가 너무 희고 피부에 요염한
빛이 나면 천한 여자입니다.

문 : 짐은 전쟁터에서 칼날을 사귈지라도 별로 두려운 기색이 없
었거늘 궁안의 어실(황후의 침실)에서 억압감을 느끼는 것은
무슨 이치인가?

답 : 겉의 웅장함은 속의 웅장함만 같지 못합니다. 송태조는 왼쪽

답 : 겉의 웅장함은 속의 웅장함만 같지 못합니다. 송태조는 왼쪽 눈이 적고 오른쪽 눈이 크기 때문에 안을 두려워했고, 장상서는 수염이 왼쪽으로 삐쳤으므로 평생 부인을 두려워할 때가 많았습니다. 모발의 방향과 두 눈의 대소 차이가 있어 영향을 받는 것입니다.

문 : 무릇 사람의 상이 어찌하여 기와 색이 있는가?

답 : 고서에 이르기를 '골격은 일생의 영화를 정하고, 기색은 유연의 길흉을 정한다'고 했습니다. 대저. 기색은 오장육부의 여정이기 때문에 목화토금수(木火土金水)의 자세한 설명이 있는 것입니다. 안에 있는 것이 기가 되고, 밖에 있는 것이 색이 되는 것으로, 색은 싹과 같고 기는 뿌리와 같습니다. 대체로 뿌리를 보려면 먼저 싹을 보아야 하는 것입니다. 안에서는 오히려 나타나 보이지 않을 때도 밖에서는 보이는 것이니, 선명한 색은 어떤 일이 바로 왕성해짐을 의미하고, 둔탁한 색은 어떤 일이 이미 흩어지는 것이니, 무릇 도모하고자 하는 일을 알려 한다면 곧 이에 해당하는 곳에 나타납니다. 그곳의 기색을 보고 귀신도 헤아리지 못하는 기틀을 알 수 있는 것입니다. 이는 천지에 유행하는 기운을 먼저 알아차릴 수 있는 것이므로, 세상에 각양각색의 이상한 술수 중에도 오직 기색만이 가장 증험한 것입니다. 다만 수양과 학문의 경지가 없으므로 귀와 눈이 먼 것 같은 것입니다. 어리석은 사람이 망령되

게 쇠왕을 말한다면 증험이 안 되는 것입니다.

문 : 일생 복록은 좋으나 재물이 좋지 않음은 어찌된 일인가?

답 : 서에 이르기를 귀인의 복록을 받고자 하거든 반드시 귀인의
치아가 나야 하고, 귀인의 옷을 입고자 하거든 모름지기 귀인
의 몸을 타고나야 한다고 했습니다. 무릇 사람이 입술이 붉고
윤택하며 상하가 균형을 이루면 일생 의식주에 부족함이 없
습니다. 콧구멍이 들리고 창고(倉庫)가 비뚤어지면 어찌 재물
복을 얻겠습니까?

문 : 상이 좋은 것 같아도 요망한 것은 어떠한 이치인가?

답 : 형모가 아름답다고 하여 좋다고 말할 수는 없습니다. 요망한
사람은 흔히 신기(神氣)가 단촉하고, 기색이 허부(虛腑)하며,
가죽이 얇고, 뼈가 연약하며, 근육과 살의 혈액이 고르지 못
하고, 오관(五官)이 조화롭지 못하여 두 눈에 신기(神氣)가
없고, 음성에 여운이 부족하여 인후까지도 응하지 못하고, 얼
굴이 좋더라도 심기가 부족하면 장수를 말하기 어렵고, 정신
이 지나치게 왕성하여 기가 고르지 못해도 장수할 수 없습니
다. 정신이 촉급하면 요망하고, 기가 단하면 수를 재촉하니
무릇 사람의 수명은 신기(神氣)로 주를 삼는 것입니다.

문 : 형모는 준수하나 마음이 몽롱함은 무엇 때문인가?

답 : 이는 청 중에 탁을 지닌 상입니다. 무릇 사람의 모양이 준수하고 바르더라도 눈동자에 신기(神氣)가 부족하고, 치아가 바르지 못하고, 기운도 조화되지 못하고, 정신도 산란함이 많으면 만사에 성공이 없을 상입니다.

문 : 병이 중한데 오히려 살아나고, 병이 없어도 죽는 것은 무슨 이유인가?

답 : 이 두 가지는 기색을 말하는 것으로 골격의 상에 있는 것이 아닙니다. 무릇 병자의 기색은 다섯 가지를 꺼립니다. 산근(山根)이 건고하거나 귓바퀴가 검은 것이요, 구각(口閣)이 푸르거나 누런 것입니다. 서에 이르기를 '흑색이 태양을 두르면 명의라도 구원하기 어렵고, 푸른색이 구각(口閣)에 비치면 편작이라도 구하기 어렵다'고 했습니다. 그러나 이밖에 잡색에 어둠이 있어 청황하면 병색에 불과한 것으로, 준두(準頭)가 밝아지면 죽을 듯한 사람도 살아나고, 연수(延壽)가 열리면 재액이 곧 멀어집니다. 또 삼양(三陽)이 검푸르면 반드시 사망하나 연수(延壽)가 광명하면 반드시 구원이 있을 것이니, 이중에서 한 곳이라도 열리면 죽지 않을 것입니다. 무릇 사람의 기색이 늘 어둡다가 갑자기 밝아져도 사기(死氣)가 이른 것이고, 항상 밝다가 홀연히 어두워져도 죽음에 이르는 것입니다. 병을 앓다가 반드시 죽는 사람은 연수(延壽)와 삼양(三陽)이 검어지면 10일 안에 죽을 것입니다. 인당(印堂)에 흰색

이 나타나고, 입에 황색이 나타나도 7일 안에 죽을 것입니다. 노인이 황광이 면면하면 일주일을 넘기기 어렵고, 젊은 사람이 구각(口閣)에 청색이 끼면 한달 안에 죽을 것이며, 병자가 준두(準頭)가 윤택하지 못해도 쾌차하는 수가 있습니다. 이것은 사람의 죽음은 연수(延壽) 부위에 어두움을 볼 것이고, 귀에 티끌이 발생하면 질병이 생길 것이며, 귓바퀴가 붉으면 만사에 근심이 없고, 몸의 혈색은 일년 이내의 영화를 의미하고, 피혈이 진흙같이 어두우면 반년 사이의 액을 말하는 것입니다.

문 : 관직이 극품에 올랐어도 임종할 때 의식(衣食)이 없는 것은 무슨 연유인가?

답 : 대저. 노년의 운은 부귀를 막론하고 모두 피부를 위주로 합니다. 노년에 살가죽이 윤택하고 혈색이 족하면 반드시 왕성함이 있고, 살가죽이 건조하고 혈색이 쇠하면 벼슬을 해도 지위에서 물러나 빈곤하며 괴로울 것입니다.

문 : 사람이 늙어 와잠(臥蠶)이 낮아지고 젖꼭지가 아래로 향하면 자식의 힘을 얻지 못해 빈곤해진다는 데 어떤 이치인가?

답 : 늙으면 피부가 약해지고 혈액도 왕성하지 못하여 와잠(臥蠶)이 낮아지고 젖도 아래로 늘어집니다. 만약 혈액이 윤택하면 어찌 와잠(臥蠶)이 낮아지고 유방이 아래로 향하겠습니까?

문 : 평생 운이 없다가 노년에 이르러 안락해지는 것은 무슨 이치

문 : 평생 운이 없다가 노년에 이르러 안락해지는 것은 무슨 이치
인가?

답 : 평생 운이 없는 것은 얼굴 전체가 국을 얻지 못해 오관(五
官)이 고르지 못하고, 부위도 조화롭지 못해 노고를 겪는 것
입니다. 노년운은 혈색과 기혈을 보는 것이므로 신기(神氣)와
혈기가 모두 좋으면 비록 운이 없어도 좋아지는 것이고, 피부
가 한 번 건조하면 사기(死氣)가 다가오는 것입니다. 서에 이
르기를 '노년에는 피부와 모발과 기색과 신기(神氣)를 함께
보는데, 이 네 가지가 모두 좋으면 영화로울 것이고, 만약 피
부가 건조하고 혈색이 쇠약하면 반드시 일년 내에 명부로 돌
아간다'고 했습니다.

문 : 오관(五官)이 모두 좋은 것은 일체의 흠이 없는 것인데, 곤궁
한 것은 어떠한 이치인가?

답 : 이는 운과 상이 모두 좋으나 기색이 좋지 않은 것입니다. 마
치 하늘이 개지 않으면 일월이 밝지 않은 것처럼, 사람이 기
색을 얻지 못하면 운이 통할 수 없습니다. 골격과 형모와 부
위가 모두 좋으나 기색이 좋지 않으면 공명을 얻기 어렵고,
기색이 밝고 혈색이 윤택해야 운을 얻게 됩니다. 그러므로 기
가 막히면 9년이 불리하고, 색이 막히면 3년이 불리하며, 정신
이 어두우면 일생이 불리하다고 합니다. 만약 신과 기와 색이
모두 어두우면 궁하고 늙도록 고통스럽습니다. 부위가 좋더라

도 현달하지 못하기 때문에 기색으로 유년의 주를 삼고, 골격으로 일생의 귀천을 정하는 것입니다.

문 : 격국이 좋지 않아도 큰 재물을 얻는 것은 어떠한 이치인가?

답 : 비록 재물을 얻어도 끝내는 잃을 것입니다. 이는 부위가 좋지 않아도 기색이 좋음을 말하는 것입니다. 기색이 밝아지면 발복하지 않는 사람이 없고, 부위가 조화되어 운이 오면 반드시 집안이 발전합니다. 기색이 명윤하면 그 해에 마음먹은 일을 이룹니다. 부위는 그 해의 길흉을 살피고, 기색은 그 달의 길흉을 살핍니다. 따라서 항상 말하기를 매사에 기색이 아름다운 것만 같지 못하니, 몸이 산에서 나오지 못하면 스스로 산속에 묻혀 있을 뿐이요, 부서진 배라도 순풍을 만나면 능히 항해할 수 있는 것과 같다고 했습니다. 서에 이르기를 '부위가 바르지 않아도 기색이 밝으면 만사를 성취할 것이나, 그때 기색이 어우면 발전하지 못하여 고생하고 빈곤한 사람'이라고 한 것입니다.

문 : 첫째는 골격이요, 둘째는 부위요, 셋째는 형신이요, 넷째는 기색이라고 하는 것은 무엇인가?

답 : 골격은 일생의 길흉을 정하는 것으로 이 모두 각기 하나씩 사용되는 데가 있습니다. 전장에서 말한 36법에 의거하여 하나하나 세밀히 관찰해보면 응엄하지 않은 것이 없습니다. 기

색은 때에 따라 변합니다. 기색의 변화와 해를 따라 상생과 상극을 살피고, 달을 따라 해당궁의 분야를 살피며, 날을 따라 절기를 살핍니다. 구하는 일이 어느 월일에 해당하여 얻어지며, 어느 방향에서 구하게 되고, 가히 피할 수 있음을 법칙에 의지하여 마음으로 살핀다면 귀신도 알 수 없는 천기를 뺏는다고 할 것입니다.

문 : 오관(五官) 중에 꺼리는 것은 무엇이고, 하나는 크고 하나가 작은 것은 어떤 이치인가?

답 : 무릇 오관(五官)은 모두 바르고 조화를 이루어야 마땅합니다. 기울거나 꺼지거나 작거나 깎인 것은 좋지 않습니다. 마땅한 것은 입이 넓으면서도 입술이 붉고, 꺼리는 것은 콧대가 높으면서 마디가 일어나고, 눈이 크면서 신기(神氣)가 노출하면 좋지 않습니다. 귀가 크면 반듯하고 두터워야 합니다. 코가 작은 사람은 재물을 축적하기 어렵고, 입이 삐뚤어지거나 뾰족하거나 입술이 얇으면 좋지 않습니다. 눈이 작으면 눈썹이 연함을 꺼리지 않고, 눈이 크면 눈썹이 중함을 싫어하지 않으며, 관골(觀骨)이 없으면 코가 큰 것이 마땅치 않고, 얼굴이 크면 콧대가 매우 낮음을 꺼리며, 입이 큰데 잇몸과 이가 노출하면 마땅치 않고, 눈이 크면 광채가 떠서는 안 되고, 눈썹이 짧으며 눈이 큰 것은 마땅치 않고, 귀가 작으면 눈썹이 짧은 것을 가장 두려워 합니다.

문 : 오행에 있어 어떤 것을 생하고 어떤 것을 극한다고 하는가?

문 : 오행에 있어 어떤 것을 생하고 어떤 것을 극한다고 하는가?

답 : 목(木)형은 수국(水局)이 마땅하고, 토(土)형은 금국(金局)을 얻는 것이 기이하며, 화(火)형은 목국(木局)을 얻어야 좋습니다. 목(木)형이 발달하면 반드시 부자가 되고, 금(金)형이 빛나면 영화롭고, 수(水)형은 서방을 만나면 반드시 귀하게 됩니다. 목(木)형은 금(金)을 만나면 빈천하고, 토(土)형은 한 번 마르면 곧 사망하고, 금(金)형은 한 번 살찌면 장수하기 어려우며, 수(水)형은 토(土)를 꺼리고, 금(金)형은 준두(準頭)가 붉으면 지체됨이 많습니다. 목(木)형 같으나 목(木)형이 아니면 귀를 얻기 어렵고, 금(金)형 같으나 금(金)형이 아니면 영화를 얻기 어렵고, 수(水)형 같으나 수(水)형이 아니면 오히려 길하고, 토(土)형 같으나 토(土)형이 아니면 편안과 영화를 누릴 것입니다. 오행은 극을 꺼리고 생부(生扶)하는 것을 써서 영화롭게 되는 것입니다.

문 : 아이가 부모를 형극하는 것은 무엇 때문인가?

답 : 소아의 발재(髮材)가 낮으면 반드시 아버지를 손상하고 일월각에 털이 달팽이가 서린 것 같으면 반드시 어머니를 손상하고, 가는 털이 일월각에 나면 어려서 부모를 잃고, 눈썹이 달팽이처럼 휘감기면 반드시 어머니가 상하며 아버지에게 극이 됩니다. 머리가 삐뚤어졌거나 이마가 깎였거나 눈이 함몰했거나 눈썹이 실하지 않으면 어머니를 방해합니다. 서에 이르기

를 '이마가 깎이고 머리가 기울며 일월각이 드리우면 부모를 극하고 재난과 위태함이 따를 것이요, 눈썹이 섞이고 눈이 함몰하고 산근(山根)이 끊어지면 패패할 아이의 상'이라고 했습니다.

문 : 얼굴의 상이 모두가 좋아도 한 곳이 허함으로 패재함이 있다면 꺼리는 것이 있지 않는가?

답 : 몸 전체의 상하와 십이궁합(十二宮合)과 36법에 한 곳이라도 결함이 있으면 온전한 복을 말하기 어렵습니다. 12가지 아름다움 가운데 악함이 생기니, 천정(天庭)이 높아도 머리털이 풀과 같이 거칠면 하천하며 우매하고 완고할 것입니다. 눈이 비록 맑아도 두 눈썹이 너무 농탁하여 눌린 듯하면 성립할 수 없고, 귀가 비록 반듯해도 굳기가 솜과 같으면 우매하며 완고하고 졸렬할 것이고, 코가 비록 높아도 산근(山根)이 함몰하고, 준두(準頭)가 비록 둥글어도 콧구멍이 크게 벌어지면 재물 모으기 어렵고, 관골(觀骨)이 비록 높아도 좌우가 배합하지 않으면 일생이 고독하고, 입술이 홍윤해도 이가 성글고 작으면 만사를 이루기 어렵고, 목이 비록 둥글어도 두 어깨가 늘어지면 일생이 빈한하고, 배가 비록 두터워도 위가 크고 아래가 작으면 일생 발달하지 못하고, 엉덩이가 비록 커도 뾰족하게 튀어나와 평평하지 않으면 일생 연고가 많고, 손바닥이 비록 두터워도 무늬가 없으면 어리석고 천할 것입니다.

문 : 부인의 얼굴이 살성을 띠면 남편을 상하고 자식을 극한다 하

문 : 부인의 얼굴이 살성을 띠면 남편을 상하고 자식을 극한다 하니 알지 못하겠도다. 어느 것이 살성인가?

답 : 여인의 상에는 일곱 가지의 살성이 있습니다. 이것은 여동빈(呂東彬) 선인이 전한 것으로 누누히 증험된 것입니다. 아름다운 부인이 눈동자가 황색을 띠면 첫째 살격이요, 얼굴은 큰데 입이 작으면 둘째 살격이요, 코 위에 무늬가 있으면 셋째 살격이요, 귀에 바퀴가 없으면 넷째 살격이요, 매우 아름다우나 얼굴이 은빛과 같으면 다섯째 살격이요, 머리카락은 검어도 눈썹이 없으면 여섯째 살격이요, 눈동자는 큰 데 눈썹이 짧으면 일곱째 살격이라고 합니다. 서에 이르기를 '색은 복사꽃 같고 얼굴은 은빛 같은데 누가 이 아름다운 상을 꾸지람이 되는 것을 알랴? 남편을 상하고 자식을 해하며 성공할 날이 없으니 화류가를 다니게 될 것이다'라고 한 것입니다.

문 : 부인은 위엄을 위주로 한다는데 어떤 것으로 위엄을 삼는 것인가?

답 : 무릇 부인은 안정과 씩씩함과 공경함으로 엄한 것을 삼는 것입니다. 안고 서는 것이 치우치지 않고, 언어가 범범하지 않으며, 관대한 도량과 온화한 안모로 즐거움을 들어도 기뻐하지 않고, 어려움을 들어도 근심하지 않는다면 이는 티끌 가운데 귀한 부인으로 매우 귀한 아들을 두어 벼슬에 오를 것입니다. 서에 이르기를 '몸이 바르며 단정하고 안고 서는 것이

평화로우면 위엄이 나타나 사람들이 한 번 보면 놀라고, 행동이 관대하므로 자식을 기르면 반드시 창성하게 되리라'고 한 것입니다.

문 : 주색이 과도하면 기색을 분간하기 어려울 텐데 무엇으로 화복을 단정하는 것인가?

답 : 무릇 사람이 술이 지나치면 피부가 메말라 기색이 체하는데 불과하고, 색이 지나치면 삼양(三陽)과 삼음(三陰)이 건조하여 체할 것이니, 다른 재난으로 보는 것은 불가합니다. 무릇 남자나 여자가 색이 있은 후에는 삼양(三陽)과 삼음(三陰)이 푸르고 검은데, 보통 다른 곳에는 나타나지 않기 때문에 오직 이것으로 증험되니 다른 화복은 별도로 보아야 합니다. 주색이 있지 않으면 기색이 속에 간직되어 있으나, 이미 주색이 있은 뒤에는 겉에 나타나니 상서의 법칙에 의지해 일일이 각 궁을 면밀하게 살피면 응하지 않음이 없습니다. 어찌 주색으로 사람의 대사를 그르칠 수 있겠습니까?

문 : 사람의 선악은 어디를 보면 나타나는가?

답 : 서에 이르기를 마음이 착하면 반드시 삼양(三陽)이 광채를 발하고, 마음이 악독하면 누당(淚堂)이 깊고, 음양이 함몰하면 독이 많고, 마음이 간사하면 구각(口閣)이 푸르고, 눈동자가 사뜩하면 마음이 바르지 못하고, 얼굴에 푸른 힘줄이 나타나면 함께 하지 말고, 입이 바르고 입술이 가지런하며 준두

나면 함께 하지 말고, 입이 바르고 입술이 가지런하며 준두(準頭)가 풍융하고 삼양(三陽)에 색이 윤택하며 인당(印堂)이 시원하면 덕이 높고 이름이 중하다고 했습니다. 이것은 세상이 공경하는 바로 기이한 복의 상격이 되나, 세상 사람들은 이 법칙을 알지 못합니다.

문 : 길흉은 어떻게 벗어날 수 있는가?

답 : 땅에는 동서남북이 있고, 사람에게는 오행이 있으며, 색에는 오색이 있습니다. 만약 수(水)가 많아 어려움을 만났을 때는 동방으로 가면 빛날 것이요, 화(火)가 많아 금(金)이 어려울 때는 북방으로 가면 편안할 것이요, 수(水)가 약하고 토(土)가 많을 때는 서방으로 가면 근본을 도와줄 것이요, 화(火)가 금(金)을 극할 때는 마땅히 북방으로 가야 할 것이요, 금(金)이 와서 목(木)을 극할 때는 마땅히 남방으로 가야 합니다. 일면에 목(木)색은 마땅히 남방으로 갈 것이요, 일면에 수(水)색은 급히 동방으로 가야 합니다. 대개 기색이 열려 명윤하면 영원한 계획으로 행동할 것이나, 색이 닫히고 기가 어지럽고 어두우면 마땅히 계산해야 합니다. 기색이 어느 궁에서는 어느 달에 그리고 어떤 일이 발생할 것인가를 아는 것으로 미리 예방하며 지켜나간다면 흉을 면할 수 있을 것입니다.

음파메세지(氣) 성명학

신비한 동양철학 51

새로운 시대에 맞는 새로운 성명학

지금까지의 모든 성명학은 모순의 극치를 이루고 있다. 이제 새로운 시대에 맞는 음파메세지(氣) 성명학이 탄생했으니 차근차근 읽어보고 복을 계속 부르는 이름을 지어 사랑하는 자녀가 행복하고 아름다운 삶을 살아갈 수 있도록 하는데 도움이 되었으면 한다.

· 청암 박재현 저

정법사주

신비한 동양철학 49

독학과 강의용 겸용의 책

이 책은 사주추명학을 연구하고자 하는 분들에게 심오한 주역의 이해를 돕고자 하는 의도에서 시작되었다. 음양오행의 상생상극에서부터 육친법과 신살법을 기초로 하여 격국과 용신 그리고 유년판단법을 활용하여 운명판단에 첩경이 될 수 있도록 했고, 추리응용과 운명감정의 실례를 하나 하나 들어가면서 독학과 강의용 겸용으로 엮었다.

· 원각 김구현 저

찾기 쉬운 명당

신비한 동양철학 44

풍수지리의 모든 것 !

이 책은 가능하면 쉽게 풀려고 노력했고, 실전에 도움이 되도록 했다. 특히 풍수지리에서 방향측정에 필수인 패철(佩鐵)사용과 나경(羅經) 9층을 각 층별로 간추려 설명했다. 그리고 이 책에 수록된 도설, 즉 오성도, 명산도, 명당 형세도 내거수 명당도, 지각(枝脚)형세도, 용의 과협출맥도, 사대혈형(穴形) 와겸유돌(窩鉗乳突) 형세도 등은 국립중앙도서관에 소장된 문헌자료인 만산도단, 만산영도, 이석당 은민산도의 원본을 참조했다.

• 호산 윤재우 저

명리입문

신비한 동양철학 41

명리학의 필독서 !

이 책은 자연의 기후변화에 의한 운명법 외에 명리학도들이 궁금해 했던 인생의 제반사들에 대해서도 상세하게 기술했다. 따라서 초보자부터 심도있게 공부한 사람들까지 세심히 읽고 숙독해야 하는 책이다. 특히 격국이나 용신뿐 아니라 십신에 대한 자세한 설명, 조후 용신에 대한 보충설명, 인간의 제반사에 대해서는 독보적인 해설이 들어 있다. 초보자들에게는 더할 수 없이 훌륭한 길잡이가 될 것이다.

• 동하 정지호 편역

사주대성

신비한 동양철학 33

초보에서 완성까지

이 책은 과거 현재 미래를 모두 알 수 있는 비결을 실었다. 그러나 모두 터득한다는 것은 어려울 것이다.역학은 수천 년간 동방의 석학들에 의해 갈고 닦은 철학이요 학문이며, 정신문화로서 영과학적인 상수문화로서 자랑할만한 위대한 학문이다.

· 도관 박흥식 저

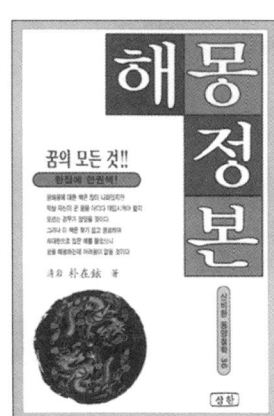

해몽정본

신비한 동양철학 36

꿈의 모든 것!

막상 꿈해몽을 하려고 하면 내가 꾼 꿈을 어디다 대입시켜야 할지 모를 경우가 많았을 것이다. 그러나 이 책은 찾기 쉽고, 명료하며, 최대한으로 많은 갖가지 예를 들었으니 꿈해몽을 하는데 어려움이 없을 것이다.

· 청암 박재현 저

기문둔갑옥경

신비한 동양철학 32

가장 권위있고 우수한 학문 !

우리나라의 기문역사는 장구하지만 상세한 문헌은 전무한 상태라 이 책을 발간하기로 했다. 기문둔갑은 천문지리는 물론 인사명리 등 제반사에 관한 길흉을 판단함에 있어서 가장 우수한 학문이며 병법과 법술방면으로도 특징과 장점이 있다. 초학자는 포국편을 열심히 익혀 설국을 자유자재로 할 수 있도록 하고 개인의 이익보다는 보국안민에 일조하기 바란다.

· 도관 박흥식 저

정본·관상과 손금

신비한 동양철학 42

바로 알고 사람을 사귑시다

이 책은 관상과 손금은 인생을 행복으로 이끌기 위해 있다는 관점에서 다루었다. 그야말로 관상과 손금의 혁명이라고 할 수 있을 것이다. 여러분도 관상과 손금을 통한 예지력으로 인생의 참주인이 되기 바란다. 용기를 불어넣어 주고 행복을 찾게 하는 것이 참다운 관상과 손금술이다. 이 책으로 미래의 좋은 예지력을 한번쯤 발휘해 보기 바란다. 이 책이 일상사에 고민하는 분들에게 해결방법을 제시해 줄 것이다.

· 지창룡 감수

조화원약 평주

신비한 동양철학 35

명리학의 정통교본!

이 책은 자평진전, 난강망, 명리정종, 적천수 등과 함께 명리학의 교본에 해당하는 것으로 중국 청나라 때 나온 난강망이라는 책을 서낙오 선생께서 설명을 붙인 것이다. 기존의 많은 책들이 격국과 용신으로 감정하는 것과는 달리 십간십이지와 음양오행을 각각 자연의 이치와 춘하추동의 사계절의 흐름에 대입하여 인간의 길흉화복을 알 수 있게 했다.

· 동하 정지호 편역

龍의 穴·풍수지리 실기 100선

신비한 동양철학 30

실전에서 실감나게 적용하는 풍수지리의 길잡이!

이 책은 풍수지리 문헌인 조선조 고무엽(古務葉) 태구승(泰九升) 부집필(父輯筆)로 된 만두산법(巒頭山法), 채성우의 명산론(明山論), 금랑경(錦囊經) 등을 알기 쉬운 주제로 간추려 풍수지리의 길잡이가 되고자 했다. 그리고 인간의 뿌리와 한 사람의 고유한 이름의 중요성을 풍수지리와 연관하여 살펴보아야 하기 때문에 씨족의 시조와 본관, 작명론(作名論)을 같이 편집했다.

· 호산 윤재우 저

천직·사주팔자로 찾은 나의 직업

신비한 동양철학 34

역경없이 탄탄하게 성공할 수 있는 방법!

잘 되겠지 하는 막연한 생각으로 의욕만 갖고 도전하는 것과 나에게 맞는 직종은 무엇이고 때는 언제인가를 알고 도전하는 것은 근본적으로 다르고, 결과 또한 다르다. 더구나 요즘은 많은 사람이 정신까지 위축되어 생기를 잃어가고 있다. 이런 때 의욕만으로 팔자에도 없는 사업을 시작했다고 하자, 결과는 불을 보듯 뻔하다. 이런 때일수록 침착과 냉정을 찾아 내 그릇부터 알고, 생활에 대처하는 지혜로움을 발휘해야 한다.

· 백우 김봉준 저

통변술해법

신비한 동양철학 ㉑

가닥가닥 풀어내는 역학의 비법!

이 책은 역학에 대해 다 알면서도 밖으로 표출되지 않아 어려움을 겪는 사람들을 위한 실습서다. 특히 틀에 박힌 교과서적인 역술의 고정관념에서 벗어나, 한차원 높게 공부할 수 있도록 원리통달을 설명하는데 중점을 두었다. 실명감정과 이론강의라는 두 단락으로 나누어 역학의 진리를 설명했기 때문에 누구나 쉽게 이해할 수 있다. 역학계의 대가 김봉준 선생의 역서 「알기쉬운 해설·말하는 역학」의 후편이다.

· 백우 김봉준 저

주역육효 해설방법 上·下

신비한 동양철학 38

한 번만 읽으면 주역을 활용할 수 있는 책!

이 책은 주역을 해설한 것으로, 될 수 있는 한 여러 가지 사설을 덧붙이지 않고 주역을 공부하고 활용하는데 필요한 요건만을 기록했다. 따라서 주역의 근원이나 하도낙서, 음양오행에 대해서도 많은 설명을 자제했다. 다만 누구나 이 책을 한 번 읽어서 주역을 이해하고 활용할 수 있도록 하는데 중점을 두었다.

· 원공선사 저

사주명리학의 핵심

신비한 동양철학 ⑲

맥을 잡아야 모든 것이 보인다!

이 책은 잡다한 설명을 배제하고 명리학자들에게 도움이 될 비법만을 모아 엮었기 때문에 초심자가 이해하기에는 다소 어려운 부분도 있겠지만 기초를 튼튼히 한 다음 정독한다면 충분히 이해할 것이다. 신살만 늘어놓으며 감정하는 사이비가 되지말기를 바란다.

· 도관 박흥식 저

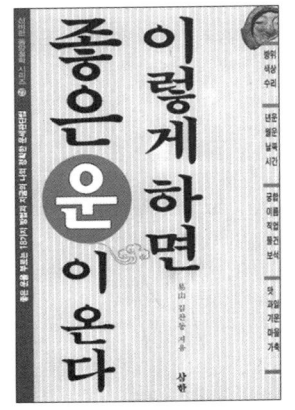

이렇게 하면 좋은 운이 온다

신비한 동양철학 ㉗

한 가정에 한 권씩 놓아두고 볼만한 책 !

좋은 운을 부르는 방법은 방위·색상·수리·년운·월운·날짜·시간·궁합·이름·직업·물건·보석·맛·과일·기운·마을·가축·성격 등을 정확하게 파악하여 자신에게 길한 것은 취하고 흉한 것은 피하면 된다. 간혹 예외인 경우가 있지만 극소수에 불과하고 대부분은 적중하기 때문에 좋은 효과를 본다. 이 책의 저자는 신학대학을 졸업하고 역학계에 입문했다는 특별한 이력을 갖고 있기 때문에 더 많은 화제가 되고 있다.

· 역산 김찬동 저

말하는 역학

신비한 동양철학 ⑪

신수를 묻는 사람 앞에서 말문이 술술 열린다!

이 책은 그토록 어렵다는 사주통변술을 이해하기 쉽고 흥미롭게 고담과 덕담을 곁들여 사실적인 인물을 궁금해 하는 사람에게 생동감있게 통변하고 있다. 길흉작용을 어떻게 표현하느냐에 따라 상담자의 정곡을 찔러 핵심을 끄집어내고 여기에 대한 정답을 내려주는 것이 통변술이다. 역학계의 대가 김봉준 선생의 역작이다.

· 백우 김봉준 저

술술 읽다보면 통달하는 사주학

신비한 동양철학 ㉗

술술 읽다보면 나도 어느새 도사 !

당신은 당신 마음대로 모든 일이 이루어지던가. 지금까
지 누구의 명령을 받지 않고 내 맘대로 살아왔다고, 운
명 따위는 믿지도 않고 매달리지 않는다고, 이렇게 말
하는 사람들이 많다. 그러나 그것은 우주법칙을 모르기
때문에 하는 소리다.

· 조철현 저

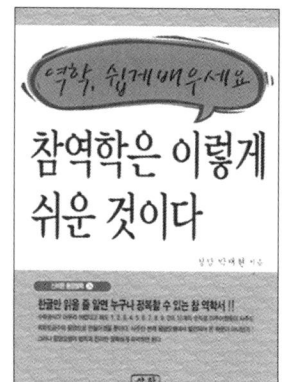

참역학은 이렇게 쉬운 것이다

신비한 동양철학 ㉔

음양오행의 이론으로 이루어진 참역학서 !

수학공식이 아무리 어렵다고 해도 1, 2, 3, 4, 5, 6, 7, 8,
9, 0의 10개의 숫자로 이루어졌듯이, 사주도 음양과 목,
화, 토, 금, 수의 오행으로 이루어졌을 뿐이다. 그러니
용신과 격국이라는 무거운 짐을 벗어버리고 음양오행
의 법칙과 진리만 정확하게 파악하면 된다. 사주는 단
지 음양오행의 변화일 뿐이고, 용신과 격국은 사주를
감정하는 한가지 방법에 지나지 않는다.

· 청암 박재현 저

나의 천운 운세찾기

신비한 동양철학 ⑫

놀랍다는 몽골정통 토정비결 !

이 책은 역학계의 대가 김봉준 선생이 놀랍다는 몽공토정비결을 연구 ·분석하여 우리의 인습 및 체질에 맞게 엮은 것이다. 운의 흐름을 알리고자 호운과 쇠운을 강조했으며, 현재의 나를 조명해보고 판단할 수 있도록 했다. 모쪼록 생활서나 안내서로 활용하기 바란다.

· 백우 김봉준 저

쉽게푼 역학

신비한 동양철학 ❷

쉽게 배워서 적용할 수 있는 생활역학서 !

이 책에서는 좀더 많은 사람들이 역학의 근본인 우주의 오묘한 진리와 법칙을 깨달아 보다 나은 삶을 영위하는데 도움이 될 수 있도록 가장 쉬운 언어와 가장 쉬운 방법으로 풀이했다. 역학계의 대가 김봉준 선생의 역작이다.

· 백우 김봉준 저

역산성명학
신비한 동양철학 ㉕

이름은 제2의 자신이다 !

이름에는 각각 고유의 뜻과 기운이 있어서 그 기운이 성격을 만들고 그 성격이 운명을 만든다. 나쁜 이름은 부르면 부를수록 불행을 부르고 좋은 이름은 부르면 부를수록 행복을 부른다. 만일 이름이 거지 같다면 아무리 운세를 잘 만나도 밥을 좀더 많이 얻어 먹을 수 있을 뿐이다. 이 책의 저자는 신학대학을 졸업하고 역학계에 입문했다는 특별한 이력을 갖고 있기 때문에 더 많은 화제가 되고 있다.

· 역산 김찬동 저

작명해명
신비한 동양철학 ㉖

누구나 쉽게 배워서 활용할 수 있는 체계적인 작명법 !

일반적인 성명학으로는 알 수 없는 한자이름, 한글이름, 영문이름, 예명, 회사명, 상호, 상품명 등의 작명방법을 여러 사례를 들어 체계적으로 분석하여 누구나 쉽게 배워서 활용할 수 있도록 서술했다.

· 도관 박흥식 저

동양철학전문출판 **삼한**

관상오행

신비한 동양철학 ⑳

한국인의 특성에 맞는 관상법!

좋은 관상인 것 같으나 실제로는 나쁘거나 좋은 관상이 아닌데도 잘 사는 사람이 왕왕있어 관상법 연구에 흥미를 잃는 경우가 있다. 이것은 중국의 관상법만을 익히고, 우리의 독특한 환경적인 특징을 소홀히 다루었기 때문이다. 이에 우리 한국인에게 알맞는 관상법을 연구하여 누구나 관상을 쉽게 알아보고 해석할 수 있도록 자세하게 풀어놓았다.

· 송파 정상기 저

물상활용비법

신비한 동양철학 31

물상을 활용하여 오행의 흐름을 파악한다!

이 책은 물상을 통하여 오행의 흐름을 파악하고, 운명을 감정하는 방법을 연구한 책이다. 추명학의 해법을 연구하고 운명을 추리하여 오행에서 분류되는 물질의 운명 줄거리를 물상의 기물로 나들이 하는 활용법을 주제로 했다. 팔자풀이 및 운명해설에 관한 명리감정법의 체계를 세우는데 목적을 두고 초점을 맞추었다.

· 해주 이학성 저

운세십진법 · 本大路

신비한 동양철학 ❶

운명을 알고 대처하는 것은 현대인의 지혜다 !

타고난 운명은 분명히 있다. 그러니 자신의 운명을 알고 대처한다면 비록 운명을 바꿀 수는 없지만 충분히 향상시킬 수 있다. 이것이 사주학을 알아야 하는 이유다. 이 책에서는 자신이 타고난 숙명과 앞으로 펼쳐질 운명행로를 찾을 수 있도록 운명의 기초를 초연하게 설명하고 있다.

· 백우 김봉준 저

국운 · 나라의 운세

신비한 동양철학 ㉒

역으로 풀어본 우리나라의 운명과 방향 !

아무리 서구사상의 파고가 높다하기로 오천년을 한결같이 가꾸며 살아온 백두의 혼이 와르르 무너지는 지경에 왔어도 누구하나 입을 열어 말하는 사람이 없으니 답답하다. IMF라는 특수한 상황에서 불확실한 내일에 대한 해답을 이 책은 명쾌하게 제시하고 있다.

· 백우 김봉준

543

동양철학전문출판 삼한

명인재

신비한 동양철학 43
신기한 사주판단 비법 !

살(殺)의 활용방법을 완벽하게 제시하는 책!

이 책은 오행보다는 주로 살을 이용하는 비법이다. 시중에 나온 책들을 보면 살에 대해 설명은 많이 하면서도 실제 응용에서는 무시하고 있다. 이것은 살을 알면서도 응용할 줄 모르기 때문이다. 그러나 이 책에서는 살의 활용방법을 완전히 터득해, 어떤 살과 어떤 살이 합하면 어떻게 작용하는지를 자세하게 설명하고 있다.

· 원공선사 지음

사주학의 방정식

신비한 동양철학 18
가장 간편하고 실질적인 역서 !

이 책은 종전의 어려웠던 사주풀이의 응용과 한문을 쉬운 방법으로 터득할 수 있게 하는데 목적을 두었고, 역학의 내용이 어떤 것이며 무엇이 어디에 속하는지를 알고자 하는데 있다.

· 김용오 저

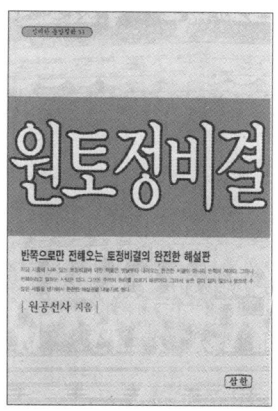

원토정비결

신비한 동양철학 53

반쪽으로만 전해오는 토정비결의 완전한 해설판

지금 시중에 나와 있는 토정비결에 대한 책들을 보면 옛날부터 내려오는 완전한 비결이 아니라 반쪽의 책이다. 그러나 반쪽이라고 말하는 사람이 없다. 그것은 주역의 원리를 모르기 때문이다. 따라서 늦은 감이 없지 않으나 앞으로의 수많은 세월을 생각하면서 완전한 해설본을 내놓기로 한 것이다.

· 원공선사 저

내가 보고 내가 바꾸는 DIY사주

신비한 동양철학 40

내가 보고 내가 바꾸는 사주비결 !

이 책은 기존의 책들과는 달리 한 사람의 사주를 체계적으로 도표화시켜 한 눈에 파악할 수 있고, DIY라는 책 제목에서 말하듯이 개운하는 방법을 제시하고 있다. 초심자는 물론 전문가도 자신의 이론을 새롭게 재조명해 볼 수 있는 케이스 스터디 북이다.

· 석오 전 광 지음

남사고의 마지막 예언

신비한 동양철학 29

이 책으로 격암유록에 대한 논란이 끝나기 바란다

감히 이 책을 21세기의 성경이라고 말한다. 〈격암유록〉은 섭리가 우리민족에게 준 위대한 복음서이며, 선물이며, 꿈이며, 인류의 희망이다. 이 책에서는 〈격암유록〉이 전하고자 하는 바를 주제별로 정리하여 문답식으로 풀어갔다. 이 책으로 〈격암유록〉에 대한 논란은 끝나기 바란다.

· 석정 박순용 저

진짜부적 가짜부적

신비한 동양철학 7

부적의 실체와 정확한 제작방법

인쇄부적에서 가짜부적에 이르기까지 많게는 몇백만원에 팔리고 있다는 보도를 종종 듣는다. 그러나 부적은 정확한 제작방법에 따라 자신의 용도에 맞게 스스로 만들어 사용하면 훨씬 더 좋은 효과를 얻을 수 있다. 이 책은 중국에서 정통부적을 연구한 국내유일의 동양오술학자가 밝힌 부적의 실체와 정확한 제작방법을 소개하고 있다.

· 오상익 저

한눈에 보는 손금

신비한 동양철학 52

논리정연하며 바로미터적인 지침서

이 책은 수상학의 연원을 초월해서 동서합일의 이론으로 집필했다. 그야말로 완벽하리만치 논리정연한 수상학을 정리한 것이다. 그래서 운명적, 철학적, 동양적, 심리학적인 면을 예증과 방편에 이르기까지 아주 상세하게 기술했다. 이 책은 수상학이라기 보다 한 인간의 바로미터적인 지침서 역할을 해줄 것이다. 독자 여러분의 꾸준한 연구와 더불어 인생성공의 지침서가 될 수 있을 것이다.

· 정도명 저

사주학의 활용법

신비한 동양철학 17

가장 실질적인 역학서

우리가 생소한 지방을 여행할 때 제대로 된 지도가 있다면 편리하고 큰 도움이 되듯이 역학이란 이와같은 인생의 길잡이다. 예측불허의 인생을 살아가는데 올바른 안내자나 그 무엇이 있다면 그 이상 마음 든든하고 큰 재산은 없을 것이다.

· 학선 류래웅 저

동양철학전문출판 **삼한**

수명비결

신비한 동양철학 14

주민등록번호 13자로 숙명의 정체를 밝힌다

우리는 지금 무수히 많은 숫자의 거미줄에 매달려 허우적거리며 살아가고 있다. 1분 ·1초가 생사를 가름하고, 1등 ·2등이 인생을 좌우하며, 1급 ·2급이 신분을 구분하는 세상이다. 이 책은 수명리학으로 13자의 주민등록번호로 명예, 재산, 건강, 수명, 애정, 자녀운 등을 미리 읽어본다.

· 장충한 저

운명으로 본 나의 질병과 건강상태

신비한 동양철학 9

타고난 건강상태와 질병에 대한 대비책

이 책은 국내 유일의 동양오술학자가 사주학과 더불어 정통명리학의 양대산맥을 이루는 자미두수 이론으로 임상실험을 거쳐 작성한 표준자료다. 따라서 명리학을 응용한 최초의 완벽한 의학서로 질병을 예방하고 치료하는데 활용한다면 최고의 의사가 될 것이다. 또한 예방의학적인 차원에서 건강을 유지하는데 훌륭한 지침서로 현대의학의 새로운 장을 여는 계기가 될 것이다.

· 오상익 저

오행상극설과 진화론

신비한 동양철학 5

인간과 인생을 떠난 천리란 있을 수 없다

과학이 현대를 설정하여 설명하고 있으나 원리는 동양 철학에도 있기에 그 양면을 밝히고자 노력했다. 우주에서 일어나는 모든 일을 과학으로 설명될 수는 없다. 비과학적이라고 하기보다는 과학이 따라오지 못한다고 설명하는 것이 더 솔직하고 옳은 표현일 것이다. 특히 과학분야에 종사하는 신의사가 저술했다는데 더 큰 화제가 되고 있다.

· 김태진 저

만세력(신국판·사륙판·포켓판)

신비한 동양철학 45

찾기 쉬운 만세력

이 책은 완벽한 만세력으로 만세력 보는 방법을 자세하게 설명했다. 그리고 역학에 대한 기본적인 내용과 결혼하기 좋은 나이·좋은 날·좋은 시간, 아들·딸 태아감별법, 이사하기 좋은 날·좋은 방향 등을 부록으로 실었다.

· 백우 김봉준 저

쉽게 푼 주역

신비한 동양철학 10

귀신도 탄복한다는 주역을 쉽고 재미있게 풀어놓은 책

주역이라는 말 한마디면 귀신도 기겁을 하고 놀라 자빠진다는데, 운수와 일진이 문제가 될까. 8×8=64괘라는 주역을 한 괘에 23개씩의 회답으로 해설하여 1472괘의 신비한 해답을 수록했다. 당신이 당면한 문제라면 무엇이든 해결할 수 있는 열쇠가 이 한 권의 책 속에 있다.

· 정도명 저

핵심 관상과 손금

신비한 동양철학 54

사람을 볼 줄 아는 안목과 지혜를 알려주는 책

오늘과 내일을 예측할 수 없을만큼 복잡하게 펼쳐지는 현실에서 살아남기 위해서는 사람을 볼줄 아는 안목과 지혜가 필요하다. 시중에 관상학에 대한 책들이 많이 나와있지만 너무 형이상학적이라 전문가도 이해하기 어렵다. 이 책에서는 누구라도 쉽게 보고 이해할 수 있도록 핵심만을 파악해서 설명했다.

· 백우 김봉준 저

진짜궁합 가짜궁합

신비한 동양철학 8

남녀궁합의 새로운 충격

중국에서 연구한 국내유일의 동양오술학자가 우리나라 역술가들의 궁합법이 잘못되었다는 것을 학술적으로 분석·비평하고, 전적과 사례연구를 통하여 궁합의 실체와 타당성을 분석했다. 합리적인 「자미두수궁합법」과 「남녀궁합」 및 출생시간을 몰라 궁합을 못보는 사람들을 위하여 「지문으로 보는 궁합법」 등을 공개한다.

· 오상익 저

좋은꿈 나쁜꿈

신비한 동양철학 15

그날과 앞날의 모든 답이 여기 있다

개꿈이란 없다. 꿈은 반드시 미래를 예언한다. 이 책은 프로이드의 정신분석학적인 입장이 아닌 미래판단의 근거에 입각한 예언적인 해몽학이다. 여러 형태의 꿈을 체계적으로 정리했으니 올바른 해몽법으로 앞날을 지혜롭게 대처해 보자. 모쪼록 각 가정에서 한 권씩 두고 이용하면 생활하는데 많은 도움이 될 것이다.

· 학선 류래웅 저

동양철학전문출판 **삼한**

현장 지리풍수

신비한 동양철학 48

현장감을 살린 지리풍수법

풍수를 업으로 삼는 사람들이 진(眞)과 가(假)를 분별할 줄 모르면서 24산의 포태사묘의 법을 익히고는 많은 법을 알았다고 자부하며 뽐낸다. 그리고는 재물에 눈이 어두워 불길한 산을 길하다 하고, 선하지 못한 물(水)을 선하다면서 죄를 범하고 있다. 이는 분수 밖의 것을 망녕되게 바라기 때문이다. 마음 가짐을 바로 하고 고대 원전에 공력을 바치면서 산간을 실사하며 적공을 쏟으면 정교롭고 세밀한 경지를 얻을 수 있을 것이다.

· 전항수 · 주관장 편저

해몽 · 해몽법

신비한 동양철학 50

해몽법을 알기 쉽게 설명한 책

인생은 꿈이 예지한 시간적 한계에서 점점 소멸되어 가는 현존물이기 때문에 반드시 꿈의 뜻을 따라야 한다. 이것은 꿈을 먹고 살아가는 인간 즉 태몽의 끝장면인 죽음을 향해 달려가고 있는 인간이기 때문이다. 꿈은 우리의 삶을 이끌어가는 이정표와도 같기에 똑바로 가도록 노력해야 한다.

· 김종일 저